평강의 주님께서 친히
때마다 일마다
평강을 주시기를 기도하며
특별히 ______________ 님께
이 소중한 책을
드립니다.

예수님 마음
품게 하소서

송용필 목사

나침반

날이 갈수록 더욱 주님을 닮아가길 바랍니다

성경 디모데 후서 3장 17절 말씀 입니다.

"이는 하나님의 사람으로 온전하게 하며 모든 선한 일을 행할 능력을

갖추게 하려 함이라."

우리는 하나님의 말씀에 의해

날이 갈수록 성숙해질 수 있고,

날이 갈수록 세상을 이길 수 있는 큰 힘을 얻게 되고,

날이 갈수록 더욱 주님을 닮아가는 성경적 생활을 하게 됩니다.

그러기 위해서 성경을 믿고 알아야 하는데…

특히 복음서를 통해서는 주님이 이 세상에 오셨을 때 어떻게 사셨는가를

폭넓게 배울 수 있고 그로인해 주님의 마음을 품게 될 것입니다.

이 책은 제가 목회할 때 성경적 신앙생활을 위해

성도들과 나누었던 것을 나침반출판사에서 편집한 것으로

우리가 어떻게 주님을 기쁘시게 하며 살 것인가에 관심을 가졌습니다.

이 책을 통해 "…마음을 새롭게 함으로 변화를 받아 하나님의 선하시고

기뻐하시고 온전하신 뜻이 무엇인지 분별해"(로마서 12장 2절)

하나님께 영광 돌리는 기쁨의 삶이 되길 기도 합니다.

예수님의 마음을 품고 싶은

송용필 목사

목차

No.	제목	복음		
		마태복음	마가복음	누가복음
24	경건의 시간 갖는 방법		1:35−39	4:42−44
25	사역의 우선순위	8:2−4	1:40−45	5:12−16
26	능력을 체험하는 믿음	9:1−8	2:1−12	5:17−26
27	교만을 물리치는 교훈	9:9−13	2:13−17	5:27−32
28	분별에 대한 교훈	9:14−17	2:18−22	5:33−39
29	율법을 이해하는데 도움이 되는 교훈	12:1−8	2:23−28	6:1−5
30	하나님과 반대되는 사람의 성향	12:9−14	3:1−6	6:6−11
31	갈릴리 바닷가의 교훈과 치유	12:15−21	3:7−12	
32	제자됨의 중요성		3:13−19	6:12−16
33	복된 삶을 위한 지침	5:1−16		6:20−26
34	율법을 바라보는 입장들	5:17−20		
35	그리스도인의 삶에 필요한 지침	5:21−48		6:27−36
36	경건생활의 중요성	6:1−18		
37	물질과 염려에 대한 교훈	6:19−34		
38	비판하지 말아야 할 이유	7:1−6		6:37−42
39	원하는 것을 이루는 방법	7:7−12		6:31
40	하나님의 뜻을 행하는 방법	7:13−29		6:43−49
41	믿음이 성장하는 조건	8:5−13		7:1−10
42	예수님은 어떤 분인가?	마	막	눅7:11−17
43	구원을 확신하는 방법	11:2−19		7:18−35
44	참된 안식을 누리는 단계	11:20−30		
45	감사의 원리			7:36−50
46	그리스도인이 피해야 할 행동	12:22−37	3:19−30	11:14−36

목차

No.	제목	복음		
		마태복음	마가복음	누가복음
70	예수님의 임재	14:24–33	6:47–52	
71	우리를 대하시는 하나님의 태도	14:34–36	6:53–56	
72	기적에 대한 교훈	14:28–33		
73	형식주의에 빠지면 안 되는 이유	15:1–20	7:1–23	
74	능력을 체험하는 사람	15:21–28	7:24–30	
75	하나님이 어려움을 주시는 이유	15:29–38	7:31–8:9	
76	하나님을 탄식하게 하는 것들	15:39–16:4	8:11–13	
77	잘못된 가르침의 악영향	16:5–12	8:13–26	
78	신앙을 점검해 주는 질문	16:13–30	8:27–30	9:18–21
79	거룩함을 삶을 위한 태도	16:21–28	8:31–9:1	9:22–27
80	변화산에서 일어난 사건의 의마	17:1–8	9:2–8	9:28–36
81	말씀을 따라 사는 방법	17:9–13	9:9–13	9:36
82	믿음의 특성	17:14–20	9:14–29	9:37–43
83	죽음과 부활에 대한 교훈	17:22–23	9:30–32	9:43–45
84	오해에 대한 교훈	17:24–27		
85	아이 같은 믿음	18:1–14	9:33–37	9:46–48
86	판단에 관한 교훈	마	막9:38–50	눅9:49–50
87	용서에 대한 교훈	18:15–35		
88	그리스도인의 자세	8:19–22	8:34–36	9:23–25
89	거절에 대한 태도			9:51–56
90	전도의 속성			10:1–24
91	진정한 참된 이웃			10:25–37
92	인생과 일에 대한 교훈			10:38–42

목차

No.	제목	복음		
		마태복음	마가복음	누가복음
116	부부관계에 도움이 되는 교훈	19:1-12	10:1-12	
117	어린 아이에게 배워야할 품성	19:13-15	10:13-16	18:15-17
118	영생에 대한 교훈	19:16-30	10:17-31	18:18-31
119	되는 사람의 특징	20:1-16		
120	하나님께서 높이시는 사람	20:17-28	10:32-45	18:31-34
121	그리스도인이 추구해야할 우선순위	20:29-34	10:46-52	18:35-43
122	돈과 행복의 관계			19:1-10
123	복음 전파가 갖는 의미			19:11-27
124	하나님의 예비하심	21:1-5	11:1-6	19:28-34
125	사명을 감당하는 자세	21:6-11	11:7-11	19:35-44
126	오라른 신앙에 대한 교훈	25:18-22	11:12-14	
127	교회와 관련된 사실	21:12-17	11:15-18	19:45-48
128	진정한 권위	21:23-27	11:26-33	20:1-8
129	성경의 비유를 묵상하는 방법	마21:28-32	막	눅
130	하나님의 뜻이해	21:33-46	12:1-12	20:9-19
131	천국 잔치의 비밀	22:1-14		
132	악에 대한 교훈	22:15-22	12:13-17	20:20-26
133	성경을 오해하지 않는 방법	22:23-33	12:18-27	20:27-40
134	나를 사랑하는 방법	22:34-40	12:28-34	
135	그리스도의 조건	22:41-46	12:35-37	20:41-44
136	믿음과 행함의 일치	23:1-32		
137	세상을 향한 하나님의 음성	23:33-39		
138	헌금의 의미		12:41-44	21:1-4

목차

No.	제목	복음		
		마태복음	마가복음	누가복음
162	진리에 대한 입장			23:6–12
163	사람의 부류들	27:15–26	15:6–15	23:13–25
164	예수님의 우리를 향한 사랑	27:27–31	15:16–19	
165	십자가의 길	27:32–34	15:20–23	25:26–31
166	십자가의 고난을 통한 교훈	27:35–44	15:24–32	23:33–43
167	예수님의 유언이 주는 교훈	27:45–50	15:33–37	23:44–46
168	죽으실 때 일어난 현상들	27:51–56	15:38–41	23:47–49
169	예수님을 끝까지 섬긴 사람들	27:57–60	15:42–47	23:50–54
170	신앙에 관한 가르침	27:62–66		23:55–56
171	진리를 막을 수 없는 이유	28:1–4	16:1–4	
172	부활과 관련된 사실	마28:5–8	막16:5–8	눅24:1–8
173	잘못된 신앙 태도			24:9–12
174	예수님의 부활이 중요한 이유	28:9–10	16:9–11	
175	진리를 대하는 바른 태도	28:11–15		
176	영적으로 민감해지는 방법		16:12–13	24:13–32
177	의심을 부르는 상황		16:14	24:33–43
178	하나님이 우리에게 바라시는 것	28:16–20	16:15–18	
179	합당한 그리스도인의 자세			24:44–49
180	예수님의 승천을 통한 교훈		16:19–20	24:50–53

- 이 책은 경건의 시간, 성경 공부, 또는 가정예배, 새벽기도회, 설교자료로 폭넓게 활용할 수 있습니다. 특히 새벽기도회나 성경공부, 설교자료 활용때는 세가지 교훈마다 끝에 나오는 참고 성구를 찾아 읽으면 더 깊이 있게 성경을 배울 수 있습니다.
- 매일 경건의 시간을 마치면서 경건의 시간중 주님이 주신 말씀이나 감사가 있으면, 각 장 끝에 있는 도표 「오늘 특별적용」 란과 「오늘 특별 감사」 란에 기록 하십시오.

예수님 마음
품게 하소서

성경에 대해 가져야 할 태도

누가복음 1장 1절부터 4절을 읽기.
❶ 이 글을 누구에게 보내기 위해 썼는가?(3)
❷ 누가가 이 복음서를 기록한 목적은 무엇인가?(4)

성경은 우리를 인도하는 빛이며, 생명의 양식이며, 여행자에게는 네비게이션이며, 순례자에게는 쉼터이며, 항해자에게는 나침반이며, 군인들에게는 무기이며, 건축가에게는 건설 장비이며, 부요의 광산이라는 말이 있습니다.

그런데 요즘 성경이 스마트 폰 보다도 덜 사용되고 있는 듯 합니다. 스마트폰은 '어플리케이션' 이라는 프로그램을 통해, 요리법, 운동법, 날씨, 음악, 영화, 맛집 정보부터 법률정보, 거짓말탐지기 기능까지   다양하게 활용되고 있습니다. 이렇게 스마트 폰은 자신에게 필요한 거의 모든 정보를 받을 수 있기 때문에 인기가 높은 것 같습니다. 그러나 그보다 더 방대한 자료가 있는 성경은 그만큼 활용되고 있지 않는 것 같아 안타깝습니다.

성경에는 우리가 살면서 필요한 많은 실용적인 내용들과 구원에 대한 내용까지 인생에 필요한 모든 것이 담겨있습니다. 일주일에 한 번만 사용하는 성경이 아닌 일상 속의 성경으로 활용될 때 우리는 성경의 진가를 알 수 있습니다.

누가복음 1장 1절부터 4절에는 복음서의 기록 방법과 목적에 대한 내용이 나옵니다. 말씀의 목격자로써 '자신들이 살핀' 그대로 '내력을 전하고', '배운 바를 확실히' 하기 위해서 복음서를 적었습니다. 우리는 여기에서 성경에 대해 가져야할 태도 세 가지를 살펴보겠습니다.

첫째, 우리는 먼저 성경을 가까이 해야 합니다.
사람을 제대로 알기 위해서는 자주 만나봐야 합니다. 마찬가지로 성경을 제대로 알기 위해서는 가까이 두고 수시로 묵상해야합니다. 예수님도 어려서부터 성경을 가까이 두고 묵상하셨습니다. 성경을 자주 접함으로 인해 우리는 구원에 이르는 지혜를 깨닫게 됩니다. 매일 시간을 정해놓고 성경을 한 장이라도 묵상하십시오. (눅4:16/딤후3:15)

둘째, 우리는 성경을 잘 배우고 깨달아야 합니다.

누가는 성령의 영감으로 이 누가복음을 "전하여 준 그대로", "근원부터 자세히…살펴", "차례대로" 적었다고 밝히고 있습니다. 이런 자세는 오늘날 성경을 대하는 우리들에게도 매우 필요합니다. 되도록, 성경에 기록된 그대로 읽되, 각 권에 대한 배경은 물론이고 그 전체적인 내용, 그리고 성경 전체 속에서의 조화 등도 주의 깊게 살펴보고 다각적으로 깊이 있게 깨달아야 합니다. 항상 성령님께서 비춰주심을 따라서 말입니다. 베뢰아 사람들처럼, 날마다 성경을 상고하며 그러한가를 점검하십시오(행17:11/딤후3:16).

셋째, 우리는 성경을 통해 확신을 갖고 승리의 삶을 살아야 합니다.

본문에는 "아는 바를 확실하게 하려고 이 성경을 기록했다"고 했고, 요한은 "예수께서 하나님의 아들 그리스도이심을 믿게 하려 함이요 또 너희로 믿고 그 이름을 힘입어 생명을 얻게"하기 위해서 라고 했습니다. 즉 우리들이 영생을 얻고 풍성한 삶을 살게 하기 위한 것이 성경의 목적입니다. 그러므로 성경의 가르침을 삶에 적용해 승리를 확신하는 삶을 사십시오(요10:10,20:31).

우리는 본문을 통해 성경에 대한 우리의 태도 세 가지를 살펴보았습니다. 성경을 통해 구원받을 수 있으며. 그리고 말씀과 신앙지식을 쌓아 실천하므로 승리하게 됩니다.

오늘도 우리 영혼의 양식인 하나님의 말씀을 통해 더욱 새힘을 얻으십시오.

- 주님! 성경이 가르치는 대로 살아가게 하소서!

오늘 특별 적용	
오늘 특별 감사	

예수님이 이 땅에 오신 사실

마태복음 1장 1절부터 17절(눅3:23-38참조) 읽기.
❶ 그리스도는 누구에게서 나셨는가?(16)
❷ 17절이 당신에게 주는 의미는 무엇인가?

미국 흑인들의 자유 투쟁 역사라고 평가받는 알렉스 헤일리의 「뿌리」는, 1960년대에 TV 시리즈로도 제작됐는데 오늘날까지도 DVD로 계속 판매되고 있을 정도로 많은 사람들에게 감동을 주었습니다. 「뿌리」의 내용은 7대조에 걸친 저자 자신의 가계 족보(家系族譜) 이야기입니다. 아프리카에서 잡혀와 미국에서 노예생활을 하게 된 비참한 뿌리지만, 그것을 부끄러워않고 그 속에서 찾은 진정한 자유의 정신이 우리에게 큰 공감을 일으켰기에 아직도 명작으로 남아 있는 것 같습니다. 「뿌리」의 영향으로 한 때 우리나라에서도 족보 찾기 운동이 활발해졌고 이에 대한 책들도 많이 출간 되었습니다.
우리는 예수님의 족보가 나와 있는 오늘 본문을 살펴보면서 내 신앙의 뿌리에 대해서도 생각해 봐야 합니다.

마태복음 1장 1절부터 17절에는 예수님의 족보가 기록돼 있고, 누가복음 3장에도 다시 한 번 기록되어 있는데, 이 부분을 단순한 족보로만 생각하고 지루하게 느껴 그냥 지나쳐 버리는 사람들이 많습니다. 그러나 자세히 보면 이 두 곳의 기록에는 차이가 있습니다. 마태복음은 예수님이 유대인임을 강조하며 아브라함부터 시작하여 요셉 쪽의 계보를 보여주지만, 누가복음은 거꾸로 예수님부터 시작하여 아담과 하나님에게까지 연결되어 있기 때문입니다. 우리는 여기에서 예수님이 이 땅에 오신 것이 지닌 세 가지 사실을 살펴 볼 수 있습니다.

첫째, 예수 그리스도의 오심은 역사적 사실입니다.
예수님의 족보에는 구체적인 이름뿐만 아니라, 바벨론 포로와 같은 역사적 사건까지도 기록되어 있습니다. 어떤 사람들은 예수님을 막연한 신화적인 인물로 생각하는 경향이 있습니다. 그러나 예수님께서는 실제로 이 땅에 오셨기에 역사적 분기점을 예수님 탄생을 기준으로 해서 기원전 B.C.Before Christ로 기원 후인 A.D.Anno Domini로 나눌 수 있었던 것입니다. 예수님이 우리를 위해 실제로 이 땅에 오셨다는 것은 믿을 수밖에 없는 분명한 사실입니다. 이 사실에 대해서 확고한 믿음을 가지십시오.(고후13:5)

둘째, 예수 그리스도의 오심은 하나님 약속의 성취입니다.
하나님께서는 "때가 차매" 이 세상에 예수님을 보내셨습니다. 그것은 또한 구약의 성취입니다. 여자의 후손으로, 아브라함과 이삭과 야곱의 약속된 후손으로, 그리고 유다 지파의 후손이자 다윗의 계승자를 보내겠다는 예언을 이루신 것입니다. 하나님이 성경을 통해 우리에게 하신 약속은 언제나 확실히 성취됩니다. 성경에 나온 하나님의 약속들이 반드시 이루어짐을 믿으십시오.(갈4:4/창3:15/18:18/17:19/민24:17/창49:10/사9:7/롬1:3)

셋째, 예수 그리스도는 모든 계층 사람과 깊이 연관되어 있습니다.
예수님의 족보에는 족장들, 왕, 이방인, 부정한 여인, 지혜자, 유명인, 그리고 성경에 단 한 번 이름이 나와 있는 사람 등 모든 계층과 온갖 성품의 사람들이 다양하게 다 포함되어 있습니다. 이것은 어떤 사람이라도 예수님을 맞아들일 수 있고, 또 맞아들여야 한다는 것을 보여줍니다. 따라서 우리는 복음을 아직 알지 못하는 사람이라면 그가 누구든지 복음을 전해야 합니다. 전도함으로 더욱 많은 사람들을 하나님과 연결시키십시오.(롬1:16,3:22)

우리는 본문을 통해 예수님이 이 땅에 오신 것이 주는 세 가지 의미를 배웠습니다. 예수님을 진정한 나의 구세주로 영접하고. 그분의 실재함을 믿고, 약속의 성취에 대한 믿음을 가져야 합니다. 육신의 족보는 모두 다를지라도 우리의 영적인 족보는 모두 예수님으로부터 시작됨을 기억하십시오.
오늘도 믿음의 신앙을 더욱 자랑스럽게 여기며 사십시오.

- 주님, 주님이 나의 구세되심을 찬양하게 하소서!

오늘 특별 적용	
오늘 특별 감사	

하나님의 말씀에 대한 태도

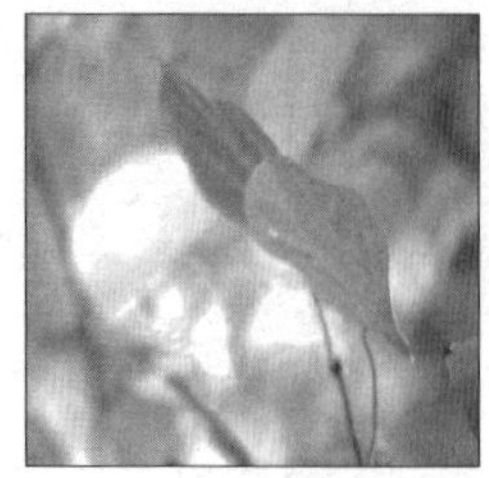

누가복음 1장 5절부터 25절 읽기.
❶ 가브리엘은 요한이 어떤 삶을 살 것이라고 하였는가?(14-17)
❷ 하나님을 의심하였던 사가랴에게 어떤 일이 일어났는가?(18-20)

'이솝우화'에 나오는 박쥐에 대한 이야기입니다.

숲속의 땅에 사는 짐승과 날 짐승 사이에 다툼이 일어났는데 초반에는 땅에 사는 짐승이 더 우세했습니다. 박쥐는 땅에 사는 짐승들을 찾아가 "난 쥐와 닮았으니 땅에 사는 짐승이야."라고 말하며 그 쪽 편에 붙었습니다. 그런데 시간이 흐르자 점차 날 짐승 쪽으로 우세해졌습니다. 안되겠다 싶은 박쥐는 곧 날 짐승을 찾아가 "나에겐 날개가 있으니 나는 짐승이야."라고 말하며 날 짐승 편에 붙었습니다. 그런데 다음날 땅에 사는 짐승과 날짐승 사이에 극적으로 협상이 타결되어 숲속에는 다시 평화가 찾아왔습니다. 하지만 박쥐가 사실은 상대편이었다는 것을 알게 된 양쪽 편 짐승들은 모두 박쥐를 미워했고 결국 박쥐는 숲 속을 떠나게 되었습니다.

기회주의자의 이중적인 처세술을 꼬집은 이솝의 이야기이지만 오늘날 우리의 믿음 생활에 대해 많은 교훈을 주고 있습니다.

누가복음 1장 5절부터 25절에는 요한의 출생이 예고되어 있는데, 이 부분은 이삭의 출생을 연상케 합니다. 하나님의 천사가 사가랴에게 나타나 "아들을 낳을 것"이라고 하자, 사가랴는 "내가 이것을 어떻게 알리요 내가 늙고 아내도 나이 많으니이다."라고 하며 수긍하질 않았습니다(눅1:18). 그래서 사가랴는 말씀이 이루어질 때까지 벙어리가 되었습니다. 우리는 이 말씀을 통해 하나님의 말씀에 대해 가져야 할 세 가지 태도를 배울 수 있습니다.

첫째, 하나님의 말씀을 사람의 생각으로 믿어선 안 됩니다.

하나님께서 아브라함에게 아들을 주시겠다고 하자 그는 웃으면서, "100세 된 사람이 어찌 자식을 낳을까... 사라는 90세니 어찌 생산하리요."라고 중얼거렸습니다. 아내인 사라도 웃고 말았습니다. 하나님을 믿는다고 말했지만 박쥐처럼 사람의 편에 서서 사람의 이성으로 생각했기 때문입니다. 사람의 생각을 고집할 때 우리는 하나님의 약속을 믿지 못하게 되고 그것을 비웃게 됩니다. 하나님의 말씀 앞에서는 자신의 생각을 포기하십시오. (창17:15-18/18:12)

둘째, 하나님의 전지전능함을 인정해야 합니다.
예수님을 주님으로 영접한 뒤에도 그분의 말씀을 믿지 못하는 것은 하나님의 능력을 진정으로 인정하고 있지 않기 때문입니다. 그러나 하나님은 우리의 환경을 넘어 기적을 행하시는 분임을 믿어야 합니다. 말로만 "하나님의 능력으로는 못할 일이 없다."고 말하지 말고 나의 능력과 자신의 환경을 넘어서 역사하시는 하나님의 능력을 인정하십시오. (시81:10)

셋째, 말씀을 온전히 받아들여 믿어야 합니다.
사람의 생각을 버리고 하나님의 전지전능함을 인정할 때 말씀이 온전히 이루어집니다. 아브라함처럼 말로는 전지전능하신 하나님이라고 한 뒤 마음속으로는 비웃는 것이 아니라, 항상 입술의 고백에 걸맞은 믿음을 가지십시오. (창17:1,18/시71:23)

우리는 본문을 통해 하나님의 말씀에 대해 가져야할 세 가지 태도를 배웠습니다. 하나님께 속했는지 세상에 속했는지, 알 수 없는 박쥐와 같이 애매한 태도를 취하는 것이 아니라, 죄에 대하여는 단호한 태도를 취하는 확실히 하나님께 붙어있는 믿음의 삶을 살아야 합니다.
오늘도 행동으로 믿음을 증명하는 삶을 사십시오.

- 주님, 하나님의 말씀을 가볍게 여기지 않게 하소서!

오늘 특별 적용	
오늘 특별 감사	

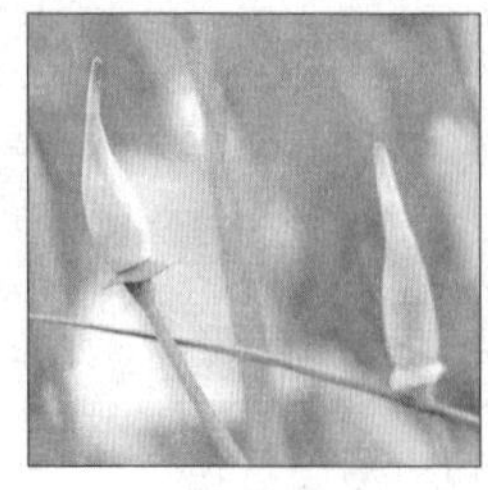

하나님의 예언과 관련된 상황

누가복음 1장 26절부터 39절(마1:18-25참조) 읽기.
❶ 천사가 마리아에게 전한 소식은 무엇이었는가?(30-33)
❷ 마리아의 반응은 어떠했는가?(37)

영국의 과학자 조셉 톰슨은 음극선 실험으로 전자를 발견한 공로를 인정받아 노벨 물리학상을 받았습니다. 그는 노벨상을 받은 이후에도 영국의 케임브리지 대학교에서 학생들을 가르쳤습니다. 그런데 노벨상을 수상한 지 오랜 시간이 지난 뒤에 한 학생이 강의 시간에 손을 들고 물었습니다.

"교수님, 지금까지 발견한 것들 중 어떤 것이 가장 놀라운 업적이라고 생각하십니까?"

학생들은 아마도 노벨상을 타게 해준 전자의 발견 같은 것들이 나오리라 생각했지만 톰슨의 대답은 전혀 의외였습니다.

"내가 발견한 것 중 가장 놀라운 것은 바로 예수님이 우리를 구원하기 위해 이 땅에 오셨다는 사실이네. 이것만큼 사람들을 변화시키고 놀라게 할 수 있는 일은 아무것도 없다네."

톰슨의 고백을 통해 우리는 예수님의 오심이 인류 역사상 가장 놀랍고 위대한 사건임을 알 수 있습니다.

누가복음 1장 26절부터 38절에는 예수님의 탄생 예고가 기록되어 있습니다. 31절을 보면 "보라, 네가 수태하여 아들을 낳으리니 그 이름을 예수라 하라."고 분명히 예수님의 탄생이 예고되었습니다. 아담의 때부터 이 땅에 오기로 약속하신 「여인의 후손」이 침묵기를 거쳐 드디어 이 땅에 오심으로 예언이 성취된 것입니다(갈4:4/창3:15). 우리는 하나님의 예언과 관련해 세 가지 상황을 생각해 볼 수 있습니다.

첫째, 하나님의 말씀을 따를 때 때로는 위험이 따릅니다.

천사가 마리아에게 나타나서 「구세주의 임신」소식을 전했을 때, 마리아는 "주의 계집종이오니 말씀대로 내게 이루어지이다."라고 담대하게 받아들였습니다. 하지만 당시 시대상황으로 볼 때 이것은 매우 위험한 일이었습니다.

결혼을 앞둔 스무 살도 안 된 처녀가 임신했다는 사실이 알려질 경우 마리아는 목숨을 잃을 수도 있었습니다. 이처럼 하나님께 순종할 때 때때로 위험이 따른다는 것을 기억하십시오.(눅1:38/에4:16/단3:15)

둘째, 하나님의 말씀을 성취하기 위해서는 헌신이 필요합니다.
마리아는 자신에게 처한 위험을 누구보다도 더욱 잘 알고 있었지만 그럼에도 순종했습니다. 당시에는 간음한 사람은 돌로 쳐 죽이는 법이 있었기에 이 순종은 죽음보다도 강한 믿음이 필요 했습니다. 자신이 헌신함으로 예수님이 세상에 올 수 있다는 사실을 알고 있었기 때문에 가능한 순종이었습니다. 하나님은 우리를 통해 말씀을 이루시기를 원합니다. 믿음의 확신이 생길 땐 과감히 헌신하십시오.(출3:8,9/고후11:2)

셋째, 하나님의 말씀을 성령으로 깨달아야 합니다.
약혼자인 요셉이나 요한의 어머니인 엘리사벳은 마리아의 임신 사실을 머리로 이해한 것이 아니라 성령의 충만함으로 깨달았습니다. 오늘날 우리들에게도 말씀을 그대로 받아들이기에 힘든 부분들이 많이 있지만 그럴 때마다 성령 하나님을 구한다면 말씀을 깨닫고 하나님을 찬양하게 될 것입니다. 성령을 통해 말씀을 깨닫길 간구하십시오.(마10:20)

오늘 본문을 통해 먼저 성령으로 말씀을 이해하고, 때로는 위험이 있음을 감수하고, 말씀을 따르는 헌신하는 삶을 살아야 함을 배웠습니다. 우리의 생각과 상황을 따르기보다는 언제나 시선을 하나님께 향하고 있어야 합니다(눅1:41/고전12:3/잠3:5-7).
오늘도 다른 사람들보다, 나 자신보다도 하나님을 먼저 생각하십시오.

- 주님, 하나님을 먼저, 이웃을 먼저 생각하며 살게 하소서!

오늘 특별 적용	
오늘 특별 감사	

배려의 특징

누가복음 1장 39절부터 56절 읽기.
❶ 마리아는 자기에게 일어난 일을 인하여 하나님께 무엇을 드렸는가?(47,48)
❷ 마리아는 하나님을 우리에게 어떻게 소개하였는가?(49–55)

조안 C. 존스가 쓴 '인생의 지침'이란 책에는 배려에 대한 아름다운 이야기가 나옵니다. 저자가 간호대학 다니던 어느 날 교수님이 예고에도 없는 쪽지시험을 치렀다고 합니다. 평소에 공부를 열심히 해왔던 저자는 빠짐없이 정답을 적어나가기 시작했는데 마지막 문제를 보고는 당황할 수밖에 없었습니다. "학교 미화원 아주머니의 이름이 무엇인가?"라는 질문이 나왔기 때문입니다. 모든 학생들은 그 문제가 교수님의 장난이라고 생각했습니다. 하지만 교수님은 그 문제가 정식문제이며 당연히 점수에도 들어간다고 말했습니다.

"여러분은 앞으로 간호사가 되어 수많은 사람들을 만나게 됩니다. 그런데 그 중 중요하지 않은 사람은 한 사람도 없습니다. 그 사람이 미화원 아줌마라 해도 마찬가지입니다. 작은 미소와 인사가 해줄 수 있는 전부라도 언제나 남을 배려하는 사람이 되어야 합니다."

저자는 '도로시'라는 미화원 아주머니의 이름과 함께 교수님의 이 말을 평생 잊지 않았다고 합니다. 교수님의 말처럼 서로를 배려하는 모습은 정말로 아름답습니다.

성경에도 이렇게 서로를 배려하는 사람들에 대한 많은 이야기가 있습니다.

누가복음 1장 39절부터 56절에는 엘리사벳과 마리아의 찬양이 기록되어 있는데 두 사람이 서로를 축복하는 아름다운 배려의 모습이 나옵니다. 우리는 이 말씀을 통해 배려에 관한 세 가지를 알 수 있습니다.

첫째, 배려는 서로 존중하는 마음에서 나옵니다.
마리아와 엘리사벳은 서로를 존중했습니다. 엘리사벳은 자신의 아이가 마리아가 낳을 예수님을 섬기게 될 것이라는 걸 알았지만 전혀 개의치 않고 마리아를 축복했습니다. 마리아도 엘리사벳을 통해 말씀대로 이루시는 하나님의 능력을 알 수 있었기에 둘은 석 달간을 함께 머물며 깊은 교제를 나눴습니다.

존중을 통해 배려가 시작됩니다. 언제나 만나는 사람들을 먼저 존중하십시오. (눅1:42,1:56/삼상20:12).

둘째, 배려는 하나님의 섭리입니다.
마리아는 천사의 말을 듣고 엘리사벳을 찾았습니다. 엘리사벳도 역시 하나님의 섭리로 마리아가 예수님을 낳는다는 것과 자신의 아들이 그분을 섬기게 되리라는 것을 알고 있었습니다. 이렇든 모든 만남은 하나님의 계획인 섭리입니다. 따라서 우리의 모든 만남을 소중한 하나님의 섭리로 이해하고 서로 배려해 하나님의 뜻을 이루십시오. (눅1:36/눅1:17,43)

셋째, 배려는 환경과 관계없는 기쁨과 평안이 있습니다.
마리아나 엘리사벳이 처한 상황은 기쁨과 평안이 아닌 두려움과 수치심이 가득해야 했습니다. 엘리사벳은 이미 나이가 많아 난산의 두려움이 있었고, 마리아는 오해로 인해 죽음을 당할 수도 있었습니다. 하지만 본문을 보면 그런 상황 속에서도 하나님을 기쁨으로 찬양하는 이들의 모습을 볼 수 있습니다. 하나님으로부터 오는 평안은 세상이 주는 평안과 같지 않습니다. 하나님 말씀에 대한 믿음이 있고, 늘 마음에 새기고 산다면 환경과 상황이 어쩔 수 없는 평안과 기쁨이 찾아옵니다. 더욱 더 주님 안에 거하기를 바라십시오(요14:27/창18:5).

오늘 본문을 통해 믿음은 상황에 따른 순간적인 결단이 아니며 하나님께 대한 자신의 인격적 신뢰임을 배웠습니다. 그럴 때에 하나님에 대한 변하지 않는 신뢰로서의 믿음이 생깁니다. 그 믿음이 우리에게 기쁨과 평안을 줍니다. 오늘도 어려운 일이 닥칠지라도 하나님으로 인하여 오히려 기뻐하는 삶을 사십시오.

- 주님, 배려함을 통해 평안과 기쁨을 맛보게 하소서!

오늘 특별 적용	
오늘 특별 감사	

하나님의 사람의 영향력

누가복음 1장 57절부터 80절 읽기.
❶ 의심했던 사가랴가 하나님께 순종하자 어떤 일이 일어났는가(64)
❷ 성령의 충만함을 입었던 사가랴는 제일 먼저 무엇을 하였는가?(68)

생전에 많은 사람들에게 영향력을 끼친 두 명의 사람이 있습니다.

한 명은 흑인인권운동가 마틴 루터 킹 목사인데 그는 부당한 차별을 당할지라도 불법 폭력시위를 벌여서는 안 된다고 사람들에게 말했습니다. 마틴 루터 킹 목사의 연설을 통해 많은 흑인들은 폭력시위 대신 합법적인 방법으로 자신들의 권리를 주장했습니다. 마틴 루터 킹 목사는 많은 사람들에게 선한 영향력을 끼쳐 옳은 길로 인도했고, 또 하나님을 믿게 만들었습니다.

다른 한 명은 인도 건국의 아버지 간디입니다. 당시 독립 문제를 놓고 내외적으로 많은 유혈사태가 벌어지고 있었는데 간디는 기독교 사상에 영향을 받은 비폭력 무저항주의를 통해 이 문제들을 해결했습니다. 간디는 예수님에 대해서도 존경하는 마음을 가지고 있었지만 기독교인들의 모습에 실망을 느껴 힌두교인으로 남았습니다. 만약 간디가 기독교를 믿었다면 10억에 가까운 인도인들 중 많은 사람들이 하나님을 믿었을 것입니다.

평범한 사람들도 일생동안 만 명이 넘는 사람들에게 영향력을 끼친다고 합니다. 우리 그리스도인들은 하나님의 말씀을 따라 선한 영향력을 끼치기 위해 더욱 노력해야 합니다.

누가복음 1장 57절부터 80절에는 세례(=침례/이후 「세례」로 통일) 요한의 출생과 그 아버지 사가랴의 찬양이 기록되어 있습니다. 우리는 여기에서 하나님의 사람을 통해 일어나는 세 가지 일을 살펴볼 수 있습니다.

첫째, 하나님의 사람이 나타나면 구원의 소식이 퍼집니다.

예수님은 우리의 죄의 문제를 해결하기 위해 이 땅에 오셔야 했습니다. 그리고 요한은 그 길을 예비하는 자였습니다. 하나님의 길을 예비하는 사람은 마땅히 이 기쁜 소식을 전해야 합니다. 오늘을 살아가는 하나님의 제자로써 때를 얻든지 못 얻든지 구원의 기쁨을 두루두루 전하십시오.(눅1:71,1:77/딤후4:2)

둘째, 하나님의 사람이 나타나면 사람들을 변화시킵니다.
요한의 말을 듣고 사람들은 회개를 하고 세례를 받았습니다. 요한은 사람들에게 예수님의 오신다는 기쁜 소식을 전했고, 본분을 지키며 거룩하게 주님을 기다릴 것을 얘기했습니다. 하나님의 사람은 이처럼 사람들을 선하게 변화시킵니다. 어느 장소에서나 예수님의 본을 보임으로 선한 영향력을 끼치십시오. (눅3:18/행14:18)

셋째, 하나님의 사람이 나타나면 기쁨과 소망이 생깁니다.
하나님의 사람이 나타나면 모든 문제가 해결되고 기쁨의 소망이 생깁니다. 하나님의 사람이 전하는 것은 바로 기쁨의 복음이며 이 복음은 죄를 사하고, 원수의 손에서 건지며, 하나님을 두려움 없이 의롭게 섬기게 하기 때문입니다. 어두운 세상을 밝게 비추는 빛과 같은 하나님의 사람이 되십시오. (눅1:71,1:75,1:77)

오늘 본문을 통해 하나님의 사람이 나타낼 때 일어나는 세가지 일에 대해서 배웠습니다. 하나님의 사람은 세상을 변화시켜야 합니다. 예수님처럼, 요한처럼 사람들에게 본을 보임으로 선한 영향력을 끼쳐야 합니다.
오늘도 우리 생활의 모든 부분을 통해서 하나님의 권능을 드러냅시다.

- 주님, 생활의 모든 부분에서 하나님의 사람임을 드러내게 하소서!

오늘 특별 적용	
오늘 특별 감사	

시간을 대하는 자세

누가복음 2장 1절부터 7절(마1:18–25참조) 읽기.
❶ 예수 그리스도께서 어느 지방에서 탄생하셨는가?(3–4)
❷ 어떻게 탄생하셨는가?(5–7)

시간에 관한 명언들을 몇 가지 소개하겠습니다.
"시간은 인간이 쓸 수 있는 가장 값진 것이다." - 테오프라스토스
"다른 사람을 평가할 시간에 다른 사람을 사랑하십시오." - 테레사
"이른 아침은 입에 황금을 물고 있다." - 벤자민 프랭클린
"「시간이 없어서」라는 변명만큼 못나고 어리석은 것도 없다." - 에디슨
이 명언들은 모두 시간의 가치에 대해서 말하고 있습니다. 시간은 우리가 사용할 수 있는 가장 귀한 것이며 소중한 것입니다. 그런데 간혹 사람들은 하나님께 시간을 드리는 것을 아까워합니다. 너무 바쁘다는 핑계로 예배를 소홀히 하고, 자기계발을 위해 아침에 일어나 공부와 독서를 하지만 Q.T.를 통한 묵상은 하지 않습니다. 하지만 시간이 그렇게 중요한 것이라면 나를 위해 사용하기보다는 당연히 먼저 하나님을 위해 사용해야 합니다.
사람들은 시간을 관리함으로 자신이 주인인 인생을 계획하고 살아가려 하지만 사실 모든 것은 하나님의 계획안에 속해 있습니다. 그러므로 우리는 불안한 미래를 대비하기 보다는 먼저 하나님을 섬기고 예배하는 일에 우선순위를 주어야 합니다.

누가복음 2장 1절부터 7절에는 예수님의 탄생 예고에 대해서 기록되어 있습니다. 뿐만 아니라 모든 때를 주관하시는 하나님의 놀라운 섭리가 매우 명확히 나와 있습니다. 이 모든 것은 그저 우연히 이루어진 것이 아니라, 몇 천 년 전부터 예언되었던 바가 하나하나 정확하게 성취된 것입니다. 우리는 여기에서 시간을 대하는 세 가지 자세를 마음에 새겨야겠습니다.

첫째, 주님을 위한 시간을 가장 중요하게 생각하십시오.
하나님은 모든 만물의 주인이십니다. 언제나 그 사실을 잊으면 안 됩니다. 우리는 창조주 하나님께 감사하는 마음으로 가장 먼저 그분을 위한 시간을 중

요하게 여겨야 합니다. 아무리 삶이 바쁘다 할지라도 주님께 순종할 시간조차 없다면 그 인생은 잎만 무성한 무화과나무에 불과합니다. 예배를 삶의 최우선으로 놓고, 매일 아침 큐티를 통해 주님을 만나십시오.(마21:19-20/시63:6)

둘째, 다가올 미래로 인해 두려워하지 마십시오.
"너희는 먼저 그의 나라와 그의 의를 구하라 그리하면 이 모든 것을 너희에게 더하시리라."는 말씀은 귀가 닳도록 들어온 말씀입니다. 하지만 미래의 대한 두려움 때문에 우리는 이 말씀을 실천하지 못합니다. 이스라엘 백성들도 예언된 메시아가 오랜 시간 오지 않자 두려워했지만 예수님은 결국 이 땅에 오셨습니다. 미래를 확실히 책임져 주시는 주님임을 믿으십시오.(마6:33/잠2:7/수6:16)

셋째, 합력하여 선을 이루는 섭리를 믿으십시오.
우리가 사는 세상은 어찌 보면 제멋대로 돌아가는 것 같습니다. 사람들의 이기심과 욕심에 의해 어딘가 잘못되어 가고 있어 보입니다. 하지만 사실 이 모든 것 뒤에는 오묘한 하나님의 섭리가 있습니다. 모든 일이 우연히 일어나는 것처럼 보여도 크신 하나님의 섭리를 이루어 가고 있는 것입니다. 모든 상황에서 하나님의 뜻을 깨닫기를 바라는 마음으로 주님을 의지하는 삶을 사십시오.(눅2:1-4/롬8:28)

오늘 본문을 통해 시간을 대하는 세 가지 자세에 대해 배웠습니다. 모든 시간 속에는 하나님의 섭리가 있습니다. 언제나 마음의 최고자리에 예수님을 모셔야 한다는 사실을 절대로 잊지 마십시오.
오늘도 주님을 주님으로 모시며 사십시오.

- 주님, 주님을 진정한 저의 구주로 고백하게 하소서!

오늘 특별 적용	
오늘 특별 감사	

하나님을 경배하는 방법

누가복음 2장 8절부터 20절 읽기.
❶ 천사들로부터 기쁜 소식을 전해들은 목자들이 어떤 반응을 나타냈는가?(15,16)
❷ 목자들은 자기들에게 일어난 일을 인하여 궁극적으로 무엇을 하였는가?(20)

훌륭한 그리스도인 애국자 도산 안창호 선생에게 한 청년이 물었습니다.

"선생님, 나라를 되찾기 위해 큰일을 하고 싶습니다. 저와 국민들은 지금 무엇을 해야 할까요?"

안창호 선생은 일말의 망설임도 없이 대답했습니다.

"가장 중요한 일은 지금 하고 있는 일을 열심히 하는 것입니다. 시장에서 장사하는 사람은 최선을 다해 장사를 하고, 농촌에서 농사짓는 사람은 최선을 다해 농사를 지으면 됩니다. 사람들이 각자의 일을 충실히 할 때 나라의 기반이 잡히고 건강해집니다. 그러면 곧 나라도 되찾게 될 것입니다."

우리는 때로 너무 거창하게 생각하다가 오늘 해야 할 일을 놓쳐버리기가 쉽습니다.

이것은 그리스도인의 삶에서도 마찬가지인데, 아기 예수께 맨 먼저 경배한 목자들의 삶을 통해서 우리는 소중한 교훈을 얻을 수 있습니다.

누가복음 2장 8절부터 20절에는 성탄절 찬양이나 성극에 자주 등장하는 목자들의 이야기가 나옵니다. 그런데 선한 목자이신 예수님을 목자들이 맨 처음에 경배한 이 영광은 그저 우연의 일치로 일어난 것이 아닙니다. 우리는 목자들의 생활을 통해 하나님을 경배하는 세 가지 방법을 살펴볼 수 있습니다.

첫째, 신실한 삶을 살아야 합니다.

말씀을 보면 "목자들이 밤에 자기 양떼를 지키더니"라고 했습니다. 목자들은 자기 양을 위해서 졸음을 쫓아내며 맡은 임무를 성실하게 하고 있었습니다. 자신의 할 일을 최선을 다하는 것이 신실함입니다. 주님이 주신 소명에 충성할 때 우리는 하나님의 영광에 동참하게 되는 것입니다. 맡은 일에 언제나 최선을 다하십시오.(눅2:14,18/히3:5/요삼1:5)

둘째, 하나님을 기다리는 삶을 살아야 합니다.
목자들에겐 높은 학식은 없었지만 하나님의 말씀을 들음으로 구세주의 탄생을 믿었습니다. 목자들이 예수님의 탄생에 대한 말씀을 믿고 있었기에 크게 놀라지 않고 곧 예수님을 찾아가 경배할 수 있었습니다. 정작 높은 학식을 가지고 있던 왕궁의 박사들은 동방박사들의 말을 듣고 나서야 깨달았습니다. 하나님을 사모하는 마음이 높은 학식보다 더 지혜롭습니다. 하나님을 맞이할 준비를 하는 삶을 살아가십시오.(눅2:25)

셋째, 깨달음을 실천하는 삶을 살아야 합니다.
목자들은 "빨리 가서" 구유에 누인 아기를 찾았습니다(16절). 하나님의 말씀에 즉각적으로 순종한 것입니다. 이처럼 하나님의 말씀을 곧 실천하는 삶을 살아야 하나님의 은혜를 누리고 영광 돌리는 삶을 살게 됩니다(20절). 미루지 말고 즉시 순종하는 삶을 사십시오.(눅2:16,20)

오늘 본문을 통해 하나님을 경배하는 세 가지 방법에 대해서 배웠습니다. 어떤 상황에서도 하나님의 소명을 따라 살아야 함을 잊지 마십시오.
오늘도 우리의 삶을 하나님께 향기로운 제사로 드리기 위해 노력하십시오.

- 주님, 하나님이 보시기에 좋은 삶을 살게 하소서!

오늘 특별 적용	
오늘 특별 감사	

영적 분별력을 얻는 방법

누가복음 2장 21절부터 39절 읽기.
❶ 예수 그리스도를 본 시므온이 어떤 찬양을 드렸는가?(29–32)
❷ 안나는 예수 그리스도를 누구에게 소개하였는가?(38)

'내 영혼의 119'라는 책에 나오는 예화입니다.

한 남자가 주유소에 잠시 들렀는데 주유를 하는 도중 화장실에 가며 직원에게 차 유리를 닦아달라고 부탁했습니다. 그런데 화장실을 다녀온 뒤에도 차 유리가 여전히 더러웠습니다. 남자는 조금 기분이 나빴지만 다시 한 번 직원을 불러 유리가 아직 더러운 것 같으니 다시 닦아 달라고 부탁했습니다. 그런데 여전히 유리는 더러웠습니다. 남자는 더 이상 참지 못하고 폭발했습니다. "유리를 닦아달라고 몇 번이나 말해야 합니까! 당신은 주유소에서 일하면서 차 유리를 닦을 줄도 몰라요?"

직원은 깜짝 놀라 안절부절 했습니다. 남자는 있는 대로 화를 내고는 집으로 돌아왔는데 그만 자신이 큰 실수를 했다는 것을 깨달았습니다. 더러운 것은 차 유리가 아니라 자신의 안경이었습니다. 직원이 정성들여 닦은 유리는 너무나도 깨끗했습니다. 남자의 부끄러운 실수는 무엇이 더러워 졌는지 올바로 분별할 수 없었기 때문에 일어났습니다.

믿음생활의 부끄러운 실수를 피하기 위해선 진리를 분별하는 능력이 필요합니다.

누가복음 2장 21절부터 39절에는, 태어난 지 8일째 되는 날에 예수님이 성전에 드려지는 상황이 기록되어 있습니다. 우리는 여기에서 영적인 분별력을 얻는데 필요한 세 가지 교훈을 배울 수 있습니다.

첫째, 말씀을 바로 읽어야 합니다.

예수님의 나심을 듣고 바로 찾아오던 사람들은 모두 말씀을 알고 있던 사람들입니다. 하나님은 성경을 통해 오늘도 우리에게 말씀하고 계십니다. 말씀은 언제나 정확한 뜻을 이해하며 전후문맥까지 함께 읽어야 온전히 이해가 됩니다. 부분적인 해석을 성급히 내려 잘못된 판단을 하는 어리석음을 범하

지 마십시오.(마22:29/고전2:2)

둘째, 경건함을 추구해야 합니다.
헌아례를 하기 위해 예수님을 안고 성전에 올라갔을 때, 시므온과 안나는 곧 예수님을 알아보았습니다. 시므온과 안나가 이렇게 예수님을 보자마자 구세주임을 확신할 수 있었던 것은 경건하고 의로운 삶을 통해 성령 충만했기 때문입니다. 이처럼 우리 삶이 경건할 때 영적으로 올바른 분별을 할 수 있습니다. 내 안에 계시는 성령님의 인도를 따라 승리하는 삶을 살아 나가십시오.(눅2:30,35,38/롬5:6)

셋째, 진심이 담긴 마음을 드려야 합니다.
성경을 보면 하나님은 사람의 중심인, 마음을 보심을 알 수 있습니다. 하나님은 사람의 지식이나 재물, 환경을 보지 않으시고 주님을 사모하는 마음만을 보십니다. 또 이런 마음이 있어야 "밭에 숨겨진 보화를 발견하고, 극히 값진 진주를 찾은 것"과 같이 진리를 발견할 수 있습니다. 주님께 진심이 담긴 찬양을 드리십시오.(마13:44,45-46/요4:24)

오늘 본문을 통해 올바른 분별력을 얻는 세 가지 방법을 배웠습니다. 이와 같이 하나님을 섬기는 것은 보이는 행위 뿐 아니라 그 속에 담긴 진심과 생각이 더욱 중요합니다.
오늘도 하나님께 온전히 드려지는 생활이 되도록 하십시오.

– 주님, 저의 마음이 주님께 가장 값진 선물임을 알게 하소서!

오늘 특별 적용	
오늘 특별 감사	

010

구세주 탄생과 사람들의 반응

마태복음 2장 1절부터 12절 읽기.
❶ 동방박사들은 예수님을 어떻게 생각하고 있었으며 주님께 무엇을 드리기 원했는가?(2)
❷ 동방박사들을 예수님께로 인도한 것은 무엇인가?(10)

동물들은 사람에 비해서 엄청나게 뛰어난 신체능력을 가지고 있습니다. 높은 하늘을 날아다니는 말똥가리는 땅바닥에 있는 도마뱀이나 딱정벌레 등 작은 벌레를 잡아먹고 사는데, 사람보다 8배나 시력이 좋기 때문에 공중에서도 먹이를 정확하게 포착할 수가 있습니다.

또 개의 후각은 사람보다 40배나 예민해서 사람은 못 느끼는 냄새도 느낄 수 있습니다. 또 이런 신체능력 뿐만 아니라 감도 매우 예민해서 쥐와 같은 동물은 화산폭발이나 지진이 일어나기 전에 먼저 알아채고 피난을 한다고 합니다. 비록 사람과 같이 생각하는 능력은 없지만 각자 살아나가는데 필요한 능력을 하나님이 알맞게 주셨기 때문입니다.

동물이 사람보다 더 발달된 부분이 있는 것처럼 사람끼리도 서로 다른 능력을 가지고 있습니다. 어떤 사람은 아주 작은 맛의 차이도 알아내지만 어떤 사람은 큰 차이도 알아내지 못합니다.

이것은 영적인 부분에서도 마찬가지입니다. 어떤 사람은 하나님의 뜻을 재빠르게 느끼고 민감하게 반응하지만, 어떤 사람은 영적으로 너무나 둔감하여 하나님이 아무리 신호를 주어도 그것을 느끼지 못합니다. 예수님의 탄생소식을 듣고도 많은 사람들이 다양하고 상반된 반응을 보였습니다.

마태복음 2장 1절부터 12절까지 기록된 말씀은 경배하러 온 동방박사에 대한 이야기입니다. 우리는 이 말씀의 전후 상황을 생각해봄으로 구세주의 나심을 들은 사람들이 다음과 같은 세 가지 부류로 나누어 졌음을 알 수 있습니다.

첫째, 구세주의 나심을 듣고 경배하러 온 사람들입니다.
동방박사들은 이방인이었지만 가장 먼저 예수님을 찾아와 경배 드렸습니다. 이것은 깨어있는 사람이라면 누구든지 하나님의 은혜를 입을 수 있다는 것을 뜻합니다. 또한 이것은 예수님의 구원이 유대인만이 아니라 모든 나라와 민족을 그 대상으로 하고 있음을 보여줍니다. 기쁜 소식에 경배함으로 참예하는 자가 되십시오.(롬1:16/출23:24)

둘째, 구세주의 탄생 소식을 듣고 염려하는 사람들입니다.
구주의 탄생소식을 듣는다면 당연히 기뻐함으로 달려와야 할 것입니다. 하지만 구주의 나심을 들은 헤롯왕은 깊은 근심에 빠졌고, 온 예루살렘은 술렁거렸습니다. 그들은 구주의 탄생으로 인해 기뻐하기보다는 오히려 자신의 안위를 걱정하기에 바빴습니다. 이런 마음가짐은 하나님을 영접하는데 큰 방해가 됩니다. 두려워말고 진리를 따르는 사람이 되십시오.(행5:1,2/욘1:3)

셋째, 구세주의 탄생을 머리로만 받아들이는 사람들입니다.
성경 지식이 뛰어났던 대제사장과 서기관들은 그리스도가 베들레헴에 태어날 것을 알았습니다. 그러나 그들은 경배하러 가지 않았습니다. 그들은 말씀을 행하지 않고 듣기만 하여 자신을 속이는 사람이 되었습니다. 믿고 또 행하는 사람이 되십시오.(약1:22/마2:6)

오늘 본문을 통해 구세주의 나심을 듣고 반응한 사람들의 세 가지 부류에 대해 배웠습니다. 구세주의 나심을 머리로만 이해하거나 자신만을 걱정하는 사람이 되지 말고 기쁨으로 가장 먼저 경배하는 사람이 되어야 합니다.
오늘도 실천하는 그리스도인이 되도록 합시다.

- 주님, 구원의 기쁨을 항상 느끼며 살게 하소서!

오늘 특별 적용	
오늘 특별 감사	

하나님의 약속의 특징

마태복음 2장 13절부터 23절(눅2:39참조) 읽기.
❶ 아기 예수에게 어떤 일이 일어났는가?(13–15)
❷ 예수님께서 어린 시절을 어디에서 보내셨는가?(19–23)

캄보디아에서는 '킬링필드(죽음의 뜰)'로 불리는 대량학살이 1975년에 일어났습니다. 4년 간 200만 이나 되는 목숨을 앗아간 이 참혹한 사건은 캄보디아에 파견되어 있던 뉴욕 타임즈의 기자 시드니 쉔버그에 의해서 세상에 알려졌습니다. 당시 지도자였던 폴 포트는 '농민 천국'을 건설한다는 명목 아래 종교, 화폐, 사유재산, 종교를 폐지하며 사람들의 모든 자유를 억압했습니다. 킬링필드 학살은 조금이라도 반항하는 사람들을 모두 죽이기 위해 생긴 것입니다. 한 지도자의 잘못된 욕심 때문에 이처럼 슬픈 일이 벌어졌습니다. 예수님이 탄생하신 베들레헴에서도 이런 슬픈 일이 일어났습니다. 구세주가 이 땅에 태어났다는 소문을 듣고 왕의 자리를 뺏길까봐 염려한 헤롯왕이 베들레헴의 두 살 이하의 어린아이들은 모두 죽이라는 끔찍한 명령을 내렸기 때문입니다.

마태복음 2장 13절부터 23절에는 동방 박사들이 예수님을 경배하고 간 후에, 천사가 요셉의 꿈에 나타나 애굽으로 피하라고 일러준 이야기가 나옵니다. 동방박사들이 헤롯에게 예수님이 나신 곳을 알려주지 않자 헤롯은 베들레헴의 아기들을 모두 죽이라는 끔찍한 명령을 내렸습니다. 하지만 예수께서는 이미 애굽으로 피한 뒤였고 헤롯이 죽은 다음에 나사렛에서 생활하게 되었습니다. 우리는 여기에서 하나님의 약속에 대한 세 가지를 살펴볼 수 있습니다.

첫째, 하나님의 약속을 못 이루게 하려고 사단은 온갖 방법을 씁니다. 예수님께서 이 땅에 나시자마자 마귀는 헤롯을 이용해 아기 예수님을 죽이려고 했지만 다른 나라로 피하심으로 마귀는 실패했습니다. 그 후 예수님께서 광야에서 40일 금식 중에도 세 가지 유혹을 받았습니다. 마귀는 마지막까지 베드로를 통해 하나님을 뜻을 방해했습니다. 예수님을 노리듯이 사단은 지금도 우리를 노리고 있음을 깨닫고 언제나 주의하십시오.(마4:1-11/마16:23/막 1:12-13/눅4:1-13)

둘째, 하나님은 완벽한 대비책을 마련해놓는다고 약속하셨습니다.
모든 지각에 뛰어나신 하나님께서는 항상 마귀의 술책이 실패하게 방법을 마 련해 놓으셨습니다. 꿈을 통하여 아기 예수님을 피하게 하셨고 계속해서 보 호하셨습니다. 예수님이 십자가에서 죽으심으로 마귀는 자신이 승리한 줄 알았겠지만 예수님은 "다 이루었다"고 말씀하셨습니다. 어떤 문제든지 하 나님께서 이미 해결책을 마련해 놓으셨다는 사실을 믿으십시오.(요19:30/시 33:20,121:2)

셋째, 하나님의 약속은 완벽하게 이루어집니다.
십자가의 길은 고난의 길이고 패배의 길처럼 보입니다. 그러나 그것은 온 인 류에게 구원의 길을 활짝 열어놓는 완벽한 계획이었습니다. 때때로 하나님의 약속이 이루어지지 않거나 계획이 잘못된 것처럼 느껴질 수도 있습니다. 하 지만 이 모든 고통과 잘못을 통해서 하나님은 항상 더 큰 승리를 약속하십니 다. 실수하지 않는 하나님을 온전히 신뢰하십시오.(요일4:17)

오늘 본문을 통해 하나님의 약속의 성취를 통해 알 수 있는 세 가지를 배웠습 니다. 모든 것이 바뀌고 변하지만 하나님의 말씀과 사랑만이 영원히 변하지 않습니다(벧1:25).
오늘도 말씀을 잘 깨닫고 순종함으로 승리 합시다.

- 주님, 주님에 대한 신뢰가 순종으로 이어지게 하소서!

오늘 특별 적용	
오늘 특별 감사	

성도들에게 필요한 지침들

누가복음 2장 40절부터 52절 읽기.
❶ 의사인 누가는 예수 그리스도의 어린 시절을 어떻게 묘사
하였는가?(40)
❷ 예수 그리스도의 성장 모습을 깊이 살펴보라(52)

공자가 하루는 왕의 초청을 받아 마차를 타고 궁궐로 가고 있었습니다.
궁궐을 가기 위해선 시내를 돌아가야 했는데 거리에선 아이들이 몸으로 성벽
을 쌓는 놀이를 하고 있었습니다. 그런데 아이들로 인해 길이 막혀 마차가 갈
수 없게 되었고 다른 길로 돌아가자면 많이 돌아야 했습니다.

보다 못한 공자가 내려서 물었습니다.

"마차가 오는데도 어째서 길을 열지 않는 것이냐?"

그러자 그 중 지혜로워 보이는 한 아이가 나와서 말했습니다.

"마차가 성벽을 돌아간다는 얘기는 들은 적이 있어도 마차를 지나가게 하려
고 성벽을 헐었다는 얘기를 들은 적은 없습니다."

공자는 아이의 답변을 듣고 "나보다 네가 더 지혜롭구나, 마차가 돌아가는게
맞다."고 하며 아이를 칭찬해주었다고 합니다.

예수님에게도 어린 시절이 있었습니다. 성경에는 자세히 나와 있지 않지만
몇몇 말씀들을 통해 많은 사람들에게 사랑을 받는 지혜로운 소년시절을 보내
셨음을 알 수 있습니다.

누가복음 2장 52절은 예수님의 소년 시절에 대해서 "예수는 그 지혜와 그 키
가 자라가며 하나님과 사람에게 더 사랑스러워 가시더라"고 말하고 있습니
다. 예수님의 공생애기간은 장성하고 나서부터 시작되었지만 그전부터 지혜
와 사랑이 충만했던 것을 알 수 있습니다. 우리는 이 말씀을 통해 성도들에게
필요한 세 가지 지침을 알아볼 수 있습니다.

첫째, 지혜를 구해야 합니다.

예수님은 어렸을 때부터 지혜가 충만하여 어떤 질문에도 지혜로운 대답을 하
셨습니다. 이것은 주께서 항상 말씀을 사모하고 하나님의 집에 거하기를 즐
겨했기 때문입니다. 지혜를 통해 우리는 하나님께 나아갈 수 있는 바른 길을

알 수 있습니다. 말씀을 읽고 깨달음으로 지혜를 구하십시오.(눅2:47,49/약1:5/잠3:18)

둘째, 하나님의 기쁨이 되는 삶을 살아야 합니다.
우리 삶에서 가장 중요한 것은 하나님을 믿음으로 구원을 받는 것이고 또 하나님의 기쁨이 되는 것입니다. 그러기 위해선 하나님과 올바른 관계를 맺어야 하는데 이것은 곧 순종을 뜻합니다. 예수님이 언제나 하나님의 뜻을 따라 순종했던 것처럼 하나님께 항상 순종하십시오.(롬4:3/창6:9/욥1:8)

셋째, 사람들에게도 사랑받는 삶을 살아야 합니다.
예수님은 하나님뿐만 아니라 사람들에게도 사랑을 받으셨습니다. 때때로 신앙과 올바른 대인관계는 양립하기 어렵다고 생각되는 경우가 있는데 이것은 매우 위험한 생각입니다. 이 세상을 살아가는 동안에는 영성뿐 아니라 사회적인 관계 역시 조화를 이루는 것이 중요하기 때문입니다. 하나님뿐 아니라 사람과의 관계도 바르게 설 때 우리는 복음을 더 쉽게 전할 수 있고 더욱 행복한 삶을 살 수 있게 됩니다. 그러므로 신앙을 이유로 관계를 소홀히 하지 마십시오.(눅2:52/행9:39/행10:31)

오늘 본문을 통해 성도들에게 필요한 세 가지 지침을 배웠습니다. 영과 육, 사람들과의 관계가 모두 건강한 전인적인 성도가 되기를 항상 노력하십시오. 오늘도 삶의 모든 영역에서 그리스도의 향기를 품기는 사람이 됩시다.

- 주님, 예수님처럼 하나님을 사랑하게 하소서!

오늘 특별 적용	
오늘 특별 감사	

013

그리스도인의 사명

누가복음 3장 1절부터 14절(마3:1-11/막1:1-7참조) 읽기.
❶ 요한이 어떤 일을 하였는가?(3)
❷ 어떻게 하는 것이 진정한 회개인가?(10-14)

존 엘리어트 목사님은 목회를 하던 도중 세계 선교의 비전이 생겨 교회를 사임했습니다. 하지만 목사님을 사랑하는 성도들이 사임을 만류하며 좋은 집과 더 많은 사례비를 드릴테니 제발 남아달라고 부탁했습니다. 하지만 존 목사님은 "나의 사명은 아직 주님을 모르는 나라의 사람들에게 복음을 전하는 것입니다. 좋은 집과 많은 돈은 중요하지 않습니다."라고 말하며 선교를 떠났습니다. 목사님은 80세까지 계속해서 선교를 다녔고 이 후에 건강이 좋지 않아져 한 곳에 머물렀습니다.

세계를 돌아다니는 대신 목사님은 동네의 아이들을 불러 모아 말씀을 전하기 시작했습니다. 제자들은 존 목사님을 찾아와 지난 몇 십년간 쉬지 않고 일했으니 이제는 편히 쉬시라고 권유했지만 목사님은 단칼에 거절했습니다.

"나의 사명은 말씀을 전하는 것이고 몸은 비록 약하나 아이들에게 이야기해 줄 힘은 아직 남아 있네. 평생을 다해 사명을 감당하는 것이 성도의 본분일세. 나는 할 일을 하고 있을 뿐이네."

이렇듯 그리스도의 사명을 다하는 사람이 진정한 성도입니다.

누가복음 3장 1절부터 14절에는 예수님의 길을 예비하는 세례 요한에 대한 이야기가 나옵니다. 본문에 나오는 요한은 자신의 사명을 잘 이해하고 또 잘 감당했던 사람이었습니다. 우리는 이 말씀을 통해서 그리스도인의 사명에 대한 세 가지를 살펴 볼 수 있습니다.

첫째, 자신의 사명을 알아야 합니다.

오늘날 자신의 사명을 정확히 알고 있는 사람은 많지 않지만 요한은 자신의 사명을 잘 알고 있었습니다. 요한의 사명은 구세주에 대해서 사람들에게 알리고 그것을 예비케 하는 것이었습니다. 그래서 "너희는 주를 위해 길을 준비하라. 그의 길을 곧게 하라"고 외치며, 또한 "보라 세상 죄를 지고 가는 하나님의 어린양이로다"라고 세상에 외쳤습니다. 그리스도인으로서 나의 사명이 무엇인지를 먼저 생각하십시오. (요1:29/고전9:17)

둘째, 자신의 사명을 실천해야 합니다.
요한은 자신에 사명에 합당한 삶을 살았습니다. 그는 낙타 털옷을 입고 허리에 가죽 띠를 띠고 메뚜기와 산꿀을 먹으며 광야에서 살았습니다. 비록 힘든 생활이었지만 자신의 사명을 감당하기 위해 감내하고 실천할 수 있었습니다. 하나님의 뜻은 사명을 실천하는 사람들을 통해 이루어집니다. 하나님께서는 각자가 충분히 감당할 만큼의 사명을 주셨습니다. 두려워말고 곧 실천하십시오. (행5:29/히5:8)

셋째, 겸손함으로 자신을 높이지 않아야 합니다.
예수님은 여자에게서 태어난 사람 중에 요한보다 큰 사람이 없다고 말했습니다. 하지만 요한은 절대로 교만하지 않았고 오히려 더욱 낮아졌습니다. 요한은 자신이 예수님의 신발 끈을 풀어드릴 자격도 없다고 했습니다. 요한은 예수님보다 나이도 많았고 또 뛰어난 능력을 지닌 사람이었지만 절대로 교만하지 않고 오직 예수님의 사역만을 위한 삶을 살았습니다. 언제나 교만하지 않도록 조심하십시오. (마11:11/마11:11/막1:7/요3:39)

오늘 본문을 통해 사명을 감당하는 세 가지 본보기에 대해서 배웠습니다. 사명을 알고, 실천하면서도 겸손한 삶을 통해 사도 요한처럼 쓰임 받는 성도들이 되도록 노력하십시오.
오늘도 주님의 사명을 충성스럽게 감당하는 일꾼이 되도록 합시다.

- 주님, 말씀으로 사명자의 삶을 감당하게 하소서!

오늘 특별 적용	
오늘 특별 감사	

복음을 대하는 자세

누가복음 3장 15절부터 18절(마3:11-12/막1:7-8참조) 읽기.
❶ 그 당시 이스라엘 백성들은 누구를 기다리고 있었는가?(15)
❷ 요한이 예수 그리스도를 어떻게 소개하였는가?(16,17)

막 개업을 한 젊은 변호사가 있었습니다.

변호사는 사업이 잘되기 위해서 가장 중요한 것은 소위 '있어 보이는' 모습이라고 생각을 해서 빚을 내어 사무실도 크게 내고 인테리어도 최고급으로 시공했습니다. 개업 첫 날 손님이 찾아왔는데 변호사는 아무 일도 없었지만 지금 중요한 업무 중이니 잠시 기다려 달라고 말한 뒤 10분이 지나서 자신의 사무실로 불렀습니다. 그리고 오지도 않은 전화기를 들고는 큰 소리로 말했습니다.

"네, 회장님. 그 일은 제가 반드시 처리하겠습니다. 걱정 마십시오. 제가 누굽니까? 하지만 수임료는 천만 원 이하는 절대 안 됩니다. 네. 알겠습니다."

거짓통화를 마친 뒤 변호사는 손님에게 "일이 좀 바빠서요. 그런데 어떤 일이시죠?" 물었습니다.

"아, 네~ 저는 전화국 직원인데요. 전화선을 놓아드리려고 왔습니다."

사람들은 하루에도 수많은 거짓말을 합니다. 하지만 거짓말은 결국 드러나게 되며 거짓이 드러날 때 큰 수치와 부끄러움을 당하게 됩니다. 특히나 진리에 대한 거짓말은 더욱 그렇습니다. 믿는 사람들 중에도 복음을 부끄러워해서 떳떳이 진리를 전하지 못하는 사람들이 있지만 사도 요한은 사람을 두려워않고 언제나 진리를 당당히 선포했습니다(마3:7).

누가복음 3장 15절부터 18절에는 요한의 말을 듣고 그리스도로 착각하는 사람들이 나옵니다. 보통 사람들이라면 우쭐한 기분에 자신이라고 속이거나 애매모호하게 대답할지도 모르지만 요한은 확실히 자신이 메시아가 아니라고 대답했습니다(눅3:16). 우리는 이 말씀을 통해 복음을 대하는 세 가지 자세에 대해 알 수 있습니다.

첫째, 복음을 부끄러워해서는 안 됩니다.

무언가를 부끄러워 할 때 거짓을 말하게 됩니다. 우리가 복음에 대해서 거짓을 말하고 있다면 그것은 우리가 복음을 부끄러워한다는 이야기입니다. 하지만 옳다고 믿고 있는 복음을 부끄러워 할 이유는 전혀 없습니다. 사도 바울처럼 복음을 부끄러워 말고 자랑스럽게 여기십시오.(롬1:16)

둘째, 죄에 대해서 당당히 말해야 합니다.
죄에 대해서 먼저 알아야 복음의 필요성을 알 수 있습니다. 하지만 자신이 죄인이라는 것을 듣고 좋아할 사람은 아무도 없습니다. 자칫하면 지금껏 맺어왔던 좋은 관계도 깨질 수 있습니다. 이 점이 두려워서 우리는 떳떳이 죄에 대해 이야기하지 못합니다. 그러나 진정으로 그 영혼을 위하고 살리는 길은 죄에 대해서 말해주는 것입니다. 요한의 말을 듣고 사람들은 자신의 죄를 회개하고 주님께로 돌아왔습니다. 사람들에게 죄에 대해서 알리는 일을 포기하지 마십시오.(행15:32/살후3:15)

셋째, 예수 그리스도를 전해야 합니다.
복음은 예수님이 우리를 위해 이 땅에 오셨다는 기쁜 소식입니다. 요한이 자신을 따르는 사람들에게 "나보다 능력이 많은 분이 오십니다"라고 예수님을 소개했듯이 우리도 많은 사람들에게 주님을 바르게 전해야합니다. 예수님이 무엇 때문에 이 땅에 오셨고 우리를 위해 어떤 고초를 겪으셨는지 전해주십시오.(사53:5/롬10:15)

오늘 본문을 통해 복음을 대하는 세 가지 자세에 대해 배웠습니다. 우리가 먼저 이 복음을 굳건히 믿고 중요하게 여길 때 다른 사람에게도 예수님의 탄생과 십자가 고난, 그리고 부활을 떳떳하게 전할 수 있게 됩니다. 그 일을 통해 거듭난 하나님의 자녀들이 점점 늘어날 것입니다.
오늘도 한 영혼을 천국으로 인도하는 기쁜 날로 만드십시오.

- 주님, 복음을 어디서나 당당히 전하게 하소서!

오늘 특별 적용	
오늘 특별 감사	

015

예수님의 의도

마태복음 3장 13절에서 17절(막1:9–11/눅3:21–23참조) 읽기.
❶ 예수님께서 세례(=침례)를 받으실 때 어떤 일이 일어났는가?(16)
❷ 하나님께서는 예수님을 어떻게 평가하셨는가?(17)

19세기 말, 미국에 전등회사에서 일을 하는 한 청년이 있었습니다.

그 청년은 직장에서 10시간이나 일하고 나서도 집에 돌아와서는 헛간에서 새로운 발명을 하기 위해 연구를 했습니다. 청년의 아버지는 소중한 시간을 허비하고 있다면서 자기 아들을 '쓸모없는 녀석'이라고 불렀습니다. 그러고도 모자라 온 마을에 소문을 내었습니다. 사람들은 그 청년과 마주치기라도 하면 '쓸모없는 녀석'이라며 놀리기 시작했습니다. 청년은 아버지와 마을 사람들의 비난에 맥이 빠져 연구를 그만두려 했지만 늘 옆에서 격려하고 보듬어 주는 아내로 인해 어려움을 이겨낼 수 있었습니다.

그렇게 몇 년이 지난 1883년 어느 날 밤, 청년의 창고에서 엄청난 굉음이 나기 시작했고 소리에 놀란 마을 사람들이 모두 창고 앞으로 모여들었습니다. 그곳에선 청년이 아내와 함께 뭔가 신기한 것을 타고 빠른 속도로 움직이고 있었습니다. 그것은 최초의 자동차로 그 '쓸모없는 청년'의 이름은 바로 자동차왕 헨리 포드였습니다.

사람들은 이처럼 가족이라도 자신들이 하지 못하는 일을 하는 사람을 무조건 깎아내리려는 경향이 있습니다. 그러나 정말로 선하고 지혜로운 사람은 이런 사람을 격려하고 세워줄 줄 압니다.

마태복음 3장 13절부터 17절을 보면 요한에게 세례를 받으시는 예수님의 이야기가 나옵니다. 예수님은 죄가 없으신 분으로 세례를 받지 않아도 되었지만 모든 사람이 보는 앞에서 세례를 받으셨습니다. 우리는 이 말씀을 통해 예수님의 세 가지 의도를 알아볼 수 있습니다.

첫째, 모든 의를 이루기 위해서입니다.
예수님께서는 "이와 같이 하여 모든 의를 이루는 것이 합당하니라"고 말씀하셨는데, 그 "모든 의"가 무엇인지는 구체적으로 설명되어 있지 않습니다. 그러나 그 의를 이루기 위해서는 요한에게 세례를 받으셔야 했던 것은 분명합니다. 예수님은 비록 자신에게 필요치 않은 일이었지만 모든 의를 위해 세례를 받으셨던 것입니다. 이처럼 나에게 도움이 되지 않는다 하더라도 의가 되는 일이라면 기쁘게 행하십시오.(행23:11)

둘째, 죄인의 자리에 대신 서실 것을 나타내기 위해서입니다.
이전에 요한은 예수님을 가리켜 "보라 세상 죄를 지고 가는 하나님의 어린양이로다"라고 했습니다. 예수 그리스도께서는 이 세례를 통해서, 세례가 필요한 모든 죄인을 대신하여 그 죄인의 자리에 선 것을 공적으로 보이셨습니다. 예수님이 우리 모든 죄인을 위해 이 땅에 오셨음을 믿으십시오.(마20:28/요1:29)

셋째, 요한의 사역을 인정하고 세워주기 위해서입니다.
당시에는 요한의 사역을 미심쩍어 하거나 반대하는 사람들도 있었습니다. 이때에 예수께서 요한에게 세례를 받으심으로, 요한의 사역이 인정되고 더욱 굳건해졌습니다. 요한은 자신을 한없이 낮췄지만 예수님은 오히려 그런 요한을 세워주셨습니다. 자신을 낮춤으로 하나님께 높임을 받으십시오.(요1:25/고후10:18)

오늘 본문을 통해 예수님이 요한에게 세례를 받은 세 가지 의도를 배웠습니다. 미움과 시기를 버리고 언제나 서로를 믿음과 격려로 세워주는 성도가 되기 위해 노력해야 합니다.
오늘도 서로 도와주며 격려하며 삽시다.

- 주님, 어려운 사람을 돕는 데에 노력을 아끼지 않게 하소서!

오늘 특별 적용	
오늘 특별 감사	

016

시험을 주시는 하나님의 뜻

마태복음 4장 1절부터 11절(막1:12-13/눅4:1-13참조 읽기.
❶ 예수님은 누구에게 이끌리어 마귀에게 시험을 받으셨는가?(1)
❷ 주님께서는 사람이 무엇으로 살아야 한다고 말씀하셨는가?(4)

죄의 속성을 잘 나타낸 시가 한편 있습니다.

『죄는 먼저, 손님으로 겸손하게 들어온다.

잠깐 머물렀을 뿐이라고 얘기하며 당신을 안심시킨다.

그런 다음에 죄는 당신에게 친근하게 군다.

어느덧 죄와 당신과 친구가 되어 서로 좋아하게 된다.

그런 다음에 죄는 당신의 종이 된다.

죄는 당신을 섬기며, 또한 쾌락을 제공한다.

그러나 어느새 죄는 당신의 주인이 되어있다. 죄는 모든 것을 파괴하는 폭군
이 됐고 당신을 마구 다루는 파괴자가 됐다.

죄는 언제나 달콤하게 찾아온다.

처음엔 죄를 통해 자유와 쾌락을 얻는 것 같지만

결국은 노예가 되어 모든 것이 파괴됨으로 끝난다.』

이 시는 언제나 호시탐탐 우리를 넘어뜨리려고 유혹하는 마귀의 속성을 잘
보여줍니다. 이런 마귀의 꾐에 빠지지 않기 위해서는 언제나 죄의 작은 틈을
조심해야 합니다.

오늘 본문인 마태복음 4장1절부터 11절에는 마귀에게 유혹을 받는 예수님에
대해서 나옵니다. 마귀는 사람들을 유혹하는 것보다 더욱 강하게 예수님을
시험했지만 예수님은 이 시험을 말씀으로 지혜롭게 물리치셨습니다. 예수님
이 마귀에게 시험당하는 과정을 통해 우리는 시험을 주시는 하나님의 세 가
지 뜻을 배울 수 있습니다.

첫째, 하나님께서는 시험을 허락하십니다.
예수님은 스스로 원해서 시험을 받은 것이 아니라 오히려 성령님을 통해서
받게 되셨습니다. 큰 사명을 가진 사람일수록 더욱 큰 시험을 받게 됩니다. 그

리고 역설적으로 그 시험을 이겨낼 수 있는 사람만이 그 사명을 감당할 수 있습니다. 하나님이 시험을 허락하시는 이유는 주님을 의뢰하는 법을 배움으로 사명을 더욱 굳게 하기 위해서입니다. 그러나 하나님께서는 우리가 감당할만한 시험만 허락하십니다. 주님을 믿고 따름으로 항상 승리가 보장되는 것을 믿으십시오(막1:12/고전10:13).

둘째, 우리는 성경 말씀으로 마귀를 이길 수 있습니다.
예수님은 마귀의 세 가지 시험을 모두 말씀을 인용하여 물리치셨습니다. 하나님의 말씀은 살아있고 활동력이 있어서 양쪽에 날이 선 그 어떤 칼보다도 더 날카롭습니다. 예수님이 시험받던 때에도, 지금 우리 시대에도 말씀의 능력은 변함없습니다. 말씀을 암송하고 실천함으로 마귀를 물리치십시오.(신6:7/마4:4,7,10/히4:12/엡6:17)

셋째, 마귀는 우리를 타락하게 하는 인격체입니다.
마귀는 막연히 악한 세력으로 저 멀리 있는 존재가 아닙니다. 마귀는 생각할 줄 알며, 활동하고, 속이고, 질병을 일으키고, 유혹하며, 훼방하는 인격적 존재입니다. 마귀의 본성을 알고 우리를 넘어트리려는 유혹에 더욱 철저히 대비하십시오. (요8:44/계12:9/욥2:6/눅4:6/벧전5:8)

오늘 본문을 통해 시험을 통해 알 수 있는 하나님의 세 가지 뜻을 배웠습니다. 말씀을 통해 하나님의 전신갑주를 입어 마귀의 종이 되지 않고 유혹과 시험을 물리치는 성도님들이 되어야겠습니다.
오늘도 말씀을 깊이 생각하며 실천하며 사십시오.

- 주님, 말씀을 깊이 묵상하며 깨닫게 하소서!

오늘 특별 적용	
오늘 특별 감사	

017

요한이 투옥된 이유

누가복음 3장 19절부터 20절(마4:12/막1:14참조) 읽기.
❶ 요한은 이스라엘 백성들에게 좋은 소식만 전한 것이 아니라 또 어떤 일을 하였는가?(19)
❷ 그로 인하여 요한은 어떤 어려움을 겪었는가?(20)

마틴 루터 킹 목사는 "다른 사람의 의견을 맹목적으로 받아들이며, 두려움을 이유로 진실을 거부하고 편한 길을 선택하는 사람들은 비록 몸을 자유일지 모르지만 정신은 노예이다."라고 말했습니다.

또 시인이자 목사님인 제임스 러셀도 비슷한 내용의 시를 지었습니다.

『지쳐 쓰러져 있는 자, 지극히 약한 자를 위해

말하고 돕기를 두려워하는 자, 그들은 노예,

진리에 대해서 생각하지 않고

다만 말없이 물러서는 겁쟁이가 되지 말지니,

차라리 진리를 증오하고 조롱할지어다.

진리를 알 용기도, 거부할 용기도 없는 자, 그들은 노예』

킹 목사와 러셀은 옳은 일을 위해서라면 많은 사람들의 생각과 다를지라도 용기 내어 실행해야 된다는 것을 말하고 있습니다.

누가복음 3장 19절부터 20절을 보면 요한이 감옥에 갇혀 있음을 알게 됩니다. 요한은 매우 큰일을 한 사람으로 구약시대 이후 무려 400년 동안이나 이어진 하나님의 침묵을 깨고 오신 예수님의 길을 예비한 사람입니다. 그런데 그런 요한을 헤롯왕은 감옥에 가둔 것입니다. 우리는 요한이 투옥된 세 가지 이유를 통해 우리의 현재 상황을 돌아볼 수 있습니다.

첫째, 헤롯왕은 부도덕 했습니다.
분봉왕인 헤롯은 이복동생의 아내 헤로디아를 가로채 자기 아내를 삼았습니다. 그것은 간음이었고, 잘못된 근친결혼이었습니다. 영향력 있는 사람의 부도덕은 자기 자신을 비롯해 많은 사람들에게 악영향을 끼칩니다. 율법을 무시함으로 헤롯은 요한을 죽였고 종국에는 더 많은 죄를 지었습니다. 의로운 사람이 잘못된 사람에게 어려움을 당할 수 있습니다. 부도덕적인 문화와 세

태를 경계하십시오. (레18:16,20:21/롬7:2,3)

둘째, 헤롯왕은 요한에게 죄를 지적당했습니다.
요한은 죽음을 두려워 않고 헤롯의 불의를 책망하고 진리를 전했습니다. 종교 지도자들의 위선을 지적하고 또한 왕의 부도덕도 꾸짖었습니다. 요한은 비단 말뿐이 아니라 말씀을 실천하는 삶으로 본을 보였기 때문에 왕과 다른 사람들은 아무 말도 하지 못한 채 그를 죽여서 입막음 할 수밖에 없었던 것입니다. 이 시대에도 지위고하를 막론하고 부도덕한 많은 사람들이 있습니다. 우리는 말씀에 따른 삶으로 본을 보이며 그들의 죄를 지적해야 합니다.(마18:15)

셋째, 헤롯왕이 권력에 위협을 느꼈습니다.
당시 기록된 역사서에 따르면 요한은 당시 민중들에게 큰 영향력이 있었다고 합니다. 따라서 자신을 책망하는 요한을 따라 백성들이 봉기할까봐 두려워한 것입니다. 하나님을 두려워하고 의와 진리를 행하는 것보다 자신의 권력과 사리사욕을 더 중시할 때 죄를 짓게 됩니다. 자신의 신변보다도 의를 더욱 중요시하십시오.(삼상18:10/마2:16)

오늘 본문을 통해 요한이 투옥된 세 가지 이유에 대해서 배웠습니다. 심는 대로 거둔다는 말씀을 기억하고 언제나 죄를 멀리하고 의를 가까이하는 사람이 되어야 하겠습니다.
오늘도 죄를 멀리하고 의를 가까이하는 거룩한 삶을 사십시오.

- 주님, 죄에게 지지 않고 선으로 이기게 하소서!

오늘 특별 적용	
오늘 특별 감사	

018

우리가 준비해야 할 것들

마가복음 1장 14절부터 15절(마4:17/눅4:14-15참조) 읽기.
❶ 요한이 체포되자 예수님이 하신 일은 무엇인가?(14)
❷ 우리를 향한 예수 그리스도의 첫 메시지는 무엇이었는가?(15)

흑사병 환자들을 돌보다가 23세에 세상을 떠난 알로이시오가 신학교를 다닐 때의 이야기입니다. 강의시간이 끝나고 학생들이 모여 함께 쉬고 있는데 그 모습을 본 교수님이 다가와 물었습니다.

"오늘 밤 세상에 종말이 온다면 여러분은 무엇을 하겠습니까?"

어떤 학생은 빨리 교회에 가서 회개부터 하겠다고 했고, 어떤 학생은 부모님을 찾아가 사정을 말해주고 함께 시간을 보내겠다고 했습니다. 어떤 학생은 사이가 안 좋았던 사람들을 찾아가 화해를 하겠다고 말했습니다. 마침내 알로이시오의 차례가 오자 그는 주저 않고 말했습니다.

"지금은 휴식시간이니까, 이대로 놀겠습니다. 그리고 시간표대로 모든 강의를 듣고 나서 집으로 가 평소 하던 일을 하고 잠을 자겠습니다."

후회할 일을 하지 않고 언제나 제때 할 일을 했기 때문에 비록 종말이 온다 해도 평소같이 생활하겠다고 말할 수 있었던 것입니다.

신학교 교수님의 질문은 그냥 가정이었지만 실제로 예수님은 이 땅에 다시 오신다고 말씀하셨습니다.

마가복음 1장 14절과 15절을 보면 "때가 찼고 하나님 나라가 가까웠으니 회개하고 복음을 믿으라"는 권능의 외침이 나옵니다. 또 예수님께선 반드시 세상에 다시 오겠다고 말씀하셨고, 그때가 언제인지 모르니 항상 깨어있으라고 하셨습니다. 우리는 때가 가까웠다는 말씀을 통해 우리가 준비해야 할 세 가지를 돌아봐야겠습니다.

첫째, 때가 가까워오고 있음을 깨달아야 합니다.

예수님이 다시 오시는 날은 아무도 알지 못합니다. 그러나 우리는 성경이 말하는 징조들을 통해 점점 그 때가 가까워 오고 있음을 알 수 있습니다. 예수님은 열 처녀의 비유를 들어 항상 깨어 준비하고 있으라고 말씀하셨습니다. 노아 시대의 사람들과 같이 먹고 즐기며, 허송하지 말고 항상 깨어 때를 준비하십시오.(막1:15/마24:37)

둘째, 회개해야 합니다.
회개는 인생의 방향을 세상 쪽에서 하나님 쪽으로 180도 돌리는 것입니다. 우리는 기본적인 신앙생활만을 하며 만족하는 것이 아니라. "거듭난다"는 말 그대로 내적으로 다시 태어나는 삶이어야 합니다. 신앙생활은 일요일에만 하는 것이 아니라, 한 주간 내내 심지어 잠자는 시간까지도 하나님 안에서 이루어져야 하는 것이기 때문입니다. 진정한 회개로 거듭난 삶을 사십시오.(눅5:32/계3:19)

셋째, 복음을 확고히 믿어야 합니다.
하나님 나라가 가까웠음을 깨닫고 회개한 사람은 자연스럽게 복음을 믿게 됩니다. 하나님 나라는 이천 여 년 전 예수께서 이 땅에 오심으로 우리 마음속에서 이루어졌습니다. 예수님이 재림하실 때에 그 나라가 비로소 완성되는 것입니다. 우리를 위해 이 땅에 오신 구원의 복음 뿐 아니라 부활하사 다시 오실 재림의 복음 또한 확고히 믿으십시오.(눅8:25/갈3:7)

오늘 본문을 통해 마지막 때를 기다리면 준비해야 할 세 가지에 대해 배웠습니다. 성령께서는 예수님의 죽음과 부활의 사실을 깨닫게 하심으로, 믿음을 통한 구원을 받게 하십니다. 하나님 나라에 합당한 모습인지 여러분 스스로를 살펴보십시오.
오늘도 다시 오실 주님을 그리며 그리스도인답게 생활합시다.

- 주님, 껍데기가 아닌 알맹이까지 그리스도인이 되게 하소서!

오늘 특별 적용	
오늘 특별 감사	

019

성령충만하기

누가복음 4장 16절부터 30절 읽기.
❶ 예수 그리스도의 은혜로운 말을 듣고 사람들이 어떤 반응을 보였는가?(22)
❷ 예수님의 말씀을 듣고 이스라엘 백성들이 어떤 반응을 보였는가?(28,29)

무디 목사님이 성령충만에 대해 설교를 하던 도중 갑자기 빈 컵을 꺼낸 뒤 성도들에게 물었습니다.

"여기 컵은 비어있는 것 같지만 사실은 공기로 가득 차 있는 상태입니다. 이 유리컵에서 공기를 모두 빼내려면 어떻게 해야 할까요?",

한 성도가 "압착기를 사용하면 빠질 것 같습니다."라고 대답했습니다.

무디 목사님은 컵에 물을 부은 뒤 "압착기로 공기를 빼내려다가는 이 컵은 깨질 것입니다." 컵 안에 공기를 모두 빼내려면 물을 채워야 합니다. 공기는 여전히 대기 중에 존재하지만 물로 인해 컵 안에는 공기가 없습니다. 바로 성령충만이 이와 같습니다. 성령으로 내 안을 가득 채울 때 그 속에 있는 죄악과 거짓이 모두 빠져나가는 것입니다."라고 말했습니다. 성령충만은 곧 내 안을 성령으로 가득 채우는 것입니다.

예수님은 공생애 기간 동안 항상 성령이 충만한 삶을 사셨습니다. 그러나 겉으로만 의로워 보이려고 노력했던 사람들은 이런 예수님을 못마땅해 했고, 음해하고 죽이려고 했습니다.

누가복음 4장 16절부터 30절을 보면 고향인 나사렛에서 말씀을 전하시는 예수님의 모습이 나옵니다. 예수님은 성경말씀을 은혜롭게 전했지만(눅4:22) 사람들은 그것을 못마땅하게 여겨 오히려 예수님을 죽이려 했습니다(눅4:29). 우리는 예수님이 오히려 고향에서 배척당하는 이 사건을 통해 성령충만에 대해 중요한 세 가지를 알 수 있습니다.

첫째, 성령충만함을 바라야 합니다.

내 안에 성령이 거하지 않으면 진리를 몰라보고 오히려 그것을 배척하게 됩니다. 심령이 가난한 사람들은 예수님의 말씀에 귀 기울이고 주님을 영접했지만 교만과 위선으로 가득 찼던 사람들은 언제나 예수님을 해치려고 했습니

다. 나의 악함을 인정하고 보혜사 성령을 바라십시오. (요1:14/행6:8/출31:3)

둘째, 나를 의지해선 안 됩니다.
성령충만함은 곧 나의 자아와 의지를 포기하는 것입니다. 내가 좋게 생각되는 것보다도 하나님의 의지를 따라야 합니다. 전도나 성경교육같이 하나님의 일을 하는데 있어서도 전도 기술에 더욱 의지하거나, 자신의 지식과 생각을 앞세워서는 안 될 것입니다. 나를 통해 좋은 것을 이루실 하나님을 믿고 나를 내려놓으십시오. (왕하23:3/롬13:14)

셋째, 편견을 가져서는 안 됩니다.
나사렛 사람들이 예수님에게 분노한 이유 중 하나는 그들의 편견 때문이었습니다. '선민의식'을 가지고 있던 나사렛 사람들은 이방인들에게 이적을 베풀고 거리낌 없이 활동하는 예수님을 메시아로 인정할 수 없었습니다. 이처럼 잘못된 편견은 많은 해악을 낳습니다. 현대사회에도 성별, 인종, 나이, 직업 등과 관련된 수많은 편견들이 있습니다. 그런 편견들을 모두 버리고 영적인 눈으로 사람들을 바라보십시오. (삼상16:7/눅10:36)

오늘 본문을 통해 성령충만하기 위해 중요한 세 가지를 배웠습니다. 성령충만은 우리가 이 땅에 살면서 하나님의 일을 하나님의 방법으로 하기 위해 꼭 필요한 일입니다. 나의 모든 말과 생각, 행동이 성령을 통해 이루어지게 해달라고 항상 기도하십시오.
오늘도 성령을 먼저 구하십시오.

– 주님, 모든 생활 속에서 성령충만하게 하소서!

오늘 특별 적용	
오늘 특별 감사	

020

기회가 주는 의미

마태복음 4장 12절부터 16절 읽기.
❶ 예수님의 움직임은 무엇을 이루기 위함인가?(13,14)
❷ 예수님의 처음 메시지의 내용은 무엇인가?(17)

이태리 토리노의 골동품 박물관에는 그리스에서 만들어진 한 동상이 있습니다. 이 동상의 생김새는 매우 우스꽝스러운데 날개가 발에 달려있고 앞머리에는 숱이 매우 많으나 뒷머리는 대머리입니다. 처음에는 이 동상의 생김새가 재밌어 사람들이 보러 오지만 그 동상 밑에 적힌 글귀를 보고는 모두 숙연해진다고 합니다.

『내 발에 날개가 달린 이유는 빨리 날아다니기 위해서이다. 내 앞머리가 많은 이유는 내가 오는 것을 보고 쉽게 잡을 수 있기 때문이다. 내 뒷머리가 대머리인 까닭은 한번 내가 지나가면 아무리 애써도 다시 잡을 수가 없기 때문이다. 나의 이름은 '기회' 이다』

이처럼 기회는 한 번 지나가면 다시 잡기가 힘듭니다. 그런데 기회 중에도 절대로 놓쳐서는 안 되는 기회가 있습니다. 바로 영생이 걸린 구원의 기회입니다.

마태복음 4장 12절부터 16절에는 나사렛을 떠나 가버나움에서 말씀을 전하는 예수님이 나옵니다. 나사렛 사람들은 예수님을 배척함으로 인생의 가장 중요한 기회를 놓쳤습니다. 우리는 예수님이 여러 곳을 두루 다니시며 말씀을 전하신 것을 통해 기회가 주는 세 가지 의미에 배울 수 있습니다.

첫째, 나를 위한 기회를 놓쳐서는 안 됩니다.
하나님은 우리를 쓰시기 위해 많은 계획을 주십니다. 하나님의 일을 이루는 그 계획들은 곧 나를 위한 계획이기도 합니다. 한 주에도 많은 헌신의 기회, 사역의 기회가 있습니다. 이런 기회들을 모른 채 하고 놓쳐버릴 때 우리는 요나와 같은 시련을 만나거나 현재에 안주하는 의미 없는 삶을 살게 됩니다. 주님이 나에게 주시는 기회를 잡으십시오. (눅7:30/요6:38,39)

둘째, 어려운 상황이 기회임을 알아야 합니다.

우리는 시련을 통해 우리가 성장함을 이미 배웠습니다. 바꿔 말하면 우리가 마주친 어려운 상황들은 우리가 사랑과, 인내와, 용서를 실천할 기회입니다. 용서를 실천하기 위해선 우리에게 상처 준 사람이 있어야 합니다. 그 상처가 크면 클수록 우리는 더욱 큰 용서를 실천하게 됩니다. 이것은 또한 말씀을 실천하는 삶이기도 합니다. 모든 상황들이 하나님이 우리에게 주시는 기회임을 깨닫고 말씀을 실천하십시오.(삼상17:45/욘3:6)

셋째, 다른 사람을 위한 구원의 기회를 만들어야 합니다.

예수님은 나사렛 사람들에게 배척을 받자 곧 가버나움으로 떠나 말씀을 전하셨습니다. 예수님은 언제나 사람들이 있는 곳에서 말씀을 선포하셨고 승천하신 후에 제자들 역시 그러한 삶을 살았습니다. 우리도 이처럼 생활 속에서 복음을 전하는 삶을 위해 노력해야 합니다. 우리가 놓친 한 번의 기회가 다른 사람에겐 복음을 들을 수 있는 마지막 기회가 될 수도 있기 때문입니다. 복음을 전함으로 다른 사람에게 더 많은 구원의 기회를 주십시오.(요10:41.42/요12:11)

오늘 본문을 통해 기회가 주는 세 가지 의미에 대해서 배웠습니다. 우리가 살면서 만나는 모든 기회는 우연히 이루어진 것이 아니라 모두 하나님의 섭리 안에 있는 것입니다. 그러므로 작은 기회의 소중함을 깨닫고 언제나 믿음으로 순종하는 마음을 가져야 합니다.

오늘도 나와 남을 위한 소중한 많은 기회가 많음으로 인해 기뻐하십시오.

- 주님, 기회를 잡는 것도 순종임을 깨닫게 하소서!

오늘 특별 적용	
오늘 특별 감사	

021

제자가 되는 법

마태복음 4장 18절부터 22절(막1:16-20/눅5:1-11참조) 읽기.
❶ 주님께서 베드로와 안드레를 부르신 목적은 무엇인가?(19)
❷ 주님의 부르심에 그들은 어떤 반응을 보였는가?(20)

스위스의 생활사상가 카를 힐티는 행복을 찾아 고민하는 현대인들을 위한 자신의 저서 '잠 못 이루는 밤을 위하여' 라는 책에서 행복의 원천을 다음과 같이 말했습니다.

"인생에서 가장 행복한 날은 자신에게 주어진 사명을 발견하는 날이다"

실존주의 철학자 키에르케고르는 22살이 되던 해 그의 일기에 이렇게 써놓았습니다.

"세상이 무너진다 해도 내가 꽉 붙들고 있을 수 있는 것,
목숨을 바쳐도 아깝지 않을 사명을 나는 찾아야 한다."

1979년 마더 테레사는 노벨 평화상을 받으면서 이렇게 말했습니다.

"제가 모든 것을 포기하고 이렇게 살 수 있었던 것은 인생의 성공이 부와 명예가 아닌 자신의 사명을 찾는 것에 있음을 알았고 최선을 다했기 때문입니다."

모든 사람에게 사명은 중요합니다. 그러나 그리스도인에게 있어서 이 사명의 문제는 더욱 중요합니다.

마태복음 4장 18절부터 22절을 보면 베드로와 안드레, 야고보와 요한을 불러 제자 삼는 예수님의 모습이 나옵니다. 예수님은 제자들에게 '사람을 낚는 어부' 라는 사명을 주셨습니다.(마4:18) 우리는 이를 통해 제자가 되는 것과 관련된 세 가지 중요한 점을 알 수 있습니다.

첫째, 예수님은 우리를 제자로 부르십니다.

넓은 의미로 보면 예수님을 믿는 사람들은 모두 제자입니다. 하지만 진정한 제자가 되려면 믿음에 행동이 더해져야 합니다. 당시에도 많은 사람들이 예수님을 믿고 따랐지만 자기들의 기대가 무너지거나 예수님이 고난을 당할 때는 모두 외면했습니다. 지금도 주님은 우리들을 진정한 제자로 부르고 계십니다. 우리를 부르는 주님의 음성에 귀 기울이십시오. (마4:21/살전5:24)

둘째, 제자는 예수님을 즉각 따라야 합니다.

제자들은 예수님을 따라야할지 말아야할지 고민하지 않았습니다. 그들은 하던 일을 멈추고 바로 주님을 따랐습니다. 자신의 모든 상황을 계산하고 걱정하는 사람들은 예수님의 제자가 될 수 없습니다. 주님의 음성에는 즉각 순종함으로 따르십시오.(마4:20,9:9)

셋째, 제자에겐 사명이 있습니다.

예수님이 제자들에게 주신 사명은 '사람을 낚는 어부' 였습니다. 오늘날에도 모든 그리스도인의 사명은 '영혼 구원' 에 초점이 맞춰져 있어야합니다. 주님은 이 사명을 위해 모두에게 특별한 달란트를 주셨습니다. 자신의 귀한 달란트를 잘 사용함으로 우리들은 영혼구원의 사명을 더욱 잘 감당할 수 있게 됩니다. 자신의 달란트를 잘 활용해 영혼구원의 사명을 잘 감당하십시오.(막1:17/행1:8)

오늘 본문을 통해 제자됨의 세 가지 중요성을 배웠습니다. 온전히 예수님을 바라보려고 할 때 주님의 부르심에 응답함으로 그분의 제자가 되어 사명을 훌륭히 감당할 수 있습니다.

오늘도 제자됨의 사명을 잘 감당 합시다.

- 주님, 주님의 응답에 즉각 순종하는 제자가 되게 하소서!

오늘 특별 적용	
오늘 특별 감사	

022

질병을 치유하신 목적

마가복음 1장 21절부터 28절(눅4:31-37참조) 읽기.
❶ 사람들이 주님의 교훈에 어떤 반응을 보였는가?(22)
❷ 주님께서 귀신을 어떻게 하셨는가?(25,26)

세계 3대 성악가인 호세 카레라스는 41세가 되던 해에 백혈병 진단을 받았습니다. 사람들은 그가 꼼짝없이 죽을 것이라고 생각했지만 신앙이 있던 카레라스는 히스기야 왕을 떠올리며 하나님께 기도했습니다.

"주님, 저에게는 아직 해야 할 일이 있습니다. 저의 생명을 조금만 더 연장시켜 주십시오. 남은 삶을 통해 당신에게 영광을 돌리고 싶습니다."

기도를 마친 뒤 그는 응답 받을 것을 믿고 독한 투병 생활을 견뎌내었습니다. 독한 화학치료와 골수 이식 고통을 모두 이겨낸 그는 마침내 건강을 되찾았습니다. 그는 건강의 회복이 기도의 응답 때문인 것을 잊지 않고 자신의 전 재산을 팔아 바르셀로나에 백혈병 재단을 세웠습니다. 그는 이후에 하는 공연 수익의 절반도 재단을 위해 사용했고 돈이 아닌 하나님의 사랑과 기쁨을 전하기 위해 노래를 계속했습니다. 카레라스에게 백혈병은 복음의 전도자가 되라는 하나님의 메시지였습니다.

하나님의 섭리에는 여러 깊은 뜻이 있는데, 질병의 치유도 그 중 한 방법입니다. 예수께서는 수많은 사람들을 치료하심으로 하나님의 뜻을 드러내 보여주셨습니다.

마가복음 1장 21절부터 28절에는 예수님께서 회당에서 사람들을 가르치고 귀신들린 자를 고쳐주신 이야기가 나옵니다. 사람들은 말씀을 가르치는 예수님의 권위에 놀랐고, 귀신들린 자를 치유하는 권능에 놀랐습니다.(막1:27) 우리는 이 말씀을 통해 예수님이 사람들의 질병을 치유해주셨던 세 가지 목적을 알아 볼 수 있습니다.

첫째, 전능하신 하나님임을 알게 하기 위해서입니다.

예수님은 귀신을 내어 쫓고, 병을 치유하는 과정을 보임으로 참된 구원자를 알려주셨습니다. 이런 것들은 사람의 입장에서는 큰 문제들이지만 창조주 하나님이 볼 땐 작은 문젯거리도 되지 않습니다. 예수님은 치유사역을 통해 하나님이 진정한 권능자이며 자신이 그분의 아들임을 알려주신 것입니다. 주님이 모든 문제를 해결해줄 전능자이심을 믿으십시오. (시62:1/막10:52)

둘째, 선지자의 예언을 이루기 위해서입니다.
사람들은 메시아로 온 예수님을 전혀 알아보지 못했습니다. 예수님은 구약에 기록된 선지자들의 예언을 이룸으로 자신이 메시아임을 알리고 말씀을 성취하셨습니다. 마태가 인용한 이사야 53장 4절은 메시아에 대한 예언의 일부입니다. 예수님은 이 예언뿐 아니라 메시아에 대한 모든 예언을 정확하게 이루심으로 그리스도가 바로 자신임을 보여준 것입니다. 마찬가지로 주님이 하신 말씀들이 오늘날 이루어 질 것을 믿으십시오. (마8:17)

셋째, 하나님의 영광을 나타내기 위해서입니다.
요한복음 11장 4절을 보면 예수님은 죽을 병에 걸린 나사로에 대해 "하나님의 영광을 위함이요 하나님의 아들로 이를 인하여 영광을 얻게 하려 함이라"라고 말씀하셨습니다. 주님이 많은 곳에서, 또 많은 사람들 앞에서 이적을 행하신 것은 오직 하나님의 영광을 나타내기 위해서였습니다. 예수님처럼 자신이 아닌 하나님의 영광을 드러내기 위해 노력하십시오. (마9:8/고전6:19,20)

오늘 본문을 통해 예수님이 질병을 치료해주셨던 세 가지 목적을 배웠습니다. 언제나 예수님을 의지해 주님을 말씀을 이 땅에 이루고 하나님께 영광 돌리는 삶을 살기 위해 노력하십시오.
오늘도 내 삶에 주님의 치유의 능력이 임하길 기도하십시오.

- 주님, 몸과 마음의 치유를 경험하게 하소서!

오늘 특별 적용	
오늘 특별 감사	

023

하나님의 사랑에 대한 사실

누가복음 4장 28절부터 41절(마8:14–17/막1:29–34참조) 읽기.
❶ 시몬의 집에 어떤 문제가 있었는가?(38)
❷ 시몬은 그 문제를 어떻게 해결하였는가?(38,39)

영국의 왕가가 살고 있는 버킹엄 궁전 앞에서 작은 소란이 일어난 적이 있습니다. 교통순경들이 갑자기 나타나 차를 막아서고 통제하기 시작했고, 순경들이 차를 막아서는 광경을 본 시민들과 관광객들은 엘리자베스 여왕이 나타나는 줄 알고 문 쪽으로 몰려들었습니다.

그런데 잠시 뒤, 엘리자베스 여왕이 아닌 어미 오리와 새끼 오리들이 나타났습니다. 정원에서 놀다가 실수로 차도로 나온 오리들을 보호하기 위해서 순경들이 차를 세웠던 것입니다.

작은 생명도 소중히 여겨야 한다는 교훈을 주는 이야기입니다. 그리고 더 나아가 생각해보면 하나님도 이처럼, 아니 이보다 더 우리를 소중히 생각하신다는 것을 알 수 있습니다.

누가복음 4장 38절부터 41절을 보면 예수님이 베드로의 장모를 비롯해 마을의 많은 병자들을 고쳐주신 이야기가 나옵니다. 예수님은 각 사람의 됨됨이나 자격을 따지지 않고 오는 모든 사람들에게 일일이 손을 얹고 고쳐주셨습니다. 우리는 이를 통해 하나님의 사랑에 대한 세 가지 사실을 알 수 있습니다.

첫째, 하나님은 모든 사람들을 사랑하십니다.
예수님은 사람을 외모나 재산, 지위로 판단하지 않고 나아오는 자는 모두 다 받아주셨습니다. 본문에서도 자신을 찾아오는 모든 사람을 고쳐주셨는데 이것이 바로 하나님의 사랑입니다. 하나님은 비록 자신을 외면하고 심지어 욕하는 사람이라고 해도 여전히 사랑하고 계십니다. 세상 모든 사람들이 다 하나님의 창조물이기 때문입니다. 사람을 가능한 차별하지 말고 모두 다 사랑하십시오.(고전8:3/요일4:8)

둘째, 하나님의 사랑이 치유합니다.
예수님은 하나님의 사랑을 말로만 표현하지 않고 그 능력을 사용해 치유라는 행동으로 직접 표현하셨습니다. 비단 치유가 아니더라도 우리는 삶을 통해 많은 하나님의 사랑을 경험하게 됩니다. 베드로의 장모가 병에서 치유되자 곧 예수님의 수종을 들었듯이 우리도 하나님의 사랑을 체험한 뒤 즉각 하나님의 사역에 동참해야 합니다. 하나님의 사랑을 느끼고 삶으로 표현하십시오.(말4:2/눅4:39)

셋째, 우선적으로 주님을 의지해야 합니다.
우리는 건강을 위해 식단을 조절하고 운동을 할 수 있습니다. 그러나 이것은 어느 정도의 예방이지 절대적인 예방이 아닙니다. 사람을 비롯한 모든 만물의 주관자는 하나님이시기 때문입니다. 따라서 무엇보다도 주님을 더욱 믿고 의지해야 합니다. 이것은 모든 것을 포기하고 주님만을 따르라는 뜻이 아닙니다. 우선순위를 잘 설정함으로 언제나 최고 자리에 주님을 모셔야 한다는 뜻입니다. 지혜롭게 우선순위를 정해 삶의 중심을 온전히 맞추십시오.(마22:37/시16:2)

오늘 본문을 통해 하나님의 사랑에 대한 세 가지 사실을 배웠습니다. 하나님의 사랑은 언제나 일상 속에서 가득하다는 사실을 깨달을 때 진정으로 행복하고 만족스런 삶을 살 수 있습니다.
오늘도 진실한 하나님의 사랑을 체험하며 사십시오.

- 주님, 일상에서 하나님을 사랑을 체험하게 하소서!

오늘 특별 적용	
오늘 특별 감사	

024

경건의 시간 갖는 방법

마가복음 1장 35절부터 39절(눅4:42-44참조) 읽기.
❶ 주님께서 언제, 어디에서, 무엇을 하셨는가?(35)
❷ 주님께서 무엇을 위하여 이 땅에 오셨다고 하셨는가?(38,39)

빅토르 위고는 청년 시절부터 주색을 즐기며 방탕한 삶을 살았습니다. 이런 생활은 결혼을 한 뒤 딸을 낳아 가정을 꾸린 뒤에도 계속되었는데 아버지의 이런 모습에 너무나 슬퍼한 딸은 '방탕한 아버지와 그로인해 고통 받는 어머니를 보는 것이 너무 힘들었다' 라는 유서를 남기고는 죽음을 택했습니다.

이 사건을 통해 위고는 회개하고 하나님께 돌아오게 됩니다. 그는 경건히 신앙생활을 하며 남을 위한 헌신적인 삶을 살았습니다. 그는 경건의 삶을 통해 이후 '노트르담의 꼽추', '레미제라블(장발장)' 과 같은 세기의 문학작품들을 써냈고 프랑스 사람으로부터 가장 존경받는 작가가 되었습니다.

경건한 삶은 우리의 삶을 더욱 풍성하게 만들어줍니다. 경건하기 위해선 날마다 주님과 마주보는 시간, 즉 말씀 묵상과 기도의 시간을 가져야 합니다.

마가복음 1장 35절부터 39절을 보면 새벽 미명에 나가 기도하시는 예수님의 모습이 나옵니다. 하나님을 만나기 위해 기도할 수 있는 조용한 시간을 가지셨던 것입니다. 우리도 이런 예수님의 모습처럼 더욱 경건의 시간을 가지려고 노력해야 합니다. 우리는 본문에 나오는 예수님의 모습을 통해 경건의 시간에 대한 세 가지를 배울 수 있습니다.

첫째, 일정한 시간과 순서를 정해야 합니다.
경건의 시간을 갖는데 정해진 법칙이나 방법은 없습니다. 하지만 주위의 방해를 받지 않는 조용한 시간을 택해, 일정한 순서를 따르는 것은 경건의 시간을 일과에 포함시키는 데 도움을 줍니다. 이렇게 일과가 지속되어 습관이 되게 만들어야 우리는 외부의 영향을 받지 않고 주님과 함께하는 시간을 평생토록 가지게 됩니다. 스스로에게 알맞은 시간과 방법을 정해 경건생활을 하십시오.(시61:8/단6:10)

둘째, 성령의 깨달음을 구하십시오.

경건의 시간은 성경을 공부하는 시간이 아닙니다. 우리는 경건의 시간을 통해서 '오늘 나에게 하시는 하나님의 말씀'을 들어야 합니다. 이런 기대를 갖고 말씀을 읽을 때 성령님께서 깨닫게 하십니다. 이때 중요한 점은 듣기만 하여 자신을 속이는 사람이 되지 말고 실제로 생활에 적용해야 합니다. 말씀을 읽으며 성령님께 깨달음을 구하십시오.(약1:22/벧전1:12)

셋째, 습관이 아닌 믿음으로 하십시오.

신앙생활을 오래 하다보면 의무감으로 기도를 하고 말씀을 읽게 되는 경우가 있습니다. 그러나 매일매일 정말 이루어지리라는 믿음으로 나를 위해, 남을 위해 기도 해야 합니다. 또한 실천하겠다는 의지를 가지고 말씀을 읽어야 합니다. 경건생활은 보이는 모습이 중요한 것이 아니라 그 속에 담긴 마음이 중요합니다. 모든 경건생활에 진심을 담아 행하십시오.(마23:28/고후5:7)

오늘 본문을 통해 경건생활에 도움을 주는 세 가지 방안을 배웠습니다. 하나님과 교제를 하는 경건 생활의 중요성을 깨닫고 자신의 상황에 맞게 잘 적용시키기 바랍니다.

오늘도 경건생활로 영혼의 초장을 더욱 푸르고 싱싱하게 만드십시오.

- 주님, 경건생활의 소중함을 깨닫고 실천하게 하소서!

오늘 특별 적용	
오늘 특별 감사	

025

사역의 우선순위

누가복음 5장 12절부터 16절(마8:2-4/막1:40-45참조) 읽기.
❶ 예수님께서 문둥병자를 어떻게 하셨는가?(13)
❷ 많은 사람들이 예수님을 따를 때 주님께서는 무엇을 하셨는가?

네로 황제는 15년 동안 로마를 통치했습니다.

그는 자신의 통치기간 동안 오직 자신만을 위해 살았습니다. 그는 복도의 길이만 4km가 넘는 호사스런 궁궐을 지었고, 그 안에 온갖 가구들을 상아와 보석 같은 사치품으로 꾸몄습니다. 한 번 입은 옷은 그냥 버렸고, 지금의 가치로 10억이 넘는 왕관을 쓰고 다녔습니다. 그럼에도 네로는 만족하지 못했습니다. 그는 왕궁의 천정을 개조해 항상 향수가 떨어지게 만들었고, 더 많은 후궁을 들였습니다. 그럼에도 그는 만족하지 못해 온갖 예술가들을 불러 자신을 위한 작품을 만들게 하고 사람의 목숨을 건 잔인한 게임을 즐겼습니다.

네로는 자신을 즐겁게 하기 위해 할 수 있는 모든 것을 다했지만 만족함이 없었습니다. 자신을 위해 많은 사람들을 고통스럽게 한 네로는 결국 자살로 생을 마치고 말았습니다.

목적에 맞게 쓰임 받는 것이 행복입니다. 사람은 하나님을 찬양하기 위해 지어졌습니다(사43:21). 네로 황제처럼 이 목적에서 크게 벗어난 삶은 비록 높은 권력과 많은 재물이 있을지라도 만족이 없습니다.

주님을 믿는 성도들도 자신의 목적이 올바로 가고 있는지 항상 주의 깊게 살펴야 합니다.

누가복음 5장 12절부터 16절을 보면 예수님에게 고침을 받은 문둥병자의 이야기가 나옵니다. 하지만 예수님은 그들에게 이 기쁜 사실을 주위에는 알리지 말라고 말씀하셨습니다(눅5:14). 우리는 이 말씀을 통해 사역의 우선순위를 정하는데 도움을 주는 세 가지 지침을 알 수 있습니다.

첫째, 사역의 주된 목적은 육체에 대한 것이 아닙니다.

예수님은 병자들을 불쌍히 여기셔서 많은 사람들을 치유해주셨지만, 이것이 주된 목적은 아니었습니다. 육체의 질병을 치유한다 해도 언젠가는 모두 죽게 됩니다. 그보다 더 중요한 것은 바로 영혼의 구원이었습니다. 그러므로 우리의 관심이 너무 육체의 건강과 물질의 필요에만 머물러서는 안 됩니다. 언제나 영적인 사역을 더 우선으로 놓으십시오.(롬1:23/갈6:8)

둘째, 사역은 하나님의 영광을 나타내야 합니다.
예수님은 자신의 이적을 통해 하나님의 사랑과 뜻을 알게 하려고 했지만 사람들의 시선은 예수님만을 향했습니다. 예수님이 병을 고치고 오병이어와 같은 놀라운 기적을 보여주자 사람들은 예수님을 억지로 임금으로 삼으려 했습니다. 그러나 예수님은 이런 목적을 위해 오신 것이 아니었고 또한 이런 일로 하나님의 영광을 나타낼 수도 없었습니다. 사역을 통해 하나님의 영광이 나타남을 항상 기억하십시오.(요6:15/롬4:20)

셋째, 사역의 목적이 분명해야 합니다.
하나님은 우리를 구원하기 위해 예수님을 이 땅에 보내셨습니다. 그분은 하나님의 나라를 이 땅에 선포하고 또 우리 죄를 위해서 십자가에 돌아가셔야 했습니다. 그런데 예수님이 병을 치유하고 놀라운 이적을 보이자 점점 많은 사람들이 몰려들었고 예수님은 이런 일들로 본래의 목적을 잘 감당할 수 없었습니다. 사역의 주된 목적과 부수적인 목적을 잘 구분하여 중심에서 벗어나지 않게 노력하십시오.(막16:15/고전9:25)

오늘 본문을 통해 사역의 우선순위를 정하는 세 가지 지침을 배웠습니다. 다른 곳에 시선을 돌리지 말고 주님의 푯대만을 바라봄으로 사역을 잘 감당해 나가십시오.
오늘도 겸손히 사역을 통해 하나님의 영광을 드러내는 삶을 사십시오.

- 주님, 사역을 감당할 때 교만하지 않게 하소서!

오늘 특별 적용	
오늘 특별 감사	

026

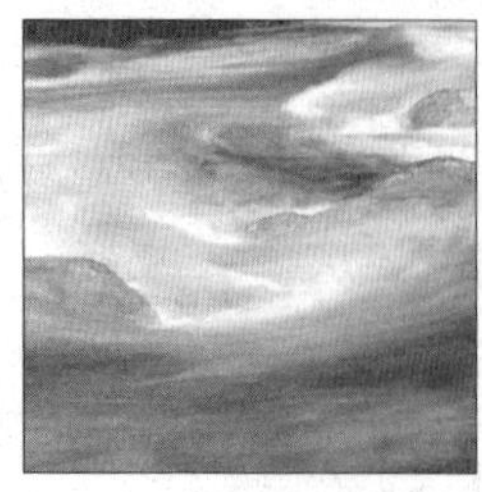

능력을 체험하는 믿음

마가복음 2장 1절부터 12절(마9:1-8/눅5:17-26참조) 읽기.
❶ 예수님이 말씀하실 때에 어떤 사건이 발생하였는가?(3,4)
❷ 예수님께서 결국 그에게 어떤 축복을 주셨으며, 그 일로 인하여 사람들은 누구를 찬양하였는가?(11,12)

나폴레옹이 아끼던 말 한필이 도망을 쳤습니다.

그 모습을 본 한 병사가 곧장 자신의 말을 타고 쫓아가 말을 몰아왔습니다. 나폴레옹은 그 말을 몰아온 병사를 보고는 말했습니다.

"자네 때문에 말을 잃지 않았네. 수고했네, 대위."

이 말을 들은 병사는 깜짝 놀랐습니다. 자신은 대위가 아닌 일반 사병이었기 때문입니다. 하지만 병사는 그대로 경례를 하고 곧 막사로 가 짐을 챙겨 사령부로 갔습니다. 그는 담당자에게 나폴레옹 장군이 자신을 대위로 임명했다고 말한 뒤 대위 계급장을 받고 장교 숙소까지 배정받았습니다.

어쩌면 나폴레옹은 실수로 대위라고 말했을지도 모릅니다. 하지만 병사는 사양하지 않았고 어떤 의심도 하지 않았습니다. 나폴레옹은 충분히 그만한 힘을 가지고 있었다고 믿었기 때문입니다.

주님을 믿는 그리스도인들에게도 이 병사와 같은 믿음이 필요합니다.

마가복음 2장 1절부터 12절에는 예수님이 지붕을 뚫고 내려온 중풍병자를 고쳐주신 사건이 나옵니다. 이 때 예수님은 이들의 믿음을 보셨다고 말씀하셨는데(막2:5) 이 믿음의 본래 의미는 '온전히 그리스도께 내맡기는 것' 입니다. 중풍병자와 그의 친구들은 어떻게든 예수님을 뵙기만 하면 병이 나리라는 믿음이 있었던 것입니다. 이처럼 온전한 믿음은 하나님의 능력을 체험하게 합니다. 오늘 말씀을 통해 능력을 체험하는 세 가지 믿음에 대해서 알아보겠습니다.

첫째, 예수님의 전능하심을 의심하지 않는 믿음이었습니다.

중풍병자와 친구들은 예수님이 하나님의 아들이라는 사실을 확실히 믿었습니다. 그 사실을 믿었기에 예수님께로 가면 어떤 병이든 모두 고칠 수 있다고 생각한 것입니다. 이 처럼 의심하지 않는 믿음이 있을 때 주님은 누구든지, 어떤 죄든지, 어떤 상황이든지에 관계없이 모든 것을 다 해결해 주십니다. 이 사실을 분명하게 믿고 의뢰하십시오.(마8:9,10,14:31)

둘째, 창조적이고 적극적인 믿음이었습니다.
예수께서 계신 집 앞은, 사람들이 꽉 차서 발 들여놓을 틈조차 없었습니다. 이런 상황에서 네 사람이 들것을 메고 들어간다는 것은 도저히 불가능했습니다. 포기하고 다음 기회를 노릴 수도 있었겠지만 그들은 기회를 놓치지 않기 위해 문이 아닌 지붕으로 들어가는 창조적인 방법을 찾아냈습니다. 이처럼 어려움 상황 속에서 포기하지 않는 창조적이고 적극적인 믿음이 필요합니다. 사방이 어려워도 하늘은 열려있다는 사실을 기억하십시오.(시63:7/마9:2)

셋째, 사랑으로부터 나온 믿음이었습니다.
중풍병자를 메고 온 네 사람이 그렇게 적극적으로 행동한 것은 돈을 받기 위해서도, 사람들 앞에서 의로운 척을 하기 위해서도 아니었습니다. 오직 환자가 낫기를 바라는 마음에서였습니다. 욕심과 이기심을 위한 믿음이 아닌 남을 위한 사랑으로부터 나온 믿음이 하나님의 능력을 체험하게 합니다. 사랑이 믿음을 온전하게 함을 잊지 마십시오.(마24:12/요11:36-44)

오늘 본문을 통해 능력을 체험하는 세 가지 믿음에 대해서 배웠습니다. 사랑은 믿음을 온전케 하고, 온전한 믿음은 모든 문제를 해결합니다. 하나님의 능력은 세상의 모든 방법과 이론을 초월하기 때문입니다.
오늘도 이런 믿음으로 생활하십시오.

- 주님, 하나님의 뜻에 따르는 믿음을 갖게 하소서!

오늘 특별 적용	
오늘 특별 감사	

027

교만을 물리치는 교훈

마태복음 9장 9절부터 13절(막2:13-17/눅5:27-32참조) 읽기.
❶ 예수님께서 누구를 부르셨으며 주님께서 부르실 때 마태는 무엇을 하고 있었는가?(9)
❷ 주님의 부르심에 마태는 어떻게 반응하였는가?(9)

옛날 어느 마을 어귀에 커다란 정자나무 한 그루가 있었습니다.

이 나무는 커다란 그늘을 만들었는데 마을 사람들은 이 그늘에서 편안히 쉬며 햇볕을 피할 수가 있었습니다. 사람들은 그늘에 올 때마다 나무가 있어 정말 다행이며 마을에 꼭 필요한 존재라고 말했습니다. 나무는 이 얘길 듣고 우쭐해져 사람들에게 말했습니다.

"너희는 나에게 감사해야 한다. 나 때문에 너희가 그늘에서 쉴 수 있으니 말이다. 그러니 내 앞을 지나갈 때마다 나에게 절을 해라."

그 모습을 보던 태양이 나무의 무례한 태도를 혼냈지만 나무는 오히려 태양에게 더 큰 화를 내었습니다. 그런데 갑자기 햇빛이 사라지면서 그늘이 없어져버렸습니다. 태양이 말했습니다.

"네 그늘은 내가 햇빛을 보내줘서 생기는 것이다. 그늘이 어째서 생기는지도 모르는 놈이 무엇 때문에 그렇게 잘난 체를 하느냐?"

비단 나무뿐만이 아니라 사람들도 줄곧 자신을 과대평가하고 교만하기 십상입니다. 성경에 나오는 바리새인들도 이 나무와 같이 교만한 사람들이었습니다.

마태복음 9장 9절부터 13절에 보면 예수께서 세관에 앉아있는 레위 마태를 부르시자 그는 즉시 예수님을 좇았습니다. 이에 예수께서는 그의 집에서 많은 세리와 죄인들과 함께 식사를 하셨습니다. 그러자 바리새인들이 트집을 잡았는데 우리는 여기에 나오는 바리새인들의 교만을 통해 세 가지 교훈을 배울 수 있습니다.

첫째, 스스로 의롭다고 생각하는 교만을 버려야 합니다.

바리새인들은 예수님 말씀처럼 자신들을 '건강한 자'로 생각하고 세리와 죄인들을 '병든 자'로 생각했습니다. 그러나 사실 건강한 바리새인들이 정말로 병든 자였고 병든 자였던 세리와 죄인들은 예수님으로 인해 건강한 자가 되었습니다. 나를 높이는 교만은 예수님을 받아들이지 못하게 만듭니다. 교만을 버리고 겸손하십시오.(잠16:5/벧전5:5)

둘째, 예수님은 모든 것을 치료하십니다.
예수께서는 "건강한 자에게는 의원이 쓸데없고 병든 자에게라야 쓸데 있느니라"고 하셨습니다. 예수님은 육체의 질병 뿐 아니라 영혼의 병 죄까지도 깨끗하게 치료해 주시는 분입니다. 병든 자 임을 인정함으로 주님께 영과 육을 치료 받으십시오.(마9:12)

셋째, 예수님께 나와야 합니다.
예수님께 나온 사람이 병을 치료받지 못한 경우는 단 한 번도 없었습니다. 그것이 육체적인 질병이든, 영적인 것이든 다 깨끗이 해결되었습니다. 그러나 바리새인 같이 스스로 깨끗하다고 생각해 주님 앞에 나오지 않은 사람들은 치료받지 못했습니다. 자신을 돌이킴으로 주님 앞에 나오십시오.(눅18:38)

오늘 본문을 통해 교만을 물리치는 세 가지 교훈을 배웠습니다. 아무리 추하고 병든 모습일지라도 있는 모습 그대로 주님께 나오기만 한다면 예수께서 모두 고쳐주시고 구원의 은총을 베풀어 주십니다.(고후5:17)
오늘도 모든 문제를 예수님께 가지고 가십시오.

- 주님, 주님이 계심으로 어떤 걱정도 할 필요가 없음을 알게 하소서!

오늘 특별 적용	
오늘 특별 감사	

028

분별에 대한 교훈

마태복음 9장 14절부터 17절(막2:18–22/눅5:33–39참조) 읽기.
❶ 요한의 제자들이 무슨 문제 때문에 예수님께 나아왔는가?(14)
❷ 이에 대한 예수님의 대답은?(15)

성경학자 토레이 박사는 성경에 나오는 답과 자신의 이성이 내리는 답의 차이로 인해 크게 고민했습니다. 성경을 연구하고, 묵상할수록 점점 이 갈등이 심해졌는데, 토레이는 대부분 자신의 이성과 상식이 가르치는 길을 선택했지만 시간이 지날수록 어김없이 성경의 답이 옳았다는 것을 경험하게 됐습니다. 그 후 토레이는 자신의 이성과 성경의 답이 맞설 때마다 어김없이 성경의 답을 따랐습니다. 훗날 그는 이렇게 말했습니다.

"하나님이 분명 나보다 더 많이 알고 계신다는 것은 확실했습니다. 그렇다면 틀린 것은 그분이 아니라 나라는 생각이 들었고 시간이 흐르면서 그것이 사실이라는 것을 경험할 수 있었습니다. 이것은 내 인생에서 가장 중요한 발견이었습니다."

인생의 길을 찾기 힘들 땐 성경이라는 지도를 보십시오. 성경을 통해 우리는 옳게 분별할 수 있습니다.

마태복음 9장14절부터 17절에는 예수님과 함께 잔치를 즐기는 제자들을 비난하는 사람들이 나옵니다. 자기들은 금식하는데 제자들은 먹고 마시며 즐기는 것처럼 보였기 때문입니다. 예수님은 이에 대해서 아직은 금식할 때가 아니라고 비유를 들어 말씀하셨습니다. 이 말씀을 통해 분별에 대한 세 가지 교훈을 알 수 있습니다.

첫째, 보여주기 위한 경건을 버려야 합니다.

제자들을 비난하는 하는 금식은 하나님께 드리는 것이 아니라 사람에게 보여주기 위한 것이었습니다. 그들은 신앙의 척도를 금식과 기도, 헌금의 액수 같은 것으로 생각했기 때문입니다. 경건생활은 하나님께 진실하게 드려질 때 의미가 있는 것이지 드러내기 위해 하는 것이 아닙니다. 경건의 모양을 버리고 마음을 담으십시오.(마6:1)

둘째, 경건행위로 믿음을 판단해서는 안 됩니다.

자신이 하는 것을 남이 하지 않았다는 이유로 비판해서는 안 됩니다. 특히나 경건생활은 더욱 그렇습니다. 마태복음 9장에서 예수님과 제자들을 비난하는 사람들 중에는 바리새인과 서기관뿐만 아니라 사도 요한의 제자들까지 끼어있었습니다. 진리가 무엇인지 옳게 분별하지 못하고 그 행위로만 판단했기에 이런 일이 벌어진 것입니다. 경건주의에 빠져 다른 사람의 신앙을 비판하지 마십시오.(마9:14/요7:24)

셋째, 우리는 때를 잘 분별해야 합니다.

예수님은 결혼식과, 베 조각 그리고 포도주를 담는 가죽부대를 들어 비유하셨는데 세 가지 비유 모두 알맞은 때에 관련된 말씀입니다. 이때를 분별하는 것은 어려운 것이 아닙니다. 결혼식, 낡은 가죽 부대와 베 조각은 우리가 편견만 가지고 있지 않다면 쉽게 식별할 수 있는 것들입니다. 하나님이 주시는 신호를 잘 파악하여 그리스도인에 합당한 생활을 하십시오.(눅12:57/엡5:16)

오늘 본문을 통해 분별에 대한 세 가지 교훈을 배웠습니다. "천하에 범사가 기한이 있고 모든 목적이 이룰 때가 있다"는 사실을 기억하십시오.
오늘도 비판보다 사랑을 전하고 바르게 분별하는 삶이 되도록 합시다.

- 주님, 혼잡한 세상 속에서 바르게 분별하는 지혜를 갖게 하소서!

오늘 특별 적용	
오늘 특별 감사	

029

율법을 이해하는 법

마가복음 2장 23절부터 28절(마12:1-8/눅6:1-5참조) 읽기.
❶ 예수님의 제자들이 언제, 어떤 행동을 하였는가?(23)
❷ 그 일을 통하여 주님께서 우리에게 어떤 교훈을 가르쳐 주
셨는가?(27,28)

하와이의 해변에서 밍크코트 장사를 시작한 사람이 있었습니다.
사시사철 뜨거운 하와이에서 밍크코트 장사를 하는 삶을 보고 모두들 미쳤다
고 손가락질 했습니다. 그런데 이상하게 그 가게로 많은 손님들이 몰려들었
고 주인은 큰돈을 벌었습니다. 가게 주인은 그 이유에 대해서 이렇게 설명했
습니다.
"하와이는 세계적인 관광지입니다. 특히나 추운 지방에서 휴가를 위해 찾아
온 사람들이 많습니다. 그 사람들은 하와이에서 판매하는 얇은 옷보다는 두
꺼운 모피를 살 것이라고 생각했습니다."
틀에 박힌 고정관념은 새로운 생각을 하지 못하게 막습니다. 성경 속에 나오
는 바리새인들도 마찬가지였습니다.

마가복음 2장 23절부터 28절을 보면 배고픔을 참지 못하고 밀 이삭을 비벼
먹는 제자들이 나옵니다. 이날은 안식일이었기 때문에 바리새인들은 율법을
들어 예수님께 따졌는데, 예수님께서는 안식인은 사람을 위해 있는 것이라고
가르치셨습니다. 이 말씀을 통해 율법을 이해하는데 도움을 주는 세 가지
사실을 알 수 있습니다.

첫째, 율법 속에 들어있는 정신을 깨달아야 합니다.
바리새인들은 안식일을 지키라고 한 문자 그대로의 율법만 알았지 그 속에
담긴 사랑은 몰랐습니다. 사람을 위해 안식일을 쉬게 한 것인데 근본정신을
깨닫지 못하고 예수님께 시비를 걸었습니다. 예수님은 바리새인들에게 "율
법보다 더 중요한 의와 인과 신은 버렸도다."라고 꾸짖으셨습니다. 율법 속에
담긴 사랑의 정신을 깨달으십시오.(마5:17)

둘째, 훌륭한 법은 사람을 돕기 위해 재정되었습니다.

사람은 안식일이 정해지기 전에 창조되었습니다. 안식일의 법이나 규례가 만들어진 것은, 사람이 보다 선하고 풍성한 삶을 누리게 하기 위해서입니다. 이처럼 율법은 사람을 규제하고 가두기 위해 생긴 것이 아니라 오히려 돕기 위해 생긴 것입니다. 주님의 법을 따르십시오.(마18:12)

셋째, 하나님을 섬기는 것은 율법을 따르는 것이 아닙니다.
정해진 율법을 지키고 규례를 따르는 것은 하나님을 섬기는 것이 아닙니다. 무엇보다 중요한 것은 하나님을 사랑하고 이웃을 사랑하는 마음입니다. 예수님께서는 장소와 형식보다도 영과 진리로 예배하라고 하셨습니다. 신령과 진정으로 예배하십시오.(요4:23/고전1:9)

오늘 본문을 통해 율법을 이해하는데 도움을 주는 세 가지를 배웠습니다. 그러므로 우리는 규례에 매여 끌려 다니는 것이 아니라, 이를 정하신 하나님의 뜻을 깨달아야 합니다. 그리하여 주님의 영광을 위하여 그 법을 사용해야 합니다(롬14:6).
오늘도 주님의 참된 안식을 누리십시다.

- 주님, 율법에 얽매이지 않고 오직 사랑에 속하게 하소서!

오늘 특별 적용	
오늘 특별 감사	

030

하나님과 반대되는 사람의 성향

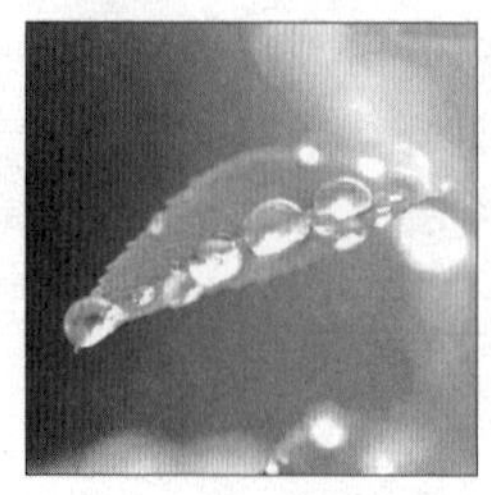

누가복음 6장 6절부터 11절(마12:9-14/막3:1-6참조) 읽기.
❶ 서기관과 바리새인들이 어떤 방법으로 주님을 시험하였었는가?(6,7)
❷ 주님께서 그들의 시험을 어떻게 처리하셨는가?(9,10)

히틀러가 독일 정권을 장악하고 유태인 말살 정책을 벌일 때 도움을 준 많은 사람들이 있었습니다. 그들 대부분은 당대의 지식인들로 유명한 철학자, 변호사, 의사들이었습니다. 심지어 그 중에는 신학자도 있었습니다. 신학자들은 히틀러를 위해 나치스 신학이라는 것을 만들었고, 나치 주의에 입각한 교회와 윤리론을 만들었습니다. 유태인의 경전이란 이유로 구약 또한 인정하지 않았습니다.
겉모습은 사회의 지식인이고 덕망 있는 신앙인이었지만 그들의 속은 완악하고 완고했습니다.

누가복음 6장 6절부터 11절을 보면 예수님이 회당에서 손이 오그라든 사람을 고쳐주신 내용이 나옵니다. 이는 상당히 위험한 행동이었는데 예수님을 탐탁지 않게 여기던 무리들이 그것을 빌미로 고소하려고 호시탐탐 노리고 있었기 때문이었습니다(눅6::7). 그러나 예수님은 오히려 바리새인들의 완악한 마음을 꾸짖으셨습니다. 우리는 이 말씀을 통해 하나님과 반대되는 사람의 세 가지 성향을 알 수 있습니다.

첫째, 하나님은 사랑이시나, 사람은 완악합니다.
예수님은 사람들에게 선을 행하고 생명을 주려고 하셨지만, 사람들은 안식일이라는 틀에 꽁꽁 묶어서 오히려 악을 행했습니다. 완악한 사람들은 예수님을 점점 미워했고 결국 사랑의 예수님을 십자가에 못 박게 됩니다. 사람의 악이 아닌 하나님의 사랑을 닮아 가십시오.(막3:4/엡4:18)

둘째, 하나님은 동일하나, 사람은 겉과 속이 다릅니다.
하나님을 거룩히 섬기던 바리새인들은 그 아들인 예수님은 오히려 적대시 했습니다. 사람들을 고쳐주신 예수님을 기뻐하지 않고 모의로 예수님을 죽이려 했습니다. 위선은 우리의 겉모습은 경건하게 보이게 해도, 마음을 거짓되고 악하게 할뿐입니다. 그래서 예수께서는 이런 사람들을 '회칠한 무덤'이라고 호되게 꾸짖으신 것입니다. 동일한 마음으로 하나님을 경배하십시오.(마 23:27/막2:28/3:6)

셋째, 하나님은 순종을 바라나, 사람들은 교만합니다.
바리새인과 서기관은 하나님을 따른다고 말로는 고백했지만 사실은 자기들의 옳은 대로 행했습니다. 예수님의 말씀이 진리인 것을 알고도 오만방자 하게 굴었습니다. 오히려 예수님의 말씀대로 순종한 것은 영육이 병든 사람들이었습니다. 언제나 스스로의 교만을 살피십시오.

오늘 본문을 통해 하나님과 반대되는 사람의 성향에 대해서 배웠습니다. 우리 자신보다도 하나님을 더욱 귀히 여길 때 하나님도 우리를 더욱 귀히 여겨 주신다는 사실을 기억하십시오. 그러므로 겸손히 스스로를 살피고 하나님께 순종해야 합니다.
오늘도 주님께 예배를 드리는 생활을 하십시오.

– 주님, 성령을 부르심에 용기 있게 응답하게 하소서!

오늘 특별 적용	
오늘 특별 감사	

031

하나님의 사람의 특징

마태복음 12장 15절부터 21절(막3:7–12참조) 읽기.
❶ 이사야가 예언한 예수님의 모습은 어떠한가?(17–21)
❷ 예수님 사역의 궁극적인 목적은 무엇인가?(18,21)

레이톤 목사님은 교회에 대해서 이런 말을 했습니다.

"교회의 역사는 매우 굴곡져 있습니다. 교회는 독재자나, 다른 종교의 핍박을 받은 적이 많았으며 때때로 자신들끼리도 갈라져 싸웠습니다. 교회의 역사를 뒤돌아본다면 피로 얼룩진 비탈길과 같을 것입니다. 그러나 어떤 역경에도, 어떤 핍박에도 교회는 살아남아 존재할 것입니다. 많은 순교자들이 흘린 씨앗들이 있었고, 지금도 어떤 시험에도 굴하지 않고 세상과 싸우는 하나님의 사람들이 있기 때문입니다. 예수님은 이미 모든 것을 이루시고 세상에서 승리하셨다고 말씀하셨습니다. 따라서 완전히 승리하는 그날까지 교회는 계속될 것입니다."

어떤 역경에도 굴하지 않고 믿음을 꿋꿋하게 지키는 것이 진정한 하나님의 사람입니다. 이런 믿음을 지닐 때 모든 시련을 이겨내고 이 땅의 복음의 씨앗을 꽃 피우게 됩니다.

마태복음 12장 15절부터 21절을 보면 갈릴리 바닷가에서 많은 병자들을 고쳐주신 예수님의 모습이 나옵니다. 예수님은 하나님의 영으로 치유 사역을 행하셨는데, 이를 통해 많은 사람들이 병에서 나았고 구약에 나온 이사야의 예언까지도 온전히 이루셨습니다. 우리는 이 말씀을 통해 하나님의 사람의 세 가지 특징을 알 수 있습니다.

첫째, 말씀의 능력을 행합니다.

사람들이 예수님을 찾아왔던 것은 예수님의 행하신 일들이 널리 퍼졌기 때문입니다. 예수님께서는 하나님의 말씀을 권위 있게 가르치셨고, 또한 그 말이 사실임을 직접 행함으로 보이셨습니다. 하나님의 영이 임한 사람은 새롭게 변화됨으로 능력을 행합니다. 말씀을 전할 뿐만 아니라 말씀의 능력을 행하는 사람이 되십시오. (막3:8,7:24/요이1:4)

둘째, 악의 세력이 방해하지 못합니다.

예수님이 사역을 행하실 때 그 자리에 있던 귀신들도 예수님께 경배하고, 하나님의 아들이라고 엎드려 부르짖었습니다. 악한 영은 하나님의 영이 임한 사람들에게 감히 대적할 수 없습니다. 우리 마음에 나 자신이 아닌 하나님을 중심으로 모실 때 하나님의 사람이 되고 마귀는 더 이상 우리에게 아무런 영향을 끼치지 못하게 됩니다. 마음의 중심에 온전히 하나님을 모시는 성도가 되십시오.(막3:11/롬16:20/엡6:16-17)

셋째, 말씀을 이룹니다.

예수님은 공생애 기간 동안 성경에 나온 모든 예언들을 친히 이루셨습니다. 그것은 곧 자신이 아닌 하나님의 뜻대로 모든 일을 행했기에 가능했습니다. 하나님의 사람은 말씀을 이루는 사람입니다. 하나님의 말씀은 무엇입니까? 서로 사랑하고, 세상의 빛과 소금이 되어 온 세상에 복음을 전하는 것입니다. 하나님의 말씀을 이루는 사람이 되십시오.(행4:28/골1:25)

오늘 본문을 통해 하나님의 사람의 세 가지 특징을 배웠습니다. 하나님의 사람은 세상을 능히 이기고, 이 땅에 하나님의 나라를 확장하는 사명을 띤 사람들입니다. 주님께 모든 것을 맡기고 온전히 순종함으로 세상을 밝게 비추는 빛이 되십시오.

오늘도 하나님의 뜻을 이루는 하루가 되십시오.

- 주님, 악에 빠지지 않고 항상 진리의 편에 서게 하소서!

오늘 특별 적용	
오늘 특별 감사	

032

제자됨의 중요성

마가복음 3장 13절부터 19절(막3:13-19/눅6:12-16참조) 읽기.
❶ 주님께서 열 두 제자를 선택하신 가장 큰 세 가지 목적은 무엇이었는가?(14,15)
❷ 예수님의 열 두 제자는 누구누구인가?(16-19)

한 대학에서 쥐를 가지고 거리와 친밀감에 대한 실험을 했습니다.
사방이 1m인 상자에 세 마리의 쥐를 넣으면 별 문제 없이 사이좋게 지냅니다.
그런데 여기에 7마리를 더 넣어 열 마리가 되면 쥐들은 신경질적으로 변하며
서로 물어뜯고 싸우기도 합니다. 그런 상태에서 쥐를 한 마리씩 빼내도 신경
질적인 반응은 계속되는데 마침내 다시 세 마리가 남으면 다시 사이좋게 어
울립니다. 이런 반응은 비단 쥐의 경우 뿐 아니라 다른 동물과 사람의 경우에
도 비슷하다고 합니다. 모르는 사람끼리는 최소 1m는 떨어져 있어야 안정감
이 생기며, 가볍게 인사를 나누는 사이도 70cm는 떨어져야 부담을 느끼지 않
습니다. 하지만 친밀감이 높은 친구나 애인, 가족의 경우에는 거리가 극단적
으로 가깝거나 함께 붙어 있어도 별다른 위화감이 안 생긴다고 합니다.
하나님과의 관계도 이와 같습니다. 우리가 하나님을 더욱 자주 만나고 친
밀감을 가질수록 영적으로 더욱 가까워지고 무한한 사랑을 느끼게 될 것입
니다.

마가복음 3장 13절부터 19절 말씀을 보면 12명의 제자들을 불러 세우신 이
야기가 나옵니다. 예수님은 제자들을 세우기 전 밤새도록 기도하셨습니다.
제자들은 이런 예수님의 부름과 사랑의 강권에 이끌려(고후5:14), 즉각적으로
응답했습니다. 예수님께서 12제자를 삼으신 장면을 통해 우리는 제자 됨의
세 가지 중요성에 대해 알 수 있습니다.

첫째, 제자가 되는 것은 예수님 곁에 있음을 뜻합니다.
주님을 증거 하기 위해서는 먼저 주님을 잘 알아야 합니다. 주님의 곁에서 모
든 것을 배워야 합니다. 말뿐만 아니라 행동, 생각 등 모든 면에서 주님을 닮
으려 하는 노력이 필요합니다. 늘 주님과 함께 하는 제자의 삶을 사십시오.(마
9:15/마26:19,20)

둘째, 제자가 되는 것은 전도함을 뜻합니다.
제자는 스승의 곁에서 가르침을 받은 뒤 그것을 다시 전파하러 나갑니다. 참된 스승을 만난 제자라면 증거 하지 않고는 견딜 수 없습니다. 복음을 전하는 것은 제자 됨의 특권입니다. 전도를 통해 인생이 새롭게 바뀝니다. 전도의 놀라운 은혜를 체험하십시오.(행13:46)

셋째, 제자가 되는 것은 승리함을 뜻합니다.
아담이 죄를 범한 이후로 이 세상은 사탄의 지배아래 있습니다. 사탄과 귀신의 무리는 점점 더 우리를 유혹하여 악의 수렁으로 밀어 넣습니다. 그러나 예수님은 이 모든 것을 물리치고 승리하셨으므로, 제자 됨을 통해 우리도 그 승리에 동참하게 되는 것입니다. 주님의 제자 됨으로 승리하는 삶을 사십시오.(요일5:4)

오늘 본문을 통해 제자 됨의 세 가지 중요성을 배웠습니다. 이 혼란스런 세상에 빛과 소금이 되려면 말씀으로 전신갑주를 입고 사명을 끝까지 감당하는 제자가 되어야 합니다.
오늘도 깨어있어서 사탄의 유혹과 얽매는 사슬을 깨뜨리십시오.

– 주님, 사탄의 유혹에 넘어가지 않고 빛 가운데 거하게 하소서!

오늘 특별 적용	
오늘 특별 감사	

033

복된 삶을 위한 지침

마태복음 5장 1절부터 16절(눅6:20-26참조) 읽기.
❶ 주님으로 인해 핍박을 받을 때 주님께서는 어떻게 하라고 말씀하셨는가?(12)
❷ 팔복 중에서 당신에게 가장 부족한 부분은 어떤 부분인가?

독일 베를린의 플랑크교육연구소가 15년 동안 1천명을 대상으로 나이와, 생활환경 그리고 성품에 대한 연관관계를 연구한 뒤 다음과 같은 사실을 밝혀냈습니다.

일반적으로 어려운 환경에서 성장하거나 심각한 위기를 경험한 사람들이 평범한 삶을 살아온 사람들보다 훨씬 이해심이 많고, 크게 성공하는 빈도가 높았다고 합니다.

또 개방적이고 창조적인 성향의 사람들은 나이가 들어도 활발한 사회생활을 하며 만족스런 대인관계를 가졌지만 폐쇄적이고 고집이 센 사람들은 나이가 들수록 외롭게 생활하며, 새로운 문화에 적응을 하지 못해 일찍 사회생활에서 은퇴를 했습니다.

이것은 사람들의 일반적인 생각과는 완전히 상반된 결과였습니다.

예수님이 산상수훈을 전하셨을 때도 사람들은 자신들의 생각과는 전혀 다른 진리의 말씀에 모두 놀랐습니다.

마태복은 5장 1절부터 16절에는 산상수훈이 나옵니다. 산상수훈은 예수님이 산에서 사람들에게 그리스도인의 성품과 삶에 대한 윤리 강령을 가르치신 것입니다. 우리는 이 산상 수훈을 통해 복된 삶을 위한 세 가지 지침을 알 수 있습니다.

첫째, 복된 삶은 노력만 한다고 이루어지지 않습니다.

많은 사람이 산상수훈의 가르침에 감동되어 실천하려고 애를 씁니다. 그러나 그것은 얼마 안 되어 실패하고 맙니다. 복된 삶은 노력보다도 먼저 영혼이 거듭나서 새생명을 얻을 때에야 누릴 수 있습니다. 새 생명을 얻어야 새 성품이 생기고 생활의 열매를 맺을 수 있습니다. 나 자신이 참으로 거듭났는지를 먼저 살펴보십시오.(요3:3)

둘째, 복된 삶은 하나님으로부터 옵니다.
성경 원문에는 「복되도다」라는 말이 각 절의 맨 앞에 강조되어 있습니다. 화와 복은 지극히 높으신 하나님에게서 나온다는 것을 먼저 알아야 합니다. 복을 위해 자신의 노력만을 의지하거나 다른 우상을 숭배하며 복 받으려는 어리석음을 모두 버리십시오.(애3:38/엡4:23-25).

셋째, 복된 삶은 선한 영향을 미칩니다.
그리스도인은 세상의 소금이요, 빛입니다. 빛과 소금은 세상에 꼭 필요한 역할입니다. 그러므로 진리를 환히 비추는 빛처럼, 삶에 어려운 곳에 맛을 더하는 소금처럼, 사회에 본이 되는 행동을 하십시오. (마5:13,14/잠28:27)

오늘 본문을 통해 복된 삶을 위한 세 가지 지침을 배웠습니다. 먼저 그 나라와 의를 구하면 그밖에 우리에게 필요한 모든 것은 하나님께서 넘치도록 공급하실 것입니다. 세상의 빛과 소금의 역할을 그리스도인의 삶을 위해 노력하십시오.
오늘도 세상을 더욱 밝게 하며 사십시오.

- 주님, 주님을 따르는 삶이 진정한 복임을 알게 하소서!

오늘 특별 적용	
오늘 특별 감사	

034

율법을 바라보는 입장들

마태복음 5장 17절부터 20절 읽기.
❶ 주님께서 이 땅에 오신 목적 중의 하나는?(17)
❷ 19절을 읽어보라 당신은 하나님의 모든 말씀을 귀하고 간절하게 여기며 생활하는가?

유명한 화가이자 교육자인 어떤 분이 우리나라 교육 현실에 대해서 이런 글을 쓴 적이 있습니다.

"한국의 미취학 아이들의 교육 수준은 다른 나라 아기들에 비해 월등히 앞서 있습니다. 평균적으로 2, 3년이나 앞서 있다고 합니다. 그런데 10살이 넘어가면서부터 수준이 비슷해지고, 고등학생, 대학생이 되면서는 완전히 역전 된다고 합니다. 필요 이상으로 일찍 공부를 시켜 공부가 아이들에게 짐이 되 버렸기 때문입니다. 또한 획일화된 교육방법에도 많은 문제가 있습니다. 자꾸 일정한 답을 강요함으로 아이들의 창의력과 사고력을 막아버립니다. 세계에 미술교과서가 있는 나라는 한국과 일본 밖에 없습니다. 물론 교육에 있어서 완전한 방임은 안 됩니다. 그러나 절대적인 규제와 획일화보다는 차라리 완전한 방임이 난 것 같습니다."

이것은 아이들이 스스로 할 수 있는 능력을 길러주는 것도 교육의 중요한 부분이라는 것을 지적하고 있습니다.

바리새인들 역시 예수님이 율법을 무시하는 가르침을 전한다고 비난했습니다. 그러나 예수님은 자신의 가르침이 오히려 율법을 완전하게 하는 것이라고 말씀하셨습니다.

마태복음 5장 17절부터 20절을 보면 율법에 대해 말씀하신 예수님이 나옵니다. 당시의 많은 사람들은 예수님이 율법을 폐하는 가르침을 전한다고 비판했습니다. 그러나 예수님은 율법을 완전하게 하러 오셨다고 말씀하셨습니다. 우리는 이 말씀을 하신 정황을 통해 율법을 바라보는 세 가지 입장에 대해 알 수 있습니다.

첫째, 율법만을 생각하는 율법주의 입장입니다.
율법주의자들은, 율법을 철저히 지킴으로 즉, 자신의 노력이나 행위에 의해 구원을 받는다고 합니다. 또한 구원받은 후에도 계속 율법을 지키지 않으면 안 된다고 강조합니다. 그러나 자신의 노력을 앞세움으로 인해 이들은 하나님의 은혜에서 제외되고 맙니다. 구원은 믿음으로 주어지는 것임을 잊지 마십시오.(행15:1/갈1:6-10,2:3-5)

둘째, 무율법주의 입장입니다.
성경을 많이 배우고 신앙생활을 오래 한 사람들도 이런 생각을 하는 경우가 많이 있습니다. 하나님이 자신의 모든 죄를 사해주시고 구원해 주셨으므로 "이제는 율법과 전혀 상관없다"고 생각하는 것입니다. 그러나 이것은 성경적인 입장이 아닙니다. 믿음을 통해 변화된 사람들은 율법을 지키는 삶이 아닌 율법이 지켜지는 삶을 산다는 것을 기억하십시오.(마23:23)

셋째, 성경적 복음주의 입장입니다.
믿음은 행위가 아닌 하나님의 은혜를 통하여 얻는 것입니다. 구원을 받고 성령이 충만해진 사람은 율법을 지키는 것 이상의 삶을 살게 됩니다. 참된 믿음이 있다면 사랑에 의한 선한 행위가 나타날 수밖에 없기 때문입니다. 올바른 믿음으로 선에 힘쓰는 하나님의 자녀가 되십시오.(엡2:8-10/롬8:13-14/마5:27-48/딛2:14).

오늘 본문을 통해 율법을 바라보는 세 가지 입장에서 배웠습니다. 구원의 능력과 조건에 대해서 바르게 알고 율법을 뛰어넘는 삶을 살아가는 그리스도인이 되십시오.
오늘도 성령 안에서 참 자유와 능력을 누리며 사십시오.

– 주님, 진리를 통해 진정한 자유를 얻게 하소서!

오늘 특별 적용	
오늘 특별 감사	

그리스도인의 삶에 필요한 지침

마태복음 5장 21절부터 48절(눅6:27-36참조) 읽기.
❶ 주님께서는 우리가 예배드리는 것보다 무엇을 더 원하시는가?(23,24)
❷ 우리는 화해할 때 어떤 화해를 하여야 하는가?(26)

이탈리아 영화「로베레 장군」은 세계 2차 대전에 대한 이야기입니다.

영화의 주인공은 전문 사기꾼인데 그는 나치에 저항하는 레지스탕스의 지도자 '로베레 장군'과 닮은 외모를 가졌다는 이유로 독일군에게 끌려갑니다.

독일군은 '로베레 장군'인 척 가장해 저항군 해체를 도와주면 많은 돈을 주겠다고 설득했습니다. 그러나 주인공은 자신을 진짜 장군으로 끝까지 믿으면서 처형되는 사람들을 보면서 정의와 신념에 대해서 다시 생각하게 되고 결국 가짜가 아닌 진짜 '로베레 장군'의 역할을 하며 저항운동을 하다가 동료들과 함께 총살당했습니다.

그는 죽기 전에 감옥 벽에 이런 글을 남겼습니다.

'어떻게 해야 할지 모를 때에는 가장 어려운 일을 택하라'

이스라엘 사람들은 모세가 남긴 율법을 지키는 것도 매우 힘든 일이라고 생각했습니다. 그런데 예수님은 그 율법보다도 더 힘든 일을 해야 한다고 말씀하셨습니다.

마태복음 5장 21절부터 48절에는 당시 율법에 대해 말씀하시는 예수님이 나옵니다. 예수님은 사람들이 기존에 지키던 율법보다도 더욱 어려운 것을 지키라고 말씀하셨습니다. 이처럼 좁은 길을 가기 위해선 오직 성령을 통해 변화되어야 합니다. 오늘 말씀에 나온 예수님의 가르침으로 우리는 그리스도인의 삶에 필요한 세 가지 지침을 알 수 있습니다.

첫째, 분노를 품지 말고 화목해야 합니다.

하나님께서는 감정을 주체하지 못함으로 죄를 범하지 말라고 하셨습니다. 따라서 마음을 잘 다스려 분을 품지 말고, 할 수 있는 대로 모든 사람과 사이좋게 지내야 합니다. 또한 주님께 한없는 용서를 받았다는 사실을 잊지 말고, 남에게 보복하지 말고 용서하십시오.(마5:21-26/눅19:45-48/롬12:18)

둘째, 맹세하지 말고 겸손해야 합니다.

예수님이 말씀하신 당시뿐만 아니라 오늘날에도 맹세가 남발되고 있습니다. 사람들은 남에게 뿐 아니라 하나님에게도 너무 쉽게 약속하고 맹세합니다. 그러나 조금만 주위에 관심을 가져도 이런 약속과 맹세들로 인해 많은 문제가 생기고 있다는 걸 알 수 있습니다. 예수님은 이런 인간의 약함을 알고 계셨습니다. 한계성을 인정하고 정직하고 겸손하십시오.(마5:33-36)

셋째, 미워하지 말고 사랑해야 합니다.

하나님께서 악한 사람이나 선한 사람에게 똑같이 해를 비추시고 비를 내려주시듯이, 우리도 모든 사람을 사랑해야 합니다. 사실 원수를 사랑하며 핍박하는 사람을 위해 기도한다는 것은 결코 쉬운 일이 아닙니다. 그러나 그리스도의 마음을 가지려는 노력으로 결국은 가능하게 될 것입니다. 상황이 힘들수록 더욱 주님의 은혜를 사모하십시오.(마5:43-48/눅6:27-36,23:34).

오늘 본문을 통해 그리스도인의 삶에 필요한 세 가지 지침을 배웠습니다. 예수님의 모든 말씀은 우리가 진정한 구원을 얻고 성령과 함께 할 때에만 지키고 실천할 수 있습니다.

오늘도 그리스도의 능력으로 말씀을 실천하는 삶을 사십시오.

– 주님, 말씀을 깨닫고 실천하게 하소서!

오늘 특별 적용	
오늘 특별 감사	

036

경건생활의 중요성

마태복음 6장 1절부터 18절 읽기.
❶ 우리가 기도할 때 주의해야 할 두 가지 사실은 무엇인가?(5,7)
❷ 주님께서는 우리에게 어떻게 기도하라고 교훈하셨는가?(6)

리비아에서는 카다피라는 독재자가 민주주의를 바라며 시위하는 시민들을 향해 총과 미사일 쏘며 진압하는 끔찍한 일이 벌어졌습니다. 카다피는 그동안 석유를 수출한 돈을 착취해 15조에 가까운 돈을 모았는데도 불구하고 자신의 자리를 지키기 위해 만행을 저질렀고 이를 통해 죄 없는 수많은 사람들이 생명을 잃었습니다.

오래전에 중앙아프리카의 보카사라는 인물은 가난에 허덕이는 나라의 사정을 무시한 채 「중앙아프리카 제국」이라고 나라 이름을 고치고 스스로 황제라 칭했습니다. 그리고 50억 이상을 들여 성대한 대관식을 갖고, 최고급 대리석으로 궁전을 짓고 파리와 스위스에도 별장을 구입했습니다. 그것도 모자라 나라의 모든 자원을 팔아 자신의 재산으로 챙겼습니다. 결국 쿠데타가 일어나 보카사는 물러나 다른 나라에 숨어 살고 있지만 그가 챙긴 돈은 찾지 못했습니다. 보카사의 욕심으로 중앙아프리카 국민들은 아직도 빈곤한 삶을 벗어나지 못했습니다.

한 사람의 욕심으로 인해 정말로 많은 사람들이 고통을 당합니다. 예수님은 그래서 항상 경건생활의 중요성에 대해 말씀하셨습니다.

마태복음 6장 1절부터 18절에는 믿는 사람들의 생활과 기도에 대한 이야기가 나옵니다. 그리고 예수님은 경건 생활의 3요소라고 할 수 있는 구제와 기도와 금식에 대해 가르치셨습니다. 우리는 이 말씀을 통해 이런 경건 생활의 세 가지 중요성을 살펴 볼 수 있습니다.

첫째, 경건생활에는 구제가 필요합니다.
구제는 다른 사람과 맺는 관계입니다. 구제를 통해 이기심에서 벗어날 수 있고 이웃을 향한 하나님의 마음을 알게 됩니다. 하나님은 그리스도인이 가난한 사람들을 돌보기 원하십니다. 그런데 잊지 말 것은 구제를 자랑을 위해 하지 말고 은밀히 해야 한다는 점입니다. 구제를 바라는 마음과 그 물질까지도 하나님께서 주신 것임을 잊지 마십시오.(잠19:17/마6:2-4/갈2:10)

둘째, 경건생활에는 기도가 필요합니다.
기도는 하나님과의 관계입니다. 기도의 사람으로 불리는 E.M. 바운즈는 "대중기도는 짧게 할수록 좋고, 개인기도는 길게 할수록 좋다"고 했는데, 이는 기도의 진실성이 중요하다는 것을 일깨워 줍니다. 기도는 아름답고 종교적인 말의 반복이 아니라 하나님께 우리의 심정을 내어놓는 것입니다. 기도는 항상 개인적으로 또 구체적이고 진지하게 하십시오.(마6:5-15/골4:2)

셋째, 경건생활에는 금식이 필요합니다.
금식은 구제와는 반대로 자신에 대한 육체적 이기심에서 벗어나게 해주는 경건 생활입니다. 먹고 마시는 것을 금하므로 하나님을 더욱 갈망하는 것이 진정한 금식입니다. 금식 역시 구제와 마찬가지로 사람들에게 티를 내지 말고 자연스럽게 하는 것이 좋습니다. 하나님은 우리의 모든 마음을 알고 계십니다. 금식이 필요하다고 느낄 땐 용기 있게 실천하십시오.(마6:16-18)

오늘 본문을 통해 경건생활의 세 가지 중요성에 대해 배웠습니다. "하나님께서 기뻐하시는 금식은 어려운 이웃을 사랑으로 힘써 돌보는 것"(사58:9,10)이라는 사실을 항상 기억하십시오.
오늘도 경건생활을 통해 나와 남을 이롭게 하는 은혜의 삶을 사십시오.

- 주님, 경건생활을 통해 얻는 유익이 큼을 깨닫게 하소서!

오늘 특별 적용	
오늘 특별 감사	

037

물질과 염려에 대한 교훈

마태복음 6장 19절부터 34절 읽기.
❶ 사람들이 보물을 투자하는 두 장소는 어디이며, 그 결과는 각각 어떠한가?(19,20)
❷ 21절을 깊이 묵상하라. 당신은 물질을 어디에 투자하고 있는가?

여행 도중 배가 난파해 무인도에서 갇힌 사람들이 있었습니다.

다행히 몇 달은 지낼 수 있는 식량이 남아 있었습니다. 토양도 비옥해 씨앗을 제 때 심는다면 구조선이 올 때까지 계속해서 버틸 수 있었습니다. 그들은 씨앗을 심기 위해 땅을 파기 시작했습니다. 그런데 황금 덩어리가 묻혀 있는 것을 발견하게 되었고 사람들은 흥분했습니다.

사람들은 다른 곳에도 황금이 묻혀 있을 것이라고 생각해 섬 전체를 파기 시작했고, 몇 달 후에 황금은 산더미처럼 쌓였습니다. 그런데 어느새 식량이 모두 떨어져 버렸습니다.

그때서야 사람들은 큰일난 것을 알고 밭에 나가 땅을 일구어 씨를 뿌렸지만 파종할 시기를 놓쳐버려 결국 황금을 바라보며 굶어 죽고 말았습니다. 황금에 마음이 팔려 진짜 중요한 것이 무엇인지 놓치고 만 것입니다.

마찬가지로 생명의 예수님보다도 세상의 물질에 정신이 팔려 있다면 똑같이 죽음에 이르고 맙니다.

마태복음 6장 19절부터 34절을 보면 예수님이 우리의 걱정에 대해서 말씀하고 계십니다. 예수님은 우리의 마음이 하나님께로 향해 있어야 하며, 모든 필요를 하나님께서 채워주실 것이라고 말씀하셨습니다(마6:24,32). 우리는 이 말씀을 통해 올바른 물질과 염려에 대한 세 가지 교훈을 얻을 수 있습니다.

첫째, 올바른 우선순위를 가져야 합니다.
"돈만 있으면 대접받고 못할 일이 없다"는 말이 말해주듯이, 현대 사회에서는 모든 사람들이 돈을 가장 귀하게 생각합니다. 돈 때문에 사람들은 양심을 속이고, 남을 해치고, 가족을 버리기도 합니다. 이것은 돈이 최우선이라는 잘못된 인식 때문에 생기는 일들입니다. 하나님을 우리의 최우선 자리에 모신 뒤 많은 돈을 벌어야, 진정한 풍요를 누리고 세상의 복음화와 이웃의 필요를 채

울 수 있게 됩니다. 주님과 재물의 우선순위를 바르게 세우십시오.(삼하22:47/마6:19-24)

둘째, 우리는 모든 염려를 주님께 맡겨야 합니다.
세상을 살아가면서 걱정하지 않는 것은 쉬운 문제가 아닙니다. 그러나 하나님은 우리의 모든 염려를 다 맡기라고 말씀하셨습니다. 악한 아버지라도 자식에게 좋은 것을 준다면 선한 목자 되신 주님은 우리에게 더욱 좋은 것을 주실 것입니다. 주님께 우리를 항상 인도하심을 믿음으로 마음의 평안을 얻으십시오.(마7:9-11/눅12:26)

셋째, 하나님의 사랑을 믿어야 합니다.
하나님은 우리를 정말로 사랑하십니다. 이 사랑을 믿을 때 진정으로 모든 염려를 주님께 맡기고 성실하게 생활할 수 있습니다. 하나님이 우리를 귀한 자녀 삼아주셨다는 사실을 믿으십시오.(벧전5:7/마6:30/살후3:19)

오늘 본문을 통해 물질과 염려에 대한 세 가지 교훈을 배웠습니다. 우리를 향한 하나님의 사랑을 믿음으로 모든 염려에서 벗어난 참된 평강을 누리십시오.
오늘도 "먼저 의를 구하면 모든 것을 더하신다"(마6:33)는 말씀을 마음깊이 새기며 사십시오..

- 주님, 먼저 그 나라와 의를 구하는 삶을 살게 하소서!

오늘 특별 적용	
오늘 특별 감사	

038

비판하지 말아야 할 이유

마태복음 7장 1절부터 6절(눅6:37-42참조) 읽기.
❶ 우리가 다른 사람을 비판할 때 어떤 결과를 맞게 되는가?(1,2)
❷ 인간관계에 있어서 주님께서는 무엇을 먼저 강조하셨는가?(3-5)

미국의 한 명문대학에 작가를 꿈꾸는 학생들이 모여 두 개의 문학클럽을 만들었습니다.

한 클럽의 이름은 '문학비평클럽'이었는데 매주 한 사람이 쓴 글을 놓고 모든 학생들이 부족한 점을 철저히 찾아내 알려주는 형식으로 운영되었습니다. 그 클럽의 회원들은 철저한 비판을 통해서 부족한 점을 깨달아야 재능이 더욱 발전될 수 있다고 생각했습니다.

다른 클럽은 '문학토론클럽'이었는데 그곳에선 매주 한 사람이 쓴 글을 놓고 좋은 점에 대해서 이야기해주었습니다. 그리고 부족한 점은 격려의 형식으로 말해주었습니다. 차가운 분위기의 첫 번째 클럽과는 다르게 두 번째 클럽은 항상 따스한 분위기였습니다.

몇 년이 지난 뒤 대학교의 교무과에서 졸업생들의 직업에 대해서 조사하자 흥미로운 사실이 발견되었습니다. 첫 번째 클럽의 학생들의 성적이 더 뛰어났음에도 불구하고 한 명의 작가도 나오지 않은 반면 두 번째 클럽의 학생들 중에선 많은 작가들이 배출되었고 그 중 6명은 뛰어난 작가가 되어 큰 인정을 받고 있었습니다.

이 이야기를 통해 비판은 재능을 죽이지만 칭찬과 격려는 재능을 크게 키워줌을 알 수 있습니다.

마태복음 7장 1절부터 6절을 통해 예수님은 남을 비판하지 말라고 말씀하셨습니다. 자신을 먼저 돌아보고 잘못을 바로 잡는 것이 더욱 중요하지 상대를 비난하고 판단하는 것은 그리스도인의 태도가 아니기 때문입니다. 우리는 이 말씀을 통해 비판을 하지 말아야할 세 가지 이유에 대해서 알아볼 수 있습니다.

첫째, 비판은 계속해서 퍼져나갑니다.

"가루는 칠수록 고와지고 말은 할수록 거칠어진다"라는 속담이 있습니다. 사람들은 남이 비판하려는 본능이 있습니다. 우리는 자신에게 관대하고 남에게는 냉정합니다. 그러나 예수님께선 이런 사람의 본성을 버리고 오히려 자신의 부족함을 깨달으라고 하셨습니다. 남을 비판하지 말고 오히려 그를 위해 기도해주십시오.(마7:3/고전4:12)

둘째, 비판하는 마음은 기도를 막습니다.
비판은 주위 사람들과의 관계를 틀어지게 하고 이것은 곧 기도의 어려움으로 이어집니다. 사람과의 관계를 바로 해야 하나님과의 관계도 바로 이어지는 것입니다. 예수님께서도 먼저 비판하지 말 것을 가르치신 후에 기도에 대해서 말씀하신 것도 그런 이유에서입니다. 관계를 먼저 회복함으로 기도의 길을 뚫으십시오.(마7:1-11)

셋째, 비판하는 사람은 하나님께 비판받습니다.
하나님은 비판을 싫어하십니다. 비판은 남을 상처 주며 내가 누구보다 낫다는 교만의 생각이 들어있기 때문입니다. 우리가 비판함으로 남에게 상처를 줬다면 하나님에게 아무리 기도를 드려도 듣지 않으십니다. 우리가 남을 비판하는 그대로 하나님의 심판을 받게 된다는 것을 기억하십시오.(시66:18/마7:2/고전4:4).

오늘 본문을 통해 비판하지 말아야 할 세 가지 이유를 배웠습니다. 우리는 바른 분별을 통해 옳고 그름을 파악한 뒤 잘하고 있는 사람들에게는 칭찬을 그리고 부족한 부분이 있는 사람들에게는 격려와 기도를 해줘야 합니다.
오늘도 비난의 말 대신 격려와 사랑의 말을 하십시오.(엡4:29)

- 주님, 모든 말에 사랑과 격려를 담아 전하게 하소서!

오늘 특별 적용	
오늘 특별 감사	

039

원하는 것을 이루는 방법

마태복음 7장 7절부터 12절(눅6:31참조)읽기.
❶ 우리의 기도에 대하여 주님은 어떻게 응답하시는가?(7,8)
❷ 주께서 주신 축복된 생활을 누리기 위하여 우리는 어떤 삶을 살아야 하는가?(12)

어느 무더운 여름, 미국 메릴랜드의 한 마을에 책을 파는 외판원이 있었습니다. 매우 가난했던 외판원은 최근 들어 실적도 좋지 않아 끼니도 챙겨먹지 못하면서 책을 팔러 다녔습니다.

그러던 중 한 집을 방문했는데 그 집에 있던 소녀는 자신의 집이 너무 가난해서 책을 살 수 없다고 말했습니다. 허름한 집을 보고 사정을 이해한 외판원은 물 한 잔만 달라고 부탁했습니다. 소녀는 외판원의 표정을 보고 배가 고픈 것을 눈치 채고 우유를 가져다주었습니다. 외판원은 우유를 보자마자 벌컥벌컥 마셨고, 소녀는 그 모습을 보고 한 잔을 더 가져다주었습니다. 넉넉지 않은 형편에도 자신을 배려해준 소녀의 마음에 외판원은 큰 감동을 받아 소녀의 이름을 수첩에 적어 놓았습니다.

20년이 지난 뒤 어른이 된 소녀는 큰 질병에 걸려 수술을 받았는데 치료비가 천만 원이 넘게 나와 걱정이 심했습니다. 그런데 간호사가 치료비가 모두 계산되었다며 영수증을 주었습니다. 영수증 뒷면에는 메모가 적혀있었습니다. '치료비는 20년 전 우유 두 잔으로 계산되었습니다. - 병원장 하워드 켈리'

마태복음 7장 7절부터 12절은 우리에게 좋은 것을 주시는 하나님에 대한 이야기가 나오는데 하나님은 우리에게 가장 좋은 것을 주시기를 원하는 아버지라는 것을 일깨워 줍니다. 그리고 그리스도인이 지켜야할 가장 중요한 수칙 중 하나인 황금률도 말씀하셨습니다. 우리는 이 말씀들을 통해 원하는 것을 이루는 세 가지 방법을 알아볼 수 있습니다.

첫째, 아버지인 하나님을 신뢰해야 합니다.
예수님은 본문을 통해 악한 아버지도 자식에게 좋은 것을 준다고 말씀하셨습니다. 하물며 그보다 훨씬 더 선한 하나님께서 우리에게 좋은 것을 주실거라는 사실은 분명한 것이지만 우리는 실제로는 하나님을 아버지로써 신뢰하지 못합니다. 그러나 하나님은 언제나 우리의 요구에 최선의 것으로 응답해 주십니다. 하나님을 온전히 의뢰하십시오.(마5:48,6:8)

둘째, 최선을 다해 노력해야 합니다.
예수님은 구하고, 찾고, 두드리라는 말을 연속으로 반복해서 말씀하셨습니다. 소원이 마술같이 이루어지기를 원하는 것이 아니라, 바라는 것을 구하고, 찾고, 두드리는 노력이 필요하다는 뜻입니다. 하나님을 신뢰하고 최선을 다할 때 반드시 이루어진다는 보장이 있습니다. 소원을 위해 최선을 다하십시오.(마7:7/롬12:11)

셋째, 남을 먼저 높여야 합니다.
'대접 받고자 하는 대로 대접하는 것'은 성경의 핵심입니다. 하지만 우리가 남을 높이는 이유는 내가 높임 받기 위해서가 아니라 사랑이어야 합니다. 그대로 돌아오는 것은 부수적으로 주어지는 보상입니다. 이 원리를 이해할 때 우리가 '하나님을 사랑'하고, '네 이웃을 네 몸과 같이 사랑'할 때 어째서 우리의 바라는 것들이 이루어지는 지 깨달을 수 있습니다. 하나님과 남을 먼저 높이십시오.(마7:12)

오늘 본문을 통해 원하는 것을 이루는 세 가지 방법에 대해서 배웠습니다. 하나님을 사랑하고, 이웃을 사랑하고, 최선을 다해 노력할 때 우리는 바라는 것들을 얻을 수 있고 이 일들을 통해 하나님을 나타내는 삶을 살게 됩니다. 오늘도 감사함으로 사랑을 주위에 전파하는 삶을 사십시오.

- 주님, 삶의 목적이 주님의 사랑을 전하는 것이 되게 하소서!

오늘 특별 적용	
오늘 특별 감사	

040

하나님의 뜻을 행하는 방법

마태복음 7장 13절부터 29절 읽기.
❶ 당신의 삶에 있어서 좁은 문과 넓은 문은 구체적으로 어떤 것인가?(13,14)
❷ 주님의 말씀을 듣고 지키는 사람과, 듣고 지키지 않는 사람은 각각 어떤 삶을 살게 되는가?(24-27)

인삼을 파는 작은 회사를 설립한 사업가가 있었습니다.

사업가는 믿음과 신앙을 기반으로 회사를 운영했고 하나님의 은혜로 사업은 점점 번창하게 되었습니다. 하지만 사업이 바쁘고, 돈 버는 일에 빠져 사업가는 점차 주일 예배도 한 두 번씩 빠지기 시작했습니다.

목사님은 신앙이 바로 서야 사업이 더욱 잘될 것이라고 권고했지만 사업가는 무시했습니다. 사업은 점점 번창해 동남아에까지 수출을 하게 되었습니다. 그러나 사업이 잘 될수록 사업가의 돈 욕심 역시 점점 커졌고 결국에는 밀린 주문을 해소하기 위해 품질 미달의 제품을 팔기 시작했습니다.

그러나 결국 이 속임수는 걸리게 되었고, 수출을 하던 기업들로부터 계약 위약금을 물고 손해배상 청구소송을 벌이다 사업이 파산하고 큰 빚을 지게 되었습니다. 믿음을 무시한 채 하나님을 따르지 않고, 규정을 무시하고 법대로 따르지 않았기에 잠시의 성취는 더욱 더 큰 실패로 이어졌습니다.

그리스도인의 신앙 원리도 이와 같습니다.

마태복음 7장 13절부터 29절에서 예수님은 말씀을 듣고 실천하는 사람이 반석위에 집을 지은 사람이며 그 삶이 안전할 것이라고 말씀하셨습니다. 우리는 이 말씀을 통해 하나님의 뜻을 행하는 세 가지 방법에 대해서 알 수가 있습니다.

첫째, 믿음의 중심을 지켜야 합니다.

주님의 이름으로 예언을 하고, 귀신을 쫓아내고, 기적을 행한다 하더라도 믿음의 중심이 바르지 않다면 예수님은 "나는 너희를, 도무지 알지 못하니 불법을 행하는 자들아 내게서 떠나가라"고 말씀하십니다. 올바른 믿음이 근거하지 않는다면 아무리 좋은 결과가 나오더라도 하나님의 뜻이라고 할 수 없습니다. 예수님의 보혈에 근거한 믿음의 중심을 지키십시오.(요일2:17)

둘째, 하나님의 말씀에 순종하는 것입니다.

믿음과 행동은 서로 분리되는 것이 아닙니다. 참된 믿음엔 참된 행동이 동반됩니다. 따라서 말씀을 행동으로 옮긴다 하더라도 믿음이 있어야 하는 것입니다. 하지만 믿기만 하고 행동하지 않는다면 열매를 맺지 못합니다. 그러므로 먼저 믿고 말씀에 순종하는 행동이 필요합니다. 믿음에 합당한 열매를 맺으십시오. (약2:17/마7:17)

셋째, 위선을 버려야 합니다.

우리가 구원받을 수 있는 유일한 이유는 예수 그리스도의 보혈 때문입니다. 그러나 우리가 그것을 잊고 사람들에게 더 거룩하게, 더 신실하게 보이는 모습에 신경 쓸 때 오히려 구원과는 점점 멀어지게 됩니다. 위선을 버리고 더욱 더 예수님만을 의지하는 것이 하나님의 뜻입니다. 교만의 마음을 경계하십시오. (마16:6)

오늘 본문을 통해 하나님의 뜻을 행하는 세 가지 방법에 대해서 배웠습니다. 하나님의 뜻을 올바로 깨달음으로 바른 믿음과 바른 행동으로 하나님의 뜻을 행하는 그리스도인이 되도록 노력하십시오.
오늘도 믿음 안에서 선한 열매를 맺도록 합시다.

- 주님, 믿음 생활을 통해 좋은 열매를 맺게 하소서!

오늘 특별 적용	
오늘 특별 감사	

믿음이 성장하는 조건

마태복음 8장 5절부터 13절(눅7:1–10참조) 읽기.
❶ 백부장의 요청에 주님은 어떻게 반응하셨는가?(7)
❷ 백부장은 어떤 믿음을 지니고 있었으며 주님은 백부장의 믿음을 어떻게 평가하셨는가?(8–12)

알렉산더 대왕이 소아시아를 거쳐 이집트를 정복한 뒤에 수고한 장군들의 노고를 치하하기 위해서 땅을 나눠주기 시작했습니다. 왕은 모든 장군들을 불러 그 동안 자신이 정복한 이집트, 시리아, 페르시아 중 원하는 지역을 주었습니다. 모든 장군들의 차례가 지났고 마지막으로 리시마쿠스 장군의 차례가 되었는데 그는 실력은 뛰어났지만 왕의 총애는 받지 못하는 인물이었습니다. 알렉산더가 물었습니다.

"그대는 어느 지역의 땅을 원하는가?"

"소아시아 전부를 주십시오."

사람들은 그가 변두리 지역이나, 고향의 작은 땅을 요구할 것이라고 생각했기에 모두 놀랐습니다. 어쩌면 알렉산더가 리시마쿠스를 죽일지도 모른다고 생각했습니다. 알렉산더가 다시 물었습니다.

"내가 그대에게 소아시아를 줄 것이라고 믿었는가?"

리시쿠마스는 일말의 망설임도 없이 "물론입니다. 대왕!" 이라고 대답했습니다. 알렉산더는 리시쿠마스가 정말로 믿음이 있다는 것을 알고 바로 대답했습니다.

"그대의 바람대로 소아시아를 주겠노라."

순수한 믿음은 모든 조건을 초월해 놀라운 일을 일으킵니다. 또한 이런 초월적인 믿음은 주님께서도 기뻐하십니다.

마태복음 8장 5절부터 13절에는 큰 믿음을 가진 백부장의 이야기가 나옵니다. 백부장은 예수님이 말씀만으로도 자신의 종을 치료할 수 있다고 정말로 믿었습니다. 예수님은 이런 백부장의 믿음을 보시고 이스라엘에서도 이만한 믿음을 만나보지 못했다고 말씀하셨는데 우리는 이 본문에서 믿음이 성장하는 세 가지 조건을 배울 수 있습니다.

첫째, 믿음은 겸손한 마음의 밭에서 성장합니다.
예수께서는 "심령이 가난한 자는 복이 있나니 천국이 저희 것임이요"라고 말씀하셨습니다. 겸손히 하나님의 도우심을 구할 때 믿음이 성장하고 능력이 나타납니다. 겸손한 마음을 가진 사람은 주님을 인생의 왕으로 모시는 천국의 삶을 누리게 됩니다. 마음 밭을 겸손하게 가꾸십시오.(시149:4/마11:29)

둘째, 믿음은 능력을 체험하며 성장합니다.
백부장의 믿음에 예수님은 '믿음대로 될지어다' 라고 응답하셨고 그 즉시 하인의 병이 나았습니다. 이처럼 믿음은 하나님의 능력을 체험하게 하고 그 체험으로 인해 다시 우리의 믿음이 성장하게 됩니다. 이 믿음은 하나님에 대한 믿음. 즉, 말씀에 대한 믿음이어야 합니다. 성경 말씀에 깊은 믿음의 뿌리를 내리십시오.(마8:13/롬10:17)

셋째, 믿음은 시간에 비례하지 않고 성장합니다.
신앙생활을 오래했다고 믿음이 성장하는 것은 아닙니다. 백부장보다 경건 생활을 오래한 사람은 많았을 테지만 예수님은 그의 믿음이 이스라엘 중 가장 크다고 말씀하셨습니다. 습관적인 신앙생활이 아니라 진심으로 주님과 함께 하는 시간을 통해 믿음은 성장합니다. "먼저 된 자가 나중 되고 나중된 자가 먼저 된다"는 예수님의 말씀을 명심하십시오.(마8:10/19:30)

오늘 본문을 통해 믿음이 성장하는 세 가지 조건을 배웠습니다. 신앙생활을 오래 될수록 믿음도 점점 성장하는 은혜를 누리시길 바랍니다.
오늘도 믿음을 통해 능력을 체험하십시오.

- 주님, 믿음을 통해 능력을 체험하는 역사가 나타나게 하소서!

오늘 특별 적용	
오늘 특별 감사	

042

예수님은 어떤 분인가?

누가복음 7장 11절부터 17절을 읽으십시오.
❶ 주님이 과부를 보고 느낀 감정과 말씀은 무엇인가(13)
❷ 주님이 말씀하시면 어떻게 되는가?(15)

영화 슈퍼맨의 주연을 맡았던 배우 크리스토퍼 리브는 1995년 낙마 사고로 척추를 다쳐 전신마비 장애인이 되었습니다. 산소 호흡기로 숨을 쉬고, 튜브로 음식물을 섭취하게 된 리브는 죽음을 결심했습니다. 그는 자신의 병문안 온 어머니에게 울면서 얘기했습니다.

"제 인생은 이제 끝입니다. 더 이상 아무것도 할 수 없어요. 의료장비를 모두 제거해주세요. 저는 차라리 편안히 죽고 싶습니다."

어머니는 아들의 애절한 모습에 마음이 흔들려 안락사를 시키려고 했습니다. 하지만 그의 아내 데이나는 단호히 거절했습니다.

"난 당신을 모습 그대로 사랑해요. 제발 내 곁에 있어줘요."

아내의 위로를 받은 리브는 자신의 삶은 끝난 것이 아니라 다른 일을 시작할 때라는 것을 믿게 되었습니다. 리브는 결국 2004년도에 세상을 떠났지만 그전까지 장애인들을 위한 사회운동을 벌이는 사회 운동가로써의 아름다운 삶을 살았습니다.

위로는 사람을 변화시키고, 삶에 의미를 줍니다.

누가복음 7장 11절부터 17절에는 나인 성 과부의 아들을 살리신 예수님의 이야기가 나옵니다. 성경은 당시 상황을 예수님이 "과부를 보시고 불쌍히" 여기셨다고 나타내고 있습니다. 예수님은 과부를 위로하기 위해서 아들을 살리셨습니다. 우리는 이 말씀을 통해 예수님이 어떤 분인지를 세 가지로 알아볼 수 있습니다

첫째, 예수님은 위로자이십니다.
성경은 하나님을 모든 위로의 하나님이라고 말하고 있습니다. 예수님은 아들을 잃고 슬피 우는 과부를 불쌍히 여기셨기에 위로해 주신 것입니다. 주님은 이 과부와 마찬가지로 우리에게도 언제나, 모든 문제에 대한 위로자 되십니

다. 세상 사람들이 모두 나에게 등을 돌려도 주님은 항상 곁에서 우리를 위하신다는 것을 잊지 마십시오. (시119:50/고후1:3)

둘째, 예수님은 해결자이십니다.
예수님은 우리가 슬퍼하는 문제를 해결해 주십니다. 본문의 예수님은 과부의 슬픔을 위로하시려 그 아들을 살려주셨습니다. 더 이상 대체할 수 없는 최고의 방법으로 위로의 문제를 해결해주신 것입니다. 예수님은 모든 문의 해결자이십니다. 우리의 모든 문제도 최고의 방법으로 해결해 주실 것을 믿으십시오. (벧전5:7)

셋째, 예수님은 하나님을 나타내십니다.
예수님이 죽은 아들을 살리신 것을 본 사람들은 다 예수님을 경외하며 하나님께 영광을 돌렸습니다. 그토록 놀라운 이적을 행함에도 사람들이 예수님보다도 하나님께 초점을 맞출 수 있었던 것은 평소 예수님의 말과 행동이 모두 하나님을 중심으로 이루어졌기 때문입니다. 하나님이 세상의 모든 일 가운데 행하시는 분임을 인정하십시오. (눅7:16절/빌2:6)

오늘 본문을 통해 예수님이 우리에게 어떤 분인지 세 가지를 배웠습니다. 하나님은 모든 사람들에게 위로자시며 해결자이십니다. 우리가 그분을 바라는 삶을 살 때 영혼의 만족이 있으며 또한 하나님께 영광 드려지는 삶을 살게 됩니다. (고전10:31)
오늘도 하나님의 영광을 나타내며 사십시오.

- 주님, 저의 모든 것을 통해 하나님의 영광을 나타내게 하소서!

오늘 특별 적용	
오늘 특별 감사	

043

구원을 확신하는 방법

마태복음 11장 2절부터 19절(눅7:18-35참조) 읽기.
❶ 천국의 특성 중의 하나는 무엇인가?(12)
❷ 구약성경에 예언된 모든 것은 누구 때까지인가?(13)

엘라 월콕스라는 시인은 하나님의 약속에 대한 확신을 다음의 시로 표현했습니다.

"내가 탄 배 항해 중에 돛대가 부러지고
돛이 찢어져 난파하여 돌아올지라도 나는 주님을 의심치 않으리
수렁에서 나를 건져 주시는 주님의 손
실패함이 없는 주님의 계획을 나는 믿으리
내 모든 희망이 산산 조각 나더라도 나는 주님을 의심치 않으리
어려움과 고통을 통해서 내가 원하는 곳에 갈 수 있다네
상처입고 실족할지라도 더 큰 것을 얻게 되리
실패함이 없는 주님의 계획을 나는 믿으리"

그러나 이 시의 내용과는 달리 때때로 구원의 확신이 흔들리는 것으로 인해 고민하는 많은 사람들이 있습니다. 구원의 확신 문제는 가장 기본적이면서도 가장 중요한 것이기에 우리는 항상 그 문제에 대해 신중하게 짚고 넘어가야 합니다.

마태복음 11장 2절부터 19절에는 예수님이 메시아가 맞는지에 대해서 묻는 요한의 모습이 나옵니다. 감옥에 갇혀있던 요한은 예수님이 자신이 예언했던 심판자로써의 모습이 아닌 은혜와 긍휼을 베푸는 모습을 보고 의문을 갖게 되었던 것 같습니다.(미3:1-12) 우리도 구원의 확신이 흔들려 번민하고 실족할 수가 있는데 이 말씀을 통해 구원을 확신하는 세 가지 방법을 알 수 있습니다.

첫째, 성경 말씀을 살펴보아야 합니다.
우리 신앙의 근거는 언제나 하나님의 말씀이 되어야 합니다. 예수께서는 요한의 질문에 "소경이 보며 앉은뱅이가 걸으며 문둥이가 깨끗함을 받으며 귀

머거리가 들으며 죽은 자가 살아나며 가난한 자에게 복음이 전파된다 하라"
고 이르셨습니다. 이 말씀은 이사야 35장 5,6절과 61장 1절의 예언이 이루어진
것입니다. 이 처럼 믿음에 의심이 생길 때는 말씀을 다시 읽고 마음 깊이 받아
들이십시오. 말씀에 하나님의 구원과 사랑, 영생의 약속이 나와 있습니다. 말
씀을 통해 구원의 확신을 받으십시오.(마11:5)

둘째, 자신의 변화한 생활을 살펴보아야 합니다.
행함이 없다면 거짓 믿음입니다. 그러므로 믿은 이후의 변화를 살펴봄으로
'내가 진정으로 구원 받았는가?'를 확인할 수 있습니다. "마음에 기쁨과 평안
이 있는가? 다른 영혼에 관심을 갖는가? 죄에 민감한가? 성경이 깨달아지고
관심이 가는가? 성품이 바뀌는가?'를 자신에게 질문해 보십시오. 확실히 대
답할 수 없다면 무언가 빠진 부분이 있는 것입니다. 변화를 통해 구원의 확신
을 받으십시오.(약2:7)

셋째, 인내해야 합니다.
인생의 문제와 마주하게 될 때 우리는 의심부터 합니다. 모든 고통과 어려움
에는 하나님의 뜻이 담겨 있고, 시간이 지나면 더 큰 기쁨이 옴에도 불구하고
그것을 인내하지 못하기 때문에 하나님의 뜻에 의문을 품고, 구원의 근본까
지 다시 생각하게 되는 것입니다. 모든 것을 적당한 때에 주시는 주님을 믿고
인내하십시오.(롬12:12/벧전2:19)

오늘 본문을 통해 구원을 확증하는 세 가지 방법에 대해 배웠습니다. 주님의
사랑은 이천 여 년 전이나 지금이나 조금도 변함이 없습니다. 그러므로 말씀
을 제대로 깨닫고 실천하며 기다림으로 구원의 확신을 더욱 견고히 하십시오.
오늘도 "흔들리지 않고 항상 주의 일에 힘쓰는" 성도가 되십시오.(고전15:58)

- 주님, 세상의 풍파에 흔들리지 않고 주님을 향해 나아가게 하소서!

오늘 특별 적용	
오늘 특별 감사	

044

참된 안식을 누리는 단계

마태복음 11장 20절부터 30절 읽기.
❶ 예수님께서 이 세대를 어떻게 비유하셨는가?(16,17)
❷ 수고하고 무거운 짐 진 자들에게 예수님이 무슨 일을 해주시는가?(28-30)

지미 헨드릭스는 '기타의 천재'로 불리며 20대의 나이 때 이미 큰 부와 명성을 얻었습니다. 하지만 그는 항상 사람들에게 난폭하게 대했고, 수시로 마약을 했으며 거리낌 없이 여러 여자들과 관계를 맺는 문란한 삶을 살았습니다. 로버트 맥기가 쓴 '평안을 찾아서' 라는 책에 보면 지미 헨드릭스가 하루는 공연을 마친 뒤 무대에서 무릎을 꿇고 관중들에게 이렇게 말했다고 합니다. "여기 오신 분들 중, 참된 평안에 대해 알고 계시는 분 있으십니까? 그런 분이 계시다면 이따 무대 뒤에서 만나고 싶습니다."
그러나 한 명도 무대 뒤로 찾아오지 않았습니다. 그로부터 며칠 후 지미는 약물 과용으로 죽은 채 발견되었습니다. 그의 나이 불과 27살이었습니다. 세상의 모든 것을 얻고 자기 분야의 최고가 되었지만 참된 평안을 얻지 못했던 것입니다. 아마 누군가 지미에게 마지막 공연이 끝난 뒤 예수님에 대해 전했다면 그는 아직도 살아서 기타를 연주했을 지도 모릅니다.
참된 안식은 우리의 창조자이신 예수님 안에만 있습니다.

마태복음 11장 20절부터 30절에서 예수님은 구세주를 보고도 믿지 못하는 사람들의 무지함을 꾸짖으시고 믿음으로 참된 평안을 얻으라고 말씀하십니다. 유대인들은 예수님의 권능을 보면서도 끝까지 회개하지 않았습니다.(고전1:22) 우리는 여기에 나온 예수님의 말씀을 통해 참된 안식을 누리는 세 가지 단계를 알 수 있습니다.

첫째, 가지고 나와야 합니다.
예수께서는 "수고하고 무거운 짐 진 자들아 다 내게로 오라"고 하셨습니다. 이 말씀은 육체적인 짐 뿐 아니라 정신적인 고뇌와 갈등, 영적인 모든 문제까지도 다 예수님 앞에 내려놓으라는 뜻입니다. 여기에는 유대인, 이방인, 남녀, 빈부귀천... 등 아무런 조건이 없고 오직 예수님을 나의 구주로 믿기만 하면

되는 것입니다. 가지고 있는 모든 어려움과 문제들을 주님 앞에 가져 오십시오.(마11:28/롬3:22)

둘째, 따라 배워야 합니다.
무거운 짐을 주님 앞에 내어놓고 구원받았다면 다음은 예수님께 배워야 합니다. 예수님의 본을 따라 겸손과 사랑을 배움으로 새로운 피조물이 되어 거듭난 삶을 살게 됩니다. 예수님을 따라 배움으로 성화(聖花)하는 삶을 살아가십시오(마16:24/벧전2:21/엡2:10)

셋째, 쉼을 누려야 합니다.
우리의 모든 짐을 예수님께 내어 놓고 그분의 삶을 따라 배울 때 우리의 몸과 영혼은 안식의 쉼을 누리게 됩니다. 이것은 다른 노력이 아닌 예수님을 믿고 따라 배움으로 자연스럽게 얻어집니다. 예수님과 함께 동행하는 삶은 이 땅에서도 천국의 기쁨을 누리게 해줍니다. 마음속에 예수님을 모심으로 참된 평안을 누리십시오.(출33:14/마11:29절)

오늘 본문을 통해 참된 안식을 누리는 세 가지 단계에 대해서 배웠습니다. 예수님을 우리 마음에 모실 때 기쁨이 넘치고 영원한 찬송이 흘러나오는 생수의 근원인 것을 깨닫게 됩니다.(요7:38)
오늘도 주님이 주시는 참된 평안과 안식을 누리십시오.

- 주님, 주님의 사랑 안에서 편히 쉬게 하소서!

오늘 특별 적용	
오늘 특별 감사	

045

감사의 원리

누가복음 7장 36절부터 50절 읽기.
❶ 주님을 초청한 사람은 누구였으며, 그 집에서 어떤 일이 있었는가?(36–38)
❷ 그 여인은 주님을 사랑하여 어떤 축복을 받았는가?(48,50)

미국의 존 하갈 목사님의 아들이 급성 뇌성마비로 쓰러졌습니다.

하나님의 종으로 일생을 바치겠다고 결심한 다음 날이었습니다. 존 하갈 목사님이 괴로운 마음으로 기도하는 중에 자꾸만 마귀가 이런 생각을 주었습니다.

"하나님을 위해 일생을 바치겠다고 했는데 아들이 뇌성마비에 걸리다니 이건 너무한 것 아니냐? 이것은 하나님이 안계시기 때문이다. 설사 계신다고 해도 너에게는 아무런 관심이 없는 것이 분명하다."

그러나 존 하갈 목사님은 이런 마귀의 꾐을 물리치고 감사의 기도를 드렸습니다.

"하나님, 아들의 병을 인하여 오히려 감사합니다. 아들로 인해 주께서 저를 겸손하게 만드셨고 남의 어려움을 헤아릴 수 있는 마음이 생기게 하셨습니다. 또한 같은 병고로 고생하는 이웃을 위해서 사랑을 베풀고 복음을 전할 수 있는 길을 열어 주시니 정말 감사합니다."

모든 상황 속에서 부어주시는 하나님의 은혜에 감사를 드린 것입니다.

감사를 통해 존 하갈 목사님은 훗날 세계적인 설교자가 되어 사람들을 하나님 앞으로 인도하게 되었습니다.

누가복음 7장 36절부터 50절에는 어떤 죄 많은 여인이 예수님의 발에 향유를 부은 이야기가 나와 있습니다. 사람들은 그녀의 죄가 크다고 수군거렸지만 예수님은 오히려 죄가 큰 사람이 더 큰 용서를 받고 더 큰 사랑을 받는다고 말씀하셨습니다. 우리는 이 본문을 통해 감사의 세 가지 원리를 기억할 필요가 있습니다.

첫째, 주님의 은혜로 인해 감사의 삶을 살아야 합니다.

예수님은 빚을 탕감 받은 사람의 비유를 통해 "죄가 더한 곳에 은혜가 더욱 넘친다"는 것을 알려주셨습니다. 자신이 의롭다고 생각한 시몬은 예수님께 어떠한 것도 감사하지 않았지만 여인은 자신의 큰 죄를 용서해주신 예수님의 사랑에 감사한 마음으로 향유를 바쳤습니다. 받은 은혜에 감사하십시오.(롬 5:20)

둘째, 주님께 감사함으로 사랑을 표현해야 합니다.
사람들은 예수님께 향유를 바친 여인들에게 돈을 낭비하지 말고 차라리 자선 사업을 하라고 말했지만 예수님은 오히려 그런 행동을 기쁘게 여기셨습니다. 우리에게 가장 중요한 것은 하나님을 사랑하는 것이고 이 여인은 그것을 감사함으로 표현했기 때문입니다. 또 주님이 우선이라는 원칙을 지킬 때 우리는 이웃도 참으로 사랑할 수 있게 됩니다. 먼저 주님께 감사함으로 사랑을 표현하십시오.(마22:37,38)

셋째, 주님께 감사할 때 더 큰 보상이 돌아옵니다.
예수께서는 주님께 나아와 온전히 헌신한 이 여인에게 "네 죄사함을 얻었느니라"고 하셨습니다. 여인은 주님께 드린 사랑으로 세상에서 가장 값진 구원을 얻었고 참된 평안을 얻었습니다. 하나님은 우리에게 받기만 하시는 분이 아닙니다. 오히려 가장 좋은 것을 주시길 원하시는 분입니다. 주님께 드리는 감사를 아까워하지 마십시오.(눅7:48)

오늘 본문을 통해 감사의 세 가지 원리에 대해 배웠습니다. 하나님의 은혜를 바로 알고 잊지 않을 때 우리는 늘 주님께 감사하며 그 사랑 안에 거할 수 있습니다.
오늘도 마음으로 또 몸으로 온전히 헌신 합시다.

- 주님, 마음으로, 몸으로, 최선을 다해 헌신하게 하소서!

오늘 특별 적용	
오늘 특별 감사	

046

그리스도인이 피해야할 행동

마태복음 12장 22절부터 37절(막3:19-30/눅11:14-36참조) 읽기.
❶ 주님은 어떤 경고를 하셨는가?(31-33)
❷ 좋은 언어생활을 하기 위해서 어떻게 하여야 하는가?(34,35)

하나님의 전지전능하심을 굳게 믿는 한 성도가 있었습니다.

어느 날, 그 성도가 사는 마을에 갑작스럽게 큰비가 내려 홍수가 났습니다. 다른 사람들은 높은 곳으로 피신을 했지만 이 성도는 '지금까지 열심히 하나님을 믿고 기도 했으니 하나님이 반드시 도와주겠지' 라고 생각하고 지붕에 올라가 가만히 앉아 있었습니다.

잠시 후 구조대원들이 구명보트를 타고 그를 구하러 왔지만 그는 하나님이 자신을 구해주실 것이라고 말한 뒤 거절했습니다. 물은 지붕까지 차올랐고 이번에는 헬기가 그를 구조하러 왔습니다. 그러나 그는 여전히 하나님이 자기를 직접 구해주실 거라고 생각하고 거절했습니다. 결국 그는 물에 빠져 죽고 말았습니다. 천국에 올라간 그는 하나님께 물었습니다.

"하나님, 도대체 왜 저를 구하러 오시지 않았습니까?"

"나는 너를 구하려고 구명보트를 보냈고, 특별히 헬기까지 보냈다. 그런데 모두 네가 거절하지 않았느냐?"

이처럼 하나님의 뜻을 잘못 이해하는 어리석음을 항상 조심해야 합니다.

마태복음 12장 22절부터 37절을 보면 예수님의 병을 고치는 능력이 귀신으로부터 나온 것이라고 비방하는 바리새인과 서기관들이 나옵니다. 예수님은 이들에게 성령을 거역하고, 욕하는 것은 절대 용서받지 못하는 죄라고 말씀하셨습니다. 우리는 여기에서 그리스도인이 피해야할 세 가지 행동에 대해서 배울 수 있습니다.

첫째, 증거를 보고도 의심하는 것입니다.

예수님의 이적을 보고 사람들은 놀라며 "구약에 예언된 다윗의 자손이 메시아가 아니냐?" 라고 했습니다. 그런데 이 문장의 원문을 보면 "메시아는 아니겠지?" 라는 뜻입니다. 깊은 의심 때문에 메시아의 놀라운 능력을 보고도 그

힘을 귀신의 왕으로부터 나온 것이라고 부정하는 어리석음을 범한 것입니다. 자신의 편견에 사로잡혀 성령의 뜻에 거스르지 마십시오.(마28:17/약1:6)

둘째, 감정적으로 비난하는 것입니다.
바리새인들과 서기관들은 예수님의 능력을 보고 그 말씀을 듣고 권위도 느낄 수가 있었습니다. 그러나 그들은 안식일에 대한 율법을 어겼다는 것에 앙심을 품고, 예수님을 모함하고 죽이려는 음모를 꾸몄습니다. 그들은 성령의 감동을 외면하고 증오와 시기심, 복수심의 노예가 되었습니다. 감정에 치우쳐 성령을 훼방하지 마십시오.(마12:14)

셋째, 확실한 입장을 세우지 않는 것입니다.
당시 바리새인들과 서기관들 중에서도 예수님이 옳다고 생각하는 사람들이 분명 있었습니다. 하지만 그들은 다른 무리들의 의중과 눈치를 살폈고 결국 예수님을 따르지 않았습니다. 예수님은 그런 자들을 보시며 "나와 함께 아니하는 자는 나를 반대하는 자요"라고 하셨습니다. 세상에 나가서도 담대하게 그리스도인임을 선포하십시오.(마12:30/계3:16)

오늘 본문을 통해 그리스도인이 피해야 할 세 가지 행동에 대해서 배웠습니다. 자신의 생각과 자아, 이성보다도 성령에 더욱 집중하는 삶을 사는 것이 하나님의 뜻을 이해하는 옳은 방법입니다.
오늘도 예수님께 온전히 순종하는 믿음으로 사십시오.

- **주님, 믿음의 표현이 순종임을 알게 하소서!**

오늘 특별 적용	
오늘 특별 감사	

047

표적에 대한 가르침

마태복음 12장 38절부터 45절 읽기.
❶ 서기관과 바리새인들이 예수님께 구한 것은 무엇이었는가?(38)
❷ 예수님께서 말씀하신 요나의 표적은 구체적으로 무엇을 의미하는가?(40)

이스라엘 백성들은 열 가지 재앙을 일으켜 자신들을 구출시킨 하나님의 능력을 봤고, 출애굽 과정을 통해 수많은 기적들을 체험했습니다. 만나와 메추라기를 공급 받았고, 갈라진 홍해를 건넜습니다. 하지만 그럼에도 그들은 하나님을 시험하고 배반했습니다.

베드로는 물위를 걷는 기적을 체험하면서도 의심해 물속에 빠졌습니다. 3년간 예수님을 따라다니며 많은 기적을 본 가룟 유다는 예수님을 팔았습니다.

믿음은 기적을 목격함으로 생기는 것이 아닙니다. 진정한 기적은 바로 하나님을 믿음으로 변화되는 것입니다.

믿음의 눈으로 주위를 바라보면 아직도 도처에 일어나고 있는 하나님의 놀라운 기적을 확인할 수 있습니다.

예수님으로 인해서 거듭나는 것보다 더 중요하고 놀라운 기적은 없습니다.

마태복음 12장 38절부터 45절에는 예수님께 표적을 보이라고 다그치는 서기관과 바리새인들의 모습이 나옵니다. 이에 예수께서는 "악하고 음란한 세대가 표적을 구하나 선지자 요나의 표적 밖에는 보일 표적이 없다"고 말씀하셨습니다. 우리는 여기에서 표적에 대한 세 가지 가르침을 배울 수 있습니다.

첫째, 표적을 호기심으로 구해서는 안 됩니다.
교회에 잘 나가는 사람 중에도, 점(占)을 보러 가거나, 운세를 열심히 보는 사람들이 있습니다. 어떤 분들은 예언기도를 받으려고 유명한 기도원을 찾아다닙니다. 그러나 예언과 은사발견에 대한 이런 호기심은 주님의 뜻을 올바로 깨닫는데 방해가 될 수도 있습니다. 호기심을 버리고 진실함으로 주님 앞에 나가십시오.(약1:22)

둘째, 표적 자체를 좋아해서는 안 됩니다.

예수님은 "믿으라 행하는 그 일을 인하여 나를 믿으라"고 말씀하셨습니다. 이처럼 표적은 실체이신 예수님을 알려주는 역할에 그칠 뿐입니다. 그러나 이 표적 자체를 구하는 사람들은 실체인 예수님을 보지 못하고 타락하게 됩니다. "악하고 음란한 세대가 표적을 구한다"는 예수님의 말씀을 잊지 마십시오.(요14:11)

셋째, 최고의 표적은 예수님의 죽음과 부활입니다.

바울은 "유태인은 표적을 구하고 헬라인은 지혜를 찾으나 우리는 십자가에 못 박힌 그리스도를 전하니…"라고 했습니다. 예수께서 말씀하신 요나의 표적이란 바로 예수님의 죽음과 부활을 의미하는 것으로서, 표적의 실체이신 예수님이 우리의 죄를 용서해주시고 의롭다 하신 것을 보여줍니다, 죽었던 우리를 살리신 영생의 예수님이 가장 큰 표적임을 믿으십시오.(고전1:22,23)

오늘 본문을 통해 표적에 대한 세 가지 사실을 배웠습니다. 그러므로 우리는 표적에 호기심과 시선을 빼앗기지 말고 오로지 구원의 기쁨에 초점을 맞춰야 합니다.

오늘도 말씀을 그대로 받아들이며 삽시다.

– 주님, 주님의 인격에 더 큰 관심을 갖게 하소서!

오늘 특별 적용	
오늘 특별 감사	

048

참가족의 의미

마가복음 3장 31절부터 35절(마12:46-50/눅8:18-21참조) 읽기.
❶ 사람들은 누가 주님의 가족이라고 말했는가?(31,32)
❷ 주님께서는 어떤 사람이 주님의 가족이라고 말씀하셨는가?(31-35)

가족의 소중함을 깨달은 어떤 사람이 한 인터넷 게시판에 이런 글을 올렸습니다.
"나에게는 언제라도 만날 수 있는 가족이 있습니다.
이것이 얼마나 큰 기쁨인지 나는 이제야 알았습니다.
나에게는 언제라도 선물을 줄 수 있는 가족이 있습니다.
이것이 얼마나 큰 특권인지 이제야 알았습니다.
나에게는 언제라도 함께 즐거운 식사를 할 수 있는 가족이 있습니다.
이것이 얼마나 큰 즐거움인지 이제야 알았습니다..
나에게는 아픔을 함께 공유할 수 있는 가족이 있습니다.
내가 이렇게나 행복한 사람인 줄 이제야 알았습니다."
가정은 그 자체만으로 우리에게 힘이 되고 소중한 것입니다.
예수님은 모든 믿는 사람들이 자신의 형제자매요, 한 가족이라고 말씀하셨습니다.

마가복음 3장 31절부터 35절에서 예수님은 자신의 가족이 어떤 사람인지에 대해서 말씀하셨습니다. 예수님은 찾아온 친족보다도 하나님의 뜻대로 행하는 사람들이 형제요 자매라고 말씀하셨는데 우리는 이 말씀을 통해 참가족의 세 가지 의미에 대해서 알 수 있습니다.

첫째, 영적 관계는 혈육 관계 이상으로 중요합니다.
우리가 구원 받은 뒤, 주님 안에서 맺게 되는 영적인 관계는 소멸되지 않는 영원한 관계이며, 우리의 생명과 직결되는 것입니다. 타고난 혈육의 관계 역시 중요하지만 영원한 영적관계가 더 중요하다는 것을 예수님은 말씀하신 것입니다. 영적 관계의 중요성을 깨달으십시오.(막3:35)

둘째, 하나님의 뜻대로 행함으로 가족이 될 수 있습니다.
하나님의 가족은 핏줄이나, 사람의 의지를 통해서가 아니라, 오직 하나님의
뜻에 의해서만 이루어 질 수 있습니다. 이것은 곧 예수님을 보고 믿는 사람에
게 영원한 생명이 있음을 뜻합니다. 하나님의 뜻을 행함으로 한 가족이 되는
기쁨을 누리십시오. (요6:40,1:12,13)

셋째, 하나님의 가족이 되는데 는 자격이 필요 없습니다.
혈통적으로 예수님의 가족이 되는 것은 몇몇 특정한 사람만이 가능한 일입
니다. 그러나 예수님은 믿기만 하면 누구든지 다 하나님의 자녀로 삼아주신
다고 말씀하셨습니다. '믿음' 이외에는 어떠한 자격이나 조건도 없는 것입니
다. 놀라운 그 은혜에 항상 감사하는 성도가 되십시오. (요3:16)

오늘 본문을 통해 참가족의 세 가지 의미에 대해서 배웠습니다. 영생을 얻기
위해선 하나님과 가족이 되어야 하는데 이것은 믿음을 통한 구원의 확신만
있으면 누구든 가능한 것입니다.
오늘도 하나님의 자녀로 살아가십시오.

- 주님, 하나님의 자녀가 되는 특권에 감사하며 찬양하게 하소서!

오늘 특별 적용	
오늘 특별 감사	

049

말씀의 특징

마태복음 13장 3절부터 23절(막4:3-25/눅8:5-18참조) 읽기.
❶ 하나님의 말씀을 깨닫지 못하는 이유는 무엇 때문인가?(19)
❷ 당신은 4종류의 밭 중에서 어떤 밭에 해당하는가?

미국에 사는 풀러는 32살이 되던 해에 자살을 결심했습니다.

다니던 대학에선 쫓겨나고, 이후 시작한 사업마다 모두 실패를 해 큰 빚을 지게 되어 더 이상 살 소망이 없다고 느꼈기 때문입니다.

차가운 바람이 부는 겨울 밤, 그는 자신이 살던 미시간 주에 있던 호수에 몸을 던지기로 했습니다. 뛰어들기 전 마지막으로 그는 하늘을 보았습니다.

별들이 너무 아름다웠습니다. 그리고 자신이 몸을 던지려던 호수의 물결과 그 주변을 덮고 있는 풀과 나무들을 보았는데 그렇게 경이로울 수가 없었습니다. 그는 '자연이 스스로 죽음을 선택하지 않는 것처럼 나에게도 스스로 죽을 권리가 없다' 라는 것을 깨닫고, 이 체험을 통해 하나님을 믿게 되었습니다.

그는 새로운 출발 이후 손을 대는 분야마다 성공해 발명가와 기술자, 수학자 그리고 건축가, 시인 및 천문학자로 큰 명성을 얻었습니다. 풀러는 무려 12개 분야에서 명예박사학위를 받았고 지구를 57회나 돌면서 수백만 명에게 강연을 했습니다.

마음속에 절망뿐이더라도 복음의 씨앗이 뿌려지면 이처럼 큰 결실을 맺게 됩니다.

마태복음 13장 3절부터 23절에는 씨 뿌리는 자의 비유가 기록되어 있습니다. 선지자의 예언을 성취하고 사람들의 이해를 돕기 위해 예수님께서는 많은 비유를 들어 가르치셨습니다.(시78:2) 이 비유를 통해서 우리는 말씀의 특징 세 가지를 살펴볼 수 있습니다.

첫째, 말씀은 옥토에 심겨져야 합니다.

비유에는 4가지 종류의 땅이 나옵니다. 그런데 옥토는 사람의 감정에 달린 것이 아니라, 복음을 받아들이는 정도에 달린 것입니다. 4종류의 밭에 뿌려진 씨앗은 모두 생명력이 있는 씨앗이었습니다. 그 씨앗을 받아들이기만 하면 최소 30배의 결실을 맺게 됩니다. 겸손함으로 옥토의 마음을 만들어 하나님의 말씀을 받으십시오.(고전1:18/롬1:16/딤전2:4)

둘째, 말씀을 받아들이지 않으면 마귀가 빼앗습니다.
길 가에 뿌려진 씨를 새가 와서 먹어버리듯, 우리도 말씀을 듣고 반응하지 않으면 마귀가 그것을 빼앗아버립니다. 우물쭈물 하는 사이에 생명의 씨앗을 뺏기게 됩니다. 그러므로 마음에 감동이 있을 때 즉시 순종하십시오.(고후6:2)

셋째, 말씀은 결실을 맺습니다.
좋은 땅에 뿌려진 씨는 30배, 60배, 100배의 결실을 맺었습니다. 말씀은 우리 삶을 날로 풍성케 합니다. 하나님은 우리에게 놀라운 축복을 주셔서 복음을 땅 끝까지 전하게 할 계획이 있으십니다. 복음의 결실을 맺어 하나님이 쓰시는 축복의 통로가 되십시오.(창26:12/요10:10/행1:8)

오늘 본문을 통해 말씀의 세 가지 특징에 대해서 배웠습니다. 하나님은 말씀을 통해 축복을 주십니다. 그리고 우리들은 그 축복을 가지고 이 땅의 더 많은 사람들에게 기쁜 소식을 전해야 합니다.
오늘도 복음의 선포자로 살아가십시오.

- 주님, 제가 가는 곳마다 복음의 기쁜 소식이 퍼지게 하소서!

오늘 특별 적용	
오늘 특별 감사	

하나님 나라가 성장하는 특징

마가복음 4장 26절부터 29절을 읽기.
❶ 주님께서 하나님의 나라를 어떻게 비유하셨는가?(26)
❷ 당신의 믿음은 어느 단계인가?(28)

스코틀랜드에서 있었던 일입니다.

목회에 큰 문제가 생긴 두 목사님이 우울한 가운데 서로 만나 이야기를 했습니다. 먼저 한 목사님이 말했습니다.

"나는 지난 3년 동안 정말 열심히 사역을 했지만 진정으로 거듭난 성도는 한 청년 밖에 얻지 못했습니다."

그러자 다른 목사님도 "저도 마찬가지입니다. 지금껏 한 사람밖에 얻지 못했어요."라고 힘없이 대답했습니다.

그런데 오랜 세월이 지난 후 놀라운 일이 일어났습니다.

첫 번째 목사님이 말한 청년 로버트 마펫은 아프리카 선교의 틀을 마련한 훌륭한 선교사가 되었고, 두 번째 목사님이 말한 청년인 리빙스턴은 아프리카 대륙에서 '예수 그리스도 복음의 불씨' 로 크게 쓰임 받았습니다.

좋은 씨앗 하나가 많은 과실을 맺는 것처럼 잘 양육된 한 영혼이 많은 사람들을 주님께 돌아오게 만듭니다.

마가복음 4장 26절부터 29절에서 예수님은 저절로 자라는 씨 비유에 대해 말씀하십니다. 예수님은 이 비유를 통해 사람들에게 하나님의 나라를 가르쳐 주셨습니다. 우리는 이 비유를 통해 하나님 나라가 성장하는 세 가지 특징에 대해서 살펴 볼 수 있습니다.

첫째, 섭리를 통해 성장합니다.

예수님은 하나님의 나라는 사람이 씨앗을 뿌리지만 그것이 어떻게 자라는지 모른다고 말씀하셨습니다. 하지만 그럼에도 씨앗은 싹이 나고, 성장하고, 열매를 맺습니다. 이것은 사람이 하는 모든 일의 계획에 하나님의 섭리가 작용하고 있다는 뜻입니다. 그러므로 맡은 일은 최선을 다하되 당장 눈에 보이는 성장이 없다고 실족하지 마십시오.(잠19:21/엡1:11)

둘째, 정직하게 성장합니다.

하나님 나라에는 거짓이나 속임수가 통하지 않습니다. 오직 심는대로 거둘 뿐입니다. 하나님의 나라가 성장하고 더 많은 영혼이 돌아오기 위해서는 우리가 전도하는 방법 밖에는 없습니다. 미래에 거두게 하실 하나님의 섭리를 믿고 오늘도 세상에 나가 전도함으로 씨를 뿌리고 교제함으로 물을 주십시오. 그러면 하나님께서는 우리가 생각지 못한 놀라운 결과를 '기쁨의 단'으로 안겨주실 것입니다. 당장 눈에 결실이 없더라도 눈물을 흘리면서라도 씨를 뿌리러 나가십시오.(시19:8/고전3:6)

셋째, 하나님 나라는 영생으로 완성됩니다.

씨앗은 싹이 나고 이삭이 되고 알찬 곡식으로 여물어 갑니다. 곡식이 여물면 곧 추수 때가 오는데 이것은 곧 영생을 뜻합니다. 구원을 믿고 최선을 다해 씨를 뿌리면 하나님은 '기쁨의 단'을 선물로 안겨주시고 영원한 하나님의 나라로 우리를 부르십니다. 생명의 예수님을 굳게 믿으십시오.(시126:4,5/단12:2)

오늘 본문을 통해 하나님의 나라가 성장하는 세 가지 특징에 대해서 배웠습니다. 더 많은 영혼들이 하나님의 나라에 채워지게 하기 위해서 우리는 추수 때에 더욱 힘써 복음을 전해야 합니다.
오늘도 하나님 나라의 일꾼으로서 부족함 없이 열심을 내며 사십시오.

- 주님, 하나님 나라에 대한 지치지 않는 열정을 갖게 하소서!

오늘 특별 적용	
오늘 특별 감사	

051

영혼에 대한 교훈

마태복음 13장 24절부터 30절, 36절부터 43절 읽기.
❶ 언제 원수가 가라지를 뿌리고 갔는가?(25)
❷ 이 땅에는 언제까지 가라지가 존재하며, 가라지의 결말은
어떻게 되는가?(30)

에스키모들은 늑대를 잡기 위해 칼날에다 짐승이 피를 묻힌 후에 얼립니다. 칼날의 피가 얼어붙으면, 그 위에다 또 피를 묻혀 얼리고 또 묻히고 하여 반복합니다.

나중에는, 칼날이 얼어붙은 피 속에 숨겨지게 됩니다.

에스키모들은 이 얼린 칼날을 늑대가 잘 다니는 곳에 묻어두는데 그러면 늑대가 피 냄새를 맡고 다가와서 혀로 핥기 시작합니다.

늑대가 핥음으로 인해 그 속 숨겨진 날카로운 칼날이 나타나지만, 이미 피 맛을 본 늑대는 자기 혀가 칼에 베이고 있는 것도 모르고 더욱 열심히 핥아먹는다고 합니다. 급기야 늑대는 자기 피가 쏟아지는 것도 모른 채 쓰러져 죽습니다.

이 이야기는 죄에 무감각하여 스스로 멸망해가는 인간의 모습을 보여주고 있습니다.

마태복음 13장 24절부터 30절에는 예수님의 '가라지의 비유' 가 기록되어 있습니다. 예수님은 때가되면 알곡을 추수하고 가라지는 태우신다고 말씀하셨습니다. 우리는 여기에서 영혼에 대한 세 가지 교훈을 받을 수 있습니다.

첫째, 성도는 죄악된 세상에 물들지 않아야 합니다.

천국은 죽어서 가는 곳만이 아닙니다. 하나님의 주권이 회복된 곳이 바로 하늘나라 입니다. 자신을 온전히 주님께 맡긴 성도들은 세상에서 이미 천국의 삶을 살고 있습니다, 하지만 비유에 좋은씨와 가라지가 나온 것처럼 이 세상은 하나님의 자녀들과 아직 주님을 모르는 사람들이 공존하고 있는 밭입니다. 사단은 오늘도 이 사람들이 주님을 아는 것을 막기 위해 애쓰고 있습니다. 그리스도인들은 죄악된 세상 속에 나가 사랑을 전해야 하지만 그 죄에 물들어서는 안 됩니다. 죄에 대해서는 단호하십시오.(고후11:15)

둘째, 하나님께서는 한 영혼이라도 귀하게 여기십니다.
가라지는 밀 이삭이 필 때까지는 거의 구별을 하기가 어렵습니다. 사람들의
인생도 죽고 나서야 알곡과 가라지가 구분됩니다. 모든 씨앗이 좋은 밀로 자
라길 바라는 주님께서는 마지막 때까지 참으십니다. 예수님의 크신 사랑에
감사하며 더 많은 영혼을 주님께로 인도하십시오.(마12:12/눅19:10)

셋째, 머지않아 하나님의 심판이 있습니다.
곡식을 추수할 때가 있듯이, 이 세상에도 마지막 때가 있습니다. 그 때가 오
면 하나님의 추수 즉, 심판이 있습니다. 이때 알곡에 속하는 성도들은 천국에
들어가게 되지만, 가라지는 불살라집니다. 끝까지 알곡의 삶을 사십시오.(마
5:22/요3:18)

오늘 본문을 통해 중요한 세 가지의 교훈을 배웠습니다. 심판을 피하는 유일
한 방법은 예수님을 영접하는 것임을 깨달으십시오.
오늘도 죄악에서 승리하십시오.

- 주님, 죄악된 세상 속사람들에게 복음을 전파하게 하소서!

오늘 특별 적용	
오늘 특별 감사	

052

천국 복음 원리

마태복음 13장 31절부터 32절(막4:30-32/눅13:18-19참조) 읽기.
❶ 예수님께서는 천국을 어떻게 비유하셨는가?(31)
❷ 예수님께서 천국을 겨자씨에 비유할 때, 그 의미는 무엇인가?(32)

미국의 해티 와이아트(Hattie Wiatt)라는 어린 소녀가 있었습니다. 이 소녀는 주일학교에 가고 싶었지만 출석 교회가 너무 작아서 주일 학교가 없었습니다. 평소 몸이 약했던 해티는 점점 상태가 악화되어 결국 주일학교를 한번도 나가보지 못한 채 병으로 세상을 떠나고 말았습니다.

해티는 죽으면서, 57센트가 든 지갑과 종이 한 장을 남겨 놓았습니다. 그 종이에는 삐뚠 글씨로 "하나님, 예배당이 더 커져서 어린이들이 다 주일학교에 갈 수 있게 해주세요."라고 쓰여 있었습니다.

이 편지는 교회의 목사님에게 전해졌고 곧 모든 모든 지역의 성도님들에게 전해졌습니다. 감동받은 성도님들의 헌신으로 예배당 증축을 준비하게 되었고, 이런 노력이 신문에도 알려져 많은 헌금이 모아졌습니다.

그리하여 5년 후 해티가 남겼던 57센트가 당시로는 거금인 25만 달러로 늘어났습니다. 그 돈은 3,300명이 앉을 수 있는 「템플 침례교회」를 세웠고, 이를 기반으로 나중에는 템플 대학교와 템플 병원 그리고 템플 주일학교 까지 따로 세워지게 되었습니다.

이 이야기를 통해 작은 믿음이 얼마나 큰 결실을 맺을 수 있는지 알 수 있습니다.

마태복음 13장 31절부터 32절에는 겨자씨의 비유가 나옵니다. 겨자씨의 비유는 아주 단순한 듯 보이지면 심오한 천국의 원리를 담고 있습니다. 우리는 본문을 통해 천국 복음의 세 가지 원리를 배울 수 있습니다.

첫째, 천국복음은 가능성을 알려줍니다.
겨자씨 한 알은 정말로 좁쌀같이 작아서 보이지 않을 정도이지만 그 안에는 엄청난 가능성이 숨어 있습니다. 겨자씨의 작은 모습만 볼 때에 우리는 이런 가능성을 놓치게 됩니다. 마찬가지로 죄 많고 흠이 많은 보잘 것 없는 인간일지라도 천국 복음을 통해 하나님의 자녀가 될 수 있습니다. 모든 사람들은 하나님의 자녀가 될 수 있는 가능성이 있다는 사실을 기억하십시오.(마17:20)

둘째, 천국복음은 엄청나게 확장합니다.
겨자는 나무가 아닌 풀입니다. 그러나 풀임에도 1년 만에 3m나 자라나 나무 못지않게 무성해집니다. 겨자씨는 좁쌀 크기지만 그것이 땅에 심겨질 때 나무만큼 자라납니다. 세상은 복음을 믿는 사람을 감당치 못합니다. 예수님의 제자와 사도들은 매우 작은 수였지만 그들로 인해 지금 전세계 곳곳에 기독교가 널리 퍼지게 된 것을 기억하십시오. 주님안의 어떤 작은 믿음도 무시하지 마십시오.(살후3:1/행8:5,6)

셋째, 천국복음은 많은 사람에게 유익을 줍니다.
겨자씨 한 알이 무성하게 자라면 그 그늘에서 새들도 쉬어갑니다. 세상에서 성공한 크리스천들은 반드시 많은 사람들에게 큰 유익을 주어야 합니다. 주님을 믿고, 천국 갈 것을 믿으면서도 받은 축복을 자신만 누리는 것은 잘못된 신앙입니다. 이웃을 섬김으로 하나님 나라를 전파하십시오.(약1:27)

오늘 본문을 통해 천국 복음의 세 가지 원리를 배웠습니다. 복음을 통해 이 땅에서 하나님 나라를 확장하는 능력 있는 그리스도인이 되어야 합니다.
오늘도 서로 섬기며 복음의 향기를 전하십시오.

- 주님, 복음의 능력을 누리고 또 복음을 전하게 하소서!

오늘 특별 적용	
오늘 특별 감사	

053

복음의 특징

마태복음 13장 33절부터 35절(막4:33–34/눅13:20–21) 읽기.
❶ 예수님께서는 또 천국을 무엇에 비유하셨는가?(33)
❷ 예수님의 비유 속에는 무엇이 감추어져 있는가?(35)

영국이 '해가지지 않는 나라'로 불리며 세계 최강대국으로 군림했던 당시에 그 중심에는 빅토리아 여왕이 있었습니다. 빅토리아 여왕은 64년 동안 왕위에 머물면서 항상 때에 맞는 지혜로운 정책으로 영국의 부흥기를 이끌었습니다.

빅토리아 여왕은 자신의 통치 철학을 성경으로 삼았습니다. 전 왕인 윌리엄 4세가 죽은 뒤 통수권을 넘겨받은 그녀는 대관식에 앞서 무릎을 꿇고 성경을 펼친 뒤 이렇게 기도했습니다.

"주님, 하나님의 말씀대로 영국을 통치하게 해주시옵소서!"

훗날 빅토리아 여왕의 명성을 듣고 정치를 배우러 온 인도의 한 왕자가 비결을 물었을 때 여왕은 가까이 있는 성경을 펴들고는 "바로 이것!"이라고 대답했다고 합니다.

이 이야기는 오늘날 자유롭게 신앙생활을 하고, 어디서나 좋은 말씀을 접할 수 있지만 오히려 그 능력은 체험하지 못하고 있는 우리들에게 큰 깨달음을 줍니다.

마태복음 13장 33절부터 35절에는 누룩의 비유에 대해 말씀하신 예수님이 나옵니다. 예수님은 사람들의 이해와 예언을 성취하기 위해 예언으로 천국의 비밀과 복음을 전하셨는데 우리는 이것을 통해 복음의 세 가지 특징을 배울 수 있습니다.

첫째, 복음은 진리입니다.

예수님은 진리를 비유로 말씀하셨습니다. 그리고 이 진리는 바로 창세 때부터 감춰진 것들을 드러내는 일이었습니다. 쉽게 이해할 수 있는 비유이지만 참된 진리의 복음이 담겨져 있습니다. 항상 성경을 진리로 생각하는 마음으로 읽으십시오.(마13:35)

둘째, 복음은 간결합니다.

성경에 나온 예수님의 비유를 찾아보면 대부분 간결합니다. 학식이 높지 않은 사람도 누구나 쉽게 이해할 수 있습니다. 예수님을 비방하는 많은 사람들은 화려한 수사법으로 주님을 모함했지만 예수님은 언제나 비유로 간결하게 답하셨습니다. 참된 진리는 복잡하지 않고 누구나 이해하고 받아들일 수 있습니다. 복음의 핵심을 언제나 잊지 마십시오.(롬1:2/골1:23)

셋째, 복음은 변화시킵니다.

누룩은 아주 작은 양이지만 전체의 반죽을 크게 부풀립니다. 이것이 바로 천국의 비밀이며 복음의 능력입니다. 중동의 작은 나라에서 시작된 복음이 오늘날 전 세계에 퍼진 것을 통해 우리는 그것이 사실임을 분명히 알 수 있습니다. 지금도 복음은 전 세계를 변화시키고 있습니다. 복음으로 변화된 새로운 피조물의 삶을 사십시오.(고후5:17)

오늘 본문을 통해 복음의 세 가지 특징을 배웠습니다. 우리는 예수님이 비유로 말씀하신 이유와 그 속에 담긴 깊은 뜻을 잘 깨달아 굳건한 반석위에 흔들림 없는 믿음의 집을 세워야 합니다.
오늘도 복음을 통한 능력의 삶을 사십시오.

- 주님, 복음의 능력을 체험하고 간증하게 하소서!

오늘 특별 적용	
오늘 특별 감사	

054

복음의 속성

마태복음 13장 37절부터 43절 읽기.
❶ 제자들은 예수님께 무엇을 부탁하였는가?(36)
❷ 예수님이 이 땅을 심판하실 때 어떤 사람들이 벌을 받게 되는가?(41)

히틀러가 세계대전을 일으키고 유태인과 다른 종교들을 탄압하면서 잔혹한 행위를 계속하자, 독일의 종교계에서도 히틀러를 암살하자는 주장이 생겼습니다.

하루는 독일의 많은 신학자들과 성직자들이 모여서 히틀러에 대한 분노를 성토하고 있었습니다. 사람들은 그 중 유명한 신학자 칼바르트에게 히틀러를 제거하기 위한 좋은 의견이 없냐고 물었습니다. 칼바르트는 조용히 입을 열었습니다.

"저 역시 히틀러에게 해주고 싶은 말이 있습니다. 누군가 제게 그럴 기회를 준다면 저는 히틀러 앞에서 이렇게 말할 것입니다. '예수 그리스도께서 당신의 죄를 위해 죽으셨습니다.' 저는 이 말 외에는 할 말이 없습니다."

사랑을 말하는 것은 쉬워도 그것을 전하는 것은 어렵습니다. 복음을 전하는 전도 역시 마찬가지입니다.

마태복음 13장 37절부터 43절에는 밭의 가라지 비유의 뜻을 묻는 제자들이 나옵니다. 예수님은 진리를 가르칠 때 항상 이해하기 쉽게 비유를 드셨지만 그마저도 이해하는 사람이 적었습니다. 예수님은 씨의 비유를 쉽게 풀어 설명하시면서 인자와 천국의 아들들에 대해 설명하셨습니다. 우리는 이 말씀을 통해 복음의 세 가지 속성에 대해서 알 수 있습니다.

첫째, 누구나 들을 수 있습니다.

복음은 선택된 사람들만이 듣고 누리는 특권이 아닙니다. '귀 있는 자들은 들을지어다' 라는 말씀을 통해 복음이 더욱 전파되기를 원하는 예수님의 마음을 알 수 있습니다. 복음은 누구에게나 활짝 열려있는 창문입니다. 복음을 전하는 데 있어서는 어떤 차별도 두지 마십시오.(막16:15/딤전2:4)

둘째, 죄에서 건져 줍니다.

좋은 씨를 뿌리는 인자에게 속하지 않은 사람들은 마지막 때에 풀무불에 던지워집니다. 이것은 곧 복음을 믿지 않는 본래 상태의 인간들이 모두 당해야 할 형벌이 무엇인지를 말하고 있습니다. 그러나 반대로 복음을 듣고 믿는다면 누구나 벗어날 수 있는 형벌입니다. 이처럼 복음은 우리를 마귀에게서 건져내고 영원한 형벌을 면하게 해줍니다. 죄의 유일한 해결책이 예수 그리스도의 이심을 기억하십시오.(눅1:71/히5:9)

셋째, 평안을 줍니다.

복음을 믿는 사람과 믿지 않는 사람의 차이는 마지막에 대한 두려움입니다. 복음을 믿을 때 죽음과 세상 끝 날에 대한 두려움이 사라집니다. 복음을 믿는 사람들은 세상의 종말이 오더라도 두려워하지 않습니다. 우리의 복음은 바로 부활과 생명이기 때문입니다. 이것이 바로 참된 평안이요 어떤 고난도 이길 수 있는 힘의 비결입니다. 복음으로 참된 평안을 얻으십시오.(요4:14/롬8:6)

오늘 본문을 통해 복음의 세 가지 속성에 대해서 배웠습니다. 복음은 받아도 그만 안 받아도 그만인 선택사항이 아니라 누구나 반드시 듣고 믿어야 할 의무 사항임을 기억해야 합니다.

오늘도 평안의 복음을 널리 전하는 하나님의 일군이 되십시오.

- 주님, 복음 전파에 의무감을 갖게 하소서!

오늘 특별 적용	
오늘 특별 감사	

055

천국을 얻는 방법

마태복음 13장 44절 읽기.
❶ 예수님은 천국을 어떻게 비유하셨는가?(44)
❷ 그 의미는 무엇인가?(44)

미국의 라이언 화이트(Ryan White)라는 소년은 혈우병을 앓았는데 13살 때 수술을 잘못 받아 에이즈에 걸리고 말았습니다.

혈우병에 에이즈까지 걸린 라이언은 어린 나이였지만 주변 사람들을 위해 슬픈 내색을 하지 않기로 하고 항상 웃으며 밝게 살았습니다. 그런데 라이언에 대한 이야기가 우연히 신문 기사로 보도되면서 많은 사람들이 라이언을 찾아와 격려하며 선물을 주었습니다. 당시 대통령이었던 레이건을 비롯해, 팝의 황제 마이클 잭슨, 부동산 왕 도널드 트럼프 같은 사람들까지 라이언을 찾아왔습니다. 아버지는 그 모습을 보며 기쁘기도 했지만 정작 아무것도 해줄 수 없는 자신의 모습이 너무 초라하게 느껴져 아들에게 용서를 빌었습니다. 라이언은 아버지의 말에 이렇게 대답했습니다.

"아빠는 이분들보다 더 큰 선물을 제게 주셨어요. 아빠 때문에 제가 예수님을 믿고 천국행 티켓을 얻었잖아요. 이보다 더 큰 선물은 없다는 걸 저는 알아요. 고마워요. 아빠."

아버지가 라이언에게 준 선물은 비록 눈에는 보이지 않았지만 가장 값진 선물이었습니다.

천국은 하나님이 주시는 모든 것들 중 가장 귀한 선물입니다.

마태복음 13장 44절은 밭에 감추어진 보물의 비유가 나옵니다. 예수님은 감추어진 보물을 발견한 사람은 모든 소유를 팔아 그것을 산다고 말씀하셨습니다. 그것은 그 보물이 무엇에 비할 수 없을 만큼 귀하기 때문입니다. 이 비유를 통해 우리는 천국이라는 귀한 보물을 얻는 세 가지 방법을 배울 수 있습니다.

첫째, 보물을 알아볼 수 있는 안목이 있어야 합니다.
비유에 나오는 사람은 밭주인도 모르는 보물을 발견했습니다. 밭주인에게 보물을 알아볼 안목이 있었다면 절대 밭을 팔지 않았을 것입니다. 이처럼 보물을 얻으려면 먼저 알아볼 수 있는 안목이 있어야 합니다. 예수님을 구주로 영접할 때 세상 사람들에게 보이지 않는 보물이 보입니다. 세상에서 얻을 수 있는 진정한 보물은 물질적인 것이 아님을 깨달으십시오.(벧전3:4/벧후1:2)

둘째, 보물을 얻기 위한 투자가 있어야 합니다.
보물을 발견한 사람은 밭을 사려고 자신의 모든 소유를 팔았습니다. 돈이 없다고 핑계대지 않고 자신이 할 수 있는 모든 것을 바친 것입니다. 우리는 예수님을 믿음으로 이미 그 보물을 얻었습니다. 이제는 말씀을 따르는 삶으로 천국에 가는 그날까지 그 보물을 귀하게 지켜야 합니다. 진정 값진 것을 위해 투자할 줄 아는 현명한 삶을 사십시오.(고전9:25/요일3:18)

셋째, 빠른 실천이 필요합니다.
보물이 어디 있는지 알았다면 그것을 구하기 위해 빠르게 움직여야 합니다. 어물거리다 때를 놓칠 수 있기 때문입니다. 예수님이 참 진리인 것을 아는 사람들도 자신의 환경을 이유로 영접을 차일피일 미루는 경우가 있는데, 이것은 보물을 대하는 옳은 태도가 아닙니다. 우리는 내일 일을 알지 못한다는 것을 기억하십시오.(롬9:28/빌2:19)

오늘 본문을 통해 천국이라는 귀한 보물을 얻는 세 가지 방법을 배웠습니다. 입으로는 우리는 입으로만 예수님을 주님이라고 고백하고 자신만을 위해 시간과 돈을 쓰는 거짓된 삶이 아니라 천국이라는 보물에 인생을 투자하는 가치 있는 삶을 살아야 합니다.
오늘도 천국에 소망을 두고 사십시오.

– 주님, 머리로만 깨닫는 신앙이 아닌, 실천하는 신앙을 갖게 하소서!

오늘 특별 적용	
오늘 특별 감사	

056

귀한 것을 알아보는 방법

마태복음 13장 45절부터 46절 읽기.
❶ 오늘 비유에 나타난 천국의 특징은 무엇인가?(44)
❷ 당신은 당신이 가지고 있는 가장 귀한 것과 천국을 바꿀 수 있겠는가?(46)

진주는 특정한 조개를 통해서 얻을 수 있는 보석입니다.

진주를 품는 조개는 매우 한정되어 있어서 요새 같이 양식이 불가능한 옛날에는 진주를 매우 귀하게 여겼습니다.

옛날 사람들은 귀한 보석에 초자연적인 힘이 깃들어 있다고 생각해 12달에 각각의 탄생석을 지정했는데 진주가 거기 포함되어 있을 정도입니다. 진주가 이처럼 귀하게 여겨지는 것은 일단 진주를 품은 조개를 구하는 것이 힘든데다가 그렇게 구한 진주들도 조개의 상태에 따라 크기와 모양, 빛깔이 모두 다르기 때문입니다. 그렇기에 같은 진주라도 상태에 따라 그 값어치는 매우 큰 차이가 납니다.

성경은 천국을 이 진주에 비유하고 있습니다. 그러나 천국은 진주보다도 훨씬 큰 가치를 지니고 있습니다.

마태복음 13장 45,46절에는 천국을 값진 진주에 비교한 비유가 나옵니다. 좋은 진주를 발견한 사람이 자신의 모든 것을 다 팔아 그것을 구입한 이야기를 통해서 우리는 귀한 것을 알아보는 세 가지 방법을 배울 수 있습니다.

첫째, 중요한 것들 사이에 더 중요한 것을 찾으십시오.
진주 장사를 하는 사람이라면 당연히 많은 진주를 가지고 있을 것입니다. 그런데 그는 자신이 발견한 좋은 진주를 사기 위해 소유를 모두 팔았습니다. 이것은 같은 진주지만 그것이 지니고 있는 가치가 틀리기 때문입니다. 돈, 가정, 행복, 관계와 같이 우리가 살아가면서 중요한 많은 것들이 있습니다. 그러나 정말로 중요한 것이 있다는 사실을 잊지 마십시오.(고후3:7,8)

둘째, 가장 가치 있는 것을 찾으십시오.
진주 장수가 사려고 했던 진주는 자신의 모든 소유보다 가치가 있었습니다.

그렇지 않았다면 모든 것을 포기하지 않았을 것입니다. 중요한 것은 그만한 가치가 있습니다. 우리가 예수님을 믿고 구원받는 것이 그토록 중요한 이유는 영생이 달린 매우 중요한 일이기 때문입니다. 하나님은 예수님을 통해 이 귀한 선물을 믿기만 하면 받도록 거저 주셨습니다. 그 크신 사랑에 항상 감사하십시오.(시135:5/딤전4:8,9)

셋째, 모든 대가를 지불할 만한 것을 찾으십시오.
어떤 물건이 정말 중요한 것인지를 알려면 그것을 구하려는 사람들이 제시하는 대가를 보면 압니다. 피카소의 작품은 일반인들이 보기에는 그저 장난 같은 그림이지만 그의 작품을 사려는 사람들은 몇 십억에서 몇 백억을 지불하기도 합니다. 그러나 우리는 예수님의 공로로 구원이라는 귀한 선물을 거저 은혜로 받았습니다. 대신에 우리는 그 은혜를 평생 기억하고 남에게 전할 필요가 있습니다. 이것이 주님이 우리에게 바라시는 유일한 대가입니다. 중요한 것을 위해 대가를 지불하는 사람이 되십시오.(눅12:20/고후3:6)

오늘 본문을 통해 귀한 것을 알아보는 세 가지 이유를 배웠습니다. 우리는 귀한 것을 구별하고 또 그것을 얻기 위해 노력하는 지혜로운 삶을 살아야 하겠습니다.
오늘도 산 제물로 하나님께 온전히 드리는 제사의 삶을 사십시오.

- 주님, 구원이라는 값진 보물을 주심에 감사하게 하소서!

오늘 특별 적용	
오늘 특별 감사	

057

세상의 모습

마태복음 13장 47절부터 50절 읽기.
❶ 천국을 그물에 비유한 의미는 무엇인가?(48)
❷ 세상 끝날에 이 세상을 주님께서 심판하시는데, 주님의 심판사역을 누가 수행하는가?(49)

'짐이 곧 국가'라는 말을 남긴 프랑스의 태양왕 루이 14세는 160cm정도의 작은 키에 볼품없는 머리숱을 가진 사람이었습니다. 그러나 당시의 보통 사람들보다도 작고 초라한 외모에 불만을 느꼈던 왕은 사람들을 만날 때는 언제나 굽이 11cm나 되는 특제 장화를 신고 위로 15cm나 솟아있는 풍성한 가발을 쓰고 나갔습니다.

장화와 가발을 쓴 루이 14세의 키는 180cm가 훌쩍 넘어 보통 사람보다도 머리 하나가 더 컸습니다. 그러나 이런 그의 모습이 진짜가 아니라는 걸 많은 사람들은 이미 알고 있었습니다. 많은 귀족과 백성들은 왕의 강력한 권력이 두려워 앞에서는 왕의 위엄을 칭찬했지만 뒤에선 그의 볼품없는 외모를 풍자하며 비웃었습니다.

거짓은 남을 속이므로 피해를 줍니다. 루이 14세의 거짓은 다행히 외모에 국한되는 것이었지만 진리를 속이는 거짓은 사람의 영을 죽이는 것이기에 분별할 줄 알아야 합니다.

마태복음 13장 47절부터 50절에는 그물의 비유가 기록되어 있습니다. 예수님은 그물에 고기가 가득 잡히지만 좋은 것과 나쁜 것으로 구분되어 나쁜 것은 버려지듯이 세상의 마지막 날이 이와 같을 것이라고 말씀하셨습니다. 우리는 이 비유를 통해 세상의 모습에 대한 세 가지 사실을 살펴 볼 수 있습니다.

첫째, 이 세상에서는 좋은 것과 나쁜 것이 섞여 있습니다.
같은 그물에 걸린 같은 고기였지만 좋은 것과 나쁜 것이 섞여 있었듯이 우리 세상에도 좋은 것과 나쁜 것들이 섞여 있습니다. '하나님이 보시기에 어떨까?'라는 생각을 하지 않으면 자기 보기 좋은 것이 옳아 보이게 됩니다. 말씀을 기준으로 거짓에 속지 말고 항상 거룩한 것을 선택 하십시오.(마13:38/빌1:10)

둘째, 좋은 것과 나쁜 것은 마지막 때에 구분됩니다.
물속에 살고 있는 고기는 그물로 건져 올리기 전까진 구별할 수 없습니다. 마찬가지로 천국에 가는 사람과 지옥에 가는 사람은 세상의 마지막 때에 실현됩니다. 세상에서 악인이 성공하는 것을 보고 하나님의 존재를 의심하는 사람들도 있지만 마지막 때에는 모든 것이 밝혀진다는 것을 알아야 합니다. 그러므로 항상 말씀에 비추어 자신을 살피십시오.(시:73)

셋째, 좋은 것은 겉모습으로 구별되지 않습니다.
세상에서 성공하는 악인이 천국에 들어갈 수 없듯이 성도들 역시 마찬가지입니다. 겉보기엔 모두 좋아 보일지라도 하나님은 중심을 보십니다. 교회에 다닌다 할지라도 그 마음에 예수님이 없다면 천국에 갈 수 없습니다. 신앙의 겉모습이 아닌 중심을 바로 잡으십시오.(고후13:5)

오늘 본문을 통해 세상의 모습에 대한 세 가지 사실을 배웠습니다. 천국은 모든 사람 앞에 열려 있지만, 그러나 예수 그리스도를 영접하여 의롭다고 인정된 하나님의 자녀가 되지 못하면 들어갈 수 없음을 기억하십시오.
오늘도 구원의 확신으로 그리스도의 생명을 누리며 살아가십시오.

- 주님, 마지막 때까지 주님을 따르게 하소서!

오늘 특별 적용	
오늘 특별 감사	

058

우리가 추구해야할 행동

마태복음 13장 51절부터 52절 읽기.
❶ 당신은 지금 예수님의 비유를 깨달았는가?(51)
❷ 집 주인이 새것과 옛것을 어디에서 내오는가?(52)

영국의 피터 크로퍼라는 유명한 바이올리니스트가 핀란드 국왕의 초청을 받았습니다. 그 소식을 들은 영국의 왕립음악 아카데미는 영국의 자존심을 세우고 오라고 258년이 된 명기 스트라디바리우스를 빌려주었습니다. 피터는 최고의 악기를 가지고 핀란드로 떠나 최고의 연주를 하고 돌아왔습니다. 그런데 반납하기 전 잠시 악기를 맡겨둔 곳에서 관리를 잘못해 스타라디바리우스가 완전히 망가지고 말았습니다.

피터가 세계적인 명기를 망가트린 죄책감에 괴로워하고 있을 때 런던의 한 바이올린 상인이 찾아와 수리를 자청했습니다. 피터는 바이올린 상인이 음악을 전혀 모르는 사람이라는 것을 알고 내키지 않아했지만 다른 방법이 없었기에 밑져야 본전이라는 생각에 맡겨보았습니다. 그런데 망가진 스트라디바우스가 완벽히 수리되어 돌아왔습니다. 뿐만 아니라 음색도 전혀 이상이 없었습니다. 악기를 연주하는 것과 수리하는 것은 전혀 다른 문제임을 피터는 깨달았습니다.

마찬가지로 말씀을 단순히 믿는 것과 실천하는 것은 전혀 다른 문제입니다. 예수님은 천국의 제자 된 사람이 어떻게 행해야 하는지 말씀하셨습니다.

마태복음 13장 51,52절에는 집 주인의 비유가 기록되어 있는데, 예수님은 "천국의 제자 된 서기관마다 마치 새 것과 옛 것을 그 곳간에서 내어 오는 집 주인과 같다"고 말씀하셨습니다. 이 짧은 비유를 통해 비유에서 우리는 예수님의 제자가 추구해야 될 세 가지 행동을 기억해야 할 것입니다.

첫째, 제자들은 천국의 비밀을 알고 실행해야 합니다.
예수님은 모세의 율법을 따르던 서기관들과 비교해 자신의 제자들을 '천국의 제자된 서기관' 으로 표현하셨습니다. 믿음으로 크게 거두고 세상을 변화시키는 천국의 비밀을 제자들은 알고 있기 때문입니다. 그러므로 예수님의 제자가 되기 위해선 천국의 비밀을 확실히 알고 또 사용해야 합니다. 말씀을 듣고 실행하십시오.(고전9:20)

둘째, 제자들은 말씀을 분별할 줄 알아야 합니다.
당시 뿐 아니라 오늘날에도 많은 사람들이 복음을 올바로 깨닫지 못하고, 율법의 계명에만 사로잡혀 고민하는 경우들이 많습니다. 이것은 '옛 것과 새 것'을 분별하지 못하기 때문입니다. 예수님의 말씀을 깊이 묵상할 때 율법보다도 율법이 제정된 정신이 중요하며 "네 마음을 다하고 목숨을 다하고 뜻을 다하여 주 너의 하나님을 사랑하는 것"이 가장 큰 계명인 것을 진심으로 깨닫고 느끼게 됩니다. 옛것과 새것, 정말 중요한 것과 덜 중요한 것을 잘 분별하는 성도가 되십시오.(마 22:36~40/엡6:17)

셋째, 그리스도의 제자들은 필요한 것을 잘 전해줄 수 있어야 합니다.
지혜롭고 잘 다스리는 집 주인은 자기 집 창고에 무엇이 있는지를 알고 잘 정리해 놓아서, 필요한 것을 그때그때 잘 활용합니다. 이것은 우리가 가진 것을 잘 활용해 복을 누리라는 뜻이며 그 남은 것을 필요한 사람들에게 공급하라는 말씀입니다. 주변의 필요에 민감하게 반응하십시오.(마10:1/행9:34)

오늘 본문을 통해 예수님의 제자가 추구해야 될 세 가지 행동에 대해 배웠습니다. 바른 제자됨으로 영혼들에게 필요한 복음의 말씀을 잘 깨닫고 하나님의 말씀을 올바로 전할 수 있어야 할 것입니다.
오늘도 그리스도의 제자다운 하루를 살아가십시오.

- 주님, 하나님 보시기에 합당한 제자의 삶을 살게 하소서!

오늘 특별 적용	
오늘 특별 감사	

059

믿음이 부족할 때 일어나는 결과

마가복음 4장 35절부터 41절(마8:18,23-27/눅8:22-25참조) 읽기.
❶ 위기를 당했던 제자들이 어떻게 대처하였는가?(38)
❷ 주님께서 그 일을 어떻게 해결하여 주셨는가?(39)

평생을 중국 선교에 헌신한 허드슨 테일러가 처음으로 선교를 떠날 때의 이야기입니다. 배를 타고 가는 도중 악천후로 인해 식인종들이 사는 섬 근처에서 배가 멈추고 말았습니다. 식인종들은 해안가로 뛰쳐나와 환호성을 지르며, 배가 섬 모래사장까지 내려오기만을 기다리고 있었습니다. 다급해진 선장이 테일러에게 와서 기도를 요청했습니다. 테일러는 선장에게 곧 바람이 불 것이니 돛을 펴라고 얘기했는데, 선장은 바람이 불지도 않는데 돛을 펴면 사람들이 불안해하고, 힘까지 낭비하게 된다고 펴지 않았습니다. 테일러는 자신이 기도하면 바람이 불 것이니 어서 돛을 펴라고 선장을 설득했습니다. 배가 점점 모래사장 근처로 다가가자 선장은 어쩔 수없이 돛을 폈고, 테일러가 곧 기도를 시작했는데, 금세 강한 바람이 불기 시작했습니다. 모든 만물의 주재이신 하나님이 바람까지도 주장하여 주실 것을 테일러는 확실히 믿었기 때문에 일어난 기적입니다.
불완전한, 약간, 아마도와 같은 수식어는 믿음에 붙을 수 없습니다. 믿음은 그 자체로 확고한 것입니다.

마가복은 4장 35절부터 41절에는 폭풍을 잔잔케 하신 예수님에 대해서 기록되어 있습니다. 피곤하신 주님은 배의 뒤편에서 주무셨습니다. 그런데 갑자기 큰 광풍이 일어나며 파도가 덮쳐 배가 침몰하게 되자, 제자들은 아우성을 치며 주님을 깨웠습니다. 주님은 바람을 꾸짖으시며 바다를 잔잔하게 하셨습니다. 그런 후에 제자들에게, 아직도 믿음이 없느냐고 사랑으로 나무라셨습니다. 우리는 이 말씀을 통해 믿음이 부족할 때 일어나는 세 가지 결과에 대해 생각해 볼 수 있습니다.

첫째, 다른 사람을 원망하게 됩니다.
제자들은 자신들의 힘으로 위기를 극복하려고 힘껏 노를 저으며 야단법석을 떨었습니다. 주무시던 예수님을 깨우며 "선생님이여 우리의 죽게 된 것을 돌아보지 아니하시나이까? 라고 원망한 것입니다. 그러나 믿음이 있는 사람은 원망하지 않습니다. 아브라함은 이삭을 바치라는 하나님의 명령을 조금도 원망하지 않고, 믿음으로 하나님께 드렸습니다. 다른 사람을 원망하고 싶을 땐 자신의 믿음을 돌아보십시오.(벧전4:9/히11:6,17)

둘째, 무서워하게 됩니다.
제자들이 풍랑을 두려워하게 된 것은 믿음이 부족해서였습니다. 자신들이 함께 계신 분과, 예수님이 지금껏 행하신 이적은 생각지 않은 채 당장 눈에 보이는 어둠과 광풍만을 바라보았습니다. 믿음이 부족할 때 주님의 권능을 잊고 현재의 상황이 위협적으로 느껴집니다. 그러므로 항상 예수님을 바라보십시오(시42:5/마14:30/히12:2).

셋째, 하나님의 책망을 받게 됩니다.
제자들은 믿음이 적음으로 인해서 꾸중을 들었습니다. 믿음이 부족해 예수님의 제자답지 못한 행동을 했기 때문입니다. 하나님께서는 우리의 믿음을 성장시키기 위해서 때때로 시련을 허락하십니다. 이 시련들을 하나님을 의뢰하며 이겨낼 때 믿음이 성장하는 것입니다. 하나님께서는 기뻐하는 믿음의 사람이 되십시오.(고전 10:13/요일 5:4-5)

오늘 본문을 통해 믿음이 부족할 때 일어나는 세 가지 결과에 대해 배웠습니다. 믿음은 하나님과 올바른 관계를 맺음으로 자라난다는 것을 잊지 마십시오.
오늘도 사망의 음침한 골짜기에서도 믿음으로 두려워 말고 사십시오.

- 주님, 믿음으로 두려움을 물리치게 하소서!

오늘 특별 적용	
오늘 특별 감사	

060

복음 전파의 교훈

마가복음 5장 1절부터 20절(마 8:28-34/눅 8:26-39참조) 읽기.
❶ 귀신들린 사람이 예수님을 보자 어떻게 행동하였으며, 그 이유는 무엇 때문이었는가?(6~8)
❷ 주님께서 귀신을 어떻게 처리하셨는가?(9~13)

몇 년 전 음이온이 나온다는 자기 팔찌라는 게 유행이었습니다. 자석에서 좋은 기운이 나와 관절을 고쳐주고 혈압을 낮춰준다는 이 팔찌는 사실 30여 년 전에 일본에서 출시되었다가 터무니없는 과대광고로 과학자들의 맹공격을 받고 사장된 제품입니다. 그런데 일본에서 남은 제품을 팔기 위해 한국과, 대만, 중국에 덤핑으로 팔기 시작했고, 한국에서는 '일제' 라는 것으로 현혹돼 크게 유행하며 판매고를 올렸습니다.

상식적으로 생각해보면 말이 안 되는 이야기임을 쉽게 알 수 있지만 과학이 발달한 현대 사회에서도 가끔씩 정말로 이해할 수 없는 일들이 일어나곤 합니다. 공부를 많이 한 지식인들 중에서도 이단이나, 잘못된 종교에 빠지는 것을 보면 지금 우리가 온전한 믿음과 신앙생활을 하고 있는 것이 큰 은혜임을 깨닫게 됩니다.

가장 귀한 은혜는 우리가 말씀을 따라 주님을 온전히 섬기는 것입니다.

마가복음 5장 1절부터 20절에는 거라사 광인을 치유해 주신 예수님의 모습이 나옵니다. 귀신들린 두 명의 광인은 쇠사슬을 끊을 정도로 괴력을 발휘했는데 사람들에게 떨어져 공동묘지에서 살았습니다. 그런 그들을 예수님이 불쌍히 여겨 고쳐주시자 그들은 예수님을 따르며 섬기겠다고 말했지만, 예수님은 오히려 나를 따르지 말고 가족에게로 돌아가라고 말씀하셨습니다. 우리는 이 말씀을 통해 복음 전파의 세 가지 교훈을 얻을 수 있습니다.

첫째, 가까운 사람부터 전해야 합니다.

예수님은 집으로 돌아가 친척들에게 먼저 증거 하라고 하셨습니다. 그래서 그는 그 말씀대로 데가볼리에 가서 복음을 전했습니다. 사도들도 "예루살렘과 온 유대와 사마리아와 땅 끝까지 이르러 내 증인이 되리라"는 말씀을 따라 예루살렘에서부터 증인이 되었습니다. 거라사 광인의 변화된 모습을 보고 사

람들이 놀랍게 여긴 것처럼 본을 보임으로 복음을 전하십시오. (행1:8,16:33)

둘째, 체험을 간증해야 합니다.
자신의 삶에서 직접 체험된 것은 큰 힘이 있습니다. 확실한 체험은 아무도 반박할 수 없는 결정적인 증거입니다. 처참한 생활을 했었던 거라사의 광인에게는 치유 받은 삶 자체가 증거였습니다. 확실한 체험이 있다면 그것을 그냥 전하기만 해도 전도가 됩니다. 구원의 체험을 늘 간증하십시오. (행14:1)

셋째, 하나님의 사랑을 전해야 합니다.
예수님은 "너를 불쌍히 여기신 것을 고하라"고 하셨는데, 이것은 곧 하나님의 사랑을 뜻합니다. 예수님이 세상에 내려와 보여주신 모든 이적의 동기와 근본은 사랑입니다. 그 사랑은 병자를 고치시고, 독생자를 대신 죽게 하시고, 지금도 우리를 인도하시는 놀라운 사랑입니다. 받은 사랑을 그대로 전하십시오. (눅7:13/요3:16/히 7:25)

오늘 본문을 통해 복음 전파의 세 가지 교훈을 얻었습니다. 모든 생활이 복음의 증거가 되는 거룩한 삶을 위해 매일을 노력해야 합니다.
오늘도 나를 구원하신 예수님의 사랑을 이웃에게 전하십시오.

- 주님, 복음전파의 중요성을 깨닫게 하소서!

오늘 특별 적용	
오늘 특별 감사	

061

능력을 체험하는 방법

마가복음 5장 22절부터 24절(눅8:41-42참조) 읽기.
❶ 야이로는 예수님을 찾아와 어떻게 높였는가?(22)
❷ 야이로가 정확히 예수님께 바라던 것은 무엇이었는가?(23)

일본의 어떤 마을에서 과수원을 하는 농부가 있었습니다.

그런데 수확철이 다가오면서 생전 보지 못한 벌레들이 점점 생기기 시작했습니다. '가만 두면 없어지려니' 하고 생각했지만 점점 벌레들이 늘어나 열매들을 갉아먹기 시작했습니다. 온 가족이 달려들어 벌레를 잡아보았지만 역부족이었습니다. 약도 듣지 않았습니다.

모두 그리스도인이었던 가족들은 최후의 심정으로 하나님께 기도하기 시작했습니다. 밤을 새가며 벌레를 없애달라고 하나님께 기도한 뒤 가족들은 아침에 놀라운 광경을 목격했습니다.

갑자기 하늘에서 수많은 새떼들이 날아오더니 나무에 있는 벌레를 다 잡아먹고 있었습니다. 이런 기적의 체험으로 나무는 모두 무사했고, 수확도 무사히 마칠 수 있었습니다. 이 이야기는 당시에 지역 신문과 잡지에 소개되면서 널리 알려졌습니다.

하나님은 우리의 간절함에 응답하십니다. 하나님은 우리를 절대 내버려두지 않으시고 우리에게 필요한 것들을 제때에 공급해 주시는 분입니다.

마가복음 5장 22절부터 24절에는 예수님께 간청하는 야이로가 나옵니다. 야이로는 자신의 딸을 위해 예수님을 찾아와 고쳐달라고 말했습니다. 우리는 야이로의 간절한 모습을 통해 능력을 체험하는 세 가지 방법을 살펴 볼 수 있습니다.

첫째, 나를 내려놓아야 합니다.
야이로는 회당장이라는 높은 지위에 있는 사람이었고 예수님은 목수의 아들 출신으로 사회적 지위가 높은 편은 아니었습니다, 그러나 야이로는 자신의 체면에 연연하지 않고 예수님의 발아래에 엎드리며 간청했습니다. 예수님만이 딸의 병을 고칠 능력이 있다는 것을 알았기 때문입니다. 자신을 내려놓는

사람이 하나님의 능력을 체험하게 됨을 기억하십시오.(대하7:14/막5:22)

둘째, 구체적으로 구해야 합니다.
야이로는 예수님께 구체적으로 바라는 것이 있었습니다. 그는 딸이 어떤 상태인지 설명했으며, 예수님을 초청했고, 안수를 통해 고침을 받아 딸을 살리기를 원했습니다. 예수님은 야이로의 이런 간절한 요청에 따라 그와 함께 가셨습니다. 정확한 바람과 계획이 있는 사람만이 정확한 하나님의 응답을 깨달을 수 있습니다. 항상 구체적으로 간구하십시오.(마6:7/막10:51/엡5:15)

셋째, 간절해야 합니다.
입으로만 간구하는 것이 아니라 정말로 간절해야 합니다. 주님께 엎드려 구했던 야이로의 간절함은 아픈 딸로부터 나왔습니다. 그리스도인의 간절함은 아직 찾지 못한 영혼들로부터 나와야 합니다. 그런 소망을 갖고 간절히 구할 때 주님이 들어주십니다. 비전을 향한, 영혼들을 향한 간절함을 가지십시오.(시95:6/마20:30)

오늘 본문을 통해 능력을 체험하는 세 가지 방법을 배웠습니다. 그리스도인들은 소원은 자신의 안위가 아닌 영혼의 구원이 목적이 되어야 합니다.
오늘도 능력을 체험하고 영혼에게 복음을 전하십시오.

- 주님, 야이로와 같은 간절함으로 주님께 간구하게 하소서!

오늘 특별 적용	
오늘 특별 감사	

062

하나님을 불신할 때 생기는 모습

마가복음 5장 35절부터 43절(눅8:49-56참조) 읽기.
❶ 그 아이의 죽음에 대한 사람들의 생각과 예수님의 생각을
  비교하여 보라(36,36)
❷ 주님께서 그 아이를 어떤 방법으로 살리셨는가?(41,42)

한 목사님 가정에서 아침 식사 때 있었던 일입니다.

초등학생 3학년인 목사님의 아들은 소풍을 가는 날이라고 신이 나있었는데 일기예보에는 비가 온다고 해, 목사님은 식사기도 때 아들을 위해 비가 오지 않게 해달라고 기도 했습니다.

"하나님. 오늘 예보에는 비가 온다고 되어 있지만 즐거운 소풍을 위해 비를 잠시만 미루어 주실 줄 믿습니다. 좋은 음식 감사히 먹겠습니다. 아멘."

그리고 식사를 마친 뒤 아이를 현관으로 배웅하며 목사님은 혹시 모르니 우산을 챙겨가라고 말했습니다. 그러자 아이가 이상하다는 듯이 물었습니다.

"아빠, 아까 비가 안 오게 해달라고 기도를 했는데, 왜 우산을 챙겨야 되요?"

목사님은 아들의 말을 듣고는 '아, 이것이 바로 믿음이다. 그동안 내가 말로만 믿음을 고백하고 행동으로 실천하지를 못했구나' 라는 깨달음을 얻었다고 합니다.

믿음은 말이 아닌 행동으로 증명하는 것입니다.

마가복음 5장 21절부터 24절과 35절부터 43절에는 살아난 야이로의 딸이 나옵니다. 예수님이 야이로의 딸을 고치러 가는 도중에 한 종이와서 딸이 이미 죽었다고 말했습니다. 그러나 예수님은 절망에 빠진 이들에게 '두려워 말고 믿기만 하라' 고 말씀하셨습니다. 우리는 여기에서 하나님을 불신할 때 생기는 세 가지의 모습을 생각해 볼 수 있습니다.

첫째, 우리는 하나님의 능력을 과소평가합니다.

우리는 하나님이 전능하시다고 말하면서도, 실제 삶에서는 완전히 의뢰하지 못할 때가 많습니다. 그렇기 때문에 항상 큰 문제가 아닌, 아주 작은 문제들만을 내놓습니다. 완전히 마비된 근육이나, 불행해져버린 결혼이나, 죽음의 문제에 대해서는 하나님께 내어놓지 않고 그냥 포기해버립니다. 그러나 하나님

은 "두려워 말고 믿기만 하라"고 지금도 말씀하고 계십니다. 하나님의 능력을 과소평가 하지 마십시오. (출4:11/신3:24/막5:36)

둘째, 우리는 항상 걸리는 시간을 생각합니다.
사람은 무의식적으로 일에 걸리는 시간을 생각합니다. 하나님은 당장 필요한 것을 주실 수 있는 분인데도, 이미 시간이 촉박하므로 그 문제를 구하기엔 늦었다고 생각합니다. 야이로의 가족들은 딸이 죽기 전까지도 희망을 버리지 않았으나 딸이 죽은 뒤에는 문제를 그냥 포기해 버렸습니다. 그러나 예수님은 우리들의 생각이 잘못된 것이며 하나님은 언제든지 하실 수 있는 분임을 나타내셨습니다. 시간을 초월하는 믿음을 가지십시오. (막9:23)

셋째, 우리 먼저 판단하고 먼저 체념합니다.
우리는 제대로 구해보지도 않고 일이 금방 뜻대로 되지 않으면 쉽게 체념해 버립니다. 그러나 하나님의 뜻은 무한하셔서 다양하게 역사하심을 깨달아야 합니다. 당연히 되는 것도 안 되게 하실 때고 있고, 또 불가능해 보이는 일을 되게 하실 때가 있습니다. 그러므로 우리는 섣불리 판단하지 말고 오직 믿는 맘으로 구하고, 어떤 결과든 항상 감사하며 크신 섭리를 믿어야 합니다. 오직 믿음과 노력으로 구하십시오. (욥23:10)

오늘 본문을 통해 하나님을 불실할 때 생기는 세 가지 모습을 배웠습니다. 하나님은 정말 크신 분이라는 고백은 우리의 입술뿐만 아니라 삶을 통해 이루어져야 합니다.
오늘도 큰 믿음을 구하며 생활하십시오.

- 주님, 말로만 고백하지 않고 마음으로도 믿게 하소서!

오늘 특별 적용	
오늘 특별 감사	

063

예수님의 치유 사역

마태복음 9장 27절부터 34절 읽기.
❶ 소경들이 눈을 고침받기 위해서 가진 것은 무엇이었는가?(27,28)
❷ 좋은 소식은 어떻게 되야 하는가?(31)

등산을 좋아하는 한 남자가 높은 산을 오르고 있었습니다.

그런데 오르는 데만 정신이 팔려 늦은 밤에서야 하산을 하게 됐습니다. 남자는 매우 조심히 내려왔음에도 그만 발을 헛디뎌 구렁으로 구르고 말았습니다. 다행히 굴러 떨어지는 도중 가까스로 나무뿌리를 잡았습니다. 너무 다급한 나머지 살려달라고 외쳤지만 늦은 밤이라 산 속에 사람이 있을 리가 없었습니다. 어느 덧 팔에 힘이 점점 빠지며 한계가 찾아왔습니다. 더 이상 버틸 힘이 없었습니다. 결국 자포자기의 심정으로 손을 놔버렸습니다. 그런데 남자가 버티고 서 있던 구릉으로부터 50cm 정도 바로 아래에 평평한 땅이 있엇습니다. 땅을 확인한 그는 "별거도 아닌 거 같고 괜히 놀랬네."라고 웃으며 말했습니다.

어두운 산 속은 뒤를 알 수 없는 우리의 인생과 같습니다. 때로는 발을 헛디뎌 구르기도 하고, 죽음의 공포도 느낍니다. 하지만 하나님을 믿을 때 우리는 구릉 바로 아래가 평평하다는 것을 알고 안심할 수 있습니다.

마태복음 9장 27절부터 34절에는 예수님께서 여러 병자들을 고치신 사실이 기록되어 있습니다. 아직 때가 아니었기 때문에 예수님은 병을 고친 사실을 알리지 말라고 했지만 병자들은 기쁨을 이기지 못해 사람들에게 이 사실을 전했습니다. 그런데 바리새인들은 이런 이적을 보고도 믿지 않고 오히려 예수님이 귀신의 힘을 빌린다고 비난했습니다. 우리는 예수님의 치유사역을 통해 중요한 세 가지 사실을 배울 수 있습니다.

첫째, 예수님은 믿음을 요구하십니다.

예수님은 불쌍히 여겨달라고 소리 지르며 쫓아오는 두 소경에게 "내가 능히 이 일을 할 줄을 믿느냐?"고 물으셨고 "주여, 그러하오이다" 라는 대답을 들은 뒤에 고쳐주셨습니다. 예수님은 이적을 행하시기 전에 항상 사람의 믿음을 물어보셨습니다. 믿음이 있는 사람만이 능력의 체험을 통해 하나님과 가까워질 수 있기 때문입니다. 하나님께 구하기 전에 자신의 믿음을 생각해보십시오. (요9:35,16:31)

둘째, 믿음은 능력을 수반합니다.
병자들의 믿음을 확인한 예수님이 "너희 믿음대로 되라"고 하시자 눈이 밝아졌습니다. 본문의 바로 앞에 나온 혈루병을 앓던 여인에게서도 예수님은 "딸아 안심하라, 네 믿음이 너를 구원하였다"고 하셨습니다. 전원에 플러그를 꽂아야만 전기의 힘을 얻을 수 있듯이, 하나님의 능력도 믿음으로 연결될 때에 나타나게 되는 것입니다. 우리는 믿음을 통해 구원받고 아름답고 성결한 삶을 살게 됩니다. 하나님의 은혜를 따라 믿음을 키워 가십시오. (마9:29)

셋째, 주님 앞에 모든 것이 온전케 됩니다.
예수님은 앞 못 보는 소경도, 듣지 못하는 귀머거리도, 피가 그치지 않는 혈루증 여인도 다 고쳐 주셨습니다. 증상의 정도는 예수님께 조금도 문제 되지 않았습니다. 이것은 영적으로도 마찬가지입니다. 영적인 소경도, 영적 벙어리도, 죄의 병에 걸려서 끝없이 괴로워하는 어떤 환자도, 예수님께 나와 간구하면 다 온전케 해주십니다. 모든 죄와 슬픔을 주님 앞에 내어 놓음으로 온전케 되십시오. (눅6:17,18/요4:34)

오늘 본문을 통해 중요한 세 가지 사실을 배웠습니다. 죄의 문제를 해결하고 우리를 구원하실 분은 오직 예수님뿐입니다. 그러므로 우리는 항상 예수님을 의지하는데 삶의 초점을 맞추어야 합니다.
오늘도 하나님 안에서, 긍정적인 믿음으로 생활하십시오.

- 주님, 주님의 부르심에 응답하는 삶을 살게 하소서!

오늘 특별 적용	
오늘 특별 감사	

064

험담이 주는 교훈

마태복음 13장 53절부터 58절(막 6:1-6참조) 읽기.
❶ 예수님의 가르침을 받은 사람들은 예수님에게 어떤 반응을 보였는가?(57)
❷ 예수님께서 그들에게 많은 능력을 행치 않은 이유는 무엇 때문인가?(58)

영국의 이스트에서 토마스 크레이븐이라는 열세 살 소년이 자살한 사건이 있었습니다. 토마스는 매우 성실한 모범생이었고 가족과 친구 관계도 원만해 자살할 이유가 전혀 없었습니다. 아무도 그가 자살한 이유를 몰랐습니다.

그런데 그 사건을 수사한 경찰이 토마스의 일기장을 보게 되면서 자살의 이유를 알게 되었습니다.

"옆집 할아버지와 몇몇 마을 사람들이 나에게 우리 가족이 저주를 받았다고 말했다. 나만 빼고 가족들이 모두 죽어버릴 것이라고 말했다. 나 혼자서는 그 현실을 감당할 수 없을 것 같다. 외로이 혼자서 저주받고 사느니 어차피 죽을 운명이라면 어머니 곁에서 죽는 편이 낫다."

옆집의 노인은 토마스의 행복한 가정이 부러워 악담을 퍼트렸는데 그것이 순수한 한 소년의 자살로 이어진 것입니다.

악의에 찬 비난은 어떤 상황에서도 절대로 해서는 안 됩니다.

마태복음 13장 53절부터 58절에는 예수님이 마지막으로 나사렛을 방문하신 이야기가 나옵니다. 예수님은 회당에서 권위 있게 말씀을 가르쳤지만 예수님의 어린 시절부터 성장과정을 보아온 마을 사람들은 말씀에 순종하기보다 오히려 수군거리며 믿지 않았습니다. 그들의 배척으로 인해 예수님은 나사렛에서 많은 능력을 행하지 않으셨습니다. 우리는 이 말씀에서 험담을 통해 배울 수 있는 세 가지 교훈을 알 수 있습니다.

첫째, 외적인 모습으로만 평가하지 마십시오.

나사렛 사람들은 '하나님 말씀'이 아닌 '자기들의 눈'에 보이는 대로 예수님을 평가했습니다. 전하는 말씀과 행하는 이적이 그분이 메시아임을 증명하고 있는데도 이것을 외면한 것입니다. 말씀에 뿌리를 두지 않은 감각적인 신앙을 가진 사람은 영적으로 갓난아이나 마찬가지입니다. 영적인 눈을 떠서 주

의 법의 놀라운 진리를 바라보십시오. (시119:18/골3:25)

둘째, 가까운 사람일수록 더욱 조심해야 합니다.
때로는 친밀한 사이에 전도하기가 더 어려울 수 있습니다. 가족이나 친한 친구들인 경우에는 서로의 단점과 장점까지 모두 알고 있어서 객관성을 잃기 쉽습니다. 상대의 성격을 자신이 바라본 모습으로 규정해 버리고 자기 판단이나 편견에 빠져버리기 일쑤입니다. 그러므로 특히나 가까운 사람들에게 말과 행동을 더욱 조심해야 합니다. 가까운 사람일수록 더욱 힘써 전도하십시오. (눅16:27-31/행15:36-39)

셋째, 하나님의 이적은 말씀과 믿음이 하나가 될 때 올바로 나타납니다.
믿음이 없는 이적은 전원이 끊긴 전구와 같습니다. 좋은 발명품이긴 하지만 빛을 내진 못합니다. 호기심만 자극한 채 아무런 유익이 없습니다. 말씀을 공부하며 믿음도 함께 성장시키십시오. (히4:2)

오늘 본문을 통해 험담과 관련된 세 가지 교훈을 배웠습니다. 그러므로 우리는 보이는 대로 판단하고 따르는 것이 아니라 믿음을 통해 하나님을 기쁘게 하는 사람이 되어야 합니다. (히 11:6)
오늘도 "오직 의인은 믿음으로 말미암아 살리라"는 말씀을 기억하며 사십시오.

- 주님, 미움이 곧 살인임을 알게 하소서!

오늘 특별 적용	
오늘 특별 감사	

065

전도할 때 생기는 현상

마태복음 9장 35절부터 36절(눅9:1-2참조) 읽기.
❶ 예수님께서는 공생애의 기간 동안 주로 어떤 일을 하셨는가?(35)
❷ 주님께서 무리를 보고 민망히 여긴 이유는 무엇 때문인가?(36)

프랭크 루프 박사는 심한 관절염을 23년 동안이나 앓아왔습니다.
그에게는 큰 전도의 열망이 있었으나 불편한 관절로 인해 많이 걸을 수 없었기 때문에 불가능하다고 생각했습니다.

관절이 유난이 아파왔던 어느 날, 고통에 잠을 이루지 못하고 있는데 '아무 때나 어떤 일이라도 할 수 있다' 라는 하나님의 음성이 느껴졌습니다. '하나님, 지금도 이렇게 아픈데 어떻게 전도를 할 수 있습니까? 라는 의문이 생겼지만 박사는 일단 음성에 순종하기로 했습니다. 박사는 자신이 자유롭게 걸을 수는 없지만 자유롭게 글을 쓸 수는 있다는 것을 깨달았습니다.

그날부터 그는 전국의 장애를 가진 사람들의 주소를 수집해 힘을 주는 위로의 편지를 적어 복음을 전했습니다. 일 년에 그가 보낸 편지는 만 사천 통이 넘었고, 그로 인해 수천 명이 믿게 됐다고 합니다. 박사의 전도 편지는 이후 하나의 운동으로 발전해 협회가 생겨 지금도 활동 중에 있습니다. 프랭크 박사는 전도 편지로 몸과 마음의 무거운 짐을 모두 벗고 자유함을 얻었습니다.

밖으로 나가 복음을 전할 때 성령님이 역사하십니다. 전도를 통해 우리는 성령님을 느낄 수 있고, 말씀대로 역사하시는 하나님을 체험하게 됩니다.

마태복음 9장 35절부터 36절에는 여러 도시와 마을을 다니시며 말씀을 가르치신 예수님이 나옵니다. 예수님이 복음을 전할 때에 모든 마을에는 놀라운 일들이 일어났습니다. 두 절 밖에 안 되는 짧은 말씀이지만 오늘 본문을 통해 우리는 전도할 때 생기는 세 가지 현상에 대해서 알 수 있습니다.

첫째, 복음이 전해질 때 치유됩니다.
예수님이 복음을 전파하셨던 곳마다 모든 병과 약한 것들이 치료되었습니다. 이것이 복음의 능력입니다. 그리고 예수님은 그 권세를 제자들, 곧 모든 그리스도인들에게 주셨습니다. 하나님의 복음이 전파됨으로 악의 권세가 물러감

니다. 복음을 전파함으로 세상을 치유하십시오.(대하30:20/마4:31)

둘째, 길 잃은 영혼을 찾게 됩니다.
예수님은 복음을 전하시면서 무리들을 보고 불쌍히 여기셨습니다. 그들에게
는 말씀과 진리를 가르쳐줄 참된 지도자와 선생이 없어 '목자 잃은 양과 같이
기진' 했기 때문입니다. 돌볼 사람이 없는 영혼들에 대한 예수님의 안타까움
을 느낄 수 있습니다. 그러나 전도를 통해 우리는 이런 길 잃은 영혼들을 찾을
수 있습니다. 전도를 통해 영혼들을 옳은 길로 불러 모으십시오.(렘8:5/마9:36)

셋째, 영혼을 찾는 것은 하나님께 영광이 됩니다.
오늘 본문에 나오지는 않지만 양을 잃은 목자의 비유를 통해, 또 천국 잔치의
비유를 통해 우리가 전도할 때 얼마나 하나님이 기뻐하시는지 알 수 있습니
다. 우리가 전도할 때 하늘에선 잔치가 벌어지고 하나님이 더욱 높이 영광 받
으십니다. 전도를 통해 하나님께 영광을 돌리십시오.(요7:18/고후12:14)

오늘 본문을 통해 전도할 때 생기는 세 가지 현상에 대해서 배웠습니다. 복음
은 영을 살릴 뿐 아니라 이 땅에서의 문제도 해결해 줍니다.
오늘도 복음을 통해 모든 약한 것을 치유하십시오.

- 주님, 복음으로 세상을 치유하는 주님의 제자 되게 하소서!

오늘 특별 적용	
오늘 특별 감사	

세상을 헤쳐 나가는 방법

마태복음10장16–23절(막6:6–13/눅9:3–6참조) 읽기.
❶ 우리는 세상에서 어떻게 살아야 하는가?(16)
❷ 장차 세상이 어떻게 될 것이라고 주님은 말씀하셨는가?(21,22)

옛날 한 왕국에 애꾸눈 장군이 있었습니다.

장군은 자신의 애꾸눈에 심한 콤플렉스가 있어 성격이 매우 괴팍했습니다. 장군이 하루는 자신의 초상화를 갖고 싶어서 나라의 유명한 화가를 초청해 말했습니다.

"앞으로 한 달의 기간을 줄 테니 나의 초상화를 그리게. 다만 내 애꾸눈이 나와서는 안 되네. 그렇다고 두 눈을 멀쩡하게 그려서도 안 되네."

장군은 자신의 애꾸눈도 싫었지만 그렇다고 애꾸눈이 멀쩡한 눈으로 그려지는 것도 싫었습니다. 화가는 도대체 그림을 어떻게 그려야할지 막막했습니다. 며칠을 고민한 끝에 그림을 그리기 시작했고 한 달 뒤 완성품을 내놨는데 그것을 본 장군은 크게 만족했습니다. 초상화에는 멀쩡한 눈만 보이도록 고개를 돌린 장군의 모습이 그려져 있었습니다.

인생을 살면서 이야기에 나오는 장군의 요구보다도 더 힘들고 어려운 일들을 겪게 됩니다. 그런 위기의 순간을 기회의 순간으로 만들어 주는 것이 바로 지혜입니다. 우리는 성경에서 그 지혜를 찾을 수 있습니다.

마태복음 10장 16절부터 23절에는 예수께서 열두 제자를 파송하신 내용이 기록되어 있습니다. 예수님은 복음 전파에는 큰 핍박이 따를 것도 알고 계셨기에 제자들에게 "뱀같이 지혜롭고 비둘기 같이 순결 하라"고 말씀하셨습니다.(10:16) 우리는 이 말씀을 통해 그리스도인이 세상을 헤쳐 나가는 세 가지 방법을 묵상 할 수 있습니다.

첫째, 뱀 같이 지혜로워야 합니다.

우리는 핍박에 대해서는 지혜롭게 대처할 필요가 있습니다. 하와를 유혹하던 뱀은 나쁜 쪽으로 지혜로웠지만 우리는 선한 쪽으로 지혜로워야 합니다. 뱀이 하와를 죄에 빠트리기 위해 교묘하게 머리를 썼듯이 우리는 핍박을 대처하기 위해 머리를 써야 합니다. 또한 우리의 지혜는 우리를 해치려는 사람들에게 복수하려는 것이 아닙니다. 핍박에서 벗어나 사람을 살리기 위한 것입니다. 하나님께서 주신 지혜를 사용하여 핍박을 피하고 인간들을 죄에서 건져내십시오.(시119:98/잠1:7/마10:16)

둘째, 비둘기 같이 순결해야 합니다.
핍박에 대해 뱀같이 지혜로우려면 하나님 앞에선 비둘기 같이 순결해야 합니다. 하나님의 말씀을 티 없이 받아들이고 순종하여, 선한 자녀가 되어야 합니다. 지혜만 갖고 순결하지 못한다면 교활해집니다. 순결하기만 하고 지혜롭지 못한다면 바보가 됩니다. 순결과 지혜 사이에서 균형을 잡으십시오.(시12:6/롬6:22)

셋째, 사랑으로 다가가야 합니다.
우리는 우리를 핍박하려는 사람에게도 복음을 전해야 합니다. 그러기 위해선 지혜와 순결뿐 아니라 사랑이 있어야 합니다. 예수님은 복음을 전하러 떠나는 제자들에게 이 말씀을 하셨습니다. 우리의 궁극적인 목표는 복음 전파라는 사실을 잊지 마십시오.(마5:44/행16:10)

오늘 본문을 통해 그리스도인이 세상을 헤쳐 나가는 세 가지 방법을 배웠습니다.
오늘도 지혜와 순결한 마음으로 영혼을 구하는 선한 삶을 사십시오.

- 주님, 주님을 의지하는 것이 곧 지혜임을 알게 하소서!

오늘 특별 적용	
오늘 특별 감사	

죄에 대한 반응

마태복음 14장 1절부터 12절(막6:14-29/눅 9:7-9참조) 읽기.
❶ 헤롯은 예수님을 누구로 생각하였는가?(1,2)
❷ 요한이 옥에 갇힌 이유는 무엇 때문인가?(3,4)

번화가에서 전도를 하고 있는 사람이 있었습니다.

전도자는 사람들의 죄에 대해서 알려준 뒤 복음을 전했습니다. 그런데 죄에 대한 이야기가 맘에 들지 않았는지 한 사람이 시비를 걸었습니다.

"당신은 아까부터 죄에 대해 얘기하고 있지만 난 지금까지 살면서 한 번도 죄를 느껴본 적이 없습니다. 도대체 그놈의 죄가 얼마나 무거운지는 몰라도 나의 행동에 지장을 줄 정도는 아닌 것 같단 말이죠. 당신이 혹시 죄의 무게를 알려준다면 내가 복음을 믿겠습니다. 어떻습니까?"

전도자가 대답했습니다.

"죽은 사람위에 아무리 무거운 것을 올려 논다 한들 무게를 느끼지 못할 것입니다. 당신이 죄를 느끼지 못하는 이유는 당신의 영성이 이미 죽었기 때문입니다."

죄를 짓는 것보다 더 무서운 것은 그것이 죄인지도 모르는 것입니다. 우리의 죄에 대해 알게 될 때 우리는 두려운 마음을 갖게 되지만 우리가 예수님과 이어질 때 그 두려움은 기쁨으로 바뀌게 됩니다.

마태복음 14장 1절부터 12절에는 분봉왕 헤롯이 예수님의 소문을 듣고 두려워하는 내용이 나옵니다. 사람들 사이의 유명해진 예수님의 소문을 듣고 자신이 이미 죽인 요한과 같은 사람이 또 나타났다고 생각했기 때문입니다. 헤롯은 자신이 죄인인 것을 알았기에 그것을 지적하는 사람이 나타났을 때 항상 양심에 꺼려했습니다. 우리는 본문의 내용을 통해 죄를 대하는 세 가지 종류의 사람에 대해 알 수 있습니다.

첫째, 요한처럼 죄를 알게 하는 사람입니다.

죄를 죄라고 말하는 것은 용기가 필요한 일입니다. 하지만 요한은 헤롯왕이 이복 동생의 아내를 빼앗아 결혼한 것은 불법이라고 당당하게 지적했습니다,

세상에는 요한처럼 목숨보다도 하나님의 정의와 진리를 더 중요하게 여기는 사람이 필요합니다. 죄를 회개하고 또 죄를 알게 하는 사람이 되십시오.(요 16:8/롬6:13)

둘째, 헤롯처럼 우유부단한 사람입니다.
헤롯은 일말의 양심이 남아있었기에 잘못을 지적하는 말을 달게 들었고 또 번민했습니다. 그러나 소신보다도 민중을 두려워했으며, 체면을 더욱 중시해 딸의 소원으로 요한을 죽였던 사람이었습니다. 이처럼 죄를 인지하고 있지만 그것을 회개하고 돌아오지 않고 우유부단하게 행동해서는 결국 파멸의 길에 들어서게 됩니다. 진리의 빛을 향해 몸과 마음을 돌이키십시오.(마19:22/막 14:50)

셋째, 헤로디아처럼 죄를 느끼지 못하는 사람입니다.
헤로디아는 자신의 잘못을 지적한 요한에게 복수했습니다. 그녀에겐 양심의 거리낌도 아무런 문제가 되지 않았습니다. 이런 점은 그녀의 딸도 마찬가지여서 부정한 어머니의 부탁을 스스럼없이 따랐습니다. 죄를 느끼지 못하는 사람들은 여러 사람에게 악한 일을 자행할 뿐만 아니라 스스로도 구원받지 못합니다. 죄에 대해선 항상 민감하고 분별력 있게 행동하십시오.(딤전1:19)

오늘 본문을 통해 죄를 대하는 세 가지 종류의 사람에 대해서 배웠습니다. 우리는 죄의 심각함을 제대로 파악하고 마귀의 유혹을 벗어나 하나님의 자녀로 아름답게 살아야 합니다.
오늘도 빛을 따라 아름다운 발자취를 남기며 사십시오.

- 주님, 어둠을 멀리하고 빛 가운데 거하는 삶을 살게 하소서!

오늘 특별 적용	
오늘 특별 감사	

068

하나님의 능력이 주는 교훈

마가복음 6장 30절부터 44절(마14:13-21/눅9:10-17참조) 읽기.
❶ 주님께서 무리들을 보시고 어떻게 생각하셨는가?(34)
❷ 주님께서는 문제를 무엇을 사용하여, 어떤 방법으로 해결하셨는가?(38~43)

인디언 부족을 찾아간 선교사가 고생 끝에 드디어 부족의 추장을 전도했습니다. 추장은 예수님을 영접하여 구원을 받게 된 사실을 매우 기뻐했습니다. 그는 하나님께 감사의 선물을 드리고 싶어서 어제 사냥 때 잡은 사슴 가죽을 벗겨왔습니다. 하지만 선교사는 "하나님은 사슴 가죽이 필요하지 않으십니다."라고 했습니다. 추장은 자신의 선물이 너무 작아서 그런 줄 알고 다음 날은 자신의 머리 장식을 가져왔습니다.

"나는 이 근방에서 가장 높은 추장입니다. 이 머리장식은 나의 명예와 권력을 뜻합니다." 하지만 선교사는 하나님은 그것도 필요하지 않다고 말했습니다. 추장은 낙담해 말했습니다.

"그럼 이제 어쩌면 좋습니까? 저에게 남은 것은 이제 생명밖에 없습니다." 선교사는 그제야 기쁜 얼굴로 "바로 그것을 하나님은 원하십니다. 하나님은 당신이 드리는 소유가 아니라 말씀을 따르는 당신의 삶을 기쁘게 받으십니다."라고 말했습니다.

하나님께 드릴 수 있는 가장 귀한 것은 바로 우리의 삶, 그 자체입니다.

마가복은 6장 30절부터 44절에는 유명한 오병이어의 이적이 나와 있습니다. 당시 상황을 한 번 상상해 보십시오. 해변이라 점점 추워지고 있었습니다. 외딴 벌판이라 오천여명에게 먹일 음식을 장만할 곳도, 식당도 없었습니다. 게다가 돈도 없었습니다. 이런 막막한 상황 속에서 가진 것이라곤 한 아이가 한끼 식사로 가져온 보리떡 다섯 개와 물고기 두 마리 뿐이었습니다. 예수님은 바로 이 작은 것을 축사하셔서, 오천 명이 넘는 사람들을 먹이고 열두 바구니가 남는 놀라운 기적을 베푸셨습니다. 우리는 이 사건에서 하나님의 능력에 대한 세 가지 사실을 배울 수 있습니다.

첫째, 하나님의 능력은 드림으로 나타납니다.

우리가 믿음으로 아주 작은 것을 드릴 때 그것을 통해 하나님의 능력이 나타납니다. 오천 명이 넘는 사람들이 배불리 먹고도 남을 수 있었던 것은 가진 것을 의심하지 않고 내놓은 한 아이가 있었기 때문입니다. 먹을 것을 가진 사람들은 많을 수 있었지만 그것을 내 놓은 사람은 아무도 없었습니다. 하나님의 큰복과 하나님의 능력도 이처럼 자기 몫 챙기기에 바쁜 사람들이 아니라, 이 아이와 같이 기꺼이 헌신하는 사람들이 누리게 됩니다. 믿음의 드림으로 능력을 체험하십시오.(마19:14/요6:9)

둘째, 하나님의 능력은 먼저 하나님을 의뢰할 때에 나타납니다.
예수님은 떡을 나누어 주시기 전에 먼저 축사하심으로 감사 기도를 드렸습니다. 이는 모든 것의 주권자가 하나님이심을 인정하는 것이며, 하나님을 최우선에 둔다는 것을 보여준 행위였습니다. 그래서 사복음서는 다 이를 중요하게 여기고 기록했습니다. 모든 일의 중심에 하나님이 계심을 깨닫고 감사 하십시오.(마14:19/막6:41/눅9:16/요6:11)

셋째, 하나님의 능력은 사람의 생각과 차원이 다릅니다.
예수님은 떡 다섯 개와 물고기 두 마리로 오천 명을 먹이고 열두 바구니가 남게 하셨습니다. 이것은 사람의 머리로 이해할 수 있는 일이 아닙니다. 그러나 하나님은 믿는 사람들을 통해 이처럼 믿기 어려운 일들을 오늘날에도 행하고 계십니다. 하나님이 우리의 모든 생각을 뛰어넘어 채워주시는 분임을 믿으십시오.(막8:33/고전2:9)

오늘 본문을 통해 하나님의 능력에 대한 세 가지 사실을 배웠습니다. 하나님이 우리의 필요를 넉넉히 채워주시는 분임을 믿고 항상 감사해야 합니다.
오늘도 능력의 하나님께 감사하는 마음으로 사십시오.

- 주님, 나의 정욕보다도 먼저 그 나라와 의를 구하게 하소서!

오늘 특별 적용	
오늘 특별 감사	

069

하나님의 일꾼이 가져야할 태도

마태복음 14장 22절부터 23절(막 6:45-46참조) 읽기.
❶ 예수님께서 급하게 무리를 보내신 이유는 무엇 때문인가?(22)
❷ 예수님은 무리를 보내신 후 왜 산에 홀로 올라가셨는가?(23)

우리나라에서 열린 전도 대회 중 가장 크고 세계적으로 좋은 반응을 얻었던 것은 1970년대 중반에 두 차례에 걸쳐 여의도 광장에서 열렸던 빌리 그래함 복음 전도 대회입니다. 이때 강사인 빌리 그래함 목사님 뿐 아니라 통역을 맡은 김장환 목사님의 모습에도 많은 사람들이 감탄했는데. 김장환 목사님의 통역 모습을 보고 각종 신문 기자들이 인터뷰 예약을 하고, 여러 단체에서 초청이 쇄도했습니다. 그런데 이런 유명세로 인해 목사님은 마음이 들뜨고, 하나님으로부터 멀어지는 것 같은 느낌이 들고, 교만해 질까봐, 김장환목사님은 기자들을 따돌리고, 몰래 면회가 쉽지 않은 병원으로 들어가 며칠 있었습니다. 며칠 동안 기도를 하고 나오니 대회 뒤의 열기도 많이 식어 있고 목사님을 향한 관심도 많이 사라져 있어서 평소와 마찬가지의 마음으로 하나님을 예배하고 목회를 할 수 있게 되었다고 합니다. 김장환 목사님이 그렇게 한건 오병이어의 이적을 베푸신 예수님에게서 배운 것 같습니다.
세상의 관심과 유혹에 마음을 둘 때 주님으로부터 멀어지게 됩니다. 마지막까지 아름다운 신앙을 위해서는 언제나 시선을 주님께 고정해야 합니다.

마태복음 14장 22절부터 23절에는 오병이어 이후에 사람들과 예수님의 모습에 대해 나옵니다. 사람들은 예수님의 이적을 보고 자신들의 대통령으로 삼으려 했습니다. 적어도 자신들의 의식주 문제를 해결할 수 있을 것이라고 기대했기 때문입니다.(요 6:15) 그러나 예수님은 오히려 이들 무리로부터 벗어나 조용한 산으로 혼자 기도하러 떠나셨습니다. 우리는 이 말씀을 통해 하나님의 일꾼이 가져야 할 세 가지 태도를 배울 수 있습니다.

첫째, 성공한 후에는 더욱 겸손해야 합니다.
오병이어의 기적이 오늘 날 일어났다면 어땠을까요? 각종 포털 사이트와 인터넷 동영상 사이트에, 스마트 폰....등에 온통 이적에 대한 이야기로 가득차고 전 세계 방송사에서 예수님을 취재하러 왔을 것입니다. 예수님은 그토록 놀라운 기적을 세우셨음에도 겸손하셨습니다. 조용히 산으로 가서 기도하셨습니다. 예수님은 인기나 명예에 조금도 연연하지 않았습니다. 자신의 사명을 잘 깨닫고 있는 사람은 항상 겸손합니다. 성공 뒤에 교만하지 말고 더욱 주의하십시오.(고전 10:12)

둘째, 마지막까지 하나님을 의지해야 합니다.
많은 하나님의 일꾼들이 처음에는 하나님을 잘 섬기며 승리하다가 나중에 교만에 빠져 실패합니다. 이는 사역의 처음과 달리 마지막까지 온전히 주님을 의지하지 못하기 때문입니다. 하나님을 마지막까지 의지하지 않으면 갈멜산에서 바알과 아세라 선지자 850명을 물리친 직후에 오히려 죽기를 원했던 엘리야와 같이 비참한 상황에 이르게 됩니다. 마지막까지 하나님의 손을 놓지 말고 의지하십시오.(왕상18:20-19:8/마24:13)

셋째, 조용히 하나님을 만나야 합니다.
예수님은 마음을 정리하고 자신의 사역을 계속 감당하기 위해 산으로 기도하러 가셨는데 이때는 제자들도 데리고 가지 않으셨습니다. 이것은 온전히 하나님 앞에 자신을 보이고 기도에 집중하기 위해서였습니다. 우리도 때로는 대중을 벗어나 이처럼 조용히 하나님 앞에 서서 교제하는 시간을 가져야 합니다. 주님 앞에 홀로 서는 시간을 가지십시오.(시65:2)

오늘 본문을 통해 하나님의 일꾼이 가져야 할 세 가지 태도에 대해서 배웠습니다. 세상의 유혹에 현혹되지 말고 항상 주님 안에 거하기 위해 노력하는 삶을 살아야 합니다.
오늘도 모든 유혹을 물리치고, 모든 영광을 하나님께 돌리며 사십시오.

- 주님, 세상의 화려함을 좇지 않고 주님께만 순종하게 하소서!

오늘 특별 적용	
오늘 특별 감사	

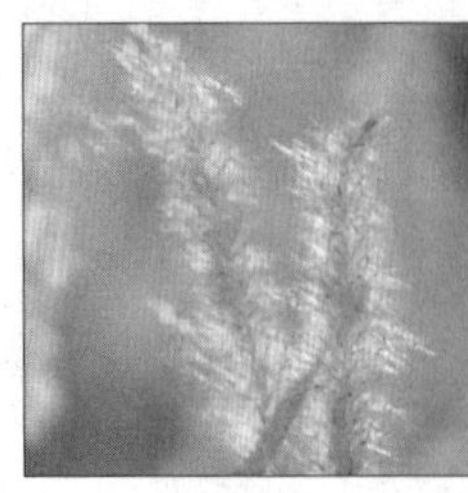

070

예수님의 임재

마태복음 14장 24절부터 33절(막6:47-52참조) 읽기.
❶ 예수님의 어떤 능력이 나타났는가?(25)
❷ 베드로가 물에 빠진 이유는 무엇 때문인가?(30)

루 월라스(Lew Wallace)가 쓴 불후의 명작 '벤허'에는 이런 내용이 나옵니다. 주인공인 유다 벤허는 절친한 친구 메살라에게 배신당해 나락에 빠져 노예로 전락하게 됩니다. 벤허는 여러 죄수들과 함께 묶여 어딘지도 모르는 목적지를 향해 뜨거운 사막 길을 끌려갑니다. 땡볕 아래서 탈진하여 쓰러지기를 몇 번, 이젠 도무지 일어날 기력을 잃고 정신마저 몽롱해져 가는 순간 한 그릇의 물을 든 손이 그의 눈앞에 나타납니다. 벤허는 허겁지겁 이 물을 마시고서, 힘을 얻어 다시 일어섰습니다. 마지막 절명의 순간에 나타난 그 손은 예수님의 손이었습니다. 벤허는 이 때 만난 분이 누구인지는 몰랐지만 나중에 십자가에 달리시는 모습을 보며 그분이 예수님인 것을 알게 됩니다.
고난의 순간에 예수님은 언제나 우리를 찾아오십니다. 고난에도 기뻐할 수 있는 이유가 바로 거기에 있습니다.

마태복음 14장 24절부터 33절에는 예수께서 물 위로 걸어오신 이적이 기록되어 있습니다. 예수님은 오병이어의 이적을 보이신 후에 기도하러 따로 산에 가셨다가 물 위를 걸어서 제자들에게 돌아오셨습니다. 제자들은 폭풍우를 만나 바람과 파도에 맞서 한 밤중에 악전고투하고 있었습니다. 이 장면을 통해 우리는 예수님의 임재에 대한 세 가지 사실을 살펴볼 수 있습니다.

첫째, 예수님은 적절한 때에 찾아오십니다.
때는 밤 사경 즉, 새벽 3시쯤으로 매우 늦은 시간이었습니다. 새벽 2시에서 3시는 사람이 깨어있기 가장 힘든 시간으로 야간에 사고가 가장 많이 발생하는 시간입니다. 제자들은 이런 시간에 바다 한복판에서 악천후와 맞서 싸우고 있었기에 기진맥진 했을 것입니다. 이런 급박한 때에 예수님은 생각지도 못한 방법으로 제자들을 찾아오셨습니다. 세상에서 고난의 세파에 시달릴 때 주님은 생각지도 못한 방법으로 우리를 찾아오십니다. 어떤 순간에도 희망을

잃지 마십시오.(느9:12/마28:9)

둘째, 예수님은 모든 장애를 초월하십니다.
예수님에겐 어떤 환경과 장애도 문제가 되지 않습니다. 졸리고 피곤한 한 밤 중이든, 바다 가운데이든, 방향조차 분별하기 어려운 어둠 속이든, 태풍이 몰아치든, 아무런 문제가 아니었습니다. 오히려 그런 환경 속에서 예수님의 권능이 더욱 여실히 드러납니다. 우리는 시간적, 공간적, 환경적인 어려움에 가로막혀 있어도 주님이 그것을 해결해주실 것을 믿어야 합니다. 어떤 문제 앞에서도 온전히 주님을 의지하십시오.(욥11:7/빌4:7)

셋째, 예수님은 모든 문제의 해결자이십니다.
예수님은 자신을 유령으로 착각하고 두려워하는 제자들에게 "안심하라 내니 두려워 말라"고 말씀하셨습니다. 여기의 "나다"라는 말은 "스스로 있는 자다"라는 뜻입니다. 이것은 곧 모든 문제의 해결책이 예수님께 있음을 알려주신 것입니다. 그러므로 세상의 어떤 방법보다도 더욱 주님을 의지해야 합니다.(출3:14/요:11/22)

오늘 본문을 통해 예수님의 임재에 대한 세 가지를 배웠습니다. 주님을 인정하는 것이 모든 행복의 근원입니다. 그분을 인정하지 않을 때 세상은 풀리지 않는 문제로 우리를 괴롭힙니다.
오늘도 예수님의 임재를 느끼며 행복하게 사십시오.

- 주님, 주님을 믿을 때 모든 문제가 해결됨을 굳게 믿게 하소서!

오늘 특별 적용	
오늘 특별 감사	

071

우리를 대하시는 하나님의 태도

마태복음 14장 34절부터 36절(막6:53–56참조) 읽기.
❶ 예수님을 알아본 동네 사람들이 무슨 행동을 했는가?(35)
❷ 예수님께 나온 사람들이 소원을 이루게 된 것은 무엇 때문인가?(36)

호주에 40도가 넘는 불볕더위가 찾아 왔을 때 사람들뿐 아니라 동물들도 더위로 고생하고 있었는데, 한 코알라가 트래킹 코스를 지나가는 자전거를 붙잡아 세웠습니다.

코알라는 지나가던 자전거를 멈춘 뒤 물을 줄 때까지 붙잡고 있다가 행인들이 코알라가 원하는 것을 눈치 채고 물병을 주면 물을 마신 뒤 다시 산속으로 올라갑니다.

코알라는 원래 겁이 많고 사람에게 먼저 다가오는 동물이 아닙니다. 하지만 날이 너무 덥고 먹을 물을 구하지 못해서 이런 행동까지 하는 것입니다. 물은 살아가는데 매우 필수적인 요소입니다. 물을 먹지 않고는 3일도 살 수 없습니다.

그런데 몸의 갈증보다도 영적 갈증의 문제가 더욱 중요합니다.

마태복음 14장 34절부터 36절에는 물 위를 걸어오신 예수님의 능력을 보고 진실로 믿게 된 제자들의 모습이 나옵니다. 예수님과 제자들이 게네사렛 땅에 이르자, 사방에 소문이 퍼졌고 찾아온 모든 병자들이 낫게 되었습니다. 사람들은 예수님의 옷자락만 만져도 병이 날 것으로 믿었으며 또 정말로 나았습니다. 우리는 이 말씀을 통해 우리를 대하시는 하나님의 세 가지 태도를 배울 수 있습니다.

첫째, 우리가 하나님을 인정할 때 능력을 보이십니다.
하나님은 자신을 외면하는 사람들도 사랑하시지만 그 능력을 보이지는 않으십니다. 하나님을 온전히 알지 못하는 상태에서의 체험은 오히려 더욱 잘못된 길로 빠질 수가 있기 때문입니다. 하나님을 창조주로, 예수님을 그 아들로 우리가 인정할 때, 하나님은 자신을 온전히 보이시고 그 능력을 베푸십니다. 하나님과 그 아들 예수님, 그리고 성령님의 역사하심을 믿음으로 시인하십시

오.(눅5:5)

둘째, 예수님은 찾아오는 어떤 사람도 거절하지 않으십니다.
예수님은 쉴 새 없이 찾아오는 병자와 사람들로 인해 누구보다도 일이 많았
고, 피곤하셨습니다. 그러나 절대로 찾아오는 사람들을 거절하지 않으셨습니
다. 어떤 병자라도 믿음이 있으면 치료하셨고, 어떤 죄인이라도 초대에 응하
셨습니다. '영접하는 자 곧 그 이름을 믿는 자' 들에게는 누구나 하나님의 자
녀가 되는 권세를 주시기 때문입니다. 언제나 반겨주시는 주님을 더욱 자주
찾으십시오.(막3:20,21/요1:12,4:6)

셋째, 예수님의 능력은 무한합니다.
예수님의 능력은 한계에 이르는 법이 없이 무한합니다. 하나님의 뜻에 합당
하다면 언제든지 놀라운 이적을 나타내실 수 있습니다. 예수님의 기적은 단
순한 기적이나 이적으로 끝나는 것이 아니라, 결국 하나님의 아들이심을 보
여주시는 표적 입니다. 예수님이 곧 하나님이심을 믿으십시오.(사28:29,40:28)

오늘 본문을 통해 예수님이 우리를 대하시는 세 가지 자세에 대해서 배웠습
니다. 예수님은 언제나 우리와 함께 하시기를 원하고 또 자신의 능력을 보여
주시기를 원하십니다.
오늘도 예수님을 내 마음의 최고봉으로 모십시오.

- 주님, 모든 것의 우선 되시는 주님을 나의 삶으로 찬양하게 하소서!

오늘 특별 적용	
오늘 특별 감사	

072

기적에 대한 교훈

마태복음 14장 28절부터 33절 읽기.
❶ 베드로가 예수님에게 어떤 부탁을 하였으며, 예수님께서 베드로의 부탁을 어떻게 하셨는가?(28,29)
❷ 베드로가 물에 빠진 이유는 무엇 때문인가?(30)

평균 키에 평균 체중을 지닌 성인 남자의 몸은 하루 동안 다음과 같은 일을 합니다.
◎ 10만 3천 6백 89번 뛰는 심장박동
◎ 2억 6천 8백 80만 Km거리의 혈관을 도는 피
◎ 2만 3천 40번의 숨
◎ 7백만 개의 뇌세포 사용
◎ 5천개의 단어 사용과, 7백 50개의 근육 사용
상상할 수도 없을 만큼의 복잡한 작용들이 지금도 우리 몸에 일어나고 있습니다.
우리가 살아있다는 사실이 기적이며, 삶 그 자체가 하나님의 놀라운 축복입니다. 하나님의 놀라운 축복에 항상 감사하고 헌신하십시오,

마태복음 14장 28절부터 33절을 보면 예수님께 의지해 물 위를 걸은 베드로의 모습이 나옵니다. 예수님은 베드로의 청을 들어 물 위를 걷게 하셨지만 믿음이 부족한고로 걷다가 물에 빠지고 말았습니다. 베드로는 물 위를 걸으면서도 예수님의 말씀을 의심한 것입니다. 이 장면을 본 뒤 배에 탄 제자들은 모두 예수님을 하나님의 아들이라고 고백했습니다. 우리는 이 장면을 통해 기적에 대한 세 가지 사실을 알 수 있습니다.

첫째, 하나님의 뜻일 때 기적이 일어납니다.
하나님은 세상을 창조하신 법칙에 따라 운행되고 있습니다. 따라서 초자연적인 현상이 반드시 기적은 아닙니다. 이 땅에 태어난 우리의 존재 자체와 누리고 있는 현실이 바로 기적 입니다. 그러나 출애굽의 때나, 본문에 나온 때와 마찬가지로 필요한 순간에 하나님은 기적을 일으키십니다. 기적을 위한 믿음이 아니라 순전히 하나님을 바라는 삶을 구할 때 기적이 일어납니다. 순전히 하

나님의 뜻을 구하십시오.(출14:31/마14:28,29/막16:17,18)

둘째, 믿음이 약할 때 응답이 없습니다.
우리가 기도를 하고, 간구할 때 중요한 것은 그것을 받치고 있는 생각입니다.
진실로 믿음에 의한 간구가 아니라 '안 될 수도 있겠지, 뭐' 와 같이 생각들은
믿음을 흔들리게 만듭니다. 희망사항은 믿음이 아닙니다. 베드로는 기적을
체험 중에도 믿음이 흔들려 바다에 빠졌습니다. 꾸준한 신앙생활로 믿음을
매일 성장시키십시오.(마14:31)

셋째, 기적의 목적은 하나님을 아는 것입니다.
기적의 목적은 삶의 여유나, 믿음의 우월성, 과시 같은 것들이 아닙니다. 하나
님을 더 알게 되는 목적이 아닌 기적은 아무런 소용이 없습니다. 기적을 체험
한 베드로와 바울의 체험 이후의 삶은 예수님을 위한 고난의 삶이었습니다.
그러나 우리는 자신의 유익을 위해 기적을 바랍니다. 하나님을 알아가는 삶
에 만족할 줄 아십시오.(골1:22,23)

오늘 본문을 통해 기적에 대한 세 가지 사실을 배웠습니다. 따지고 보면 우
리가 누리고 있는 모든 것 중에 기적이 아닌 것은 하나도 없습니다.
오늘도 나를 만드시고 사랑을 깨닫게 하신 하나님의 기적에 감사하십시오.

- 주님, 하나님의 사랑을 깨닫는 것이 곧 기적임을 알게 하소서!

오늘 특별 적용	
오늘 특별 감사	

073

형식주의에 빠지면 안 되는 이유

조선 시대 때 매우 가난한 양반이 살았습니다.

양반은 체면 때문에 어디 가서 일을 할 수가 없어서 하루 종일 글공부만 했는데, 관직에도 못 오르고 꾸어다 먹은 쌀만 점점 늘었습니다.

이 양반과 같은 마을에는 비록 평민이었지만 장사로 큰돈을 번 사람이 있었습니다. 그는 양반의 딱한 소식을 듣고 자신이 빚을 갚아주고 넉넉히 먹을 식량도 줄 테니, 양반 족보를 팔라고 말했습니다. 도대체 양반 자리가 무엇이기에 사람이 그렇게 목을 매는지 궁금했기 때문입니다.

그렇게 족보를 산 뒤 양반의 예법에 대해서 교육을 받았는데 '아무리 더워도 의관을 벗지 말 것, 급해도 뛰지 말 것, 항상 책상다리로만 앉을 것'과 같은 불편하기 짝이 없는 것들만 있었습니다.

결국 하루를 참지 못하고 평민은 양반 족보를 내팽개치고 다시 원래의 삶으로 돌아갔습니다.

이 이야기는 형식주의를 중시하던 바리새인들을 생각나게 합니다.

마태복음 15장 1절부터 20절에는 바리새인들이 예수님과 제자들을 비난하는 내용이 기록되어 있습니다. 바리새인과 서기관들은 제자들이 손을 씻지 않고 떡 먹는 문제를 꼬투리 잡아 따졌습니다. 그러자 예수께서는 오히려 바리새인들이 형식에 사로잡혀 하나님의 법을 어기고 있다고 꾸짖으셨습니다. 이 말씀을 통해 우리는 형식주의에 빠지면 안 되는 세 가지 이유를 되새겨 볼 필요가 있습니다.

첫째, 사람이 정한 법은 하나님의 말씀을 대신할 수 없습니다.

바리새인들이 중요시한 율법은 모세의 계명에 덧붙인 실천적 교훈입니다. 그런데 주객이 전도되어 이 율법이 계명에 담긴 하나님의 의도를 외면한 채 사람을 옭아매는 용도로 변했습니다. 하나님 말씀에 우리의 생각을 덧붙일 필

요는 조금도 없습니다. 오직 참된 하나님 말씀 자체에 믿음의 뿌리를 내려야
합니다.(약1:17/딛1:14/벧전1:18)

둘째, 형식적인 신앙은 무의미합니다.
바리새인들의 겉모습은 경건하고 종교적이었으나, 실상은 신앙의 알맹이가
없는 속빈강정이었습니다. 그들은 하나님의 일을 핑계로 부모나 가정의 일
은 외면하고 돌보지 않았습니다. 우리도 분별없는 신앙생활을 하다보면 비슷
한 상황에 빠지기 쉽습니다. "경건의 모양은 있으나 경건의 능력은 부인하는
자"가 되지 않게 늘 깨어있으십시오.(딤후3:5)

셋째, 정말로 중요하게 여겨야 될 것은 말과 마음입니다.
예수님은 바리새인들의 외식을 혼내시면서 '입으로 들어가는 것'이 아닌
'입에서 나오는 것'이 사람을 더럽게 하는 것이라고 말씀하셨습니다. 이것은
자신의 옳음을 보이려고 다른 사람을 미워하고 함부로 말하는 것을 경계하라
는 말씀입니다. 축복의 말, 사랑의 마음을 늘 품으십시오.(잠10:31/마15:11/히
3:12)

오늘 본문을 통해 형식주의에 빠지면 안 되는 세 가지 이유에 대해서 배웠습
니다. 그러므로 율법이 아닌 그리스도를 믿음으로, 죄를 씻음 받고, 거듭나야
합니다.(요일1:7/고후5:17)
오늘도 이웃을 사랑하는 마음으로 복음을 전파하십시오.

- 주님, 형식이 아닌 진심을 드리게 하소서!

오늘 특별 적용	
오늘 특별 감사	

074

능력을 체험하는 사람

마가복음 7장 24절부터 30절(마15:21-28참조) 읽기.
❶ 더러운 귀신이 들린 딸을 둔 여자가 무엇을 통하여 주님께 나아오게 되었는가?(25)
❷ 주님께서 그 여자의 간구에 대하여 어떻게 말씀하셨으며, 어떤 반응을 나타내었는가?(28)

한 신학자가 산책을 하다가 외나무다리를 건너려는 염소를 보았습니다. 좁은 산길에서 한 마리는 다리 위로 올라가려고 했고 한 마리는 아래로 내려가려고 했습니다. 두 마리 염소는 처음에 그 좁은 다리를 서로 지나가려고 막아섰으나 그런 방식으로는 결코 건널 수 없다는 것을 깨달은 듯 했습니다. 그런데 갑자기 올라가려던 염소가 다리위에 누웠습니다. 먼저 위쪽에 있던 염소는 누운 염소를 밟고 내려왔고 그 다음에 깔려 있던 염소도 다리를 건너 올라갈 수 있었습니다. 신학자는 이 장면을 보고 깨달음을 얻었습니다. "두 염소가 서로 양보하려 하지 않았다면 다리는 평생 건너지 못했을 것이다. 이것이 겸손이로구나! 겸손은 자신을 낮춤으로 문제를 해결한다! 겸손한 사람이 존경을 받고 하나님께 인정을 받는 것은 바로 이것 때문이구나."
우리는 이 이야기를 통해 겸손이 얼마나 중요한 지 알 수 있습니다. 먼저 하나님께 겸손해야 하며, 그 다음에 사람에게 겸손해야 합니다.

마가복음 7장 24절부터 30절에는 겸손하게 자기 딸의 치유를 예수님께 간청한 수로보니게 여인의 이야기가 기록되어 있습니다. 예수님이 이방인들이 사는 두로와 시돈 지방으로 가셨을 때 그때 한 여인이 와서 귀신들린 어린 딸을 구해달라고 했습니다. 그런데 예수님은 구원의 우선순위가 유대인임을 상기시키면서(롬 1:16) '자녀' 와 '개' 라는 기분 나쁠 수도 있는 비유를 들어 여자의 믿음을 시험하셨습니다. 그러나 여인은 오히려 자신을 더욱 겸손하게 낮추어 딸이 낫기를 간청했고 예수님은 곧 딸을 치유해주셨습니다. 우리는 이 말씀을 통해 능력을 체험하는 사람의 세 가지 특징을 배울 수 있습니다.

첫째, 사랑해야 합니다.
여인이 끝까지 포기하지 않고 예수님께 간청했던 이유는 딸을 정말로 사랑했기 때문입니다. 자식을 사랑하지 않는 어머니는 세상에 없지만 이렇게 자신의 체면과 자존심까지도 완전히 생각하지 않고 예수님께 나아오는 어머니는 그렇게 많지 않습니다. 하나님이 예수님을 이 땅에 보내신 것도, 예수님이 그 고난을 당하신 것도 모두가 우리를 향한 사랑이 이유였습니다. 사랑의 가르침을 하나님과 이웃에게 실천하십시오.(마22:37-40/눅 23:34-46/고전 13:7)

둘째, 겸손해야 합니다.
여인은 유대인을 자녀, 이방인을 개에 비유한 예수님의 거절에도 기분 나빠하지 않고 오히려 그 말을 옳다고 인정합니다. 그런 뒤 개도 떨어진 부스러기를 먹는다는 말로 긍휼을 구했습니다. 아무리 창조주 예수님 앞에서라지만 이런 태도는 진정으로 겸손한 사람만이 보일 수 있습니다. 겸손한 사람은 하나님을 통해 언제나 자신의 모습을 제대로 볼 수 있습니다. 겸손을 위해 노력하십시오.(잠11:2/약4:6)

셋째, 믿음으로 인내해야 합니다.
여인은 예수님이 몇 번을 더 거절했다 하더라도 계속해서 간청했을 것입니다. 예수님이 딸을 낫게 해줄 유일한 분이며, 또 반드시 낫게 해주실 분이라는 굳건한 믿음이 있었기 때문입니다. 여인은 낙망하거나 돌아가지 않고 인내하며 은혜를 구했습니다. 그리고 그 결실로 딸도 고침을 받고 자신도 참 구세주를 만날 수 있게 되었습니다. 항상 믿음으로 끝까지 인내하십시오.(살후3:5/약1:3)

오늘 본문을 통해 능력을 체험하는 사람의 세 가지 특징을 배웠습니다. 서로 사랑하고 항상 겸손하고 믿음으로 인내하는 삶을 통해 주님이 주시는 넘치는 축복을 누릴 수 있습니다.
오늘도 믿음의 본이 되는 삶을 사십시오.

- 주님, 겸손과 사랑의 마음으로 살게 하소서!

오늘 특별 적용	
오늘 특별 감사	

075

하나님이 어려움을 주시는 이유

마태복음 15장 29절부터 38절(막7:31-8:9참조) 읽기.
❶ 예수님께서 많은 병자를 고쳐 주셨는데, 결국 누가 영광을 받았는가?(29~31)
❷ 예수님의 어떤 모습이 나타나 있는가?(32)

어떤 시골의 농부가 돈을 모아 젖소를 한 마리 샀습니다.

매일 신선한 우유를 먹을 수 있어서 농부는 매우 행복했습니다. 농부는 며칠 뒤에 있을 어머니의 환갑잔치 때 찾아오는 손님들에게도 이 맛있는 우유를 대접하려고 매일 젖을 짜서 조금씩 모아두었습니다. 그런데 옆집 어떤 사람이 그 광경을 보고 말했습니다.

"여보게, 그렇게 우유를 미리 짜서 저장해두면 며칠 뒤에는 신선하지 않을 텐데?"

그 말이 옳다고 생각한 농부는 며칠 동안 젖을 짜지 않고 모았다가 당일 날 한 번에 짜는 것이 낫겠다고 생각했습니다. 하지만 환갑잔치 당일 아무리 짜도 젖이 나오지 않았습니다. 그때그때 젖을 짜주지 않아서 젖이 굳어버렸기 때문입니다.

무슨 일이든 해야 할 때가 있습니다. 도울 여유가 있다는 것은 남을 도와야 할 때라는 신호입니다.

마태복음 15장 29절부터 38절에는 갈릴리 호숫가에서 병자들을 고치시며 칠병이어의 기적을 베푸신 예수님이 나옵니다. 예수님은 수로보니게 여인의 딸을 고쳐주신 후에도 쉬지 않으시고 계속해서 병자들을 돌보시고, 칠병이어의 기적으로 사람들에게 베푸셨습니다. 그런데 예수님은 먼저 제자들에게 모인 사람들의 식사문제를 어떻게 해결할 것인지 물으셨습니다. 우리는 이 장면을 통해 하나님께서 사람들에게 어려움을 주시는 세 가지 이유를 살펴볼 수 있습니다.

첫째, 제자들의 성장을 확인하기 위해서입니다.

제자들은 얼마 전 오병이어의 기적을 직접 보았습니다. 이번에도 비슷한 상황이었지만 제자들은 예수님의 질문에 확실히 대답하지 못하고 그때와 비슷한 걱정을 했습니다. '먹을 것을 너희가 주라'는 예수님의 의미를 이해하지 못하고 인간적인 생각에 아직도 머물러 있었던 것입니다. 예수님의 질문에 언제나 믿음으로 화답하십시오.(마14:16,15:33)

둘째, 하나님의 능력을 다시 생각하게 하기 위해서입니다.
오병이어를 본 제자들은 금세 그 사실을 잊고 다시 걱정을 하기 시작했습니다. 예수님은 그들을 책망하지 않고 다시 칠병이어의 기적을 보이셨습니다. 말로만 고백하는 신앙에 어려움이 더욱 찾아오는 것은 이 때문입니다. 하나님의 은혜와 능력을 기억하고 믿음으로 승리하십시오.(계2:5)

셋째, 하나님께 영광을 돌리기 위해서입니다.
예수님이 모든 이적을 베푸시고, 성경을 가르치신 목적은 단 한 가지, 하나님께 영광을 돌리기 위해서였습니다. 예수님은 자신의 모든 능력이 하나님께로부터 온 것임을 인정하고 수시로 그것을 말씀하셨습니다. 우리 삶의 목적도 하나님께 영광 돌리는 것임을 기억하십시오.(롬4:20,15:7)

오늘 본문을 통해 하나님이 사람에게 어려움을 주시는 세 가지 이유에 대해서 배웠습니다. 어려움을 이기는 모든 능력은 그리스도 안에서 이루어집니다. 우리는 항상 하나님께 영광을 돌려야 합니다.
오늘도 믿음으로 살아가십시오.

- 주님, 우리 삶을 모든 것으로 하나님께 영광 돌리게 하소서!

오늘 특별 적용	
오늘 특별 감사	

076

하나님을 탄식하게 하는 것들

마가복음 8장 11절부터 13절(마15:39~16:4참조) 읽기.
❶ 주님을 믿지 못했던 바리새인들은 주님께 무엇을 구하였는가?(11)
❷ 예수님은 표적을 구하는 사람들을 보고 어떠했는가?(12)

신앙이 약해지교 교회가 타락하던 르네상스 시대에 파스칼은 사람들을 깨우치기 위해 많은 글을 썼습니다.

그가 죽고 난 뒤에 그 글들은 한 데 모아여 '팡세' 라는 책으로 나왔는데, 이는 오늘날의 실존 철학과 더불어 기독교를 변증하는 대표적인 저서로 꼽히고 있습니다.

파스칼이 팡세를 쓴 이유는 우선은 순수한 성경의 진리를 더럽히는 잘못된 신앙인들의 행동을 지적하기 위해서였습니다. 그리고 그보다 더 위험한 무신론자들에게 하나님의 존재와 사람이 누릴 수 있는 최대의 행복을 알려주기 위해서 였습니다.

잘못된 믿음은 무신론만큼이나 위험합니다. 그러나 파스칼이 죽은 지 400여 년 지난 오늘 날에도, 2000년 전에 예수님이 오셨을 때에도 하나님을 믿지 않고, 또 잘못 믿는 사람들이 너무나 많습니다.

마가복음 8장 11절부터 13절에는 예수님께 표적을 요구하는 바리새인들이 나옵니다. 이 사람들은 예수님을 시험하기 위해 표적을 요구했는데 이것은 광야에서 금식하던 예수님께 마귀가 하던 것과 마찬가지인 행동이었습니다(마4:3). 예수님은 바리새인들의 이런 모습을 보고 탄식하며 '요나의 표적 밖에는 보일 것이 없다' 고 말씀하셨습니다. 우리는 이 장면을 통해 하나님을 탄식하게 하는 세 가지에 대해서 알아볼 수 있습니다.

첫째, 사람들의 오만과 편협한 신앙 때문입니다.
바리새인들은 당시 종교지도자 격의 위치에 있었습니다. 그들은 자신들의 전통과 지식과 경험만이 정답이라고 생각하고 하나님의 말씀조차 거기에 끼워 맞췄습니다. 종교지도자들은 많은 사람들에게 영향을 미치는 위치이기에 예수님은 이런 위선적인 모습을 호되게 책망하셨습니다. 나 자신을 낮추고 말

씀을 그대로 인정하는 겸손을 품으십시오. (마12:34,23:33/약4:10)

둘째, 하나님을 시험하기 때문입니다.
바리새인들은 믿음도 없이 표적만을 구함으로 예수님을 시험했습니다. 표적은 예수님이 하나님의 아들인 그리스도임을 보여주는 수단일 뿐 전혀 중요한 것이 아닙니다. 표적보다도 믿음의 대상이신 그리스도를 바라보십시오. (고전1:22,23)

셋째, 앞으로 닥칠 시련 때문입니다.
잘못된 신앙을 가지고 하나님을 시험하는 사람들에게는 시련이 찾아옵니다. 당시 바리새인들에겐 예루살렘이 파괴되는 시련이 찾아왔습니다. 이런 시련을 통해 다시 하나님께로 돌아온다면 다행이지만 그렇지 못할 경우에는 평생 돌아올 수 없는 지옥에 가게 됩니다. 믿음으로 하나님을 기쁘게 하는 성도가 되십시오. (고후8:2/약1:12)

오늘 본문을 통해 하나님을 탄식하게 하는 세 가지에 대해서 배웠습니다. 우리는 창조주 하나님께 비탄과 탄식이 아닌 기쁨과 영광을 드려야 합니다.
오늘도 예수님께 기쁨을 드리기 위해 노력하십시오.

- 주님, 하나님께 기쁨이 되는 그리스도인이 되게 하소서!

오늘 특별 적용	
오늘 특별 감사	

077

잘못된 가르침의 악영향

마태복음 16장 5절부터 12절(막8:13-26참조) 읽기.
❶ 주님께서는 무엇을 주의하라고 하셨는가?(6)
❷ 우리가 삼가야 할 것은 무엇인가?(12)

일본 후쿠시마에서 일어난 대지진과 쓰나미로 인해 정말로 큰 피해가 발생했습니다. 그 중에서도 가장 우려되는 것은 원자력 발전소의 폭발 문제였는데, 방사능이 한 번 유출되면 주변 120km 밖까지 영향을 미치고 오염된 땅은 다시 정화되는 데만 몇 십 년이 걸립니다.

당장 사고로 인해 죽인은 사람들도 가슴이 아프고 큰일이지만 대기와 토양이 오염되므로 후세에까지 안 좋은 영향을 미치게 되는 것은 더욱 큰일입니다. 영적인 오염 역시 마찬가지입니다. 영적으로 건강하지 못한 사람은 가족과 친구, 교회와 직장 사람들에게 좋지 못한 영향을 끼칩니다. 남에게 하는 말과 행동만큼 우리의 영적인 상태도 항상 정결하게 관리되어야 합니다.

마태복음 16장 5절부터 12절에서 예수님은 바리새인들의 영적인 오염상태를 누룩에 비유해서 말씀하셨습니다. 그런데 제자들은 비유를 이해하지 못하고 떡과 관련해 다시 걱정하기 시작했습니다. 예수님은 오병이어의 기적을 보고도 의식주문제를 걱정하는 제자들을 꾸짖으시며 오직 영적인 오염을 조심하라고 말씀하셨습니다. 우리는 이 비유를 통해 영적인 오염 즉, 잘못된 가르침의 세 가지 악영향에 대해 알 수 있습니다.

첫째, 잘못된 가르침은 금방 퍼집니다.
누룩은 넣은 지 몇 시간도 안 되어 밀가루를 부풀게 합니다. 이처럼 잘못된 가르침은 매우 빠르게 퍼지고, 또 많은 사람들을 미혹케 합니다. 성경은 마지막 때에 사람들이 바른 교훈을 받지 않고 잘못된 스승을 더욱 많이 둘 것이라고 말합니다. 어떤 가르침이든 항상 성경을 근거로 분별하십시오.(딤후4:3,4)

둘째, 잘못된 가르침은 전체를 잘못되게 합니다.
누룩은 밀가루의 일부만 부풀게 하는 것이 아니라 반죽 전체에 영향을 줍니다. 마찬가지로 잘못된 가르침은 어떤 교회나 단체에 전반적으로 악영향을 끼치고 잘못된 방향으로 인도합니다. 바리새인들의 형식주의나 사두개인의 자유주의, 그리고 세속주의 같은 잘못된 사상들을 경계하십시오.(고전5:8)

셋째, 잘못된 가르침은 생활을 잘못되게 합니다.
영적인 것만 중요시하며 물질적인 것은 다 악하다고 주장하는 영지주의나, 의례나 의식 일변도인 형식주의나, 모든 것을 무시하고 제멋대로 행동하는 자유주의는 모두 성경적인 가르침이 아닙니다. 이런 가르침을 따르면 우리의 영적상태가 나태해지며 비정상적인 생활을 하게 됩니다. 진리의 가르침은 우리를 영적으로, 정신적으로, 사회적으로, 신체적으로 건강하게 만듦을 기억하십시오.(살후2:12)

오늘 본문을 통해 영적인 오염의 세 가지 악 영향에 대해 배웠습니다. 이런 실수를 피하기 위해서 우리는 늘 진리의 빛에 스스로를 비춰 보아야 합니다. 오늘도 진리의 말씀을 옳게 분별하는 주님의 일꾼이 되십시오(딤후 2:15).

- 주님, 말씀을 바르게 배움으로 진리를 분별하게 하소서!

오늘 특별 적용	
오늘 특별 감사	

078

신앙을 점검해 주는 질문

마태복음 16장 13절부터 20절(막8:27-30/눅9:18-21참조) 읽기.
❶ 15절의 주님의 질문에 당신은 어떻게 대답하겠는가?
❷ 당신은 주님의 질문에 베드로처럼 대답할 수 있는가?

건망증이 매우 심한 사람이 여행가서 숙박을 했는데 방이 모자라 어떤 승려와 한 방에서 자게 되었습니다. 그런데 무슨 이유에선지 한밤중에 승려가 건망증이 심한 사람의 머리를 박박 깎아 버리고 도망 쳐버렸습니다.

다음날 아침 이 사람이 눈을 떠 보니 옆에 승려는 없었고, 머리가 허전해 만져 보니 자신의 머리가 승려처럼 되어 있었습니다. 자신의 머리를 만지던 이 사람은 놀라 말했습니다. "

이상하다? 승려는 여기 있는데 나는 어디 갔지?"

건망증이 너무 심해 자신의 정체성까지 잃어버린 것입니다.

우리도 시대와 환경에 따라 정체성이 바뀌는 것이 아니라 하나님의 자녀로써 어떤 상황에도 변함없는 정체성을 가져야 합니다.

마태복음 16장 13절부터 20절에서 예수님은 제자들에게 '너희는 나를 누구라고 생각 하느냐?' 라고 물으셨습니다. 베드로는 이 질문에 "주는 그리스도시오 살아계신 하나님의 아들이시니이다"라는 위대한 신앙 고백을 했습니다. 우리는 이 신앙고백을 통해 신앙을 점검해주는 세 가지 질문을 살펴봐야 합니다.

첫째, 나는 예수님과 직접적인 관계를 맺고 있는가?

"내 자신이 예수님을 어떻게 생각하고 있는가?"는 중요한 문제입니다. 두루뭉실하게, 적당히 '예수님이 우리를 위해서 돌아가셨다' 라고 말하는 것이 아니라 정말 나에게 예수님은 어떤 존재인지 깊이 생각해 봐야 합니다. 「우리」가 아닌 「나」의 예수님을 찾아야 합니다. 이런 깊은 관계가 없다면 일시적이고 형식적인 종교 생활에만 그치게 됩니다. 주님을 더욱 진실히 깊게 알기를 갈망 하십시오. (마10:40/요5:43)

둘째, 나는 진실한 신앙고백을 할 수 있는가?
모든 성도들은 자신만의 간증, 즉 진실한 신앙의 고백이 있어야 합니다. 사도신경이나 교리문답, 신조와 같은 것들은 나의 참된 신앙 고백이 될 수 없습니다. 내가 체험하고 이해하고 있는 예수님을 바탕으로 마음에서 우러나오는 고백을 하십시오. (마16:16/눅23:47)

셋째, 나는 신앙고백에 합당하게 살고 있는가?
신앙은 곧 생활입니다. 따라서 삶이 따르지 않는 신앙 고백은 문제가 있습니다. 우리는 거듭난 사람으로서 하나님의 자녀임을 보일 수 있어야 합니다. 진정으로 거듭난 삶을 사십시오. (약2:17,18)

오늘 본문을 통해 신앙을 점검해주는 세 가지 질문을 배웠습니다. 하나님과 일대일로 깊은 관계를 위해 항상 노력하십시오.
오늘도 주님께 사랑과 믿음을 고백하는 삶을 사십시오.

- 주님, 언제나 변함없는 신앙의 고백을 드리게 하소서!

오늘 특별 적용	
오늘 특별 감사	

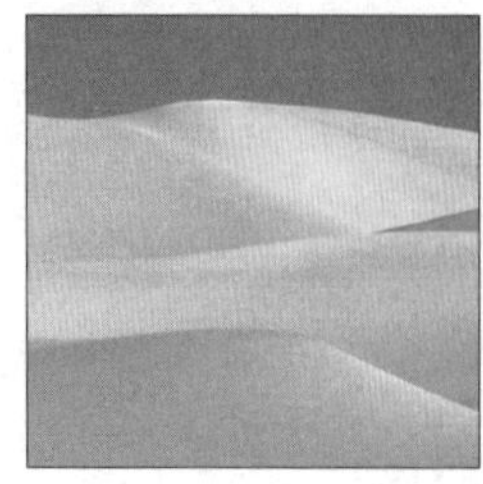

079

거룩함을 삶을 위한 태도

마태복음 16장 21절부터 28절(막8:31-9:1/눅9:22-27참조) 읽기.
❶ 예수님께서는 제자들에게 무엇을 가르치기 시작하셨는가?(21)
❷ 예수 그리스도를 따르기 위하여 갖추어야 할 세 가지 조건은 무엇인가?(24)

요즘 인기 있는 드라마는 대부분 불륜과 복수를 주제로 하고 있습니다. 겉으로 표방하는 주제는 어떻든 간에 거의 모든 드라마에는 부도덕한 내용들이 반드시 포함되어 있습니다.

이런 드라마가 정말 위험한 것은 부도덕한 내용들을 사랑이라는 이름으로 포장해 하나의 문화를 형성하기 때문입니다. 많은 사람들이 그냥 드라마로써 이것을 보지만 내용에 몰입하다보면 자신도 모르게 그런 문화들에 대해서 개방적이고 우호적이 됩니다.

한때 미국에서도 비슷한 일이 있었습니다. 지금의 한국처럼 자극적인 내용들이 자주 방영되기 시작했고 그 결과 10년이 지난 뒤 이혼율이 급증하며 큰 사회적인 문제를 일으켰습니다.

예수님은 악한 세상과 구별된 거룩한 삶을 살라고 말씀하셨습니다. 그리스도인들은 이런 세태에 휩쓸리지 않고 사람들에게 바른 방향을 제시할 줄 알아야 합니다.

마태복음 16장 21절부터 28절에는 예수님이 제자들에게 죽음과 부활을 말씀해주십니다. 예수님은 하나님의 일을 하기 위해선 자기를 부인하고 자기 십자가를 지고 예수님을 따라야 한다고 말씀하셨습니다. 그것은 곧 타락한 세상에 동화되지 말고 담대히 복음을 선포하라는 뜻입니다. 우리는 이 말씀을 통해 거룩한 삶을 위한 세 가지 태도를 배울 수 있습니다.

첫째, 지금이 어떤 시대인지를 파악해야 합니다.
예수님은 당시 세대를 가리켜 음란하고 죄 많은 세대라고 하셨습니다. 이것은 지금도 마찬가지이지만 시류에 따라 그 정도와 차이가 조금씩 있습니다. 따라서 먼저 요즘의 사람들이 어떤 잘못된 생각에 많이 빠지는지를 알아야 세상과 벗되지 않고 양심을 지킬 수 있습니다. 방송매체의 발달로 우리도 모르는 사이에 문화의 영향을 매우 많이 받고 있기 때문입니다. 세대를 파악함으로 죄에 더욱 민감해지십시오. (롬12:2)

둘째, 바른 진리를 전해야 합니다.
여러 가지 책과 문화, 사상을 접하다 보면 언뜻 여러 가지 진리의 길이 있는 것 같아 보입니다. 그러나 영생의 길은 오직 하나 뿐입니다. 예수님은 아무 죄도 없는 분이지만 우리를 위해 십자가에 돌아가심으로 우리의 죄 문제를 해결하셨습니다. 그분을 믿을 때만 우리의 죄 문제가 해결됨을 사람들에게 전하십시오. (요14:6/행4:12)

셋째, 심는 대로 거두는 걸 알아야 합니다.
예수님은 제자들에게 믿는 것을 부끄러워 밝히지 못한다면, 다시 오실 예수님도 그 사람을 부끄럽게 여기실 것이라고 말씀하셨습니다. 곧 심는 대로 거두는 것입니다. 어떤 상황에서도 믿음을 부인하지 않는 담대함을 기도로 구하십시오. (고후9:6)

오늘 본문을 통해 거룩함을 위한 세 가지 삶의 태도를 배웠습니다. 항상 반석위에 세운 집처럼 어떤 환경에도 흔들리지 않는 믿음으로 진리를 선포하는 사람이 되기 위해 노력해야 합니다.
오늘도 담대하게 기쁜 구원의 소식을 전하십시오.

- 주님, 거룩함으로 구별된 삶을 주님께 드리게 하소서!

오늘 특별 적용	
오늘 특별 감사	

080

변화산에서 일어난 사건의 의미

마태복음 17장 1절부터 8절(막9:2-8/눅9:28-36참조) 읽기.
❶ 하늘나라의 영광스러운 광경을 본 베드로는 어떤 반응을 나타내었는가?(3,4)
❷ 하나님께서는 예수 그리스도를 어떻게 평가하셨으며, 우리에게 어떤 분부를 하셨는가?(5)

성 어거스틴은 신앙을 갖기 전에 매우 방탕한 생활을 하고, 이단에도 빠져 지냈습니다. 그런 그가 진정으로 주님을 만나 거듭난 뒤 거리를 걷다가 예전에 함께 놀던 한 친구를 만났습니다.

"자네, 어거스틴 아닌가? 그동안 어디에 있었나? 마침 지금 여자들을 만나러 가는데 함께 가세."

"저는 당신이 누군지 모릅니다."

친구는 어거스틴이 장난을 치는 줄 알았습니다.

"그게 무슨 소린가? 과거에 우리가 함께 놀았던 것을 나는 분명히 기억하네."

어거스틴은 단호하게 대답했습니다.

"지금의 당신은 그때의 당신이지만, 지금의 나는 그때의 내가 아닙니다."

예수님을 통해 새로운 피조물이 된다는 것을 어거스틴은 알고 있었습니다.

마태복음 17장 1절부터 8절에는 변화산의 사건이 기록되어 있습니다. 예수님은 베드로와 야고보와 요한을 데리고 산에 올라가셔서, 시간과 공간을 초월하는 믿지 못할 모습을 보여주셨습니다. 우리는 이 사건을 통해 변화산에서 일어난 사건의 세 가지 의미를 알 수 있습니다.

첫째, 성경의 핵심이 예수그리스도임을 알 수 있습니다.

예수님은 변화산에서 모세와 엘리야와 함께 대화하셨습니다. 모세는 곧 율법을 상징하고 엘리야는 모든 선지자들을 상징한다고 볼 수 있습니다. 이 만남은 또한 구약과 신약의 중심이 예수 그리스도임을 상징적으로 알려줍니다. 예수 그리스도가 언제나 중심이 될 때 신앙이 바르게 성장할 수 있습니다. 신앙의 중심이 언제나 예수 그리스도임을 잊지 마십시오.(요5:39)

둘째, 예수님의 재림을 알 수 있습니다.

예수님은 변화산에서 영광스런 모습으로 변하셨습니다. 그리고 살아서 천국에 간 엘리야와 죽어서 천국에 간 모세는 주님이 재림 하실 때 살아있는 성도들과 묻혀있는 성도들이 동시에 휴거할 것을 보여준다고도 해석할 수 있습니다. 때는 아무도 모르지만 주님의 재림이 반드시 온다는 사실을 기억하십시오.(살전4:14-18)

셋째, 성도들도 변화하게 됩니다.
예수님이 재림하실 때에 성도들도 영광스런 모습으로 변하게 됩니다. 성경이 전하는 예수님의 죽음과 부활의 의미를 바로 알 때, 고난 중에도 감사하고 환란 중에도 기뻐할 이유를 알게 됩니다. 우리를 구원하신 그 크신 사랑을 항상 신뢰하십시오.(고전15:52)

오늘 본문을 통해 변화산에서 일어난 사건의 세 가지 의미를 배웠습니다. 주님이 다시 오실 날 하나님의 나라가 이 땅에 완전히 세워질 것입니다.
오늘도 재림의 소망을 품고 최선을 다해 사십시오.

- 주님, 주님이 다시 오실 그날을 고대하는 마음으로 살게 하소서!

오늘 특별 적용	
오늘 특별 감사	

081

말씀을 따라 사는 방법

마태복음 17장 9절부터 13절(막9:9–13/눅9:36참조) 읽기.
❶ 엘리야가 해야 하는 일은 무엇이었는가?(11)
❷ 예수님의 길을 예비한 사람은 누구인가?(12)

남아공의 한 도둑이 세계에서 가장 멍청한 도둑으로 선정되었습니다.
중범죄를 저질러 교도소에서 오랫동안 복역한 뒤 출소한 도둑은 나오자마자
또 다시 상점을 털었습니다. 그런데 금고를 털어 나오다가 구석에 달려 있는
CCTV를 발견했습니다.
도둑은 카메라에 자신이 찍히고 있다는 사실을 알고 얼굴을 숨기기 위해
CCTV를 떼서 가져갔습니다. 찍는 것은 카메라지만 자료가 컴퓨터에 저장된
다는 사실을 몰랐던 겁니다.
결국 경찰은 저장된 영상을 통해 용의자의 신병을 확보했고, 빠르게 체포할
수 있었습니다. 제대로 알지 못할 때 도둑과 같은 어리석음을 범하게 됩니다.
평생 가는 신앙생활에 있어서도 바르게 아는 것이 실천만큼이나 중요합니다.

마태복음 17장 9절부터 13절에는 변화산을 내려오면서 예수님께 질문하는
제자들이 나옵니다. '메시아가 오기 전에 엘리야가 와야 한다' 는 말라기의
예언이 이루어지지 않은 것을 궁금하게 여겼던 것입니다. 예수님은 제자들의
질문에 대한 답변과 함께 부활에 대해서도 간접적으로 설명하셨습니다. 우리
는 이 말씀을 통해 말씀을 따라 사는 데 도움을 주는 세 가지 방법을 알 수
있습니다.

첫째, 올바른 영안을 가져야 합니다.
제자들은 말씀 속에 나오는 엘리야의 모습만 알고 있었기 때문에 사도 요한
이 예언된 엘리야라는 사실을 알지 못했습니다. 영의 눈이 열려 있지 않았기
에 하나님의 길을 예비하고 백성들을 하나님과 화해시키는 사도 요한의 모
습에서 엘리야의 모습을 읽지 못했습니다. 숨겨진 하나님의 섭리를 보는 사
람이 영안이 열린 사람입니다. 모든 일들에 대해서 영적인 시각을 가지십시
오.(시119:18/마17:12)

둘째, 올바른 영적 지식을 알아야 합니다.

올바른 영적 지식이 없을 때 말씀을 따라 살 수 없게 되고 어리석은 실수를 범하게 됩니다. 삼위일체에 대해서 몰랐던 빌립은 예수님에게 하나님 아버지를 보여 달라고 물었고 예수님은 '나를 본 자는 이미 하나님을 보았다'고 가르치셨습니다. 영적인 지식을 통해 더욱 말씀대로 실천하는 삶을 사십시오.(눅 11:13,24:44,45/요16:13)

셋째, 사랑의 선행을 행해야 합니다.

당시 유대인들은 자신들이 선민이라는 의식 속에 너무 빠져있었습니다. 제대로 된 영안도, 영적 지식도 없으면서 교만하게 굴었습니다. 하나님은 수많은 선지자들을 보내 이스라엘에게 말씀하셨지만 그들은 항상 핍박하고 임의로 대우했습니다. 사랑의 선행이 곧 말씀의 실천임을 기억하십시오.(마17:12/요 13:35/요일3:14)

오늘 본문을 통해 말씀을 따라 사는 데 도움을 주는 세 가지 방법을 배웠습니다. 열정도 중요하지만 바르게 아는 것을 통해 먼저 방향을 잡아야 합니다. 오늘도 바르게 배우고 뜨거운 열정으로 실천하는 하루를 사십시오.

– 주님, 바르게 알고, 바르게 보는 지혜를 갖게 하소서!

오늘 특별 적용	
오늘 특별 감사	

082

믿음의 특성

마태복음 17장 14절부터 20절(막9:14-29/눅9:37-43참조) 읽기.
❶ 주님께서는 제자들이 그 병자를 고치지 못한 이유가 무엇
때문이라고 말씀하셨는가?(19,20)
❷ 믿음이 지닌 위력은 어느 정도인가?(20)

3세기 때의 랍비 심라이는 구약의 율법을 오랜 시간 연구했습니다.
그 정리에 의하면 모세의 율법은 365개의 금지조항과 248개의 긍정적인 명령
이었습니다.
다윗은 시편 15편에서 11개의 율법으로 그것을 요약했고, 미가는 다시 3개로
요약했습니다(6:8). 그리고 마지막으로 하박국은 이 모든 것을 하나로 압축했
습니다.
"의인은 그의 믿음으로 말미암아 살리라."(2:4)라는 말씀이 바로 그것입니다.
그리스도인은 구원을 통해 눈물 흘려야 하고, 구원을 통해 감사해야 하고, 구
원을 통해 기뻐해야 합니다. 구원은 행위로 받는 것이 아니라 믿음으로 받는
것입니다. 누구나 받을 수 있는 구원이야 말로 가장 확실한 하나님의 사랑의
표현입니다.

마태복음 17장 14절부터 20절에는 귀신들린 아이를 고쳐주신 예수님이 나
옵니다. 예수님이 세 제자와 변화산에 가신 동안 제자들은 귀신들린 아이를
고치지 못해 쩔쩔매고 있었습니다. 예수님은 이 모습을 보시고 믿음이 없는
세대를 안타까워하시며 귀신을 쫓아내셨습니다. 우리는 여기에서 믿음의 세
가지 특성을 생각해 볼 수 있습니다.

첫째, 믿음은 활용할수록 커집니다.
믿음의 우리의 키나 체중처럼 일정하게 머물러 있는 것이 아닙니다. 우리가
살아가는 순간과, 우리가 내리는 선택에 따라 믿음은 계속 변화합니다. 이 믿
음은 또한 근육과 같습니다. 자주 활용하지 않으면 힘을 잃고 약해지지만 자
주 사용할수록 점점 큰 힘을 내게 됩니다. 두려움과 걱정보다 언제나 주님을
향해 살아있는 믿음을 가지십시오.(고전4:20)

둘째, 믿음은 큰 능력을 낳습니다.
믿음에는 생명력이 있습니다. 예수님은 우리가 겨자씨만한 믿음이라도 있다면 산을 옮길 것이라고 말씀하셨습니다. 씨가 새로운 생명을 탄생 시키듯이 믿음도 살아있는 능력을 행합니다. 겉만 번지르르한 바위덩이 같은 믿음이 아닌, 무한한 가능성의 믿음을 가지십시오.(약2:17)

셋째, 믿음은 불가능을 모릅니다.
"믿음은 하나님을 향해 모든 것을 열어 놓는 것"이라고 F. B. 마이어는 말했습니다. 하나님을 향해 순수하게 마음을 열어놓을 때 주님께서는 어떤 일이든지 능히 응답하십니다. 기도의 응답을 받는 믿음을 가지십시오.(빌4:13)

오늘 본문을 통해 믿음의 세 가지 특성을 배웠습니다. 욕심이 없는 마음으로 주님을 바랄 때 주님은 항상 응답하십니다. 우리의 생각보다도 하나님의 가능성에 인생의 초점을 맞춰야 합니다.
오늘도 순전한 믿음으로 하루를 살아가십시오.

- 주님, 오직 하나님 나라를 위한 소망을 갖게 하소서!

오늘 특별 적용	
오늘 특별 감사	

083

죽음과 부활에 대한 교훈

마가복음 9장 30절부터 32절(마17:22-23/눅 9:43-45참조) 읽기.
❶ 예수님은 자신에 대해 어떤 예언을 하셨는가?(31)
❷ 주님의 그와 같은 삶에 대한 제자들의 반응은 어떠하였는가?(32)

람세이(A.M.Ramsay)라는 신학교수는 "부활이 없다면 기독교의 복음은 아무런 결론이 없는 복음일 뿐 아니라 복음이 될 수도 없다"고 말했습니다.

길버트 웨스트(Gilbert West)는 "예수님의 부활과 사도 바울의 변화를 통해 우리는 기독교가 사실임을 알 수 있다"고 말했습니다.

우리를 위해 돌아가신 십자가의 예수님만을 생각할 때에는 기독교는 다른 종교와 마찬가지로 죽음의 문제를 해결 못한 슬픔뿐인 종교입니다. 그러나 부활로 인해 참 진리의 복음으로 완성될 수 있었습니다. 그리스도의 부활은 모든 믿는 자들의 소망이요 능력입니다.

마가복음 9장 30절부터 32절에서 예수님은 십자가의 죽음과 부활을 두 번째로 예고하셨습니다. 제자들은 이 말씀의 뜻을 제대로 이해하지 못했지만, 죽음과 부활이라는 무거운 단어 때문인지 제대로 묻지도 못하고 근심하며 있었습니다. 우리는 이 말씀을 통해 예수님의 죽음과 부활에 대한 세 가지 교훈을 얻을 수 있습니다.

첫째, 십자가의 죽음의 의미를 생각해야 합니다.
제자들은 예수님이 돌아가신다는 말을 듣고는 근심에 빠져 아무 말도 못했습니다. 예수님이 왜 돌아가셔야 하는지, 그 의미는 무엇인지도 이해하지 않고 눈앞에 닥칠 문제에만 마음을 빼앗겼습니다. 인생에서 일어나는 모든 고난 속에서 하나님이 바라시는 어떤 뜻이 담겨 있음을 잊지 마십시오.(롬5:8/6:4,5)

둘째, 부활의 소망을 놓치지 말아야 합니다.
제자들은 예수님의 죽음에만 초점을 맞춰 정작 중요한 부활의 소망을 놓쳤습니다. 예수님은 죽음 뒤의 부활을 분명 말씀하셨지만 깨달은 제자는 한명도 없었습니다. 제자들이 죽음에 마음을 뺏겨 부활의 소망을 놓쳤듯이 눈앞의 문제에 너무 집중할 때에 고난 뒤에 찾아오는 영광을 놓치게 됩니다. 죽음을 물리친 부활의 소망을 항상 기억하십시오. (고전15:13/벧전1:3)

셋째, 하나님의 완벽한 섭리를 깨달아야 합니다.
때가 되자 예수님은 이 땅에 오셨고, 또 십자가에 달리셨습니다. 그리고 구약의 모든 예언을 이루고 부활하셨습니다. 우리는 이 사건을 통해 하나님의 구원 계획은 절대로 변하지 않는 것임을 알 수 있습니다. 우리를 향한 모든 계획역시 마찬가지입니다. 신실하신 하나님을 더욱 의지하십시오. (롬8:27/빌2:13)

오늘 본문을 통해 예수 그리스도의 죽음과 부활에 관한 세 가지 교훈을 얻었습니다. 주님의 죽으심과 부활하심의 의미를 제대로 이해할 때, 부활의 사실을 믿을 때에 예수님이 우리에게 하신 모든 말씀들 역시 이루어지리라는 것을 믿게 되고, 승리하는 삶을 살 수 있게 됩니다.
오늘도 부활하신 주님과 함께 승리하는 삶을 사십시오.

- 주님, 부활의 기쁨을 가지고 살게 하소서!

오늘 특별 적용	
오늘 특별 감사	

084

오해에 대한 교훈

마태복음 17장 24절부터 27절 읽기.
❶ 예수 그리스도께서 성전세를 내신 이유는 무엇 때문인가?(27)
❷ 주님께서는 이 문제를 어떻게 해결하셨는가?(27)

천둥과 번개가 치는 매우 흐린 날, 한 딱따구리가 커다란 고목에 올라 벌레를 쪼아 먹고 있었습니다. 그런데 갑자기 벼락이 떨어져 고목이 반으로 갈라졌습니다.

딱따구리는 자신이 부리로 쪼아서 고목이 갈라진 줄 알고 '내 힘이 이렇게나 세다니' 라고 생각했습니다.

다음 날, 하늘을 날던 독수리가 사냥을 나왔다가 딱따구리를 발견했습니다. 평소 같으면 독수리를 보자마자 안전하게 나무 굴로 숨었을 딱따구리지만, 어제 고목을 갈랐던 일을 생각하며 우쭐해 숨지 않았다가 사냥 당하고 말았습니다.

작은 오해가 심각한 갈등을 부를 때가 있습니다.

예수님도 공생애 기간 동안 될 수 있는 한 불필요한 오해를 줄이시기 위해서 노력하셨습니다. 아무리 작은 오해라도 반드시 풀고 가야 합니다.

마태복음 17장 24절부터 27절에는 성전세를 내신 예수님의 모습이 나옵니다. 사람들이 베드로를 찾아와 예수님은 어째서 성전세를 내지 않았느냐고 따지자, 예수님은 물고기 속의 은화로 성전세를 납부하셨습니다. 우리는 이 장면을 통해 오해에 관한 세 가지 교훈을 얻을 수 있습니다.

첫째, 불필요한 오해 대신, 덕을 세워야 합니다.

창조주이신 예수님께 성전세를 내라는 것은 매우 어리석은 요구였습니다. 그러나 예수님은 불필요한 오해를 없애고 사람들이 실족하지 않게 하기 위해서 성전세를 납부하셨습니다. 그리스도인들도 이 모습을 본 받아야 합니다. 원리원칙만을 내세우지 말고 사랑의 동기로 누구든 포용하십시오. (빌2:14)

둘째, 하나님은 불가능한 방법으로도 뜻을 이루십니다.

예수님의 명을 따라 베드로가 낚은 물고기 뱃속에는 은화가 들어있었습니다. 그것은 성전세를 내는데 딱 필요한 금액이었습니다. 하나님의 방법은 때로는 이성을 초월합니다. 하나님에게 때와 장소, 상황과 환경은 아무런 문제가 되지 않습니다. 능력주시는 자 안에서 모든 것을 할 수 있음을 믿으십시오.(빌4:14)

셋째, 함께하는 사람들의 필요를 채워야 합니다.
예수님은 베드로의 몫까지 성전세를 내주셨습니다. 뿐만 아니라 넓게 보면 예수님은 우리 모두의 죗값을 위해 이 세상에 오셨고, 돌아가셨습니다. 예수님을 본받아 사는 그리스도인이라면 당연히 남들의 필요에 관심을 가지고 채워 주어야 합니다. 필요를 나눔으로 풍성히 채워주시는 큰 복을 체험하십시오.(행20:35/빌4:3)

오늘 본문을 통해 오해에 관한 세 가지 교훈을 배웠습니다. 언제나 덕을 세우고 사랑을 실천할 때 살아있는 말씀의 능력을 체험할 수 있습니다.
오늘도 진정으로 교제하고 서로 세워주는 하루를 사십시오.

- 주님, 주변 이웃들에게도 깊은 관심을 갖고 섬기게 하소서!

오늘 특별 적용	
오늘 특별 감사	

085

아이 같은 믿음

마태복음 18장 1절부터 14절(막9:33-37/눅9:46-48참조) 읽기.
❶ 잃어버린 양이 의미하는 것은 무엇입니까?(13)
❷ 예수님은 무엇이 하나님의 뜻이라고 말씀하셨습니까?(14)

'내가 하면, 남이하면' 이라는 유머가 있습니다.
『내가 하면 로맨스, 남이 하면 불륜
내가 실직한 건 불황 탓, 남이 실직한 건 능력부족
내가 하는 건 배려, 남이 하는 건 아부
내가 말하면 솔직, 남이 말하면 시건방』
남에겐 냉담하고 자신에겐 관대한 사람들을 꼬집는 유머입니다.
이렇듯 사람들에겐 너나 할 것 없이 자기합리화의 경향이 있습니다. 그러나
남들에게 진정한 사랑을 전하기 위해서는 남에게 더욱 관대해야 합니다.
나에게 엄격하고 남에게 관대할 때 하나님 앞에 바로 설 수 있고 많은 사람들
을 포용할 수 있습니다.

마태복음 18장 1절부터 14절에는 "누가 더욱 큰사람인가?"에 대해 서로 논쟁
하는 제자들의 이야기가 나옵니다. 제자들은 자기들끼리 결론을 내리지 못해
예수님에게 "천국에서는 누가 위대한 사람입니까?" 하고 물었습니다. 예수님
은 제자들의 질문에 "어린아이처럼 자신을 낮추는 사람이 크다"고 말씀하셨
습니다. 우리는 여기에서 아이 같은 믿음 세 가지를 생각해 보겠습니다.

첫째, 아이와 같이 순수해야 합니다.
예수님은 어린 아이와 같지 않으면 천국에 들어가지 못한다고 말씀하셨습니
다. 그것은 곧 아이와 같은 마음으로 우리가 주님을 믿어야 한다는 뜻입니다.
어린 아이들은 부모님의 말을 순수하게 믿습니다. 순수한 아이들처럼 전부를
주님께 맡기고 믿으십시오.(잠16:3/마11:25)

둘째, 아이와 같이 겸손해야 합니다.
F.B. 마이어는 "하나님의 최상의 선물은 손이 미치지 않는 높은 선반 위에 있

는 것이 아니라, 굽히지 않으면 얻을 수 없을 만큼 낮은 곳에 있다”고 했습니다. 겸손은 하나님 앞에서 자신의 모습을 올바로 알고 행동하는 것입니다. 죄의 구렁텅이에서 건져 하나님의 자녀 삼아주신 은혜를 기억하고 성실히 주님을 섬기십시오.(마18:4)

셋째, 아이와 같이 배려해야 합니다.
어린 아이들은 또래 친구들을 배려합니다. 아무리 작은 것도 나누어 먹고, 때론 고집을 피우다가도 좋은 말로 타이르면 금세 알아듣습니다. 예수님은 연약한 사람들을 배려하지 않고, 무시하고, 실족케 하는 사람들을 좋아하지 않으십니다. 아이와 같은 배려로 다른 사람들을 섬기십시오.(롬12:10)

오늘 본문을 통해 천국에 들어가는 세 가지 조건에 대해 배웠습니다. 어린 아이와 같은 순수함으로 하나님을 믿고, 겸손함으로 주위 사람들을 배려해야 합니다. 이것에 예수님이 바라는 성도들의 덕입니다.
오늘도 아이와 같은 마음으로 주님의 사랑에 기뻐하며 사십시오.

- 주님, 아이와 같은 순수한 마음으로 서로 섬기게 하소서!

오늘 특별 적용	
오늘 특별 감사	

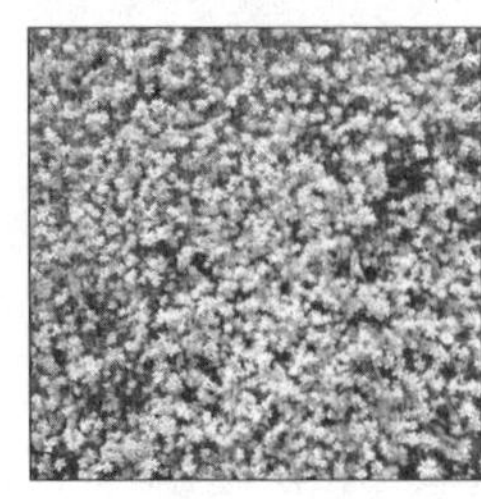

086

판단에 관한 교훈

마가복음 9장 38절부터 50절(눅9:49–50참조) 읽기.
❶ 주님의 제자들이 어떤 행동을 하였는가?(38)
❷ 제자들의 행동에 대하여 주님께서 어떻게 말씀하셨는가?(39,40)

예전에 프랑스의 어떤 작가가 이상한 책을 출판했습니다.

두꺼운 책에는 서문이나, 제목, 목차와 차례도 없고, 심지어 페이지 수도 새겨져 있지 않았습니다. 게다가 글의 순서도 엉망이어서, 사람들은 그 글을 마지막까지 읽고도 결론을 이해하지 못했습니다.

어떤 사람도 작가의 의중을 이해하지 못했고, 제대로 결론을 내리지 못했습니다.

작가는 '중요한 생각'을 글로 옮기는 데만 너무 열중해서 '그 밖의 덜 중요한' 일들에 신경 쓸 여지가 없었다고 말했습니다.

일에 대한 열정은 있었지만 잘못된 방향으로 흘렀기에 벌어진 일이었습니다.

마가복음 9장 38절부터 50절에는 예수님이 사도 요한의 잘못된 열정을 지적하신 내용이 기록되어 있습니다. "예수님을 따르지 않는 자가 귀신 쫓아내는 것을 보고 제가 못하게 하고 왔습니다."라는 요한의 말에 예수님은 "내 이름으로 기적을 행하는 사람이 곧바로 나를 욕하지는 않으므로 막지 말라"고 말씀하셨습니다. 요한은 잘못된 열정으로 그릇된 판단을 내렸습니다. 우리는 여기에서 판단과 관련된 세 가지를 교훈을 기억할 필요가 있습니다.

첫째, 이단이라고 쉽게 판단하지 않아야 합니다.

하나님을 잘 따른다고 하는 사람 중에도, 자기와 믿는 바와가 조금만 다르면 이단이라고 정죄하는 사람들이 있습니다. 그러나 교파가 다르다거나, 신앙이 부족하다고 이단으로 판단해선 안 됩니다. 예수께서 이 땅에 오심과 그 신성을 부인하거나, 성경 외에 다른 경전을 추가하거나, 교주를 신격화하는 것과 같이 중심 진리를 무시하는 것이 아니라면 작은 교리의 차이는 인정하고 서로 존중해야 합니다. 십자가 공로를 훼손하는 무리들은 하나님의 심판을 받게 됩니다. 그러나 작은 차이는 사랑으로 이해하십시오.(요일4:3/고전1:12,13)

둘째, 다른 사람의 은사도 인정해야 합니다.

성경은 여러 은사에 대해 이야기하고 있습니다. 그렇기에 내가 알거나 체험한 은사가 아니더라도 성경에 근거하여 신중하게 살펴 포용할 필요가 있습니다. 은사의 문제는 다양하고, 특별한 하나님의 섭리가 있기 때문입니다. 다른 사람의 은사를 인정하십시오.(고전12:4)

셋째, 올바른 열정을 품어야 합니다.

하나님을 전하는 것이 바른 열정입니다. 내가 하고 있는 일에 열정을 쏟음으로 주님이 전파되고 믿는 사람들이 늘어간다면 그것이 바른 열정입니다. "그러나 어떠하든지 그리스도가 전파되는 것으로 나는 기뻐한다"고 말한 바울처럼 바른 열정으로 하나님을 위한 인생을 사십시오.(빌1:17-18)

오늘 본문을 통해 판단과 관련된 세 가지 교훈을 배웠습니다. 판단은 하나님이 하는 것임을 기억하고 오직 복음 전파에 힘쓰는 성도가 되어야 합니다. 오늘도 하나님을 향한 바른 열정을 갖고 사십시오.

– 주님, 바른 곳을 향하는 열정을 품게 하소서!

오늘 특별 적용	
오늘 특별 감사	

087

용서에 대한 교훈

마태복음 18장 15절부터 35절 읽기.
❶ 주님을 믿는 그리스도인이 죄를 범할 때 우리는 그에게 어떻게 해야 하는가?(15~17)
❷ 주님께서는 어떤 기도의 중요성을 이야기하셨는가?(19)

링컨이 대통령 후보에 나왔을 때 스탠턴이라는 후보와 경합을 벌였습니다. 스탠턴은 링컨을 고릴라에 비유하며 유세 기간 내내 링컨을 비방했지만 결국 링컨이 대통령에 당선되었습니다.

스탠턴은 선거에 낙마한 이후 자신이 그토록 비방했던 링컨에게 정치적인 보복을 당할까봐 두려워했습니다. 그러나 링컨은 스탠턴은 매우 유능한 정치인이라며 국방장관으로 임명했습니다. 나중에 링컨이 저격당해 죽었을 때, 그의 장례식과 모든 복잡한 일들은 스탠턴이 자임하여 처리했습니다. 그는 링컨을 보내면서 눈물을 흘리며 이렇게 말했습니다.

"여기 누워있는 이분은 사람을 사로잡는 최고의 인품을 가진 사람이었습니다."

용서는 자신의 적을 친구로 만들 수 있는 유일한 방법이며 진정한 사랑을 표현할 수 있는 커다란 기회입니다.

마태복음 18장 15절부터 35절에는 예수님이 무자비한 종의 비유로 용서에 대해 말씀하신 내용이 기록되어 있습니다. 예수님은 형제가 죄를 범하면 몇 번이나 용서할 것인지 묻는 베드로의 질문에 "일흔 번씩 일곱 번이라도 하라"고 가르치시며, 빚 탕감 받은 종의 비유를 들어서 하나님께 용서받은 우리도 이웃들을 용서해야 한다고 가르치셨습니다. 우리는 여기에서 용서의 세 가지 원리를 생각해 볼 수 있습니다.

첫째, 사랑의 마음으로 불쌍히 여겨야 합니다.
빚진 종의 비유에서, 임금이 그 종의 빚을 다 면제해 준 것은 불쌍히 여겼던 까닭입니다. 하나님께서 우리를 구원하신 것도 우리를 불쌍히 여기는 사랑의 마음이셨습니다. 그러므로 우리는 사랑은 허다한 죄를 덮는다는 말씀을 따라서 열심히 서로 사랑해야 합니다(요3:16/롬5:8/벧전4:8).

둘째, 이웃을 용서해야 합니다.

"일흔 번씩 일곱 번이라도 하라"는 말씀은 무한히 용서하라는 뜻입니다. 우리는 회개하지 않은 사람들이 돌이킬 수 있도록 계속 사랑의 수고를 아끼지 않아야 합니다. 형제를 사랑하십시오. 그가 돌아오기를 바라는 마음으로 계속 용서하십시오.(잠10:16/마6:14)

셋째, 하나님의 사랑을 기억해야 합니다.

빚진 종은 임금으로부터 1만 달란트를 탕감 받았으면서도 자신에게 그 보다 비교 할 수 없을 만큼 적은 1백 데나리온 빚진 자는 용서하지 않았습니다. 하나님의 사랑을 기억하지 못하고 형제, 자매의 잘못을 용서하지 못할 때 우리도 이와 같이 무자비한 사람이 됩니다. 내 모든 죄를 용서해 주신 하나님의 사랑을 잊지 마십시오.(롬8:39/고전8:3)

오늘 본문을 통해 용서의 세 가지 원리를 배웠습니다. 우리의 과거와 현재, 미래의 모든 죄를 다 용서하시고 기억조차 하지 않으시는(히10:14,17) 하나님의 용서를 기억하며, 같은 마음을 이웃에게 나타내 보일 수 있어야 합니다. 오늘도 인자하게 이웃을 용서하십시오.(엡4:32)

- 주님, 주님이 저를 용서하신 것처럼 남을 용서하게 하소서!

오늘 특별 적용	
오늘 특별 감사	

088

그리스도인의 자세

누가복음 9장 23절부터 25절(마8:19-22/막8:34-36참조) 읽기.
❶ 주님께서는 주님을 따르는 사람들에게 무엇을 요구하셨는가? 세 가지 사실을 기록하라(23)
❷ 온 천하보다도 무엇이 더 귀한가?(25)

어떤 유명한 축구선수에게 기자가 물었습니다.

"하루에 연습을 몇 시간이나 하십니까?"

"글쎄요? 한 3,4시간 정도?"

"그럼 축구를 안 할 땐 무엇을 하십니까?"

"축구를 안 할 땐 축구에 대한 이야기를 합니다. 이야기를 안 할 땐 축구에 대한 생각을 합니다. 그러다보면 꿈도 축구에 관한 꿈만 꾸게 됩니다."

꿈에서도 축구를 할 만큼 축구에 몰입했기에 세계적으로 뛰어난 선수가 될 수 있었던 것입니다. 축구 뿐 아니라 모든 분야의 성공한 사람들에겐 이처럼 한 분야에 매진하는 몰입의 자세가 있었습니다.

예수님을 따르는 그리스도인들도 이처럼 주님과 말씀에 몰입해 있어야 합니다. 말씀에 몰입해 우리의 모든 감정과 생각이 사라지게 될 때 성령이 충만하여지고 말씀이 깨달아 집니다. 말씀의 몰입을 통해 영적 성장을 이루고 하나님 앞에 성공한 삶을 살 수 있습니다.

누가복음 9장 23절부터 25절에서 예수님은 제자들에게 자신을 따르는 데 필요한 마음가짐을 알려주십니다. 예수님은 "누구든 나를 따라 오려거든 자기를 부인"하고 "자기 십자가"를 지고 좇아야 한다고 말씀하셨습니다. 우리는 여기에서 그리스도인의 세 가지 자세를 살펴볼 수 있습니다.

첫째, 제자는 자기를 부인해야 합니다.

자기를 부인한다는 것은, 자포자기하며 자기학대를 하거나, 영적 자살을 시도하라는 말이 아닙니다. 내 육신의 성품이 그리스도와 함께 십자가에 못 박혔음을 깨닫고 믿음으로 살아가는 것입니다. 자아를 내려놓고 성령의 음성에 귀 기울이십시오.(갈2:20)

둘째, 제자는 날마다 자기 십자가를 져야 합니다.
모든 그리스도인들에게는 각자의 사명에 대한 십자가가 있습니다. 그 길의 과정에는 어려움도 있지만, 끝은 벅찬 감격과 참된 기쁨이 있습니다. 이것은 감정에 따라 주님을 섬기는 것이 아니라 날마다 주님께 순종하는 성도들만이 누릴 수 있는 은혜입니다. 자신의 십자가를 감당하십시오.(마16:24)

셋째, 제자는 예수님을 좇아야 합니다.
스승의 가르침을 배우기 싫어하고, 엉뚱한 가르침을 따르는 사람은 제자가 될 수 없습니다. 그리스도인은 목숨까지 바쳐서 사랑의 본을 보이신 예수님을 따라 살아야 합니다. 말씀의 실천으로 주님을 좇으십시오.(요13:15)

오늘 본문을 통해 그리스도인의 세 가지 자세를 배웠습니다. 하루에 잠깐이라도 말씀을 묵상하고 기도하므로 주님께 몰입하는 시간을 가져야 합니다. 오늘도 제자다운 삶을 실천 하십시오.

- 주님, 저의 모든 삶의 방향이 주님을 향하게 하소서!

오늘 특별 적용	
오늘 특별 감사	

089

거절에 대한 태도

누가복음 9장 51절부터 56절 읽기.
❶ 예수님께서 어떤 결심을 하셨는가?(51)
❷ 예수님을 받아들이지 않은 사마리아 사람들에게 야고보와 요한이 어떻게 하기를 원하였는가?(54)

중국을 통일하고 유럽까지 정복한 칭기즈 칸은 사냥을 위해 매를 한 마리 키 웠습니다. 그는 매를 매우 사랑했고 마치 친구처럼 함께 다녔습니다.

하루는 사냥을 조금 멀리까지 떠났다 궁으로 돌아오는 길에 칸은 목이 말라 샘을 찾았습니다. 투구에 물을 받아 마시려는 데 갑자기 매가 날아와 손을 쳐 물을 쏟게 만들었습니다.

"아무리 짐승이지만 키워준 은혜도 모른단 말인가"며 화를 낸 칸은 떨어진 투구를 주워 다시 샘물을 떴습니다. 그런데 매가 다시 날아와 손을 쳤습니다. 칸은 너무 화가 나서 그만 칼을 뽑아 매를 찔렀습니다. 그리고 다시 물을 뜨려 는 순간 샘물에 독사가 빠져 죽은 것을 보았습니다. 칸은 자신이 화를 참지 못 해 생명을 구해준 매를 오히려 죽인 것을 크게 평생 후회했다고 합니다.

상대의 태도를 잘못 이해하면 이처럼 분노가 생기고, 큰 실수를 범하게 됩 니다.

누가복음 9장 51절부터 56절에는 사마리아 지역 사람들이 예수님이 예루살 렘으로 가신다는 이유로 받아들이지 않고 냉담하게 말했습니다. 야고보와 요 한은 화가 나서 "하늘에서 불을 내려 사람들을 태워버릴까요?"라고 예수님께 물었다가 꾸지람을 받았습니다.(54,55절) 우리는 이 장면을 통해 거절을 지혜 롭게 대처하는 세 가지 태도를 배울 수 있습니다.

첫째, 감정적으로 대처해서는 안 됩니다.
야고보와 요한은 우뢰의 아들이라는 별명을 가질 만큼 성격이 급하고 불같았 습니다. 예수님의 제자가 되어서도 옛 성질을 이기지 못하고 사마리아 사람 들의 거절에 감정적으로 대처했습니다. 그러나 복음은 감정적인 것이 아니라 감정을 넘어서는 것입니다. 아무리 무례한 거절이더라도 자신을 다스려 감정 적으로 대처하지 마십시오.(갈5:22)

둘째, 분별없이 대처해서는 안 됩니다.

어떤 번역본에는 요한과 야고보의 말이 "엘리야처럼 하늘에서 불을 내려다가"로 되어있습니다. 그렇다면 요한과 야고보는 자신들을 선지자 엘리야에 비교한 것입니다. 그러나 엘리야가 하늘에서 불을 내렸던 상황과는 매우 다른 상황이었습니다. 분노로 상황을 제대로 분별하지 못한 것입니다. 아전인수 격으로 상황을 해석하지 마십시오. (신39:29/히5:14)

셋째, 사랑의 마음으로 대처해야 합니다.

예수님께서는 몇 번이나 자신을 거부한 예루살렘에 이르러서도 탄식하셨고, 눈물을 흘리셨고, 안타까워 하셨습니다. 이처럼 상대의 거절에도 분노와 무례로 대처하는 것이 아니라 사랑으로 대처해야 합니다. 기분과 감정이 아닌 하나님의 인도하심을 따르십시오. (마5:39/엡5:8)

오늘 본문을 통해 거절을 지혜롭게 대처하는 세 가지 방법을 배웠습니다. 무례한 거절과 냉담한 태도라도 끝가지 사랑의 마음으로 다가가야 사람들을 변화시킬 수 있습니다.

오늘도 지혜롭게 어려움에 대처하며 사랑의 영향력을 끼치십시오.

- 주님, 모든 감정보다도 사랑이 우선이게 하소서!

오늘 특별 적용	
오늘 특별 감사	

090

전도의 속성

누가복음 10장 1절부터 24절 읽기.
❶ 추수할 일군들을 채우기 위한 방법은 무엇인가?(2)
❷ 주님이 우리를 세상에 보내실 때 누구를 누구에게 보냄과 같다고 하셨는가?(3)

동유럽의 선교에 평생을 바친 리차드 범브란트 목사님은 살아있는 순교자로 불립니다.

목사님은 루마니아가 공산국가였을 때 복음을 증거하러 비밀리에 들어갔다가 비밀경찰에 붙잡혀서 모진 고문을 당해 수차례 죽을 고비를 넘겼습니다. 그러나 목사님은 고문을 당하면서도 경찰들에게 복음을 전했다고 합니다. 심한 고문에 기절을 당해도 정신을 차리자마자 '조금 전에 내가 어디까지 말했지요?' 라고 하면서 계속해서 복음을 전했다고 합니다. 전도가 얼마나 중요한 것인지, 구원이 얼마나 소중한 것인지 아는 사람들은 이처럼 물불을 가리지 않고 복음을 전하게 됩니다.

누가복음 10장 1절부터 24절에는 예수님이 제자 70명을 뽑아 전도자로 파송하신 사실이 기록되어 있습니다. 말씀을 따라 전도하던 제자들은 귀신이 굴복하고 영혼이 돌아오는 기쁨을 맛보았습니다. 우리는 이 말씀을 통해 전도의 중요한 세 가지 속성을 마음에 새겨야 합니다.

첫째, 모든 그리스도인은 하나님의 전도자입니다.
예수님은 특별히 70인을 파송하셨지만, 전도는 특별한 사람에게만 맡겨진 은사가 아닙니다. 추수할 것은 많지만 일꾼은 부족하다고 주님은 말씀하셨습니다. 그리스도인이라면 누구나 전도의 의무가 있다는 것을 잊지 마십시오.(눅 10:2절/요4:38)

둘째, 전도는 하나님의 능력으로 하게 됩니다.
예수님은 전도자를 이리 가운데로 보내는 어린양으로 표현하셨습니다. 그러나 걱정할 것 없음은 동시에 하나님의 권능을 함께 주셨기 때문입니다. 이 권능으로 우리는 모든 어려움을 감당할 수 있습니다. 전도하며 일어날 여러 일

들에 대해서 미리 걱정하지 마십시오. (마10:18-20/눅10:9)

셋째, 외적인 결과에만 치중해서는 안 됩니다.
전도를 통해 제자들이 귀신의 항복을 목격했듯이 오늘 날도 전도를 통해 병
고침이나 폭발적인 부흥이 일어납니다. 그러나 이런 보이는 모습으로만 열매
를 판단하면 쉽게 흥분하는 만큼 쉽게 지칩니다. "귀신을 내쫓는 것"과 같은
외적인 성과가 아니라 "이름이 생명책에 기록된" 구원의 기쁨으로 인한 내적
인 기쁨으로 전도를 해야 합니다. 내면의 기쁨에 더욱 주목하십시오. (눅10:20
절/갈6:9)

오늘 본문을 통해 전도에 대한 중요한 세 가지 속성을 배웠습니다. 하나님의
능력을 체험하는 가장 쉬운 방법은 전도입니다.
오늘도 주님을 증거하며 사십시오.

- 주님, 때를 얻든지 못 얻든지 복음을 전하게 하소서!

오늘 특별 적용	
오늘 특별 감사	

091

진정한 참된 이웃

누가복음 10장 25절부터 37절 읽기.
❶ 율법사가 예수님에게 질문을 한 의도는 무엇입니까?(25,29)
❷ 당신의 이웃은 누구입니까? 또한 예수님이 말씀하신 것처럼 이웃에게 하고 있습니까?(36,37)

미국 디트로이트에서 끔찍한 일이 벌어진 적이 있습니다.

한 건장한 체구의 남자가 사소한 시비로 여자를 마구 때려 죽게 한 것입니다. 사건이 일어난 곳은 벨아일 브리지라는 다리 위인데 차가 심하게 막혀 도로 위에 차들이 가득 서 있었다고 합니다. 수천 명이 지켜보고 있었지만 아무도 죽어가는 그녀를 위해 말리지 않았습니다.

사람들은 '디트로이트가 미쳤다' 며 당시의 목격자들을 격하게 비난했습니다. 그러나 심리학자들은 목격자가 많을수록 사람들의 의식이 강하게 묶이기 때문에 남을 도와주기가 선뜻 힘들었을 것이라고 옹호했습니다. 실제로 당시에 그 사건을 목격한 사람들은 심한 양심의 가책을 느꼈고 오랫동안 정신과 치료를 받았습니다. 그러나 단 한 명이라도 나서는 사람이 있었다면 모든 사람들이 나서서 그녀를 도왔을 것이라는 말도 덧붙였습니다.

사회에 선한 작용을 하는 기폭제가 그리스도인이 되어야 합니다. 마음에 부담이 느껴질 때, 누군가 하겠지 라는 생각이 들 때가 바로 나서서 도와야 할 때임을 기억하십시오.

누가복음 10장 25절부터 37절에는 선한 사마리아인의 비유가 나옵니다. 예수님은 '어떡하면 영생을 얻습니까? 라는 율법교사의 대답에 하나님과 이웃을 전심으로 사랑하라고 대답하셨습니다. 율법교사는 그렇다면 이웃이 누구인지 물었고 예수님은 비유로 대답하셨습니다. 우리는 이것을 통해 참된 이웃에 대한 세 가지를 사실 배울 수 있습니다.

첫째, 참된 이웃은 거리와 상관이 없습니다.

강도당한 사람은 예루살렘에서 나온 것으로 보아 유대인이었을 것입니다. 그러나 같은 민족인 레위인과 제사장은 오히려 못 본 체 지나가 버리고 더욱 먼 지역에 사는 사마리아인이 도움을 주었습니다. 이웃이 되는데 거리감은 필요 없습니다. 인종, 지역, 나이 모든 장벽을 넘어서 도움이 필요한 사람의 이웃이 되십시오.(잠3:28/마5:41)

둘째, 참된 이웃은 신분이나 지위와 관계가 없습니다.
사회적인 신분이나 학식은 사람을 변화시키지 못합니다. 제사장과 레위인은 사회적으로 큰 존경을 받고 성경을 잘 아는 사람들이었지만 사랑을 실천하지 못했습니다. 이웃이 되는 조건은 학식과 지위가 아니라 사랑임을 기억하십시오.(잠11:12)

셋째, 참된 이웃은 사랑을 베풉니다.
강도만난 사람을 치료해 준 사람은 유대인들이 혼혈, 잡종이라며 멸시하던 사마리아인이었습니다. 그러나 사마리아인은 그런 생각을 떠올리며 고소해하지 않고 측은한 마음으로 극진히 보살폈습니다. 희생도 기꺼이 감내하는 사랑으로 참된 이웃이 되십시오.(잠3:29/고후2:8)

오늘 본문을 통해 참된 이웃에 대한 세 가지 사실을 배웠습니다. 예수님을 닮아가고, 말씀을 실천하는 삶을 살다보면 자연스레 참된 이웃의 삶을 살게 됩니다.
오늘도 이웃에게 참된 사랑을 베풀며 사십시오.

- 주님, 참된 이웃이 되어주는 삶을 살게 하소서!

오늘 특별 적용	
오늘 특별 감사	

092

인생과 일에 대한 교훈

누가복음 10장 38절부터 42절 읽기.
❶ 예수님을 집으로 초청한 뒤 마르다와 마리아는 무엇을 하고 있었습니까?(39,40)
❷ 당신은 누가 더 옳다고 생각하고 그 이유는 무엇입니까? 예수님은 뭐라고 말씀하셨습니까?(42)

1956년에 에콰도르 정글의 아우카 부족에게 복음을 전하려는 다섯 명의 젊은이들이 선교를 갔다 모두 죽었습니다.

순교한 사람들 중에 한 명인 짐 엘리엇은 죽기 전에 "영원한 것을 얻기 위해서 영원히 가질 수 없는 생명을 바치는 사람은 지혜로운 사람이다"라는 편지를 썼습니다.

언젠가는 사라질 이 땅에서의 생명을 바쳐, 영원할 천국의 생명을 구하는 사람은 정말로 지혜로운 사람입니다.

누가복음 10장 38절부터 42절에는 마르다가 예수님을 영접하는 장면이 나옵니다. 마르다는 주방에서 음식을 준비하느라 바빴는데 동생인 마르다는 일을 돕지 않고 예수님의 말씀을 듣고 있었습니다. 마르다는 이를 못마땅하게 여겨 예수님께 불만을 토로했습니다. 우리는 여기에서 인생과 일에 대한 세 가지 교훈을 알아 볼 수 있습니다.

첫째, 일의 우선순위를 잘 세워야 합니다.
인생을 살다보면 해야 될 수많은 일들이 있습니다. 공부, 직장, 교회 생활, 친구 관계... 등 많은 일들 사이에서 우선순위를 제대로 세워야만 만족스런 인생을 살 수 있습니다. 예수님은 자신을 위해 식사를 준비하는 마르다보다도 자신의 말을 듣는 마리아가 더 좋은 편을 택했다고 말씀하셨습니다. 나에게 필요하고 중요한 일이 무엇인지 먼저 생각한 뒤 계획하십시오.(마6:33,23:26)

둘째, 세상의 모든 것은 소멸됩니다.
모든 사람들이 일류 대학을 가고, 좋은 기업에 들어가고, 많은 돈을 벌어 편안한 노후를 보내는 것을 바라고, 또 목표로 삼습니다. 그러나 세상적인 모든 것은 결국 사라집니다. 아무리 큰돈도, 큰 권력도, 죽으면 모두 사라집니다. 이

보다는 하나님의 의를 더욱 중요하게 여기는 것이 현명한 삶입니다. 예수님은 자신의 말을 듣는 마리아는 빼앗기지 않을 것이라고 말씀하셨습니다. 먼저 그 나라와 의를 구하십시오.(눅10:42/롬8:21)

셋째, 무슨 일이든지 감사하는 마음으로 해야 합니다.
마르다는 예수님을 위해서 부엌에서 바쁘게 일했지만 감사하는 마음이 없었습니다. 동생인 마리아가 예수님 발아래 앉아 말씀을 듣고 있는 것을 보고는 심기가 불편해 일이 바쁘니 어서 자신을 도우라고 했습니다. 감사하는 마음이 없을 때 남이 밉게 보이고 불평이 나옵니다. 무슨 일이든지 감사하는 마음이 그 속에 있어야 합니다. 모든 일에 감사를 담으십시오.(엡1:16/살전5:18)

오늘 본문을 통해 인생과 일에 대한 세 가지 교훈을 배웠습니다. 인생을 조금만 길게 보면 삶에서 정말로 중요한 것이 무엇인지 깨닫게 됩니다. 그것은 썩어질 물질이 아니라 영원한 하나님의 의입니다.
오늘도 불평과 비교가 아닌 감사와 기쁨으로 사십시오.

- 주님, 언제나 영적인 것을 먼저 추구하게 하소서!

오늘 특별 적용	
오늘 특별 감사	

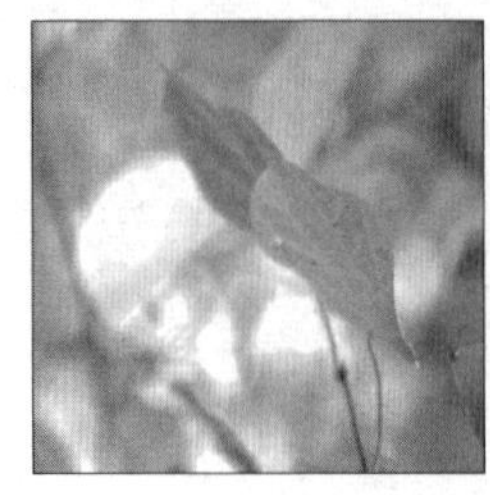

093

바르게 기도하는 방법

누가복음 11장 1절부터 13절 읽기.
❶ 제자들이 주님께 요구한 것은 무엇이었습니까?(1)
❷ 예수님은 제자들에게 어떤 기도를 가르쳐주셨습니까? 당신은 이것을 위해 매일 기도하고 있습니까?(2~4)

US News와 Belief.net에서 그리스도인들의 기도 생활에 대해서 설문조사를 했습니다.

조사 결과 하루에 한 번 이상 기도하는 그리스도인은 70%였고 가장 많이 하는 기도 내용은 감사, 건강, 하나님의 보호, 믿음의 성장, 관계, 재물 순이었습니다.

또 사람들은 기도가 응답받지 못할 때 큰 실망에 빠진다고 했는데, 기도가 응답받지 못하는 이유가 '하나님의 계획이 아니어서' 라고 80%에 가까운 사람들이 생각했습니다.

기도를 하는 것은 중요하지만 올바른 기도를 하는 것은 더욱 중요합니다. 바른 기도를 할 때 바른 응답이 옵니다.

누가복음 11장 1절부터 13절에는 예수님께 기도하는 방법을 알려달라고 말하는 제자들이 나옵니다. 요한은 자기 제자들에게 기도하는 법을 가르쳤었는데 열두 제자들도 예수님에게 기도하는 법을 배우기를 원했습니다. 우리는 예수님이 가르쳐주신 기도문을 통해 바르게 기도하는 세 가지 방법에 대해서 배워볼 수 있습니다.

첫째, 하나님의 나라와 영광을 위해 기도해야 합니다.
예수님은 가장 먼저 하나님의 이름을 거룩히 하고, 그 나라의 임재에 대해서 말씀하셨습니다. 하나님의 나라와 그 의를 구하는 것이 우리 기도의 주된 목적이 되어야 합니다. 기도로 먼저 하나님의 이름을 높이고 그 나라의 임재를 구하십시오.(마6:8,9)

둘째, 매일 감사해야 합니다.
주님은 우리에게 모든 것을 주시는 분입니다. 매일 먹는 양식과 의복, 거할 집

역시 주님께서 주셨기에 누리고 있는 것입니다. 그 사실을 아는 우리들은 매일 감사해야 합니다. 또한 큰 죄를 모두 용서하신 주님의 용서를 기억하고, 이와 같이 다른 사람을 용서해야 합니다. 기도로 주님께 감사를 드리고 이웃을 중보 하십시오.(고전15:57/고후4:15)

셋째, 은혜를 구해야 합니다.
하나님이 예수님을 통해 우리의 죄를 사해주셨다는 사실을 한 시라도 잊어선 안 됩니다. 매일 기도함으로 그 은혜를 생각하고 감사해야 합니다. 겸손한 마음으로 주님께 아뢸 때 우리 삶에 은혜가 넘치고, 모든 시험을 이길 힘이 생깁니다. 기도로 주님의 은혜를 구하십시오.(고전1:3/고후8:4)

오늘 본문을 통해 바르게 기도하는 세 가지 방법에 대해서 배웠습니다. 기도를 통해 우리는 언제 어디서나 하나님과 교제할 수 있습니다.
오늘도 바르게 기도하며 주님의 능력을 체험하며 사십시오.

- 주님, 기도를 통해 하나님과의 교제가 늘 이어지게 하소서!

오늘 특별 적용	
오늘 특별 감사	

094

마음을 지킬 수 있는 방법

누가복음 11장 14절부터 36절(마12:22-37/막3:19-30참조)읽기.
❶ 주님께서 행하시는 능력은 누구의 힘에서 나오는 것인가?(17~20)
❷ 주님이 행하신 능력을 통해 우리가 확신할 수 있는 한 가지 사실은 무엇입니까?(20)

Capernwray 성경 연구소의 학장인 찰스 프라이스는 학생 시절 돈을 아끼려고 유흥가 골목에 월세가 싼 집을 마련했습니다. 따라서 자연스레 술 취한 사람들을 많이 보게 되었는데 이들에게 모두 세 가지 공통적인 특징이 있다는 것을 알게 되었습니다.

첫째로 술 취한 사람은 걷는 방식이 특이했습니다. 심하게 취한 사람들은 몇 걸음도 똑바로 걷지 못하고 벽이나 가로등에 기대어 쉬곤 했습니다.

둘째로 불분명한 말이었습니다. '지금 몇 시지?' 와 같은 일상적인 말도 술 취한 사람들의 발음은 불분명했습니다.

셋째로 냄새였습니다. 술 취한 사람들은 잠시 스치기만 해도 술 냄새가 물씬 풍겼습니다.

성령 충만한 사람도 이와 같은 특징을 갖고 있습니다. 성령 충만한 사람의 발걸음은 언제나 복음을 모르는 사람들에게 향하며, 입에서는 사랑과 축복이 나오고, 스치기만 해도 그리스도의 향기를 풍깁니다.

누가복음 11장 14절부터 26절에는 예수님을 귀신의 왕이라고 비난하는 사람들이 나옵니다. 예수님은 이에 대해서 마귀도 자신들의 나라를 세우기 위해서 귀신과 협력해서 일한다고 말씀하시고, 마음을 깨끗이 하면 악한 것이 더욱 틈타니, 이보다 강한 성령으로 채워야 한다고 가르치셨습니다. 우리는 이 말씀을 통해 마음을 지킬 수 있는 세 가지 방법을 알아야 할 필요가 있습니다.

첫째, 마음을 성령으로 채우십시오.
사람들은 마음을 비워야 한다고 말하지만 정말로 중요한 것은 채우는 것입니다. 텅 빈 마음엔 다른 것들이 쉽게 들어올 수 있기 때문입니다. 그러나 하나님의 성령으로 가득찬 마음에는 어떤 것도 틈탈 수가 없습니다. 마음을 성령으로 가득 채우십시오.(갈5:25/딤후1:14)

둘째, 화합해야 합니다.

마귀와 귀신도 자신들의 나라를 세우기 위해 서로 화합을 합니다. 성도들 사이에 깊은 교제와 하나 된 연합이 세워질 때 마귀가 들어올 틈이 사라지게 됩니다. 관계가 틀어진 틈 사이에 악한 생각이 들어온다는 사실을 항상 기억해야 합니다. 모든 성도는 예수님께 연합된 한 지체임을 잊지 마십시오.(잠16:7/롬12:15-18)

셋째, 믿음의 중심이 있어야 합니다.

예수님을 비판하는 무리들이 더욱 많은 기적을 추구했습니다. 그들은 예수님의 능력을 보고도 믿지 않았으면서, 주님을 시험하기 위해 계속해서 이적을 요구했습니다. 그러나 믿음의 가장 큰 이적은 우리의 영혼이 구원받음으로 영생을 얻는 것입니다. 병을 아무리 고침 받아도 결국은 죽습니다. 나의 죄를 위해 예수님이 돌아가셨다는 사실이 가장 큰 기적임을 믿으십시오.(행3:16/롬3:22)

오늘 본문을 통해 마음을 지켜주는 세 가지 방법을 배웠습니다. 예수님을 시험하는 악한 무리의 길을 따르지 말고, 서로 사랑으로 연합하는 제자로써의 삶을 살아야 합니다.

오늘도 성령님의 이끄심에 온전히 순종하며 사십시오.

- 주님, 성령 충만한 삶을 위해 살아가게 하소서!

오늘 특별 적용	
오늘 특별 감사	

095

화를 피하는 방법

누가복음 11장 37절부터 54절 읽기.
❶ 주님께서 바리새인들을 책망하시는 것을 보고 서기관들이 어떤 반응을 하였는가?(45)
❷ 주님께서 서기관들에게 어떤 책망을 하셨는가?(46)

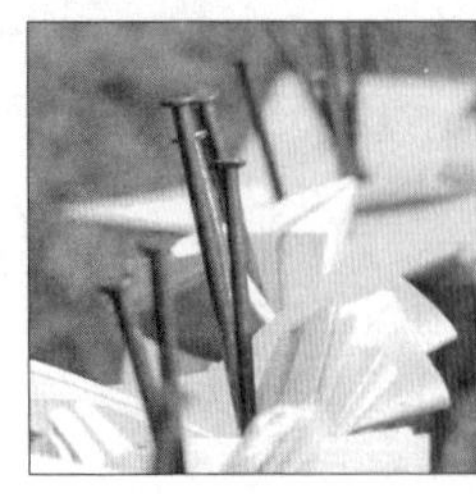

장대높이뛰기는 높이의 한계에 도전하는 스포츠입니다.

장대높이뛰기를 높이뛰기 위해선 첫째 먼저 장대를 잘 다룰 줄 알아야 합니다. 선수가 사용하는 장대에는 정해진 규격이 없기 때문에 기다란 장대를 쓸수록 유리합니다.

둘째로는 장대를 놓는 순간입니다. 장대를 딛고 최고점에 도달한 순간 장대를 놓아야만 장대의 높이 보다 더 올라 바를 건들지 않고 넘을 수가 있습니다. 아무리 긴 장대를 쓰더라도 딛고 올라 제대로 놓지를 못한다면 기준 바를 건드려 실패하고 맙니다.

율법도 이와 같습니다. 어느 순간이 되면 장대를 놓아야 하는 것처럼 그리스도를 영접하는 순간 율법에 매여 있을 필요가 없습니다. 예수님을 통해 율법의 정신을 자연스레 깨닫고 실행하게 되기 때문입니다.

누가복음 11장 37절부터 54절에는 바리새인과 율법사들을 혹독하게 책망하신 예수님의 이야기가 기록되어 있습니다. 예수님은 율법의 한 글자, 한 글자에 메여있는 바리새인들을 향해 '화 있을진저' 라고 여섯 번이나 말씀하셨습니다. 우리는 이 말씀을 통해 화를 피하는 세 가지 방법을 알아야 합니다.

첫째, 위선을 버려야 합니다.

바리새인들의 외형은 매우 거룩해보였지만 그 속은 썩어있었습니다. 예수님은 그들의 겉모습은 상 위의 잔처럼 깨끗하지만 그 속은 탐욕과 악독이 가득하다고 질책하셨습니다. 세상에서의 모습과, 신앙생활이 서로 다른 것이 위선입니다. 위선을 버리고 어디서나 거룩한 삶을 사십시오.(막7:6/눅11:39)

둘째, 교만을 버려야 합니다.

바리새인들이 겉으로 거룩하게 보이려고 노력했던 것은 다른 사람에게 존경을 받고 스스로 자랑하기 위해서였습니다. 그들은 또 자신들의 행위를 옳게 하려고 다른 사람들은 경멸하고 업신여겼습니다. 예수님은 이들에게 가난한 자를 돕고, 하나님을 사랑하라고 말씀하셨습니다. 이웃에게 겸손으로 베푸십시오.(신31:27)

셋째, 악행을 버려야 합니다.
우리는 형제를 실족케 하지 말고, 모든 사람들에게도 본이 되는 삶을 살아야 합니다. 우리의 잘못된 행동으로 인해 다른 사람의 진리의 길이 막힐 수도 있기 때문입니다. 자신도 믿지 않을뿐더러 남들도 믿지 못하게 함으로 율법 교사들은 책망을 당했습니다. 악행을 버리고 거룩한 삶을 사십시오.(사1:16,17)

오늘 본문을 통해 화를 피하는 세 가지 방법을 배웠습니다. 우리가 그리스도를 따라 살려고 노력할 때 자연히 다른 사람들도 복음을 받아들이고 주님을 영접하게 될 것입니다.
오늘도 진리 안에서 정직하고 겸손하게 사십시오.

- 주님, 주님을 의지함으로 나를 내려놓게 하소서!

오늘 특별 적용	
오늘 특별 감사	

096

그리스도인의 생활 태도

누가복음 12장 1절부터 12절 읽기.
❶ 주님께서 우리들에게 무엇을 주의하라고 하셨는가?(1)
❷ 하나님은 우리에게 어느 정도의 관심을 갖고 계시는가?(6,7)

벤저민 프랭클린이 가로등을 개발해 거리마다 설치하려는 계획을 세웠습니다. 이 소식을 들은 필라델피아 주민들은 '등불이 집 안에만 있으면 되지, 어째서 쓸데없이 에너지를 낭비하느냐' 며 계획을 반대했습니다.

벤저민은 사람들의 반응이 너무 거세지자 그럼 시범 삼아서 1주일 동안만 밤에 모든 가정에서 현관에 등불을 켜보자고 제안했습니다. 처음엔 그마저도 많은 사람들이 거절해 몇몇 집에서만 밤에 등불을 켜놓았습니다.

그런데 거리에 등불을 두니까 밤에도 길을 정확히 알 수 있었고, 장애물에 치이거나 걸려 넘어지지도 않고 시내가 밝았습니다. 멀리서도 방향을 알 수 있었고 범죄율도 낮아졌습니다.

결국 점점 더 많은 사람들이 등불을 밤에 켜놓았고, 몇 달 후에는 모두들 가로등 설치를 환영하게 되었습니다.

빛은 어둠을 밝게 비춥니다. 진리의 밝은 빛은 절대 가려지지 않고 많은 사람들을 옳은 길로 인도합니다.

누가복음 12장 1절부터 12절에서 예수님은 세상의 눈치를 보지 말고 말씀을 따라 진리를 전파하라고 말씀하셨습니다. 진리를 훼방하는 자들이 육신을 죽일지 몰라도 영은 죽이지 못하기 때문입니다. 이 말씀에서 우리는 그리스도인의 세 가지 생활태도를 살펴볼 수 있습니다.

첫째, 염려하지 말아야 합니다.

전지하신 하나님께서 모든 것을 아시고, 전능하신 능력으로 인도하시므로 말에서나 행동에서나 모든 것을 책임지시는 주님께 의뢰하고 염려하지 않아도 됩니다. 어떤 일에든 염려하지 말고 미리 감사하십시오. (출20:2/ 요16:13)

둘째, 모든 것이 하나님의 섭리임을 알아야 합니다.

하나님은 우리의 머리카락 하나하나도 다 헤아리시며, 하나님의 허락하심이 없으면 참새 한 마리도 떨어지지 않는다고 하셨습니다. 이해할 수 없을 정도의 사고와 고통이 찾아와도 시간이 흐르고 나면 그 안에 담긴 하나님의 뜻이 있음을 깨닫게 됩니다. 불안 가운데 있는 영혼들에게도 참된 평화의 복음을 전하십시오.(마6:10/고전4:5)

셋째, 예수님을 시인하는 생활을 해야 합니다.
예수님을 믿으며 시인하지 않거나, 시인하고서도 행동하지 않는 것은 위선입니다. 예수님을 증거하는 가장 좋은 방법은 말과 행동으로 보여주는 것입니다. 이는 특별한 것이 아니라 주님을 믿는다면 자연스럽게 일어나는 결과입니다. 말과 행동으로 주님을 시인하십시오.(마10:32/딛1:16)

오늘 본문을 통해 그리스도인의 세 가지 생활태도를 배웠습니다. 주님이 우리의 모든 것을 인도하시므로 우리는 평생 걱정 없이 감사와 기쁨만을 드려야 합니다.
오늘도 세상의 모든 염려를 주님께 맡기며 사십시오.

- 주님, 세상을 밝게 비추는 복음의 등불이 되게 하소서!

오늘 특별 적용	
오늘 특별 감사	

097

지혜로운 사람의 특징

누가복음 12장 13절부터 34절 읽기.
❶ 우리가 생존할 수 있는 것은 우리의 노력 때문인가? 아니면 하나님의 돌보심 때문인가?(24,28)
❷ 우리의 모든 필요를 채워주시는 좋으신 하나님께서 우리에게 무엇을 원하시는가?(33)

중국 고전 한비자의 '수주' 편에 이런 이야기가 나옵니다.

송나라의 한 농부의 밭에 나무를 베어내고 남은 그루터기가 있었습니다.

하루는 토끼가 실수로 거기에 부딪혀 죽었습니다.

농부는 '아, 여기를 지키고 있으면 토끼를 계속해서 잡을 수 있겠구나'라고 생각한 뒤 농사를 그만 두고 그루터기 옆에 자리를 펴고 앉았습니다.

그러나 며칠이 지나도 토끼 구경도 할 수 없었고 마을 사람들의 큰 비웃음만 샀습니다.

힘든 농사일을 하기 싫어하는 마음이 요행을 계속 바라는 마음을 만든 것입니다.

욕심에만 사로 잡혀, 상황을 제대로 파악하지 못할 때 사람은 어리석어집니다.

누가복음 12장 13절부터 34절에는 어리석은 농부의 비유가 나옵니다. 예수님은 이 비유를 통해 '무엇을 추구하며 살아야 하는지'를 말씀하셨고, 삶의 원리를 가르쳐주셨습니다. 우리는 여기에서 지혜로운 사람의 세 가지 특징을 배울 수 있습니다.

첫째, 바른 지식이 있습니다.

비유에 나오는 부자는 물질적인 것에만 관심을 가졌습니다. 그러나 재물의 주인은 하나님입니다. 우리는 잠시 그것을 맡고 있는 청지기입니다. 부자는 이것을 알지 못했기에 재물을 선한 일에 사용하지 않고, 자신의 욕심을 채우고 과시하는 데에 사용했습니다. 생명은 그 소유의 넉넉한데 있지 않습니다. 하나님을 아는 것이 지식의 근본임을 깨달으십시오(잠1:7/눅12:15).

둘째, 믿음으로 삽니다.

예수님 믿는 것이 구원의 시작이고, 예수님을 따라 사는 것이 구원의 완성입니다. 예수님을 믿음으로 모든 생활이 일순간에 바뀌는 것이 아니라, 바뀌어 가는 것입니다. '의인은 오직 믿음으로 살리라' 는 말씀을 기억하십시오.(합 2:4/롬4:13)

셋째, 중심을 지킵니다.
사람은 본능적으로 남의 시선을 의식하게 됩니다. 따라서 원하지 않는 일이어도 다수가 그것을 바라면 보통은 따라가게 됩니다. 하지만 지혜로운 사람은 자신의 중심을 지킵니다. 불의에 타협하지 않고, 말씀에 어긋나는 일을 하지 않습니다. 중심을 지킴으로 자신의 일과 사명에 충실 하십시오.(잠4:23/사 26:9)

오늘 본문을 통해 지혜로운 사람의 세 가지 특징을 배웠습니다. 중심에 하나님이 있는 사람만이 재물의 노예가 되지 않고 그것들을 바른 데에 사용할 수 있습니다.
오늘도 주님을 최우선으로 생각하며 사십시오.

- 주님, 세상의 물결에 휩쓸리지 않고 진리의 중심을 굳게 하소서!

오늘 특별 적용	
오늘 특별 감사	

098

충성된 일꾼으로 사는 법

누가복음 12장 35절부터 48절 읽기.
❶ 주님을 기다리며 신실하게 생활하는 사람에게 어떤 축복이 있는가?(41~44)
❷ 제멋대로 살아가는 불성실한 사람은 어떤 벌을 받게 되는가?(45,46)

미국에 스탠더드 오일이라는 석유회사가 있습니다.

아치볼드는 그 회사의 말단 직원이었는데 회사를 정말로 사랑하는 사람이었습니다. 그는 자신이 다니는 스탠더드 오일의 모토인 '한통에 4달러'를 자신이 가는 곳마다 소개했습니다.

어디 가서 사람들과 통성명을 할 때도 "안녕하세요. 제 이름은 아치볼드입니다. 그리고 저희 회사는 석유가 한통에 4달러입니다."라고 했습니다.

서명을 할 때도 "아치볼드, 한통에 4달러-스탠더드 오일"이라고 적었습니다. 이렇게 회사를 사랑하는 그의 이야기는 곧 회장인 록펠러에게 들어갔고, 아치볼드는 말단 사원에서 경영자로 승진하게 됐습니다. 그 이후 눈부신 실적을 거두었습니다.

충성심이 있을 때 우리는 헌신하게 됩니다. 성공을 위해 회사에 충성하듯 그리스도인들은 더욱 주님께 충성해야 합니다.

누가복음 12장 35절부터 48절에는 주님의 재림을 기다리며 살아가는 종의 자세에 대한 말씀이 기록되어 있습니다. 생각지 못할 때에 오실 주님을 대비하고 늘 깨어있으라고 주님은 말씀하셨습니다. 우리는 이를 통해 충성된 일꾼으로 살아가는 세 가지 교훈을 살펴 볼 수 있습니다.

첫째, 깨어서 예비해야 합니다.
주인의 명령에 즉각 순종하기 위해서 종은 부지런해야 합니다. 종의 일은 자기 하고 싶은 것을 하는 게 아니라 주인의 일을 돕고 예비하는 것입니다. 주인이 밤에 온다고 할지라도 깨어서 기쁘게 맞아야 합니다. 때를 예비함으로 주님의 마음을 흡족하게 하십시오.(막13:33/살전5:6)

둘째, 지혜 있고 진실해야 합니다.

종은 주인이 맡긴 일을 지혜롭게 해결할 줄 알아야 합니다. 마지못해 일을 하거나 조잡한 눈속임으로 속여서는 안 됩니다. 성령님의 지혜를 따라 슬기롭게 주님의 심정을 헤아릴 줄 알아야 합니다. 진실한 마음으로 지혜롭게 주님의 일을 하십시오.(고전5:8/빌1:10)

셋째, 맡겨진 만큼 충성해야 합니다.
주님께서는 "많이 받은 자에게는 많이 찾을 것이요. 많이 맡은 자에게는 많이 달라 할 것이니라"고 하셨습니다. 많은 은사를 받고 하나님의 뜻을 알고도 예비하지 않으면 '벌을 받게' 됩니다. 은혜의 분량에 맞는 겸손하고 충성된 종이 되십시오.(고전4:2/계2:10)

오늘 본문을 통해 충성된 일꾼으로 살아가는 세 가지 교훈을 배웠습니다. 노아 때의 세상 사람들처럼 세월을 낭비하지 말고 항상 주님을 기다리며 예비하는 삶을 살아야 합니다.
오늘도 주님을 맞이하는 데에 부끄럼 없게 사십시오.

- 주님, 마음을 다해 헌신하는 충성된 일꾼이 되게 하소서!

오늘 특별 적용	
오늘 특별 감사	

099

시대를 분별하는 지혜

누가복음 12장 39절부터 59절 읽기.
❶ 주님께서는 우리들에게 무엇을 분별하라고 말씀하셨는가?(54~57)
❷ 주님께서는 우리가 어떤 인간관계를 맺기 원하시는가?(58,59)

미국 서부시대에 있었던 이야기입니다.

한 농부가 큰 밭을 가지고 있었는데 몇 달 전부터 한 곳에서 심하게 악취가 나기 시작했습니다. 악취는 점점 심해져 밭에 시커먼 웅덩이까지 생겼고 농부는 이 밭이 더 상하기 전에 빨리 다른 사람에게 팔아야겠다고 생각했습니다.

머리를 쓴 농부는 악취가 나는 웅덩이를 흙으로 덮어 눈속임을 한 뒤 밭을 빨리 팔아버렸습니다.

밭을 판 그날 밤 농부는 친구들을 모두 불러 기뻐하며 파티를 벌였습니다. 그런데 농부는 몇 주가 되지 않아 자신의 실수를 깨달았습니다.

자신이 팔았던 그 땅에서 유전이 터졌기 때문입니다. 악취가 나는 웅덩이에선 석유가 배어나오고 있었습니다. 농부는 손해를 보지 않으려는 급급한 마음에 진짜 값진 것을 구별하지 못했습니다.

마찬가지로 눈에 보이는 세상이 전부라고 생각할 때 정말 값진 천국을 보지 못하게 됩니다.

누가복은 12장 49절부터 59절에서 예수님은 시대를 분별하라고 말씀하십니다. 아울러 우리의 경각심을 일깨워 주셨는데, 시대의 징조를 보고 옳은 것을 분간하라고 말씀하셨습니다. 우리는 여기에서 시대를 분별하는 세 가지 지혜를 기억할 필요가 있습니다.

첫째, 마귀와의 싸움이 있습니다.

이 땅에 복음의 씨앗이 뿌려지고, 하나님의 나라가 확장하는 동안 마귀도 그것을 막기 위해 모든 수단을 강구합니다. 이 세상에는 하나님의 나라가 확장되는 것과 그것을 막으려는 마귀와의 치열한 전투가 벌어지고 있습니다. 세상의 그릇된 문화와, 가치관, 모든 유혹들은 그래서 생기는 것입니다. 마귀의 유혹을 분별하십시오.(딤후4:7/계20:8)

둘째, 복음은 승리합니다.

복음이 증거되고 영혼이 거듭날수록 하나님의 나라는 확장됩니다. 마귀는 이 것을 막기 위해 최선을 다하지만 사실 이미 승패가 결정된 싸움입니다. 예수 님이 십자가에서 돌아가시고 부활하시므로 이미 구원을 다 이루셨기 때문입 니다. 복음의 승리를 확신하십시오. (고전15:55-58/요일5:4)

셋째, 시대를 분별해야 합니다.

기상대에서 다음 날 날씨를 예측하듯이, 우리는 하나님의 말씀과 세상에서 일어나는 일들을 통해 시대를 분별할 수 있습니다. 성경이 말하는 지금의 때 가 어떤 때인지 분별하고, 그 때에 맞는 삶을 살아야 합니다. 지혜롭게 시대를 분별하십시오. (딤후2:15)

오늘 본문을 통해 시대를 분별하는 세 가지 지혜를 배웠습니다. 말씀에 비춰 세상을 바라보고, 주님의 말씀을 따르는 삶이 지혜로운 삶입니다. 오늘도 마지막 때에 합당한 삶을 살아가십시오.

- 주님, 때를 분별하는 지혜를 갖게 하소서!

오늘 특별 적용	
오늘 특별 감사	

100

회개에 대한 교훈

누가복음 13장 1절부터 9절 읽기.
❶ 사람들이 어떤 문제로 주님께 나아왔는가?(1)
❷ 주님은 그 문제에 대하여 어떻게 반응하셨는가?(2,3)

시카고의 멜 트라더는 심한 알코올 의존증 환자였습니다.

그는 하루 종일 손에서 술병을 놓지 않았습니다. 보호자 없이 혼자 방치된 그녀의 어린 딸은 세 살이라는 어린 나이에 죽었지만 멜 트라더는 딸의 장례식 날에도 취해 있었습니다.

멜 트라더는 누가 봐도 회복이 불가능한 사람이었습니다.

하지만 그런 멜 트라더가 예수님을 믿고 신앙을 가졌습니다.

그는 자신의 삶을 눈물로 회개하고, 자신과 같은 어려움을 겪는 사람들을 위해 새로운 삶을 살겠다고 결심했습니다. 이후 시카고에서 가장 유명한 전도자이자 갱생 치료자가 된 멜 트라더는 병원에서도 치료가 불가능하다고 판단한 천여 명의 알코올 의존증 환자들을 전도하고 새로운 삶을 살게 했습니다.

한 번의 회개가 큰 열매를 맺습니다. 회생 불가능해 보이는 사람들을 바꿀 수 있는 유일한 것이 바로 회개입니다. 회개는 사람을 죄에서 돌이켜 예수님께로 오게 합니다.

누가복음 13장 1절부터 9절에는 회개에 대한 예수님의 교훈이 기록되어 있습니다. 사람들은 빌라도의 문제에 대해서 지적했지만 예수님은 회개는 모든 사람이 해야 하는 것이라고 말씀하셨습니다. 우리는 이 말씀을 통해서 회개와 관련된 중요한 세 가지 사실을 알 수 있습니다.

첫째, 우리는 스스로를 살펴야 합니다.

예수님은 구약에 기록된 심판의 사실들을 보고 경계하라고 말씀하셨습니다. 심판의 결과를 그 사람의 잘못으로만 이해하지 말고, 나의 상황에 비추어보아 스스로를 살펴야 경건해 질 수 있습니다. 물론 모든 불행이 죄의 결과로 일어나는 것은 아닙니다. 불행한 사건들을 통해 스스로 살피십시오.(눅12:57/고전10:15)

둘째, 하나님은 오래 참으십니다.
비유에 나오는 무화과나무는 이미 오랫동안 열매를 맺지 못했습니다. 주인은 나무를 찍어버리려 했지만 과수원 지기의 부탁으로 한번의 기회를 더 주었습니다. 최후의 순간에도 한번 더 참으시는 것이 하나님의 인내입니다. 그러나 끝까지 열매를 맺지 못하는 나무는 찍어지게 되는 것을 기억하십시오.(딤전 1:16)

셋째, 하나님은 회개하기를 기다리십니다.
성경은 하나님이 '오래 참으사 아무도 멸망치 않고 다 회개하기에 이르기를 원하신다'고 말하고 있습니다. 하나님은 우리 모두가 회개함으로 주님 앞에 돌아오기를 바라십니다. 진실한 회개로 영을 살리고 하나님을 기쁘게 하십시오.(벧후3:9)

오늘 본문을 통해 회개와 관련된 중요한 세 가지 사실을 배웠습니다. 회개는 신앙의 시작입니다. 구원을 통한 진실한 회개가 이루어졌는지, 지금도 그 은혜에 감격하고 있는지 다시 한번 점검의 시간을 가지십시오.
오늘도 오래 참으시며 기다리는 주님께 감사하는 생활을 합시다.

- 주님, 참된 구원 기쁨을 누리며 살게 하소서!

오늘 특별 적용	
오늘 특별 감사	

101

그리스도인에게 필요한 기준

누가복음 13장 10절부터 21절 읽기.
❶ 주님께서는 하나님의 나라를 무엇에 비유하셨는가? 두 가지를 기록하라.(18~21)
❷ 비유 속에 나타난 하나님의 나라의 특징은 무엇인가?

영어 단어 중에 '살다, 생생한, 활기있는' 을 뜻하는 live라는 단어가 있습니다. 그런데 이 단어를 거꾸로 배열하면 '악행, 불행, 흉악' 을 뜻하는 evil이라는 단어가 됩니다.

하나님 말씀대로 바르게 살면 활력 있는 삶을 살지만 그것에 역행할 때 불행하게 됩니다. 하나님은 사람을 위해 안식일을 주셨는데, 바리새인들은 이것을 율법화 시켜서 오히려 사람을 속박했습니다. 철학자 키에르케고르는 "하나님이 주권자라는 것은 의심할 여지가 없지만 사람들이 기독교에 대한 것을 잘못 이용하고 있다"라고 했습니다.

이처럼 말씀에 담긴 하나님의 참 뜻을 아는 것은 매우 중요한 일입니다. 사람의 말과 생각이 아닌 순수한 하나님 말씀이 모든 기준이 되어야 합니다.

누가복음 13장 10절부터 21절에는 예수님이 안식일에 18년 동안 귀신들려 앓은 한 여인을 고쳐주신 사실이 기록되어 있습니다. 우리는 여기에서 그리스도인에게 필요한 기준 세 가지를 배울 수 있습니다.

첫째, 법보다 사랑이 우선입니다.
18년 동안 고생한 환자가 고침을 받았다면 환자 뿐 아니라 이웃들까지도 기뻐하며 주님께 감사를 드리는 것이 옳은 일입니다. 하지만 바리새인들은 오히려 안식일날 일을 했다고 예수님을 비난했습니다. 오늘날도 마찬가지로 교리와, 율법을 앞 세워 다른 성도들 정죄하고 힘들게 만들어서는 안 됩니다. 오직 사랑으로 덮고 이해하고, 격려하십시오.(고전13:13/유1:2)

둘째, 인정할 줄 알아야 합니다.
상대방의 말이 옳다면 인정할 줄 알아야 합니다. 바리새인들은 예수님의 대답이 옳은 것을 알았지만 자신의 자존심을 내려놓지 못했습니다. 그래서 더욱 예수님을 시기하고 해치려 했던 것입니다. 나만 옳다고 내세우는 것이 아니라 옳은 주장에는 겸손히 수용하는 태도를 보이십시오. (잠3:6/합2:14/롬3:28)

셋째, 하나님께 영광을 돌려야 합니다.
본문에 나오는 여인은 고침 받고 가장 먼저 하나님께 영광을 돌렸습니다. 또한 예수님의 모든 행동의 동기 역시 하나님께 영광을 돌리는 것이었습니다. 성경이 이처럼 하나님께 영광을 돌린 이야기를 자주 기술하고 있는 것은 이것이 우리 삶의 가장 중요한 것이며, 우리의 목적이 되어야 하기 때문입니다. 모든 성취를 통해 하나님께 영광을 돌리십시오. (대상16:28/시104:31)

오늘 본문을 통해 그리스도인에게 필요한 기준 세 가지를 배웠습니다. 사랑과 겸손함만이 사람들의 마음 문을 열고 변화시킬 수 있습니다.
오늘도 사랑이 담긴 시선과 마음으로 서로 품어주십시오.

- 주님, 남을 인정하고 사랑으로 세워주게 하소서!

오늘 특별 적용	
오늘 특별 감사	

102

마음에 새겨야 할 것

누가복음 13장 22절부터 30절 읽기.
❶ 그리스도인은 이 세상에서 어떤 삶을 살아야 하는가?(24)
❷ 신앙생활의 한 가지 특징은 무엇인가?(29,30)

에라스무스라는 학자의 시입니다.
「나를 놓아 당신을 붙잡게 하소서
내가 죽어 당신 안에서 살게 하소서
내가 시들어 당신 안에서 꽃피게 하소서
나를 비워 당신 안에서 풍성하게 하소서
내가 아무것도 아닌 것이 되어
당신 안에서 모든 것이 되게 하소서」
나를 의지하며 평소대로 사는 것이 쉬운 길이고 나를 포기하고 주님의 뜻대로 사는 것이 어려운 일입니다. 그러나 어려운 길을 선택할 때 차원이 다른 새로운 기쁨과 삶을 만나게 됩니다.

누가복음 13장 22절부터 30절에는 좁은 문으로 들어가기를 힘쓰라는 예수님의 말씀이 나와 있습니다. 많은 사람들이 구원을 위해 힘쓰지만 좁은 문을 선택하지 않으려 합니다. 우리는 본문을 통해 마음에 새겨야 할 중요한 세 가지를 배울 수 있습니다.

첫째, 좁은 문으로 들어가야 합니다.
예수님은 좁은 문을 들어가기 힘써야 된다고 하셨습니다. 여기서 좁은 문이란 자기 하고 싶은 대로 사는 삶이 아니라, 주님을 믿고, 말씀대로 행동하는 거룩한 삶을 뜻합니다. 마음대로 사는 것은 너무나 쉽습니다. 말씀에 순종하는 삶을 사십시오.(창13:9/눅13:24)

둘째, 구원은 모든 사람에게 열려있습니다.
예수님은 천국 잔치에 동서남북에서 사람들이 와서 참여한다고 하셨습니다. 이것은 곧 누구라도 믿기만 하면 복음을 얻는 것을 뜻합니다. 하나님의 사랑을 믿을 때 누구라도 잔치에 참여하게 되지만 거부할 때는 쫓겨나게 됩니다. 더 많은 사람들을 천국잔치로 초청하는 그리스도인이 되십시오.(행15:17/딤후4:17)

셋째, 허울뿐인 신앙은 버려야 합니다.
천국 잔치에 들어오지 못한 많은 사람들은 자신들이 주님과 함께 식사를 했으며, 직접 가르침을 받았다고 주장했습니다. 그러나 주님은 그들을 모른다고 하셨고, 행악하는 자라고 책망하셨습니다. 그들은 신앙생활이 아닌 종교생활을 했기 때문입니다. 허울뿐인 신앙은 버리고 행위가 아닌 진실한 마음으로 주님을 섬기십시오.(살전5:22/딤후2:16)

오늘 본문을 통해 중요한 세 가지 사실을 배웠습니다. 신앙생활이 길어질수록 전도에 열의를 잃고 형식적인 신앙생활을 하기가 쉬우므로 항상 조심해야 합니다.
오늘도 신앙의 익숙함을 버리고 성숙함을 더하십시오.

- 주님, 나를 더욱 내려놓고 주를 더욱 의지하게 하소서!

오늘 특별 적용	
오늘 특별 감사	

103

사명자가 지녀야 할 자세

누가복음 13장 31절부터 35절 읽기.
❶ 예수님에게 어떤 위기가 닥치기 시작하였는가?(31)
❷ 주님은 그 위기를 어떻게 극복하셨는가? 나라면 어떻게 극복할 것 같은가?(33)

유명인들을 보호하는 경호원들은 매일 몸을 깨끗하게 씻고, 옷과 머리를 단정히 한 뒤에 경호를 합니다. 전날 야간에 경호를 했더라도 아침이면 반드시 신변을 정리한 뒤 다시 근무합니다. 경호원이라는 직업의 특성상 오늘이 죽는 날 일수도 있기 때문입니다.

경호원의 임무는 의뢰인을 보호하는 것입니다. 의뢰인에게 위협을 가하는 사태가 일어났을 때 1,2초라도 망설이면 의뢰인을 안전하게 보호할 수가 없습니다. '나는 의뢰인을 보호하기 위해서 죽을 수 있는가?' 라는 질문에 대답하지 못한다면 경호를 할 수 없습니다.

경호원이 자신의 목숨을 아까워하지 않으면서 의뢰인을 지킬 수 있는 이유는, 그것이 경호원의 임무요, 사명이기 때문입니다.

오늘 비슷한 질문을 스스로에게 던져 보십시오. '나는 주님을 위해 죽을 수 있는가?'

누가복음 13장 31절부터 35절에는 죽음을 두려워하지 않고 사명을 감당하시는 예수님의 모습이 나옵니다. 예수님은 헤롯을 두려워하지 않고, 오히려 자신의 사역과 부활에 대해서 선포하셨습니다. 우리는 이 장면을 통해 사명자가 지녀야할 세 가지 자세에 대해서 배울 수 있습니다.

첫째, 사명에 대한 확신을 가져야 합니다.

예수님은 자신의 사명이 인류를 위한 대업이라는 것을 아셨습니다. 예수님은 헤롯의 위협에도 불구하고 귀신을 쫓아내며, 병을 고치고, 죽음과 부활이라는 자신이 감당해야할 사명을 분명히 아셨습니다. 그리스도인이라면 자신의 정체성과 사명에 대한 뚜렷한 비전과 확신이 있어야 합니다. 사명에 대한 확신을 가지십시오. (창15:6/롬4:21)

둘째, 담대해야 합니다.

사명자는 죽지 않습니다. 선지자는 예루살렘 밖에서 죽지 않는다고 말씀하신 예수님은 묵묵히 갈 길을 가셨습니다(33절). 마귀는 온갖 어려움으로 사명자의 길을 방해합니다. 때로는 물질로, 때로는 생명의 위협을 가해 영광의 길을 가지 못하게 합니다. 사명에 확신이 있는 사명자는 담대합니다. 담대함으로 유혹을 물리치고 영광의 길을 걸어가십시오.(신31:6/눅13:33/요16:33)

셋째, 포기를 몰라야 합니다.

하나님은 구약시대 때부터 계속해서 선지자들을 통해 이스라엘 백성들을 깨우치려 하셨지만 예수님이 오시기까지 사람들의 완악함은 조금도 나아지지 않았습니다. 그 결과 수많은 선지자들이 핍박과 배척을 당하고, 구원의 마지막 방법인 예수님까지 오시게 되었습니다. 인간들을 향한 하나님의 사랑은 끝이 없고, 포기가 없습니다. 포기를 모르는 사명자가 되십시오.(눅13:34/갈6:9/딤전4:16)

오늘 본문을 통해 사명자가 지녀야할 세 가지 자세에 대해서 배웠습니다. 선으로 악을 이길 때 우리 삶을 통해 주님께 영광 돌릴 수 있습니다.

오늘도 담대하게 세상과 싸워 승리하는 그리스도인의 삶을 사십시오.

- 주님, 온 세상이 주 이름을 알 때까지 복음을 전하게 하소서!

오늘 특별 적용	
오늘 특별 감사	

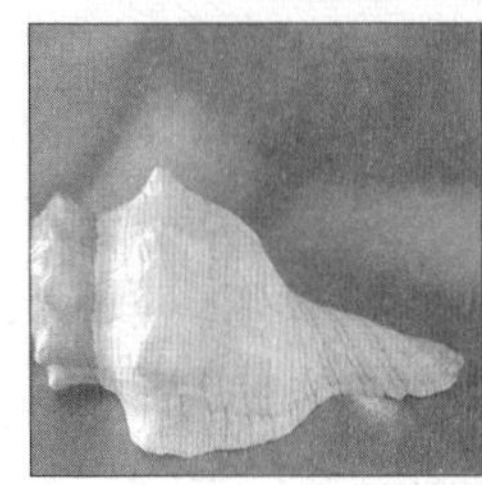

104

구제에 대한 교훈

누가복음 14장 1절부터 14절 읽기.
❶ 주님께서 율법사들과 바리새인들에게 어떤 질문을 하셨는가?(3)
❷ 주님께서 결국 그 일을 어떻게 하셨는가?(4)

어떤 분이 겸손에 대해서 깊이 있게 묵상하고 싶어서 시중에 나와 있는 책들을 찾아보았습니다. 그런데 쓸만한 책이 도무지 없어서 신앙인들 중에 겸손하기로 유명한 한 분을 찾아서 물었습니다.

"겸손함에 대해 조언을 주시겠습니까? 겸손에 대해 나와 있는 좋은 책을 구하려고 했지만 도저히 찾을 수가 없었습니다."

"당연하지요. 내가 아직 책을 쓰지 않았는데 나왔을 리가 있겠습니까?"

겸손은 말하기는 쉬워도 실천하기는 어렵습니다. 그래서 예수님은 겸손을 매우 강조하셨습니다.

누가복음 14장 1절부터 14절에는 안식일과 겸손에 대해 예수님께 질문하는 사람들이 나옵니다. 예수님은 겸손과 베풂에 대해서 사람들에게 가르치셨습니다. 우리는 이 말씀을 통해 구제에 대한 세 가지 사실을 배울 수 있습니다.

첫째, 구제에 힘써야 합니다.

예수님은 안식일에 대한 계율을 어겨서라도 힘든 사람을 도와야 한다고 하셨습니다. 형편에 여유가 없어도 마음에 감동이 온다면 우리는 곧 행동으로 옮겨야 합니다. 그리스도인에게 구제는 선택이 아닌 반드시 해야 하는 사랑의 표현입니다. 성령의 감동을 따라 구제에 힘쓰십시오.(고전13:3)

둘째, 자신을 낮추어야 합니다.

겸손치 않으면 낭패를 당하게 됩니다. 학력이나 경력을 위조하는 사람은 잠시동안 대접을 받을지 몰라도 곧 밝혀져 큰 수치를 당하게 됩니다. 구제에 있어서도 마찬가지입니다. 겸손한 자세로 나를 낮춤으로 구제할 때 주님이 더욱 기뻐하십니다. "자기를 높이는 자는 낮아지고 자기를 낮추는 자는 높아지리라"는 말씀을 기억하십시오.(약4:10)

셋째, 보상의 원리를 알아야 합니다.

하나님은 갚지 못할 정도로 어려운 사람들에게 베풀어야 복이 있다고 하셨습니다. 이것은 곧 하나님이 복을 주시겠다는 말씀입니다. 하나님은 우리의 모든 것을 알고 계시고, 그 행한 대로 보응하십니다. 어떤 작은 선행이라도 놓치지 않으시고 우리에게 돌려주십니다. 베풀 때 복 주시는 주님을 믿으십시오.(마6:4)

오늘 본문을 통해 구제에 대한 세 가지 사실을 배웠습니다. 구제는 사랑의 실천이며, 복의 비결입니다.

오늘도 남을 구제함으로 사랑을 표현하십시오.

- 주님, 남을 구제하는 데에 인색하지 않게 하소서!

오늘 특별 적용	
오늘 특별 감사	

105

복음의 중요성에 대한 교훈

누가복음14장 15절부터 24절 읽기.
❶ 어떤 사람이 복이 있다고 하였는가?(15)
❷ 당신은 하늘나라의 잔치를 위하여 사람을 강권하여 데려올 정도의 사랑이 있는가?(23)

천로역정을 쓴 존 번연은 복음을 전한다는 이유로 12년간 감옥생활을 했습니다. 간수는 수시로 번연을 찾아와서 "다시는 전도를 안 한다고 약속하면 지금 당장이라도 풀어주겠다"고 말했습니다.

그러나 번연은 그 때마다 "나는 그런 약속을 할 수 없소. 내가 지금 풀려난다면 나는 당장에 전도부터 시작할 것이오."라고 답했습니다.

번연에게 몸의 건강과 자유보다도 중요한 것은 전도였습니다.

그는 진정으로 귀한 것이 무엇인지 아는 사람이었습니다.

누가복음 14장 15절부터 24절에는 큰 잔치에 사람들을 초대하는 사람의 이야기가 비유로 나옵니다. 큰 잔치를 벌인 사람은 모든 것을 준비해 사람들을 불렀지만 모두 각각의 이유를 들어 거절했습니다. 우리는 이 비유를 통해 복음이 알려주는 세 가지 사실에 귀를 기울여야 합니다.

첫째, 우선순위가 중요합니다.

잔치에 우선적으로 초청받은 사람들은 밭, 소, 결혼을 이유로 거절했습니다. 오늘 날에도 '사업이 바빠서, 집안 일이 많아서, 결혼 때문에, 공부 때문에' 하는 등의 핑계로 영을 살리는 일은 뒷전으로 미루고 현실에만 급급한 많은 사람들이 있습니다. 그러나 가장 중요한 것은 하나님을 믿고 따르는 것임을 잊지 마십시오.(마5:24)

둘째, 복음은 모든 사람을 초청하고 있습니다.

순서의 차이는 있지만 결국 아픈 사람, 멀리 있는 사람, 불편한 사람과 같은 모든 사람들이 잔치에 초청받았습니다. 이처럼 구원은 점점 확산되어 나갑니다. 순서에 상관없이 그것을 믿는 사람은 구원 받고 거절하는 사람은 영영 잔치에 참여하지 못합니다. 이 귀한 초청의 소식을 더 많이 알리십시오.(행4:12/

딤전1:15)

셋째, 어려운 사람들에게 복음이 더욱 필요합니다.
처음에 초청받은 사람들은 모두 이유를 들어 거절했지만, 어려운 사람, 외로운 사람들은 즉각 초청에 응했습니다. 힘들고 어려운 사람들에게 더욱 복음이 필요합니다. 복음엔 모든 문제를 해결할 힘이 있기 때문입니다. 그러나 생활수준과 조건을 떠나 모든 사람에게 구원이 필요하다는 것을 잊지 마십시오.(마5:3)

오늘 본문을 통해 복음이 알려주는 세 가지 사실을 배웠습니다. 복음과 전도의 중요성은 매일 같이 강조해도 전혀 모자람이 없습니다.
오늘도 주변을 살펴보며 담대히 복음을 전하십시오.

- 주님, 모든 사람에게 필요한 복음을 힘써 전하게 하소서!

오늘 특별 적용	
오늘 특별 감사	

106

참제자의 조건

누가복음 14장 25절부터 35절 읽기.
❶ 주님을 따르기 위해서는 어떻게 하여야 한다고 말씀하셨는가?(27)
❷ 주님을 따르다가 중단한 사람은 무엇과도 같은가?(34,35)

마틴 루터 킹 목사님이 한 연설에서 이런 말을 한 적이 있습니다.
"백인들은 흑인들을 '검둥이' 라는 속어로 표현합니다. 흑인들을 좋게 보는 백인들도 우리에게 '착한 검둥이' 라는 말을 합니다. 그러나 이것은 흑인들을 인격적으로 대하는 것이 아닙니다. 사랑은 인격적인 대우가 먼저 밑바탕이 되어야 합니다."
어떤 심리학자의 연구에 따르면 입양을 하는 많은 사람들도 아이들에 대한 사랑이나, 소명 의식으로 하는 것이 아니라고 합니다. 자신이 위로를 받고, 단지 아이의 어릴 때의 모습이 귀여워서 입양하는 사람이 훨씬 더 많다는 것입니다. 이런 경우 당장은 아니더라도 아이가 성장하고 나서 양부모와 큰 마찰을 일으켜 더 안 좋은 결과를 초래하기도 합니다.
진심이 담겨있지 않은 감정은 호감은 될 수 있어도 사랑은 될 수 없습니다.

누가복음 14장 25절부터 35절에는 많은 사람들이 아무 생각 없이 예수님을 따랐던 것을 알 수 있습니다. 예수님은 그들에게 제자의 조건에 대해 가르치셨습니다. 이 말씀을 통해 참 제자의 세 가지 조건에 대해 살펴봐야 합니다.

첫째, 어떤 관계보다도 하나님과의 관계에 우선해야 합니다.
예수님은 참 제자가 되려면 무엇보다 먼저 예수님을 가장 따라야 한다고 말씀하셨습니다. 혈연과 지연뿐만 아니라 자기 자신에게도 연연하면 안 되며 오직 예수님을 우선시해야 합니다. 이런 우선순위가 정립될 때 사업, 가정, 관계와 같은 문제들 역시 온전하게 됩니다. 하나님과의 관계에 집중하십시오.(마6:24)

둘째, 기꺼이 자기 십자가를 지고 주님을 따라야 합니다.
주님 안에서의 삶도 때때로 고난이 찾아옵니다. 그러나 사도 바울이 말했듯이 우리는 이 고난으로 인해 더욱 성장하고, 더 큰 영광이 찾아옴을 알고 있습니다. 고난에도 기뻐할 수 있는 이유가 바로 이것입니다. 고난 속에서도 항상 기뻐하십시오.(눅14:27/요일1:6)

셋째, 주님을 나의 전부로 삼아 주님만 의지해야 합니다.
주님은 "자기의 모든 소유를 버리지 아니하면 능히 나의 제자가 되지 못하리라"고 하셨습니다. 우리는 모든 만물을 창조하신 것이 주님임을 잊지 말아야 합니다. 어떤 사람은 돈 때문에, 어떤 사람은 명예 때문에 주님을 부인합니다. 세상 모든 것의 근원이 주님임을 알지 못할 때 이런 어리석음을 범하게 됩니다. 언제나 주님만을 더욱 의지하십시오.(눅14:33/롬3:4)

오늘 본문을 통해 참 제자의 세 가지 조건을 배웠습니다. 말로만 주님을 찾고, 따르는 척하는 제자의 모습이 아니라 정말로 주님을 따르고 섬기는 제자가 되어야 합니다.
오늘도 그리스도인답게 살아가십시오.

- 주님, 주님을 향한 사랑이 신앙의 이유가 되게 하소서!

오늘 특별 적용	
오늘 특별 감사	

107

영혼들을 소중히 여기는 이유

누가복음 15장 1절부터 10절 읽기.
❶ 잃은 것을 찾았을 때의 기쁨은 어느 정도인가?(5,6,7)
❷ 주님께서 결론적으로 어떤 말씀을 하셨는가?(7,10)

지금까지 미국에서 발행된 것 중 가장 많이 팔린 우표는 '사랑 우표'라고 합니다. 지금은 절판되었지만 1973년에 발행되어 10년 동안 3억 3천만 매나 팔렸다고 합니다. 미국뿐만 아니라 전 세계에서 가장 많이 팔린 이 우표는 사랑에 목말라하는 현대인의 모습이기도 합니다. 많은 사람들이 사랑에 목말라하고 있기 때문에, 단지 '사랑'이라는 이름이 붙은 것만으로도 엄청난 관심을 불러일으킨 것입니다.

오늘 날 현대인의 모습들은 더욱 그렇습니다.

사람들은 잘못된 문화, 잘못된 가치관의 영향으로 결혼과 가정, 친구 사이의 관계에서 진정한 사랑을 찾지 못하고 있습니다. 현대인들의 마음은 점점 공허해지고 이것을 채우기 위해서 더욱 자극적이고 퇴폐적인 문화만 늘어가고 있습니다.

사람들의 공허함을 채울 수 있는 것은 향락이 아닌 사랑뿐입니다. 지금도 애타게 잃어버린 영혼을 찾고 계시는 하나님의 사랑 말입니다.

누가복음 15장 1절부터 10절에는 잃은 양과 드라크마의 비유가 나옵니다. 예수님은 당시에 사람취급도 받지 못하던 세리나 죄인들과도 스스럼없이 식사하고 초대에 응하셨습니다. 그러나 스스로를 깨끗하다고 생각하던 바리새인과 서기관들은 조국을 배신하고, 죄를 진 그들을 더럽다고 비난했습니다. 예수님은 이 모습을 보고 세 가지 비유를 드셨습니다. 이 비유를 통해 하나님이 모든 영혼을 소중히 여기는 세 가지 이유를 알 수 있습니다.

첫째, 잃은 영혼을 찾아야 하기 때문입니다.

선한 목자는 99마리 양을 들판에 두고서라도, 한 마리의 양을 찾기 위해 고생도 마다않습니다. 이미 하나님을 따라 들판에 머무르는 양은 안전하지만 잃은 양은 때를 놓치면 다시는 찾지 못할 수도 있습니다. 한 영혼도 놓치지 않기 위해 하나님은 어떤 수고도 마다 않고 길 잃은 양을 찾으러 나가십니다. 선한 목자의 마음으로 길 잃은 영혼을 찾으십시오.(눅15:4)

둘째, 한 영혼은 크나큰 가치가 있습니다.
한 드라크마는 당시 노동자의 하루 품삯으로 그렇게 큰 액수는 아니었습니다. 그러나 그 드라크마에는 '남편의 사랑'이라는 훨씬 큰 가치가 있었습니다. 당시엔 신랑이 신부를 사랑한다는 의미의 예물로 10드라크마를 꿰어 주었기 때문입니다. 이처럼 하나님은 우리 모두를 외모와 재능과 성품에 관계없이 귀하고 중하게 여기십니다. 모든 영혼이 소중함을 기억하십시오.(눅15:9,24)

셋째, 영혼 추수의 기쁨은 모두의 기쁨입니다.
잃었던 양 한 마리와 은전 한 닢을 찾았을 때 그들은 벗과 이웃을 불러 함께 기뻐했습니다. 하나님께서도 "이와 같이 죄인 하나가 회개하면 하나님의 사자들 앞에 기쁨이 되느니라"고 말씀하셨습니다. 한 영혼이 돌아오는 것은 모두의 기쁨이 됩니다. 이 기쁨을 위해 영혼을 찾으십시오.(눅15:7,10)

오늘 본문을 통해 하나님이 모든 영혼을 소중히 여기는 세 가지 이유를 배웠습니다. 하나님의 마음을 알 때 그 뜻에 따라 행동하게 됩니다.
오늘도 영혼들을 사랑하며, 눈물의 기도로 복음을 전하십시오.

- 주님, 주님의 사랑으로 이웃을 사랑하게 하소서!

오늘 특별 적용	
오늘 특별 감사	

108

사람의 마음

누가복음 15장 11절부터 32절 읽기.
❶ 자기의 잘못을 뉘우친 둘째 아들은 어떻게 하였는가?(18~20)
❷ 자식을 향한 아버지의 사랑이 어느 정도였는가?(21~24)

'나는 어머니라는 말만 들어도 눈물이 납니다' 라는 어떤 책의 광고문구가 있었습니다.

많은 사람들이 이 문구만 보고도 가슴이 뭉클해지고 눈시울이 따뜻해졌습니다. 그 책의 작가 뿐 아니라 모든 사람들이 경험한 어머니의 사랑이 그만큼 뜨거웠기 때문인 것 같습니다.

몇 년 전 뉴올리언스에 태풍이 몰아쳤을 때 자기 몸을 바쳐서까지 아이들을 보호한 어머니의 이야기나, 일본 후쿠시마 대지진때 아이를 지키기 위해 필사적으로 재난 지역에서 숨어 연명했던 임산부같이 어머니의 사랑은 시대를 막론하고 똑같은 것 같습니다.

이뿐만이 아니라 뇌성마비 아들을 위해 모든 삶을 포기하고 몇 년간 돌보는 아버지도 있습니다.

세상의 어떤 사랑이 이 같을 수 있을까요? 자녀에 대한 부모의 사랑은 정말로 놀랍습니다.

누가복음 15장 11절부터 32절에는 돌아온 탕자의 비유가 기록되어 있습니다. 비록 몹쓸 짓을 한 아들이었지만 아버지는 거지꼴이 되어온 아들을 사랑으로 기쁘게 받아주었습니다. 우리는 이 비유를 통해 사람의 세 가지 마음을 살펴볼 수 있습니다.

첫째, 탕자의 마음입니다.
탕자의 마음은 욕심으로 가득 차 있었습니다. 그는 아버지가 살아계심에도 불구하고 유산을 미리 받았고, 그 큰돈을 자기 하고 싶은 대로 흥청망청 써버렸습니다. 자신의 욕심을 따라 살 때 탕자와 같은 파멸을 맞게 됩니다. 욕심을 버려 마음을 가볍게 하십시오.(롬7:23)

둘째, 형의 마음입니다.

형은 아버지의 명령에 순종하며 살았습니다. 자녀의 의무를 다하는 착한 아들이었지만 사랑의 마음까지는 없었습니다. 형은 자신의 하나 뿐인 형제가 돌아왔음에도 기뻐하기보단 탕자의 잘못을 먼저 떠올리고 질투했습니다. '함께 있는 동안 나의 것이 모두 너의 것' 이라는 아버지의 마음을 기억하십시오.(창5:6,7/눅15:31절)

셋째, 아버지의 마음입니다.

탕자는 아버지께 큰 잘못을 저지르고 돌아왔습니다. 그러나 아버지는 어떤 책망도 하지 않고 사랑으로 보듬어 주었습니다. 방탕한 자식이 가산을 탕진해 거지로 돌아와도 기뻐서 어쩔 줄 모르는 마음, 이것이 바로 하나님 아버지의 마음입니다. 이런 마음을 많은 사람들에게 보여 주십시오.(엡2:4-7)

오늘 본문을 통해 사람의 세 가지 마음을 배웠습니다. 나의 욕심을 버리고, 하나님의 사랑을 채울 때에 이웃을 내 몸과 같이 사랑할 수 있게 됩니다.
오늘도 하나님 아버지의 마음으로 사랑하십시오.

- 주님, 지치지 않으시는 주님의 사랑을 알게 하소서!

오늘 특별 적용	
오늘 특별 감사	

109

현명하게 인생을 사는 법

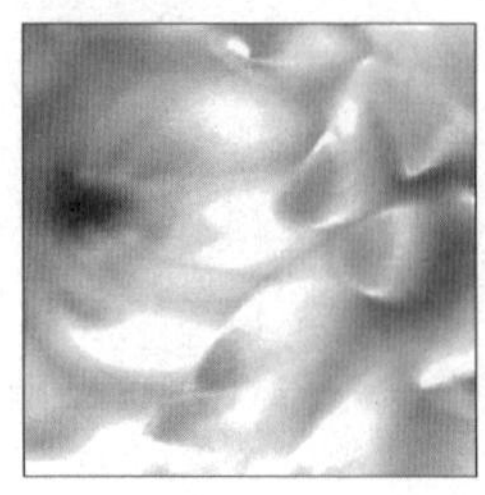

누가복음 16장 1절부터 10절 읽기.
❶ 청지기의 재산은 전부 누구의 것인가?(1)
❷ 10절을 깊이 묵상하고 당신의 삶을 점검해보라.

애플사의 회장인 스티브 잡스의 학력은 대학 중퇴입니다.

그는 대학에 진학한 뒤 자신의 양부모가 수입의 상당액을 등록금으로 지급하는 모습에 회의를 느끼고 6개월 만에 자퇴를 결심 했습니다. 사람들은 힘겹게 대학에 가놓고 멍청한 짓을 한다고 말했지만 잡스는 신경 쓰지 않았습니다.

그는 자퇴를 했지만 학교생활을 계속 하면서 자신이 듣고 싶었던 수업만 몰래 청강했고, 자신의 관심 분야에 대한 지식을 위해 공부를 계속했습니다. 옳은 방법은 아니었지만 방법은 그것뿐이었습니다. 그리고 이제 와서 과거를 돌아볼 때 그때 대학을 중퇴하고 청강을 한 것이야말로 인생 최고의 선택이었다는 것을 깨달았다고 합니다.

힘든 상황에서도 최선을 다하는 사람에게는 길이 열립니다.

누가복음 16장 1절부터 10절에는 불의한 청지기의 비유가 나와 있습니다. 청지기는 주인의 재물을 제대로 관리하지 못해 해고될 위기에 몰렸습니다. 그는 자신의 장래를 위해 아직 권한이 있을 때에 주인에게 빚진 사람들을 불러 탕감해주었습니다. 우리는 이 비유를 통해 현명하게 인생을 살게 하는 세 가지 교훈을 이해할 수 있습니다.

첫째, 장래를 대비할 줄 알아야 합니다.

청지기는 큰 실수를 하고 자신이 쫓겨날 것을 안 뒤에 장래를 대비해 할 수 있는 최선의 선택을 했습니다. 주인은 장래를 준비하는 모습을 보고 청지기를 지혜롭다고 한 것입니다. 이것은 곧 우리의 죽음이 끝이 아니니 대비해야 됨을 알려줍니다. 눈앞의 즐거움만 보고 인생을 허비하지 마십시오.(창41:36)

둘째, 모든 일을 열심히 해야 합니다.

작은 것에 충성하는 자가 큰 것에도 충성합니다. 마찬가지로 사람을 섬기지 못하면서 하나님을 잘 섬긴다고 할 수 없으며, 작은 돈도 관리하지 못하는 사람이 많은 사람들을 구제할 수도 없습니다. 항상 주어진 일에 최선을 다하십시오.(잠13:4/벧전3:13)

셋째, 청지기임을 알아야 합니다.
청지기는 자신이 주인인 체 하지 않았습니다. 그는 자신이 주인의 모든 것을 자유롭게 사용할 수 있었지만 자신의 소유가 아니라는 사실은 분명히 알고 있었습니다. 우리의 인생 역시 '하나님'의 것입니다. 모든 삶의 주관자가 하나님인 것을 인정할 때 재물과 하나님을 겸하여 섬기지 않게 됩니다. 시간이나 재물을 비롯한 모든 것을 주님을 위해 지혜롭게 사용하십시오.(딛1:7)

오늘 본문을 통해 현명하게 인생을 살게 하는 세 가지 교훈을 배웠습니다. 모든 것의 중심이 하나님이심을 알지 못하면 인생의 목표를 혼동하고 낭비하게 됩니다.
오늘도 청지기 정신을 가지고 살아가십시오.

- 주님, 세상의 모든 것이 주님의 것임을 알게 하소서!

오늘 특별 적용	
오늘 특별 감사	

110

신앙성장을 방해하는 습관

누가복음 16장 11절부터 18절을 읽기.
❶ 주님께서는 어떤 사람에게 주님의 일을 맡기시는가?(11,12)
❷ 당신은 이 세상에서 무엇을 가장 사랑하는가?(13)

'걸리버 여행기'를 쓴 조나단 스위프트가 하인과 함께 여행을 하고 있었습니다. 날이 좀 궂어서 조나단의 구두가 온통 흙투성이가 되었기에 조나단은 자기 전 하인에게 깨끗이 닦아놓으라고 말한 뒤 잠이 들었습니다. 그런데 아침에 보니 흙투성이의 구두가 그대로 있었습니다. 조나단이 화가 나서 하인을 크게 꾸짖자 하인이 볼멘소리로 말했습니다.

"더러워진 구두를 닦아서 뭐합니까? 어차피 다시 더러워질 텐데요."

그 날 오후, 조나단은 저녁을 먹으러 들른 식당에서 음식을 일인분만 주문했습니다. 옆에 있던 하인이 어째서 자기 음식은 시키지 않느냐고 묻자 조나단이 대답했습니다.

"저녁은 먹어서 뭐하나? 어차피 다시 배가 고플 텐데."

게으른 사람은 모든 일에 핑계를 댑니다. 게으른 사람은 자신의 직분을 감당하지 못합니다.

누가복음 16장 11절부터 18절에 예수님이 신앙인에게 필요한 여러 가지 교훈들을 말씀하셨습니다. 예수님은 작은 일에도 충성하는 신실함과 하나님을 우선적으로 섬기는 것이 중요하다고 말씀하셨는데 바리새인들은 돈을 좋아해 이 말씀을 비웃었습니다. 우리는 이 본문을 통해 신앙 성장에 방해를 주는 세 가지 습관에 대해 배울 수 있습니다.

첫째, 불성실한 마음가짐입니다.

예수님은 불의한 것, 남의 것에도 충성하지 않는 사람은 자기 받을 것을 받지 못한다고 하셨습니다. 이것은 곧 신실함이 중요하다는 것을 뜻합니다. 신실함의 뜻은 믿음직스럽고 착실함입니다. 게으르고 불성실한 종은 예수님이 주시는 복을 받지 못합니다. 지금 현재에 충실하십시오.(전12:13/눅16:11,12)

둘째, 배금주의 가치관입니다.

예로부터 지금까지 사람들이 가장 관심을 가지고 또 얻으려고 노력했던 것은 돈입니다. 율법을 지킨 청년도 돈을 포기하지 못해 근심하며 주님 곁을 떠났습니다. '돈이면 다 된다' 는 잘못된 사상에 사로 잡혀 있을 때 하나님과의 관계가 바로 서지 못합니다. 하나님을 항상 우선하는 바른 관계 속에 있을 때 돈에 지배당하지 않고 바르게 사용할 수 있게 됩니다. 돈은 섬김의 대상이 아님을 기억하십시오. (마19:22/딤전3:3)

셋째, 사람들에게 인정받으려는 욕구입니다.

바리새인들은 재물에 관한 예수님의 말을 듣고 비웃었습니다. 성경에는 바리새인들이 돈을 좋아했다고 나와 있는데, 아마도 사람들에게 인정받고 과시하기 위해서였을 것입니다. 예수님은 이런 교만한 바리새인들에게 '사람 중에 높임을 받는 일을 하나님은 미워하신다' 라고 말씀하셨습니다. 사람이 아닌 하나님의 인정을 받기 위해 노력하십시오. (눅16:15)

오늘 본문을 통해 신앙 성장에 방해를 주는 세 가지 습관에 대해 배웠습니다. 쓸데없는 것을 구하는 데 인생을 낭비하지 않고 정말로 값진 것을 구하며 살아야 합니다.

오늘도 바른 생각, 바른 마음으로 주님을 섬기십시오.

- 주님! 세상이 감당 못할 믿음의 그리스도인이 되게 하소서!

오늘 특별 적용	
오늘 특별 감사	

111

세상을 사는데 필요한 교훈

누가복음 16장 19절부터 31절 읽기.
❶ 음부의 고통은 어느 정도인가?(23,24)
❷ 지옥에 간 부자의 마지막 소원은 무엇이었는가?(27,28)

프랑스의 한 도시에서 70살이 조금 넘은 할머니가 자살을 했습니다. 고급 아파트에서 홀로 거주하던 할머니는 청구서를 전해주러 온 집배원에 의해 죽은 지 한 달 만에 발견되었습니다.

경찰은 처음에 할머니의 죽음이 자살이 아닐 것이라고 생각했습니다. 경제적으로 힘든 편도 아니었고 평소에 어떤 정신질환 병력도 없었기 때문입니다. 오히려 다른 노인 분들보다 훨씬 더 건강했습니다.

경찰은 집안 수사 과정 중에 한 수첩을 발견한 뒤 자살이라고 결론지었습니다. 수첩에는 할머니의 일과가 적혀 있었는데 '아무도 찾아오지 않았음' 이라고 300장이 넘게 적혀 있었습니다. 1년 가까이 사람과 소통하지 못한 외로움이 할머니를 죽음으로 내 몬 것입니다.

모든 사람은 누군가의 관심을 필요로 합니다. 작은 관심이 죽어가는 한 영혼을 살릴 수도 있습니다.

누가복음 16장 19절부터 31절에는 부자와 나사로의 이야기가 나옵니다. 나사로는 항상 부자의 대문 앞에 있었지만 조금의 도움도 받지 못하고 죽었습니다. 우리는 이 이야기를 통해 세상을 사는데 필요한 중요한 세 가지 교훈을 배울 수 있습니다.

첫째, 우리는 세상과 자신을 위해서 살아서는 안 됩니다.

가난하게 살았다고 천국에 가고 잘 살았다고 지옥에 가는 것이 아닙니다. 부자여도 예수님을 믿으면 구원을 받아 천국에 갈 수 있습니다. 그러나 본문에 나오는 부자는 자신만을 위한 삶을 살았고 평생 호의호식하다가 죽었습니다. 자신의 집 앞의 불쌍한 거지 나사로에게도 조금의 온정을 베풀지 않았습니다. 물질을 버는 데 집중하기보다 올바로 사용하십시오. (엡5:2)

둘째, 우리는 이 세상에 있는 동안에 예수님을 믿어야만 합니다.
부자는 살아있는 동안에 보이지 않는 하나님이니, 천국이니, 지옥이니 하는 것들에 대한 이야기를 듣고는 코웃음 쳤습니다. 그러나 죽고 난 뒤에 체험을 하자 후회하게 되었습니다. 이처럼 미리 당한 뒤의 후회는 너무 늦습니다. 그러므로 인생의 이른 때에 하나님을 믿고 헌신하는 현명한 삶을 사십시오.(행 4:12,16:31)

셋째, 자신을 낮추어야 합니다.
부자는 지옥의 현실이 너무 괴로워 아직 땅에 남아있는 자신의 가족들만이라도 형벌을 피하게 해달라고 말했습니다. 그러나 예수님은 '들어서 믿지 않는 자는 기적을 보아도 믿지 않는다' 라고 대답하셨습니다. 자신의 힘을 믿고 인생을 사는 사람은 이처럼 믿기가 어렵습니다. 겸손히 자신을 낮추고 주님의 인도하심을 따르십시오.(삼하22:28)

오늘 본문을 통해 인생을 사는데 필요한 세 가지 교훈을 얻었습니다. 나를 만족시키기 위해 노력하는 삶보다, 더 많은 사람들에게 관심을 가지고 사랑을 전하는 것이 진정으로 현명한 삶입니다.
오늘도 많은 사람들에게 관심과 사랑을 표현하십시오.

– 주님, 관심이 필요한 이들에게 먼저 다가가게 하소서!

오늘 특별 적용	
오늘 특별 감사	

112

충성된 일꾼의 자세

누가복음 17장 1절부터 10절 읽기.
❶ 실족케하는 것이 어느 정도의 큰 잘못인가?(2)
❷ 회개하는 사람을 어느 정도 용서하여야 하는가?(4)

나폴레옹의 러시아 원정이 실패로 끝나 후퇴하는 중이었습니다. 러시아군은 프랑스 군의 후퇴 방향을 예상하고 그곳의 모든 다리를 끊어 퇴로를 차단한 뒤 몰아붙이기 시작했습니다. 나폴레옹은 군사들을 시켜 임시방편으로 다리를 수리했지만 많은 군대들이 건너기엔 불안했습니다. 결국 몇백 명의 군사를 선별해 다른 군사들이 다리를 완전히 건널 때까지 다리의 교각을 붙들고 있으라는 명령을 내렸습니다.

이 병사들의 노력으로 프랑스군은 무사히 철수할 수 있었습니다. 하지만 다리를 붙들고 있던 병사들은 추위를 견디지 못하고 얼어 죽고 말았습니다. 살고 싶은 마음은 모두 똑같았을 것입니다. 그러나 희생이 필요하다는 것을 알았기에, 자신이 명령을 받았기에 병사들은 군소리 없이 충성했습니다. 충성스런 군인은 목숨도 아까워하지 않고 명령을 수행합니다.

예수님도 제자들에게 항상 충성하라고 말씀하셨습니다.

누가복음 17장 1절부터 10절에서 예수님은 제자들에게 충성과 헌신에 대해서 가르치셨습니다. 남을 배려하고, 맡은 일에 충성하라는 이 말씀을 통해 우리는 충성된 일꾼의 세 가지 자세를 명심해야 합니다.

첫째, 이웃을 사랑해야 합니다.
예수님은 이웃의 잘못을 권면하고, 그들을 믿어주라고 말씀하셨습니다. 이웃의 잘못을 모른 채 하지 않고, 몇 번이고 그의 말을 믿어주는 것이 사랑입니다. 그러나 사랑 없이 잘못을 비판하거나, 무례함으로 실족케 하는 것은 무서운 죄입니다. 물론 사람이 실수를 하지 않을 수는 없습니다. 그러나 온 힘을 다해 지체를 섬기십시오.(마19:19/눅17:2)

둘째, 믿음이 있어야 합니다.

겨자씨만한 믿음만 가져도 기적을 행할 것이라고 예수님은 말씀하셨습니다. 충성된 일꾼은 맡은 일을 잘 감당합니다. 그 일을 감당하기 위해선 굳건한 믿음이 있어야 합니다. 삶 속에 말씀의 능력이 없는 것은 바로 믿음이 부족하기 때문입니다. 참된 믿음을 위해 노력하십시오.(눅17:6/행14:8-10)

셋째, 겸손히 사명을 감당해야 합니다.
우리의 모든 것은 이미 하나님이 계획하심 속에 있습니다. 종이 주인을 섬기는 것이 당연하듯이 우리의 하나님을 위한 노력 역시 당연한 것입니다. 하나님의 사랑과 용서를 아는 사람들은 자신의 할 일이 뭔지도 알기 때문입니다. '마땅히 할 일을 할 뿐' 이라는 겸손한 자세로 사명을 감당하십시오.(엡2:8-9/)

오늘 본문을 통해 충성된 일꾼의 세 가지 자세에 대해서 배웠습니다. 겸손한 마음으로 사람을 섬기고, 믿음으로 하나님께 구할 때 놀라운 변화가 일어나게 됩니다.
오늘도 주님의 은혜에 감격함으로 기뻐하며 사십시오.

- 주님, 말씀을 담대히 전하는 제자의 삶을 살게 하소서!

오늘 특별 적용	
오늘 특별 감사	

113

감사를 생활화 할 수 있는 지침

누가복음 17장 11절부터 19절 읽기.
❶ 문둥병자 열 명이 주님께 나아 올 때는 어떤 마음이었는가?(11~13)
❷ 깨끗함을 받았던 사람 중의 한 사람은 어떻게 하였는가?(15,16)

감정 표현에 매우 무뚝뚝한 남편이 있었습니다.

남편은 아내를 매우 사랑했지만 20년이 넘는 결혼 생활 동안 한 번도 '사랑한다' 고 말한 적이 없었습니다. 아내는 남편의 무표정한 얼굴과 말투에 결혼 생활 내내 상처를 받고 있었습니다. 무거운 마음은 병이 되었고 결국 이른 나이에 병상에 눕게 되었습니다. 병세가 심각해 몇 개월 살지 못한다는 의사의 말을 들은 남편은 큰 결심을 했습니다. 남편은 병상에 누워있는 아내의 손을 잡고 눈물을 흘리며 말했습니다.

"사랑해, 여보. 그동안 말 못해서 미안해. 난 정말로 당신을 사랑해."

남편의 말을 들은 아내는 환한 미소를 지으며 대답했습니다.

"이제라도 말해줘서 고마워요. 조금 더 일찍 들었으면 좋을 뻔했지만 그래도 행복해요."

사랑의 표현에 인색해선 안 됩니다. 다른 사람을 향한 좋은 감정과 칭찬들은 자주 표현할수록 좋습니다.

누가복음 17장 11절부터 19절에는 고침 받은 열 명의 문둥병자가 나옵니다. 예수님은 그들 모두를 깨끗하게 낫게 해주셨지만 예수님에게 감사를 표현하러 온 사람은 한 명 뿐이었습니다. 우리는 이 말씀을 통해 감사를 생활화 할 수 있는 세 가지 지침을 배울 수 있습니다.

첫째, 응답의 결과에만 집중해선 안 됩니다.

열 명의 문둥병자는 예수님의 말씀을 따라 제사장에게 가는 도중 고침을 받았습니다. 그들은 자신의 나음을 기뻐하며 제 갈 길로 가버리고 그 중 가장 미천한 신분의 사마리아사람만이 예수님을 찾아와 감사를 표현했습니다. 응답의 결과에만 집중하면 그 원인이신 예수님을 놓치게 됩니다. 고침 받은 사마리아사람은 감사를 통해 몸이 아닌 영혼까지 구원받았습니다. 응답을 이뤄주

신 예수님께 늘 감사하십시오.(합3:18)

둘째, 일상의 모든 것에 감사해야 합니다.
매일 아침 따사롭게 내리쬐는 햇볕, 시원한 바람, 길가의 꽃과 나무들, 이 세상을 이루고 있는 작은 것 하나하나가 모두 놀라운 기적입니다. 우리는 큰 기적을 바라지만 하나님이 우리를 위해 세상을 창조하시고 나를 만드셨다는 것만큼 놀라운 기적이 없습니다. 일상 속에 계신 하나님을 느끼고 감사하십시오.(창1:31/시97:12)

셋째, 실패에도 감사해야 합니다.
하나님은 우리에게 필요한 모든 것을 주시는 분입니다. 그러나 때로는 좋은 때가 아니거나 영의 성장에 방해가 되는 것일 수도 있습니다. 실패해도 감사할 수 있는 것은 더 좋은 때에 더 좋은 것을 주실 주님을 믿기 때문입니다. 그러므로 언제나 주님께 감사하십시오.(대상16:34/엡5:4)

오늘 본문을 통해 감사를 생활화 할 수 있는 세 가지 지침을 배웠습니다. 우리가 누리고 있는 모든 것이 하나님의 능력이요, 감사 제목임을 깨달으십시오.
오늘도 일상 속에서의 섭리를 깨닫고 감사하십시오.

- 주님, 모든 것에 감사하고, 모든 사람들에게 축복하게 하소서!

오늘 특별 적용	
오늘 특별 감사	

114

재림 때에 조심해야 할 것들

누가복음 17장 20절부터 37절 읽기.
❶ 주님께서는 인자의 때를 무엇에 비유하셨는가?(26~30)
❷ 당신은 하늘나라에 들어갈 준비가 되어 있는가?(34~35)

아버지와 아들이 당나귀를 팔러 장터에 가고 있었습니다.

길 가는 도중에 어떤 사람이 그 모습을 보고 말했습니다.

"나귀에 아들을 태우고 가면 편할 것을 뭘 그리 고생을 하시오?"

듣고 보니 그 말이 옳아서 아버지는 아들을 나귀에 태웠습니다. 잠시 뒤 어떤 노인이 그 모습을 보고 말했습니다.

"저런 부모도 공경할 줄 모르는 녀석 같으니, 당연히 늙은 아버지가 나귀를 타야지!"

듣고 보니 그 말이 옳아서 이번에는 아버지가 나귀에 올랐습니다. 잠시 뒤 어떤 여인이 그 모습을 보고 말했습니다.

"작은 나귀에 저렇게 큰 사람이 올라타다니, 나귀가 너무 불쌍하지 않나요?"

생각해 보니 그 말도 옳아서 아버지는 아들과 함께 나귀를 메었습니다. 그렇게 다리를 건너는 도중 물을 보고 놀란 나귀가 발버둥을 쳤고 아버지와 아들은 모두 강에 빠졌습니다.

뚜렷한 중심이 없는 사람은 작은 소문이나, 풍문에 쉽게 휘둘리게 됩니다.

누가복음 17장 20절부터 37절에서 바리새인들은 하나님의 나라가 언제 임할 것인지를 예수님께 물었습니다. 예수님은 하나님의 나라는 눈에 보이게 임하는 것이 아니며 세상의 유혹을 조심하라고 말씀하셨습니다. 우리는 이 말씀을 통해 재림 때에 조심해야 할 세 가지 주의사항을 배울 수 있습니다.

첫째, 눈에 보이는 천국만 기대해서는 안 됩니다.

하나님이 다스리는 곳이 곧 천국입니다. 하나님을 마음에 모신다면 이 땅에서 삶도 천국이 될 수 있습니다. 우리는 천국을 소망하며, 또 누리며 살아가야 합니다. 마음의 천국을 누리십시오.(눅9:27,17:20-21)

둘째, 잘못된 소문을 들어서는 안 됩니다.
말세일수록 하나님을 자처하는 사람들이 많아지고, 진리를 혼란케 하는 온갖
소리들이 많습니다. 성경적 지식과 구원의 확신이 없으면 그런 소리를 듣고
잘못된 길로 빠질 수도 있습니다. 바른 성경지식과 확고한 구원의 확신으로
이런 길에서 벗어나십시오.(마24:5-6)

셋째, 심판을 소홀히 여겨서는 안 됩니다.
사람들은 하나님의 심판을 가벼이 여기고, 자신들의 삶을 중요시 여기다가
재림의 때에 아무런 준비도 하지 못하고 남겨지게 됩니다. 예수님은 노아 때
의 홍수와 롯의 이야기를 들어 항시 깨어 준비하라고 말씀하셨습니다. 하늘
의 일을 생각함으로 땅의 일을 잘 감당하십시오.(마5:22/롬2:1-2)

오늘 본문을 통해 재림 때에 조심해야 할 세 가지 주의사항을 배웠습니다.
말씀을 단단히 붙잡아서 마귀와 거짓선지자들의 온갖 유혹에 빠지지 않아야
합니다.
오늘도 다시 오실 주님을 고대하면 살아가십시오.

- 주님, 다시 오실 그날을 기다리며 거룩한 삶을 살게 하소서!

오늘 특별 적용	
오늘 특별 감사	

115

응답받는 기도의 원칙

누가복음 18잘 1절부터 14절 읽기.
❶ 재판관이 과부의 청을 들어준 이유는 무엇 때문이었는가?(5)
❷ 주님께서 무엇을 약속하여 주셨는가?(6~8)

큰 재난이 일어난 뒤에는 생존자 구조작업이 매우 중요합니다.
건물의 붕괴나 지진 같은 재난이 일어나면 어질러진 각종 잔해로 인해 부상자나 생존자를 찾기가 매우 어렵기 때문에 구조가 신속하게 이루어질수록 더 많은 생명이 살게 됩니다.

이런 구조작업에서 구조대원들이 생존자를 찾을 때 가장 중요하게 살피는 것은 바로 소리입니다. 눈으론 알 수 없어도 소리가 들린다면 그곳에 누군가 있다는 걸 알 수 있습니다. 실제로 큰 재난에서 먼저 구조된 사람들은 모두 돌이나 벽을 치면서 일정한 소리를 냈던 사람들입니다. 심한 부상을 당했더라도 소리를 내면 구조 받을 수 있지만 몸이 멀쩡해도 소리를 내지 않으면 자칫 구조 받지 못할 수도 있습니다.

그리스도인들에게도 긴급히 구조를 요청하는 신호가 있습니다. 바로 기도입니다.

누가복음 18장 1절부터 14절에서 예수님은 비유를 들어 기도에 대해서 가르치셨습니다. 그리스도인들에게 기도는 호흡과 같습니다. 오늘 본문을 통해 응답받는 기도의 세 가지 원칙에 대해서 알아 볼 수 있습니다.

첫째, 사랑의 하나님을 믿고 기도해야 합니다.
주님은 사리사욕에 어두워 부패한 판사라 할지라도, 수시로 찾아오는 과부의 요청에는 응답을 한다고 말씀하셨습니다. 불의한 판사도 이렇다면 사랑의 하나님께서는 오히려 우리의 기도를 즉각 응답해 주실 것입니다. 믿음을 가지고 계속 기도하십시오. 하나님이 가장 좋은 것을 가장 좋은 때에 주심을 믿으십시오.(마7:11/21:22)

둘째, 하나님을 생각하며 기도해야 합니다.

기도할 때 하나님을 생각하는 것은 당연한 일이지만 우리는 이 사실을 너무나 자주 잊어버립니다. 사람들에게 들려주거나 자신을 과시하는 목적으로 기도를 해서는 안 됩니다. 하나님이 들으시는 기도에는 화려한 겉치장이나 미사여구가 필요 없습니다. 자기자랑도 필요 없습니다. 오직 마음의 진실함으로 하나님께만 기도 하십시오.(빌4:6/골1:3)

셋째, 진정으로 간절히 기도해야 합니다.
진정한 기도제목이라면 이루어질 때까지 포기하지 않아야 합니다. 잠깐 동안 응답이 없다고 사라지거나 바뀐다면 간절한 것이 아닙니다. 평생을 걸고서라도 이루어야 하는 비전들이 생길 때, 또 그것을 위해 간절히 기도할 때 하나님은 필요한 일들을 이루어주십니다. 간절히 기도하십시오.(삼상1:10-17)

오늘 본문을 통해 응답받는 기도의 세 가지 원칙을 배웠습니다. 기도의 응답이 이뤄질 때 우리의 신앙이 더욱 성숙해지고 삶 속에 은혜가 넘치게 됩니다. 오늘도 기도로 변화를 기대하며 사십시오.

- 주님, 기도를 쉬지 않고, 날마다 변화되게 하소서!

오늘 특별 적용	
오늘 특별 감사	

116

부부관계에 도움이 되는 교훈

마태복음 19장 1절부터 12절(막10:1-12참조)을 읽으십시오.
❶ 바리새인들이 예수님에게 질문한 동기는 무엇인가?(3)
❷ 이에 대한 바리새인들의 반문은 무엇인가?(7)

통계청의 보도에 따르면 최근 한국의 이혼건수는 약 5%의 이혼율로 몇 년간 뚜렷한 증가세나 감소세 없이 일정하게 유지되고 있습니다. 하지만 이혼 연령대에 변화가 일어나고 있습니다.

이혼을 가장 많이 하는 첫 번째 그룹은 결혼한 지 1~2년 밖에 안 된 그룹입니다. '성격차이'가 대부분의 이혼사유인 이들 그룹은 이혼한 뒤 1,2년 만에 금세 재혼을 하는 특징이 있습니다.

두 번째 그룹은 중년 부부로 20세 이하의 자녀를 두고 있는 그룹입니다. 이 그룹의 이혼율은 몇 년간 점진적으로 증가하며 사회적으로 큰 문제가 되고 있습니다. 자녀가 있는 가정에서 이혼은 곧 가정 해체현상으로 이어지기 때문입니다.

자녀들은 부모의 이혼으로 인해 많은 심리적 갈등을 겪고 방황을 하게 됩니다. 가정이 건강해야 나라가 건강합니다. 사랑을 회복해야 가정이 살아납니다.

마태복음 19장 1절부터 12절에는 이혼에 대한 교훈이 기록되어 있습니다. 바리새인들은 이혼에 관해 모세의 법을 말하며 예수님을 시험했지만 그것은 오히려 자신들의 완악함을 드려내는 것이었습니다. 우리는 여기에서 부부관계에 도움을 주는 세 가지 교훈을 명심해야 합니다.

첫째, 이혼은 하나님의 뜻이 아닙니다.
바리새인들은 "남편이 아내를 버려도 됩니까?"라고 물음으로 예수님을 함정에 빠트렸습니다. 이혼을 허락하면 창조의 원리를 거부 하는 것이 되고, 불가하면 모세의 율법을 거역하는 것이 되기 때문입니다. 그러나 예수님은 모세의 율법이 사람의 완악함 때문이라고 말씀하셔서 오히려 사람들의 죄에 대해서 알게 하셨습니다. 이혼은 하나님의 뜻이 아님을 깨달으십시오.(마19:8/막10:8,9)

둘째, 정신적 이혼도 조심해야 합니다.

법적으로 혼인 관계가 유지된다고만 해서 이혼이 아닌 것은 아닙니다. 많은 부부들이 한 집에서 결혼 생활을 하지만 서로 남남처럼 살고 있습니다. 이것은 하나님이 바라시는 것이 아닙니다. 서로 세워주고 아껴주는 행복한 가정에서 우리는 하나님의 뜻을 깨닫게 됩니다. 배려함으로 서로 아끼십시오.(고후9:5)

셋째, 화합의 기쁨에 집중해야 합니다.

서로를 사랑하는 마음이 클 때는 이혼이라는 단어를 생각조차 하지 않게 됩니다. 그러나 작은 불만들이 쌓이고 사이가 소원해지면서 점점 이혼을 떠올리게 됩니다. 그러나 이혼은 해결책이 아닙니다. 문제가 생기면 해결방법을 찾는 것이 우선입니다. 결혼 생활은 우리의 일생일대의 중요한 역할을 합니다. 하나됨의 기쁨에 초점을 맞추십시오.(고전7:10-11)

오늘 본문을 통해 부부 관계에 도움을 주는 세 가지 교훈을 배웠습니다. 하나님의 뜻을 알고 말씀을 실천할 때 건강한 가정을 꾸릴 수 있습니다.
오늘도 하나님께서 주신 가정을 소중하게 가꾸십시오.

- 주님, 말씀을 따라 섬김으로 사랑과 축복이 넘치는 가정이 되게 하소서!

오늘 특별 적용	
오늘 특별 감사	

117

어린 아이에게 배워야할 품성

마태복음 19장 13절부터 15절(막10:13-16/눅18:15-17참조) 읽기.
❶ 사건의 배경은 무엇이며, 일에 대하여 제자들은 어떤 반응을 보였는가?(13)
❷ 이 사건을 통하여 주님께서는 어떤 교훈을 하셨는가?(14)

옛날 어느 나라에 지혜로운 왕이 살았습니다.

왕은 정직한 나라를 만들기 위해서 늘 고심했습니다.

어느 날 왕은 모든 백성들을 왕궁으로 불러 모은 다음 꽃씨를 담은 예쁜 주머니를 나눠주며 말했습니다.

"먼 곳에서 구입한 귀한 꽃의 씨앗입니다, 일 년 뒤에 이 꽃을 가장 아름답게 피운 사람에게는 아주 큰 상을 내리도록 하겠습니다."

일 년이 지나고 국민들이 약속대로 화분을 들고 왕 앞에 나왔습니다. 그런데 각자의 화분에는 전부 다른 꽃이 피어있었습니다. 그중에는 빈 화분을 들고 있는 아이도 있었습니다. 왕은 그 아이를 보고 크게 기뻐하며 큰 상을 주었습니다. 왕이 백성들에게 나눠 준 것은 삶은 꽃 씨여서 꽃을 피울 수가 없었습니다. 삶은 씨에서 꽃이 피지 않는 것은 당연합니다.

욕심에 눈이 멀 때 우리는 이런 순수함을 잃고 정직하지 못하게 됩니다.

마태복음 19장 13절부터 15절에는 어린아이들을 사랑하시는 예수님의 모습이 나옵니다. 예수님은 아이들을 보며 '천국은 이런 자들의 것이니 나에게 오는 것을 금하지 말라' 고 말씀하셨습니다. 우리는 이 말씀을 통해 어린아이에게 배워야할 세 가지 품성을 알 수 있습니다.

첫째, 아이들은 순수합니다.

어린 아이들은 순수해서 진리를 쉽게 믿습니다. 나이가 들면 오히려 자기 이성과 경험을 앞세워 판단하게 되는데 그것이 때로는 진리를 받아들이는 데 방해가 됩니다. 아이와 같이 순수한 마음으로 진리를 받아들이십시오.(욥15:15-16/시119:140)

둘째, 아이들은 전적으로 의지합니다.

아이들은 부모의 보호가 전적으로 필요하다는 사실을 잘 압니다. 그래서 무슨 일이 생기면 언제나 가장 먼저 부모님에게 알리고, 또 상의합니다. 하나님과 우리의 관계가 바로 이렇게 유지되어야 합니다. 하나님께 전적으로 의지하십시오.(롬9:30-32)

셋째, 아이들은 배운 것을 실천합니다.
이제 막 학교에 다니기 시작하는 아이들을 보십시오. 아이들은 학교에서 선생님이 숙제를 내주면 집에 와서 곧장 실천합니다. 그러나 나이가 들면서는 배운 것을 실천하지 않고 게으름을 피우기 시작합니다. 배운 것을 바로 실천할 때 빠르게 성장합니다. 배운 말씀을 곧 실천하십시오.(왕하5:14/요9:7)

오늘 본문을 통해 어린아이에게 배워야 할 세 가지 품성을 배웠습니다. 마음이 순수할 때에 지식을 지혜롭게 사용하게 됩니다.
오늘도 어린 아이와 같이 순수한 믿음으로 주님께 나가십시오.

– 주님, 의심 없이 순수한 마음으로 주님을 따르게 하소서!

오늘 특별 적용	
오늘 특별 감사	

118

영생에 대한 교훈

마태복음 19장 16절부터 30절(막10:17-31/눅18:18-31참조) 읽기.
❶ 어떤 사람이 무슨 문제 때문에 예수님께 나아왔는가?(16)
❷ 구원이 우리의 선한 행위에 의한 것인가, 아니면 하나님의 은혜에 의한 것인가?(25,26)

독일의 어느 마을에 마르코스 키르케라는 교회가 있었습니다.
교회 앞마당에는 예수님의 동상이 서있었는데, 전쟁 통에 동상이 손상되었습니다. 피난을 갔던 마을 사람들이 동상을 살펴보니 다른 곳은 멀쩡했는데 두 팔이 떨어져 나갔습니다.
마을 사람들은 오랜 회의 끝에 동상을 수리하지 않고 그냥 세워두기로 했습니다. 그리고 그 동상 아래에 다음과 같은 팻말을 세워놨습니다.
"주님, 이제 우리가 당신의 두 팔이 되겠습니다."
예수님의 본을 따라 그래도 행동하는 것이 능력입니다. 예수님이 하셨던 것처럼 약자를 보살피고, 어려운 이를 구제하고, 믿지 않는 자에게 복음을 전하는 것이 경건한 생활입니다.

마태복음 19장 16절부터 30절에는 부자청년에 대한 이야기가 기록되어 있습니다. 청년은 예수님께 영생을 얻는 방법에 대해서 물었고, 예수님은 소유를 모두 팔아 어려운 이들에게 나눠주라고 하셨습니다. 우리는 이 장면을 통해 영생에 대한 세 가지 사실을 살펴볼 수 있습니다.

첫째, 행위로는 영생을 얻을 수 없습니다.
본문의 내용을 통해 청년은 모든 계명들을 잘 지켰음을 알 수 있습니다. 그러나 어쩐 일인지 예수님을 찾아와 영생에 대해서 물었습니다. 이것은 율법 그 자체에는 생명이 없다는 것을 알려줍니다. 예수님이 중심에 거하실 때 우리의 모든 선행이 의미가 있게 됩니다. 먼저 예수님을 섬기십시오.(요3:21/롬 11:6)

둘째, 큰 결심이 필요합니다.
예수님은 율법을 지킨 청년에게 모든 소유를 팔아 가난한 자들에게 나눠주라고 했습니다. 그리고 모든 것을 포기한 채 주님을 따르라고 했지만 청년은 영생을 구하면서도 재물이 많아 근심했습니다. 가치 있는 것을 얻으려면 그 만큼의 대가가 따르기 마련입니다. 마음속에 임하는 성령의 인도하심을 따라 행동하십시오. (눅19:8-10)

셋째, 진리를 따라야합니다.
하나님은 오직 한 분이십니다. 세상에 구원과 영생을 약속하는 많은 종교와 사람들이 있지만 진리는 오직 하나입니다. 우리는 성경을 통해 그 진리가 무엇인지 알 수 있습니다. 오직 예수님만이 모두의 길이요, 진리요, 생명이십니다. 진리의 빛을 따르십시오. (마19:17/요일1:7)

오늘 본문을 통해 영생에 대한 세 가지 사실을 배웠습니다. 참 진리 속에서 믿고 따를 때에 영생을 얻게 됩니다.
오늘도 영원하신 예수님 안에서, 영생을 누리십시오.

- 주님, 주님의 말씀과 사랑을 세상에 전하는 일꾼이 되게 하소서!

오늘 특별 적용	
오늘 특별 감사	

119

되는 사람의 특징

마태복음 20장 1절부터 16절 읽기.
❶ 어떤 사람이, 무슨 이유 때문에 주인에게 원망하였는가?(10~12)
❷ 그에 대한 주인의 대답은 무엇인가?(13~15)

가야금은 오동나무로 만듭니다.

좋은 가야금을 만들기 위해선 '석상자고동' 이라는 특별한 오동나무가 필요합니다. 석상자고동은 바위틈에서 겨우 조금씩 자라다가 힘이 다해 말라죽은 나무를 뜻합니다.

우리 생각에는 비옥한 땅에서 무럭무럭 자란 나무가 좋은 재료일 것 같지만 사실은 정반대입니다. 바위틈에서 겨우 자라나는 석상자고동은 크게 자라지는 못하지만 나이테가 촘촘하고 매우 단단해 가야금으로 만들면 맑고 깊은 소리를 냅니다.

석상자고동은 보통 오동나무에 비해 성장은 좀 늦지만 더 귀하게 쓰임 받습니다.

하나님은 모든 사람을 위한 완벽한 계획을 갖고 계십니다. 지금 나의 모습이 남들에 비해 초라해보여도 조급해 할 필요가 없습니다. 주님이 필요할 때에 우리를 들어 쓰실 것이기 때문입니다.

마태복음 20장 1절부터 16절에서 예수님은 포도원 일꾼의 비유를 말씀하셨습니다. 예수님은 '먼저 된 자가 나중 된다' 는 말씀을 통해 누구라도 자만하지 말고 더욱 겸손하라고 가르치셨습니다. 우리는 이 비유를 통해 되는 사람의 세 가지 특징을 알 수 있습니다.

첫째, 최선을 다합니다.

일찍 온 사람들은 처음에는 열심히 일하다가 나중에는 해지기를 기다리며 농땡이를 쳤지만 나중에 온 사람은 정말로 최선을 다했을 것입니다. 이것은 연륜이 깊은 그리스도인들에게도 좋은 교훈이 됩니다. 하나님은 일의 분량이 아닌, 노력을 보고 평가하십니다. 모든 예배와, 신앙생활에 마음을 드려 최선을 다하십시오.(사40:31)

둘째, 감사가 있습니다.

처음 온 일꾼들은 자신들의 생계를 유지하기 위해서만 일을 했습니다. 그러나 뒤에 온 일꾼은 이렇게 늦은 시간에도 자신을 사용해 준 주인에 대해서 감사하는 마음이 있었습니다. 신앙이 익숙해지면서 이런 감사의 마음을 놓치기 쉽습니다. 주님께 감사한 마음을 항상 가지십시오.(대상23:30/시30:4)

셋째, 은혜가 있습니다.

먼저 온 사람은 자신의 품삯이 일의 당연한 대가라고 생각했습니다. 그러나 뒤에 온 사람은 늦게라도 일할 수 있는 것이 주인의 은혜라고 생각했습니다. 그러나 사실 먼저 온 사람이 일을 할 수 있었던 것도 주인의 은혜가 있었기 때문입니다. 우리가 누리는 삶의 모든 것이 주님의 은혜임을 잊지 마십시오.(요 1:16-17)

오늘 본문을 통해 되는 사람의 세 가지 특징을 배웠습니다. 하나님의 나라가 이 땅에 확장되기 위해선 그리스도인들이 더욱 잘돼야 합니다.

오늘도 기쁨으로 주님의 일에 힘쓰십시오.

- 주님, 참된 헌신을 통해 기쁨을 누리게 하소서!

오늘 특별 적용	
오늘 특별 감사	

120

하나님께서 높이시는 사람

마태복음 20장 17절부터 28절(막10:32-45/눅18:31-34참조) 읽기.
❶ 세베대의 아들의 어머니는 예수님에게 무엇을 구하였는 가?(20,21)
❷ 예수님께서는 제자들에게 어떤 교훈을 하셨는가?(25~27)

교육의 아버지 페스탈로치의 묘비에는 이런 글귀가 적혀 있습니다.
'남을 위해 모든 것을 바친 사람,
그러나 자신을 위해서는 아무것도 가지지 않은 사람'
페스탈로치는 교육자로서 아이들을 위해 진정한 헌신의 삶을 살았기에 이런 인정을 받을 수 있었습니다.
예수님도 이 땅에 오셔서 사람들을 위해 전적으로 헌신하셨습니다. 예수님을 따르던 제자들과 많은 사람들은 예수님의 놀라운 능력을 보고 이 땅의 왕이 되기를 기대했지만 예수님은 오히려 십자가에 달려 죽으시기까지 낮아지심으로 사람들을 섬기셨습니다.

마태복음 20장 17절부터 28절에는 예수님의 말씀을 잘못 이해하고 서로 높은 자리를 구하는 제자들의 모습이 나옵니다. 이들은 예수님의 말씀을 완전히 잘못 이해하고 있었습니다. 우리는 이 장면을 통해 하나님께서 높이시는 세 가지 사람을 알 수 있습니다.

첫째, 올바로 알고 구하는 사람입니다.
야고보와 요한은 예수님이 말씀하신 잔이 '죽음'이라는 것도 알지 못한 채 선뜻 받겠다고 대답했습니다. 예수님이 빌라도에게 재판 받으실 때에 이스라엘 백성들은 '예수를 십자가에 죽이고 그 피를 우리와 자손들에게 돌리라'는 엄청난 말을 했습니다. 제대로 알지 못할 때에 이런 일들이 생깁니다. 처한 상황과 말씀을 올바로 이해한 후에 간구하십시오.(눅10:42/요:34-11)

둘째, 대가를 치루는 사람입니다.
재물과 하나님의 나라를 겸하여 섬길 수가 없듯이, 최우선 순위에는 한 가지밖에 놓을 수가 없습니다. 하나님의 영광을 위해서는 그에 걸맞은 대가가 필

요합니다. 뿌린 대로 거둔다는 말씀을 기억하십시오. (갈6:7)

셋째, 섬기는 사람입니다.
이 땅에서 종으로 섬기는 사람이 하늘나라에서는 다스리는 사람이 됩니다.
예수님은 항상 제자들에게 서로 섬기라고 말씀하셨고, 또 직접 본을 보이셨
습니다. 예수님의 본을 보고 감탄하기보다 그 본을 따르려고 하는 사람들이
참된 그리스도인 입니다. 예수님의 본을 따라 서로 섬기십시오. (마20:28)

오늘 본문을 통해 하나님께서 높이시는 세 가지 사람을 배웠습니다. 주는 것
이 받는 것보다 복되고 우리가 낮아질 때 주님께서 높이십니다. 사람에게 높
임 받는 것이 아니라 하나님께 높임 받는 사람을 목표로 삼아야 합니다.
오늘도 다른 사람의 발을 씻어주고 허물을 덮어주는 삶을 사십시오.

- 주님, 모든 사람을 섬기신 주님의 삶을 본받게 하소서!

오늘 특별 적용	
오늘 특별 감사	

121

그리스도인의 우선 순위

마태복음 20장 29절부터 34절(막10:46-52/눅18:35-43참조) 읽기.
❶ 예수님의 소식을 들은 소경들은 어떻게 하였는가?(29,30)
❷ 예수님의 은혜를 입은 소경들은 어떻게 하였는가?(34)

'칭찬은 고래도 춤추게 한다' 의 저자 켄 블렌차드는 최근 이 책의 실천 버전인 '춤추는 고래의 실천' 을 썼습니다.

이 책에서 그는 성공한 사람들의 공통점에 대해서 다음과 같이 말했습니다. "위대한 업적을 남긴 사람들의 삶에는 한 가지 공통점이 있습니다. 바로 고집스러울 만큼 강한 집중력입니다. 그들은 마치 레이저 불빛처럼 한 가지 목표만을 향해 달려갑니다. 그들은 목표를 이루기 전까지 단 한 치의 곁눈도 팔지 않습니다."

예배를 드릴 땐 하나님께 집중하십시오. 회사에서는 일에 집중하십시오. 가정에선 관계에 집중하십시오. 봉사할 때는 이웃에 집중하십시오. 현재에 집중할 줄 아는 사람이 성공한 인생을 사는 사람입니다.

마태복음 20장 29절부터 34절에는 소경 바디매오를 고쳐주신 예수님의 이야기가 나옵니다. 바디매오는 조용히 하라는 사람들의 꾸짖음에도 예수님을 만나는 일에만 집중하고 더 크게 소리를 질렀습니다. 예수님은 그 믿음을 보시고 바디매오 뿐만 아니라 그의 친구도 함께 고쳐주셨습니다. 우리는 여기에서 그리스도인이 추구해야 할 세 가지 우선순위를 알 수 있습니다.

첫째, 분명한 목적이 있어야 합니다.
바디매오는 '무엇을 원하느냐' 는 예수님의 물음에 잠시도 지체하지 않고 '보기를 원하나이다' 라고 대답했습니다. 분명한 목적이 있을 때 우리는 열정을 가질 수 있고, 집중해서 기도할 수 있습니다. 하나님을 높이고 사람들을 섬기려는 분명한 목적을 가지십시오. (요7:18/롬10:1)

둘째, 필요한 이유가 있어야 합니다.
바디매오에게 가장 필요한 것은 많은 돈보다도 앞을 보는 것이었습니다. 그리고 그것을 이뤄주실 수 있는 분은 예수님뿐이었습니다. 바디매오는 필요한 것을 필요한 사람에게 구했기에 나음을 받았습니다. 모든 소원의 밑바탕에 전도나 섬김과 같은 필요한 이유가 있는지 확인하십시오.(요9:3-7/행20:10-12)

셋째, 하나님을 만나야 합니다.
바디매오는 사람들이 시끄럽게 느낄 정도로 예수님을 불렀기에 만날 수가 있었습니다. 바디매오는 자신의 장애도, 체면도, 사람들의 시선도 신경 쓰지 않고 예수님께 집중했습니다. 우리가 이처럼 전심으로 주님을 구할 때, 모든 문제가 해결되는 역사가 일어납니다. 하나님을 간절히 구하십시오.(요1:12)

오늘 본문을 통해 그리스도인이 추구해야 할 세 가지 우선순위를 배웠습니다. 중요한 것이 무엇인지 알고 그것을 위해 집중할 때에 현명한 삶을 삶게 됩니다.
오늘도 하나님 앞에서 진실하게 살아가십시오.

- 주님, 다른 데에 한 눈 팔지 않고 주님과 사명에 집중하게 하소서!

오늘 특별 적용	
오늘 특별 감사	

122

돈과 행복의 관계

누가복음 19장 1절부터 10절 읽기.
❶ 주님을 만난 삭개오가 어떤 결심을 하였는가?(8)
❷ 주님께서 이 땅에 오신 목적은 무엇인가?(10)

● 돈으로 살 수 있는 것
  : 좋은 집, 스포츠 카, 명품 액세서리, 맛있는 음식, 비싼 가구, 보석 등등
● 돈으로 살 수 없는 것
  : 따스한 가정, 편안한 잠, 건강, 웃음, 진정한 우정, 행복한 마음 등등
  돈이 없는 것이 문제라고 사람들은 생각합니다.
  그래서 많은 것을 희생해서라도 돈을 벌려고 노력합니다. 그러나 정작 돈
  을 번 뒤엔 그동안 희생했던 것들이 진정으로 값진 것들임을 깨닫게 됩니
  다. 정말로 값진 것은 돈으로 살 수 없습니다.

누가복음 19장 1절부터 10절에는 예수님을 영접한 삭개오의 이야기가 나옵
니다. 삭개오는 많은 사람들을 괴롭히며 돈을 모으던 세리장이었지만 예수님
을 ale고 구원을 얻었습니다. 예수님은 뽕나무에 올라가서 까지 예수님을 보
려했던 삭개오의 믿음을 보셨습니다. 우리는 이 말씀을 통해 돈과 행복에 관
련된 세 가지 사실을 알 수 있습니다.

첫째, 물질은 진정한 만족을 주지는 못합니다.
키가 작다는 열등감에 사로 잡혀있던 삭개오는 사람들에게 인정받기 위해 돈
을 모았습니다. 돈이 곧 자신을 나타내는 척도였기 때문에 로마의 앞잡이 노
릇을 하면서 까지 돈을 모았습니다. 그러나 아무리 돈을 모아도 마음의 문제
가 해결되지 않았기에 예수님을 간절히 찾았습니다. 물질로는 만족을 얻을
수 없음을 깨달으십시오.(고후3:5)

둘째, 물질보다도 예수님을 추구해야 합니다.
삭개오는 예수님을 만나기 위해서 자신의 체면도 내려놓았습니다. 키가 작
은 삭개오가 뽕나무에 올라가 예수님을 보려고 기웃거리는 모습을 상상해 보

십시오. 그러나 물질도 내려놓고, 체면도 생각지 않고 예수님을 추구했기에 죄용서함을 받았습니다. 예수님을 언제나 인생의 최우선 자리에 놓으십시오. (시62:1,5)

셋째, 회개할 때 물질을 바로 쓰게 됩니다.
삭개오는 말로만 회개하지 않았습니다. 그는 재산의 반을 가난한 사람들에게 내어놓고 불의하게 모은 재산은 네 배로 갚겠다고 예수님께 말했습니다. 율법은 지켰으나 재물로 인해 근심했던 부자청년과는 정 반대의 모습입니다. 물질을 올바른 곳에 사용하십시오. (겔18:39/시49:6-9)

오늘 본문을 통해 돈과 행복에 관련된 세 가지 사실을 배웠습니다. 물질은 우리가 다스려야 할 하나님의 창조물임을 항상 잊지 마십시오.
오늘도 하나님을 통해 만족을 얻으십시오.

- 주님, 주님만이 참된 만족을 주시는 분임을 알게 하소서!

오늘 특별 적용	
오늘 특별 감사	

123

복음전파가 갖는 의미

누가복음 19장 11절부터 27절 읽기.
❶ 충성하지 못한 사람은 어떤 이유 때문에 충성하지 않았는 가?(21)
❷ 열심히 충성을 다했던 사람들은 어떤 축복을 받았는 가?(17,19)

'사람들이 살면서 어떤 일에 가장 많은 시간을 보낼까? 라는 호기심을 가진 한 학자가 미국인들을 대상으로 조사를 했습니다.

칠십 오년을 평균 수명으로 계산하자 다음과 같은 결과가 나왔습니다.

-잠자는 시간: 20년/일하거나 공부하는 시간: 20년/여가로 보내는 시간: 7년 / 먹는데 사용하는 시간: 6년/TV를 보고 쇼핑하는 시간: 10년/사람을 만나고 기다리는 시간: 3년/화장실에서 보내는 시간: 2.5년/잡담과 음료수 마시는 시간: 5년/전화 받는 시간: 1년/그 밖의 시간: 1년

이 자료를 본 사람들은 자신들이 정작 중요하다고 생각되는 일에 생각만큼 많은 시간을 사용하고 있지 않다는 사실에 매우 놀랐습니다. 사람들은 생각 보다도 허튼 일에 매우 많은 시간을 쓰고 있었습니다.

시간을 아끼십시오. 보다 소중한 일에 시간을 사용하십시오.

누가복음 19장 11절부터 27절에는 므나의 비유가 나옵니다. 주인은 세 명의 종에게 똑같이 한 므나를 맡겼습니다. 두 명의 종은 받은 돈을 잘 관리해 이익을 거두었지만 게을렀던 마지막 종은 허튼 일에 시간을 쓰느라 맡겨진 재산을 잘 관리하지 못했습니다. 우리는 이 비유를 통해 그리스도인들에게 복음 전파가 갖는 세 가지 의미를 알 수 있습니다.

첫째, 복음전파의 사명은 모두에게 있습니다.

달란트 비유와는 다르게 므나의 비유에서 종들은 모두 똑같이 돈을 받았습니다. 모든 사람들이 다르게 받은 달란트는 곧 재능을 뜻하고, 똑같이 받은 므나는 사명 곧 복음 전파를 뜻한다고 이해할 수 있습니다. 그리스도인들은 예수님을 믿음으로 모두 같은 구원을 얻었습니다. 이 구원의 소식을 전하지 않는 것은 주님의 사역에 방해가 되는 것임을 깨달으십시오(눅4:43,19:23).

둘째, 복음전파는 꾸준해야 합니다.
한 므나의 가치로 어떤 새로운 사업을 하기에는 적은 액수입니다. 그러나 그 돈을 지혜롭게 관리한 결과 10배, 5배의 이득을 남겼습니다. 복음도 이와 같습니다. 처음에는 한 명을 전도하는 것도 쉽지 않지만 작은 노력이 꾸준히 계속될 때 5배, 10배의 결실을 맺게 됩니다. 충성함으로 열매를 풍성히 맺으십시오 (롬1:16).

셋째, 전도를 많이 할수록 상이 큽니다.
구원받았다면 그 사실을 전하려고 노력하는 것이 정상입니다. 복음의 기쁨은 전할수록 커집니다. 내가 한사람에게 전도해 얻은 열매가, 수십....수백...수천...수만...의 열매를 맺을 수 있습니다. 전도함으로 영혼을 살리고 하나님께 기쁨이 되십시오.(고전3:8)

오늘 본문을 통해 복음 전파가 갖는 세 가지 의미를 배웠습니다. 살면서 해야 할 일이 많이 있지만 그 무엇보다 영혼을 살리는 일에 더욱 노력하는 그리스도인이 되십시오.
오늘도 복음을 전하십시오.

- 주님, 모든 일을 전도의 시각으로 바라보게 하소서!

오늘 특별 적용	
오늘 특별 감사	

124

하나님의 예비하심

마태복음 21장 1절부터 5절(막 11:1~6/눅 19:28-34 참조) 읽기.
❶ 예수님께서 제자들에게 어떤 분부를 하셨는가?(2)
❷ 예수님께서 그렇게 분부하신 이유는 무엇 때문이었는가?(4,5)

스티븐 그렛은 이런 말을 했습니다.

"인생은 한번뿐입니다. 오늘 내가 할 수 있는 선행, 친절, 혹은 그 어떤 일이라도 미루지 않고 반드시 실천해야 하는 이유는 그것이 바로 지금이 아니면 할 수 없는 일이기 때문입니다. 인생이란 길은 한 번 지나가면 다시는 돌아오지 않습니다. 순종의 기회는 바로 지금 뿐입니다."

인생은 한번뿐이라고 다들 말하지만, 실제로 후회 없는 인생을 살려고 노력하는 사람은 드뭅니다. 그러나 지금 변하지 않으면 더욱 많은 후회를 하게 됩니다. 한번 지나간 시간은 다시 돌릴 수 없기 때문입니다.

지금 이 순간 말씀하시는 하나님의 음성을 듣고 순종하는 것이 곧 후회하지 않는 인생을 만듭니다.

마태복음 21장 1절부터 5절에는 예수님의 명에 따라 나귀를 끌고 오는 제자들의 모습이 나옵니다. 제자들은 얼굴도 모르는 사람의 나귀를 끌고 와야 했지만 주님의 말씀대로 하자 순순히 나귀를 끌고 올 수 있었습니다. 우리는 이 말씀을 통해 하나님의 예비하심과 관련된 세 가지 사실을 알 수 있습니다.

첫째, 이미 예비하셨습니다.

그리스도인들은 하나님의 완벽한 계획이 있으시다는 사실을 백퍼센트 믿어야 합니다. 하나님은 실수하지 않으십니다. 시공간을 초월하시는 하나님의 능력은 이미 필요한 모든 것을 예비하셨습니다. 아직은 보이지 않지만 우리가 믿음으로 한걸음, 한걸음씩 걸어 나갈 때 주님의 위대하심을 직접 경험할 수 있게 됩니다. 모든 것이 준비되어 있음을 믿으십시오. (출23:20/마25:34)

둘째, 하나님의 일이 우선입니다.

어린 나귀는 당시 서민들에게 매우 귀중한 재산이었습니다. 하지만 예수님이 사용하시겠다고 하자 주인은 순순히 내주었습니다. 나귀 주인은 하나님의 계획에 참여하는 큰 축복을 받았습니다. 하나님의 일을 우선시하는 것은 당장 보면 손해 같지만 곧 더 좋은 것으로 채워주시는 축복이 임합니다. 하나님의 일을 먼저 생각하십시오.(잠15:16)

셋째, 실천할 믿음이 필요합니다.
예수님의 제자들은 대부분 약자였습니다. 제자들은 많이 배우지 못했고, 때로는 믿음이 없는 연약한 모습도 보였습니다. 그러나 그들은 모두 주님의 말씀에 절대적으로 순종했다는 공통점이 있었습니다. 본문의 나오는 심부름은 자칫하면 도둑이나 미친 사람으로 오인 받을 위험이 있었습니다. 하지만 제자들은 곧 말씀에 순종했습니다. 오병이어 때도 마찬가지였습니다. 전지전능한 하나님께 필요한 것은 순종하는 사람입니다. 믿음으로 순종하는 그리스도인이 되십시오.(삼상17:32)

오늘 본문을 통해 하나님의 예비하심과 관련된 세 가지 사실을 배웠습니다. 부족한 상황에도 주님께 감사할 수 있는 것은 이미 우리의 모든 필요를 주님이 채워주셨기 때문입니다.
오늘도 하나님의 예비하심을 진심으로 믿는 하루를 사십시오.

- 주님, 날 향한 하나님의 완벽한 계획이 있으심을 깨닫게 하소서!

오늘 특별 적용	
오늘 특별 감사	

125

사명을 감당하는 자세

마가복음 11장 7절부터 11절(마21:6-11,14-17/눅19:35-44참조) 읽기.
❶ 주님께서 나귀를 타고 예루살렘에 입성하실 때 사람들이 주님을 어떻게 찬양하였는가?(9,10)
❷ 7~8절을 살펴보라, 당신은 주님께서 당신에게 맡겨주신 것을 주님을 위해 사용하는가?

1905년에 노벨문학상을 받은 헨리크 센케비치의 소설 '쿼바디스'의 뒷부분에는 이런 내용이 나옵니다.

네로의 폭정이 심해지자 성도들은 베드로가 순교를 당해 복음이 끊어질까봐 도망을 보냅니다. 그들의 권고를 따라 로마를 떠난 베드로는 캄파치아 들판을 지나던 도중 예수님을 만나게 됩니다. 베드로는 깜짝 놀라 물었습니다.

"주여, 어디로 가시나이까?(쿼바디스 도미네)"

예수님은 "네가 내 양을 버리고 떠나니 내가 다시 십자가에 달리러 로마로 간다." 라고 대답하셨습니다. 베드로는 이 말을 듣고 깨달아 곧 다시 로마로 발걸음을 돌렸고, 당당히 복음을 전하다 순교를 당했습니다.

우리가 사명을 감당하지 않을 때 다른 누군가가 짐을 지게 됩니다. 모든 그리스도인들이 사명을 감당하지 않는다면 주님은 다시 십자가에 달려야 하실 지도 모릅니다. 묵묵히 자신의 길을 걸어가신 예수님을 본받아 우리도 맡겨진 사명을 다해야 합니다.

마가복음 11장 1절부터 11절에는 예수님께서 나귀를 타고 예루살렘에 입성하시는 모습이 기록되어 있습니다. 사람들은 예수님을 왕으로 높이며 경배했지만 그것은 사실 십자가의 죽음을 향한 여정이었습니다. 우리는 말씀에 나온 예수님의 모습을 통해 사명을 감당하는 세 가지 자세를 배울 수 있습니다.

첫째, 자기의 길을 담대히 걸어야 합니다.

예수님은 왕의 칭호를 받으며 예루살렘에 입성하셨습니다. 그러나 머지않아 예수님은 사람들에게 조롱을 받고 십자가에 달리실 운명이었습니다. 이 모든 것을 알고 계셨지만 예수님은 담대하게 자신의 길을 가셨습니다. 이것이 곧 하나님의 뜻임을 알았기 때문입니다. 사명의 길이라는 확신이 있을 땐 어떤

고난에도 담대히 맞서십시오.(행2:28/딤후4:7)

둘째, 자신의 입장을 분명하게 해야 합니다.
예수님은 그동안 숨겨왔던 자신의 신분을 당당히 밝히셨습니다. 예수님이 하나님의 아들이어야만 십자가의 과업이 효력이 있기 때문입니다. 예수님을 왕으로 높이는 소리를 들은 바리새인들은 항의 했지만 예수님은 "만일 이 사람들이 잠잠하면 돌들이 소리 지르리라"고 말씀하셨습니다. 세상 속에서 주님을 부끄러워하지 마십시오.(롬1:16/눅19:40)

셋째, 겸손해야 합니다.
예수님께서 왕의 신분으로 예루살렘에 입성하셨지만 말이 아닌 초라한 나귀를 타셨습니다. 당시의 나귀는 신분이 낮은 일반인들이 타고 다녔습니다. 이것은 구약의 예언을 성취하기 위함인데, 우리도 하나님의 일을 위해서는 자신을 더욱 낮추어야 합니다. 하나님의 일에 자존심을 세우지 마십시오.(슥9:9)

오늘 본문을 통해 사명을 감당하는 세 가지 자세를 배웠습니다. 성경에 나온 예수님의 삶을 통해 깨닫고 도전받는 것이 중요합니다.
오늘도 맡겨진 사명을 겸손하게 잘 감당하십시오.

- 주님, 맡은 바 사명을 잘 감당하게 하소서!

오늘 특별 적용	
오늘 특별 감사	

126

올바른 신앙에 대한 교훈

마태복음 21장 18절부터 22절(막11:12-25참조) 읽기.
❶ 예수 그리스도의 어떤 속성이 우리와 같은 인간이었음을 알 수 있는가?(18)
❷ 주님은 이 일을 통하여 제자들에게 무엇을 교훈하셨는가?(21,22)

옛날 중국에 허세가 심한 남자가 있었습니다.

그는 매일 같이 술에 취해 집에 들어와서는 아내에게 매우 높은 관리에게 초대를 받았다고 자랑을 늘어놓았습니다. 아내는 그런 남편을 매우 자랑스러워 했고, 이 소문은 점점 커져서 마침내 모든 마을 사람들도 이 남자를 부러워했습니다. 아내는 도대체 남편이 어떤 대접을 받는 것인지 너무나 궁금해 하루는 몰래 남편의 뒤를 밟았습니다.

그런데 남편이 술을 마신 곳은 한 허름한 주막이었습니다. 함께 마시는 사람도 없이 혼자서 외롭게 술을 마시고 있었습니다. 그날 밤 돌아온 남편은 평소와 같이 커다란 대궐에서 융숭한 대접을 받았다고 이야기를 했지만 사정을 알고 있던 아내는 말없이 눈물을 뚝뚝 흘렸습니다.

'소문난 잔치에 먹을 것 없다' 라는 속담이 있습니다. 헛된 기대와 일어나지도 않은 일을 가지고 자랑하기보다는 묵묵히 현재에 충실 하는 것이 현명한 인생입니다.

마태복음 21장 18절부터 22절에는 무화가 나무를 저주하신 예수님이 나옵니다. 예수님은 잎만 무성한 무화과나무에 저주를 내리셨고, 나무는 곧 말라 버렸습니다. 우리는 이 가르침을 통해 올바른 신앙에 대한 세 가지 교훈을 확인할 수 있습니다.

첫째, 잎만 무성한 신앙은 의미가 없습니다.

무화과나무는 잎이 아주 무성했습니다. 그러나 정작 무화과나무가 맺어야 할 열매를 하나도 맺지 못했습니다. 신앙생활에도 열매가 맺혀야 합니다. 하나님이 원하시는 것은 영혼의 구원, 곧 전도의 열매입니다. 겉보기만 번지르르한 그리스도인이 아닌 많은 영혼은 구원하는 열매 맺는 그리스도인이 되십시오.(눅11:39)

둘째, 열매가 없으면 심판 받게 됩니다.

앙상한 무화과나무에서 열매를 바라는 사람은 없습니다. 그러나 잎이 무성한 나무라면 탐스러운 열매를 맺어야 합니다. 무화과나무는 원래 잎사귀와 열매가 함께 열리기 때문입니다. 이것은 곧 신앙이 깊어질수록 전도한 영혼들도 늘어나야 함을 뜻합니다. 열매는 맺지 못하면서 신앙의 겉모습에만 치중할 때, 교만하게 되고, 위선적인 사람이 됩니다. 말라버린 무화과나무의 교훈을 항상 기억하십시오.(고전9:16)

셋째, 참 믿음은 하나님의 능력을 체험합니다.

제자들은 예수님의 말 한마디에 나무가 말라버린 것을 의아하게 여겼습니다. 그러나 주님께선 의심 없는 믿음은 나무 뿐 아니라 산을 옮길 능력이 있다고 말씀하셨습니다. 전도 역시 마찬가지입니다. 거절당할까봐 두려워하거나, 믿음보다 의심이 앞서는 전도는 능력이 없습니다. 전도 역시 사람의 노력보다 하나님의 능력에 의해서 가능 합니다. 하나님을 의지 하십시오.(시126:5-6/마21:21)

오늘 본문을 통해 올바른 신앙에 대한 세 가지 교훈을 배웠습니다. 하나님을 의지할수록 능력을 체험하게 됩니다.
오늘도 믿음으로 열매 맺으십시오.

- 주님, 말이 아닌 행함의 능력으로 증거하게 하소서!

오늘 특별 적용	
오늘 특별 감사	

127

교회와 관련된 사실

마태복음 21장 12절부터 17절(막11:15-18/눅19:45-48참조) 읽기.
❶ 주님께서는 성전을 어떻게 하셨으며, 무슨 말씀을 하셨는가?(12,13)
❷ 주님께서 성전에서 행하신 또 하나의 일은 무엇인가?(14)

옛날 유럽의 어떤 왕에게 농부들이 찾아와 하소연을 했습니다.

"군인들이 밭을 모두 짓밟아서 도저히 농사를 할 수가 없습니다."

나라가 너무 평온해져 할 일이 없어진 군인들이 대낮부터 술에 취해 밭에서 전쟁놀이를 하는 탓에 농부들이 일을 할 수 없게 된 것입니다. 나라의 근간을 이루는 농사를 방해하는 것은 매우 심각한 일이었기 때문에 왕은 '지위 고하를 막론하고 술에 취해 밭에 들어가는 사람은 사형' 이라는 엄명을 내렸습니다. 형벌이 너무 과한 것 아니냐는 군인들에게 왕은 이렇게 말했습니다.

"밭이 제때 일구어지지 않으면 나라의 백성들은 모두 굶주리게 됩니다. 군인들이 술에 취해 농사를 방해를 하는 것은 곧 이 나라에 대한 위협입니다."

군인들은 왕의 대답을 들은 뒤로 다시는 근무시간 중에 술을 마시지도, 농사를 방해하지도 않았습니다.

모든 사람과 일, 그리고 장소는 용도에 맞는 쓰임이 있습니다. 그것이 정직하게 지켜질 때 세상이 올바로 돌아갑니다.

마태복음 21장 12절부터 17절에는 성전의 장사꾼들에게 의분을 내신 예수님이 나옵니다. 교회는 하나님께 기도하는 장소인데, 장사꾼들은 돈벌이 수단으로 사용했기 때문입니다. 우리는 이 말씀을 통해 교회에 관련된 세 가지 중요한 사실을 배울 수 있습니다.

첫째, 교회를 수단으로 이용해서는 안 됩니다.

교회는 성도들이 모여서 교제하고, 하나님께 예배하는 곳 입니다. 이런 교회를 자신의 사리사욕을 위해 이용하는 것은 곧 하나님을 이용하는 것입니다. 교회의 힘이 점점 커지고, 대형교회가 많이 생기면서 예배의 목적이 아닌 상업적, 정치적으로 이용하기 위해 교회를 다니는 사람들이 많이 있습니다. 나의 모습이 참된 예배자의 모습인지를 되돌아보십시오.(행7:51)

둘째, 교회는 깨끗해야 합니다.

교회가 교회다우려면 모든 것이 깨끗하고 투명해야 합니다. 교회의 운영과 재정이 불투명하거나 특정인의 사리사욕에 이용당해선 안 되며, 교회의 시설도 하나님을 예배하는 것을 최우선 여겨야 합니다. 건물로 세워진 교회 뿐 아니라 우리의 몸도 하나님의 성전입니다. 예배와 삶을 하나님 앞에 순결하게 드리십시오.(마2:19/고전6:16)

셋째, 목적과 다른 교회는 심판받게 됩니다.

'모든 사람이 기도하는 집'으로의 역할을 못하게 되는 교회는 결국 심판 받게 됩니다. 교회란 사람들이 모이는 곳입니다. 사람들의 마음이 예배와 경배가 아닌 세상의 것들로 가득 차 있을 때 그 교회는 더 이상 제대로 된 역할을 할 수 없습니다. 교회에서 장사하는 상인들에게 예수님은 채찍을 드셨다는 사실을 잊지 마십시오.(고전11:31,32)

오늘 본문을 통해 교회와 관련된 세 가지 중요한 사실을 배웠습니다. 교회에서 가장 중요한 것은 성도들이며 최우선의 목적은 항상 예배여야 합니다. 오늘도 하나님을 경외하며 몸과 마음을 성결하게 하십시오.

- 주님, 신령과 진정으로 예배하는 우리 교회가 되게 하소서!

오늘 특별 적용	
오늘 특별 감사	

128

진정한 권위

마가복음 11장 27절부터 33절(마21:23-27/눅20:1-8참조) 읽기.
❶ 그 당시 종교지도자들이 주님께 어떤 질문을 하였는가?(27,28)
❷ 주님께서 그들에게 어떤 반문을 하였는가?(29,30)

모든 스포츠의 경기에는 심판이 있습니다.

경기에 미치는 심판의 영향은 매우 커서 때때로 오심 한 번으로 승패가 결정되기가 합니다. 심판들은 공정한 경기 진행을 위해 많은 교육을 받고 훈련을 하지만 아무리 베테랑이어도 어이없는 실수를 할 때가 있습니다. 이런 오심을 줄이기 위해 컴퓨터를 사용하자는 주장이 한 때 일었습니다.

야구의 스트라이크존을 기계가 감별하고, 축구공에 칩을 넣어 골과, 라인 아웃을 칼같이 측정하자는 것이었습니다. 그러나 대부분의 프로 선수들은 이런 시도에 좋지 않은 반응을 보입니다. 스포츠는 사람들이 하는 경기이며 따라서 심판의 오심 역시 경기의 일부라는 주장입니다. 실제로 대부분의 선수들이 아무리 큰 오심이더라도 심판의 권위를 인정합니다. 권위가 세워지지 않으면 경기가 진행될 수 없습니다. 끝까지 심판의 권위를 인정하지 않는 선수들에게는 퇴장이 명령됩니다. 비록 오심이라 하더라도 경기 안에서는 심판의 권위가 인정됩니다.

우리가 오심의 두려움 없이 하나님께 순종할 수 있는 것은 하나님에겐 창조주의 권위가 있으시고 하나님은 절대로 실수하지 않으시기 때문입니다.

마가복음 11장 27절부터 33절에는 예수님의 권위에 의문을 품는 교권자들이 나옵니다. 그들은 성전에서 장사치들을 내쫓는 예수님의 권위를 문제 삼았지만 예수님의 지혜로운 대답에 말문이 막혔습니다. 우리는 이 말씀을 통해서 세 가지 권위에 대해 알 수가 있습니다.

첫째, 기관의 권위입니다.

말씀에 나온 교권자들은 산헤드린 공회에 속해있는 사람들이었습니다. 그들은 최고의 종교적 권위를 가지고 있다고 생각했습니다. 그래서 자신들도 가만두는 장사치들을 예수님이 내쫓자 권위의 이야기를 꺼낸 것입니다. 이처럼 어떤 기관에도 전적인 영적권위를 가지고 있지 않습니다. 교황청이나, 교단 연합 같은 유서 깊은 기독교의 기관이라 해도 마찬가지입니다. 중요한 것은 '어떤 기관이냐' 가 아니라 '진리에 속했느냐' 라는 것을 잊지 마십시오.(고후 13:8,9)

둘째, 민중의 권위입니다.
개인이 아닌 대중은 큰 힘과 권위를 가지고 있습니다. 나라의 대통령도 민중이 권위를 주었기에 역할을 수행하는 것입니다. 산헤드린 공회의 사람들이 요한의 권위에 대해서도 함부로 말을 할 수 없던 것은, 요한을 따르던 많은 사람들이 있었기 때문입니다. 그러나 민중에게도 전적인 영적 권위는 없습니다. 예수님을 십자가에 못 박은 것도 민중들의 권위였음을 잊지 마십시오.(마 27:23)

셋째, 예수님의 권위입니다.
예수님의 권위는 곧 모든 만물의 창조주인 하나님의 권위입니다. 이것은 어떤 환경에도 영향을 받지 않는 최고의 권위입니다. 또한 이 권위는 예수님 뿐 아니라 믿는 모든 사람들에게 임합니다. 하나님의 권위가 있는 사람은 요한과 같이 많은 사람들을 회개시키고 주님께 돌아오게 만듭니다. 변하지 않는 유일한 권위는 예수님의 권위임을 잊지 마십시오.(막1:22/요17:2)

오늘 본문을 통해 세 가지 권위에 대해 배웠습니다. 우리가 따라야 할 권위자는 오직 예수님뿐입니다.
오늘도 영적 권위를 가지고 세상을 향해 당당하게 사십시오.

- 주님, 사람이 아닌 주님 보시기에 바른 삶을 살게 하소서!

오늘 특별 적용	
오늘 특별 감사	

129

성경의 비유를 묵상하는 방법

마태복음 21장 28절부터 32절 읽기.
❶ 주님께서는 어떤 비유를 하셨는가?(28~30)
❷ 그 비유의 의미는 무엇인가?(31,32)

찰스 브라운은 누가복음 17장에서 예수님께 고침은 받았지만 감사는 하러 오지 않은 9명의 문둥병자들의 심리에 대해서 이렇게 말했습니다.

'첫 번째 병자는 병이 재발할 수도 있다고 생각해 가지 않았다.

두 번째 병자는 예물을 갖춰 제대로 찾아가야겠다고 생각해 가지 않았다.

세 번째 병자는 원래 자신이 심한 나병이 아니라고 생각해 가지 않았다.

네 번째 병자는 예수님의 능력으로 나은 것이 아니라고 생각해 가지 않았다.

…아홉 번째 병자는 선지자라면 당연한 일을 한 것이라고 생각해 가지 않았다.'

그들 모두에게는 나름의 이유가 있었지만 드러난 행동은 불순종뿐이었습니다.

자기합리화와 핑계가 우리를 감사에서 멀어지게 하고, 불순종하게 합니다.

마태복음 21장 28절부터 32절에는 아버지의 말과 행동에 관련된 두 아들의 비유가 나옵니다. 첫째는 대답은 잘했지만 행동하지 않았고, 둘째는 말로는 불순종했지만 뉘우치고 말을 들었습니다. 예수님은 입술의 고백보다도 행동이 중요하다는 것을 가르치셨습니다. 오늘 본문을 통해 성경의 비유를 묵상하는 세 가지 방법을 알 수 있습니다.

첫째, 하나의 비유에는 한 가지의 진리가 있습니다.

비유에는 근본 진리가 담겨져 있습니다. 예수님은 사람들이 이해하지 못하는 내용을 전하기 위해 비유를 사용하셨습니다. 따라서 비유를 이해할 때는 그 중심 진리가 무엇인지에 초점을 맞춰야 합니다. 다른 곁가지 내용에 신경을 쓰면 중요한 중심 진리를 놓치게 됩니다. 비유의 중심 진리를 찾으십시오.(마 13:17-18)

둘째, 당시의 문화나 습관도 알아야 합니다.

2천 여년 전의 사람들을 대상으로 한 비유이기 때문에 돈의 가치, 시대 상황 등이 지금과는 너무나도 다릅니다. 그러므로 당시의 시대상황이나 관습을 어느 정도 이해하고 있어야 잘못된 해석을 내리지 않고 비유를 올바로 이해할 수 있습니다. 비유에서 이해가 되지 않는 부분은 사역자들에게 질문하십시오.(마15:15/막7:17)

셋째, 예수님의 해석에 주목해야 합니다.

예수님은 비유로 가르치신 후에 대부분 직접 설명을 하셨습니다. 비유 구절의 전, 후를 살펴보고 예수님의 해석을 읽는 것만을 통해서도 우리는 대부분의 비유를 무리 없이 이해할 수 있습니다. 공관복음에 나오는 서로 비슷한 비유들을 공부를 하는 것도 성경을 이해하는데 큰 도움을 줍니다. 예수님의 해석에 주목하십시오.(마24:32-35)

오늘 본문을 통해 비유를 묵상하는 세 가지 방법을 배웠습니다. 말씀을 될 수 있는 대로 있는 그대로 받아들일 때 진리에서 벗어나지 않고 바르게 성장할 수 있습니다.

오늘도 예수님의 귀한 말씀을 올바로 깨달으십시오.

- 주님, 말씀을 실천함에 핑계를 대지 않게 하소서!

오늘 특별 적용	
오늘 특별 감사	

130

하나님의 뜻 이해

마가복음 12장 1절부터 12절(마21:33-46/눅 20:9-19참조) 읽기.
❶ 하나님께서는 결국 누구를 보내셨는가?(6)
❷ 사람들은 하나님의 독생자인 예수님을 도리어 어떻게 하였는가?(7,8)

신약성경의 원어를 살펴보면 죄를 서로 다른 다섯 가지의 단어로 표현하고 있습니다.

첫째는 '오페일레마'(opheilema)로 곧 '빚진다' 는 뜻입니다.

둘째는 '하마르티아'(hamartia)라는 단어로 '과녁을 빗맞혔다' 라는 의미이고,

셋째는 '파랍토마'(paraptoma)로 '미끄러진다' 는 뜻입니다.

넷째는 '파라바시스'(parabasis)로 '선을 넘다, 탈선하다' 라는 뜻입니다.

마지막으로 '아노미아'(anomia), 곧 '불법' 을 뜻하는 단어입니다.

이 다섯 가지는 모두 죄의 속성을 나타냅니다. 어떤 종류의 죄든지 우리를 하나님으로부터 빗나가게 합니다. 하나님과의 관계를 틀어지게 합니다. 매일 신문과 뉴스를 통해 우리는 인간의 악함에 대해서 너무나도 잘 파악할 수 있습니다.

예수님께 나아 올 때에만 이런 추악한 죄의 본성을 버릴 수가 있습니다.

마가복음 12장 1절부터 12절에는 주인의 명을 거역하는 악한 소작인의 비유가 나와 있습니다. 인간의 죄악상을 잘 알려주는 이 비유로 예수님은 당시 사람들의 악함을 깨우쳐 주셨습니다. 우리는 이 비유를 통해 세 가지 하나님의 뜻을 이해할 수 있습니다.

첫째, 하나님은 사람들에게 좋은 걸 주시길 원합니다.
주인이 훌륭한 포도원을 만들어서 일할 수 있게 해 주었듯이, 하나님께서는 세상을 사람들에게 주셨습니다. 하지만 사람들의 악함으로 모든 것이 틀어졌고 세상은 오염되었습니다. 그럼에도 하나님은 포기하지 않으시고 다시 예수님을 보내주셨습니다. 하나님은 사람을 이토록 사랑하십니다. 놀라운 하나님의 사랑을 깨달으십시오.(마7:11/히11:40)

둘째, 하나님은 모든 사람이 회개함으로 돌아오기를 바라십니다.
모든 사람들이 회개하여 하나님의 자녀로 돌아오는 것. 이것이 하나님께서
여러 선지자들과 심지어 아들이신 예수님까지 이 땅에 보내신 이유입니다.
하나님은 지금 이 시간에도 잃어버린 영혼들을 기다리고 계십니다. 잃은 영
혼들을 주님께 인도하십시오(렘3:12/벧후 3:9).

셋째, 하나님은 예수님을 높이기를 원하십니다.
하나님은 자신의 독생자 예수님을 세상에 보내주셨지만 사람들은 그 사랑을
외면하고 십자가에 못 박아 버렸습니다. 하지만 하나님께서는 가장 중요한
모퉁이의 주춧돌로 삼아 영광스럽게 하셨습니다. 인류를 구원하신 그 사랑에
합당한 영광을 돌리십시오(엡2:20/빌2:9).

오늘 본문을 통해 하나님의 세 가지 뜻을 배웠습니다. 하나님의 뜻을 올바로
이해할 때에 세상에 살면서 악을 행하지 않을 수 있습니다.
오늘도 반석이신 주님 위에 믿음을 굳게 세우십시오.

- 주님, 좋은 것을 주고 싶어 하는 하나님의 사랑을 깨닫게 하소서!

오늘 특별 적용	
오늘 특별 감사	

131

천국 잔치의 비밀

마태복음 22장 1절부터 14절 읽기.
❶ 혼인잔치에 참석한 사람들은 어떤 사람들이었는가?(10)
❷ 혼인잔치에 참석할 수 없는 한가지 이유는 무엇이며, 그 사람은 어떻게 되는가?(11~14)

인천상륙작전을 승리로 이끈 맥아더 장군은 신앙에 대해 다음과 같은 유명한 명언을 남겼습니다.

"전쟁의 참호 속에는 무신론자가 없다."

짧은 한 줄의 글이지만 많은 것을 느끼게 합니다.

간증 집회를 하는 많은 분들의 이야기를 들어봐도 도저히 자기 힘으로 어쩔 수 없을 때 주님께로 돌아오는 것을 알 수 있습니다. 그나마 이렇게라도 돌아오면 다행이지만 끝까지 고집을 피우며 믿지 않고 돌아오지 않는 많은 사람들이 있습니다.

먼저 예수님을 만난 사람들이 이런 영혼들에게 복음을 전하는 것은 매우 중요한 일입니다.

마태복음 22장 1절부터 14절에는 천국의 혼인 잔치 비유가 기록되어 있습니다. 비유에 나오는 모든 사람들이 초청을 받았지만 어떤 사람들은 그것을 거절하고, 어떤 사람들은 오히려 악을 행했으며, 어떤 사람들은 예복을 입지 않고 오는 무례를 범했습니다. 우리는 이 비유를 통해 천국 잔치의 세 가지 비밀을 알 수 있습니다.

첫째, 하나님은 악한 자도 천국에 초청하십니다.

누구나 천국에 들어 갈 수 있게 초청 되어 있습니다. 다만 그 초청에 응한 사람만이 기회가 있을 뿐 거절한 사람에겐 기회가 없습니다. 그가 누구이든 예수님을 믿으면 그 사람은 택함받아 하나님의 자녀가 되어 천국의 소망 가운데 살 수 있습니다. 누구에게든 복음을 전하십시오.(요7:37)

둘째, 모든 사람들이 천국에 들어갈 자격이 있습니다.

비유의 임금은 사람을 가려 초청하지 않고 거리의 모든 사람들을 초청했습니다. 이 뜻은 곧 어떤 사람이든 천국에 들어갈 수 있다는 말입니다. 하나님이 사랑하지 않는 사람은 없습니다. 하나님과 같은 마음으로 이웃을 사랑하십시오.(히13:25)

셋째, 그리스도를 믿는 사람들이 천국에 들어갑니다.
초청에 응해도 예복을 입지 않으면 천국에 들어갈 수 없습니다. 이 예복은 곧 그리스도를 믿는 것을 의미합니다. 그리스도가 아닌 다른 것은 천국 잔치에 합당한 예복이 아닙니다. 그리스도의 옷을 입어 천국 잔치에 참예하십시오(롬13:14).

오늘 본문을 통해 천국 잔치의 세 가지 비밀을 배웠습니다. 청함을 받은 자는 많으나 택함을 입은 자는 적다는 말을 기억하고, 신앙생활에 힘쓰십시오.
오늘도 천국의 기쁨을 누리며 사십시오.

- 주님, 천국을 소망하고 사는 신실한 그리스도인이 되게 하소서!

오늘 특별 적용	
오늘 특별 감사	

132

악에 대한 교훈

마태복음 22장 15절부터 22절(막12:13-17/눅20:20-26참조) 읽기.
❶ 바리새인들의 질문은?(17)
❷ 바리새인들의 난처한 질문에 대해 주님께서는 어떻게 대답하셨는가?(19 · 21)

어떤 나라의 국회에서 어떤 정책 입안을 놓고 의원들 간의 시비가 붙었습니다. 한 의원이 쓸데없는 트집을 잡기 위해 상대 의원의 과거 직업 얘기를 꺼냈습니다.

"의원은 과거에 수의사 일을 했죠? 동물들 고치느라 바빠서 사람 세상 돌아가는 일을 잘 모르나본데, 이 정책은 실현 가능성이 없어요."

이 말을 들은 상대 의원이 대답했습니다.

"네, 맞습니다. 저보다 동물을 잘 고치는 의사는 몇 없었습니다. 말이 나와서 말인데 나중에 어디 편찮으시면 저한테 찾아오십시오. 제가 잘 봐드리겠습니다."

서로를 존중하는 마음이 부족하면 쓸데없는 트집을 잡게 됩니다. 그러나 그런 트집들은 인격을 낮추고, 건설적인 토론을 방해하는 것이 일반적입니다.

마태복음 22장 15절부터 22절에는 예수님을 세금으로 트집 잡는 바리새인들이 나옵니다. 그들은 자신들의 잘못을 반성하기는커녕 오히려 사사건건 트집을 잡아 예수님을 곤경에 빠트리려고 했습니다. 우리는 이 장면을 통해 악에 대한 세 가지 교훈을 배울 수 있습니다.

첫째, 악한 사람은 하나님을 시험합니다.

바리새인들은 예수님을 트집 잡기 위해 세금문제를 물었지만 그 속을 들키지 않기 위해 예수님을 칭찬하며 다가왔습니다. 그러나 예수님은 그들의 악함을 아셨습니다. 악한 사람은 하나님을 시험하고, 형제자매들을 실족케 합니다. 악은 모양이라도 따르지 말고 버리십시오.(마22:16,18/눅11:16)

둘째, 지혜로운 사람은 악을 물리칩니다.

바리새인들의 질문은 매우 지능적이었습니다. 세금을 바치라고 하면 이스라엘 민족이, 바치지 말라고 하면 로마 정부에서 문제를 삼을 것이었습니다. 누가 봐도 쉽지 않은 이 문제를 예수님은 지혜롭게 대답하셨습니다. 지혜로운 사람은 세상의 악에 빠지지 않습니다. 성경을 통해 지혜로워지십시오.(롬 12:21/고전14:20)

셋째, 하나님의 것과 세상의 것을 구분해야 합니다.
물론 세상에 하나님이 창조하지 않은 것은 하나도 없습니다. 그러나 모든 권세는 하나님에 의해 허락되었으므로 우리는 현재의 나라와 위임권자들에 대한 의무를 다 해야 합니다. 그러나 모든 주권은 결국 하나님께 있음을 잊지 마십시오.(롬13:1)

오늘 본문을 통해 악에 대한 교훈 세 가지를 배웠습니다. 성경을 통해 세상을 이기는 지혜를 배울 수 있습니다.
오늘도 믿음의 눈으로 하나님의 섭리를 깨달으십시오.

- 주님, 시기와 악행을 멈추고 오직 의와 사랑을 행하게 하소서!

오늘 특별 적용	
오늘 특별 감사	

133

성경을 오해하지 않는 방법

마태복음 22장 23절부터 33절(막12:18-27/눅20:27-40참조) 읽기.
❶ 사두개인들은 어떤 사람들이었는가?(23)
❷ 하나님은 어떤 분이신가?(31~33)

일평생 사랑하며 살아온 노부부가 있었습니다.

부부는 아침식사로 항상 빵을 먹었습니다. 남편은 아침에 갓 구운 빵을 직접 사와 아내를 위해 잘라 주었습니다. 그런데 하루는 남편이 가져온 빵을 본 아내가 말했습니다.

"여보, 그동안 미안해서 말하지 못했었는데, 사실 나는 빵의 가운데 부분이 먹고 싶어요."

그 말을 들은 남편은 깜짝 놀랐습니다. 남편은 빵의 가장자리를 좋아했기 때문에 지금까지 아내에게 양보해왔기 때문입니다. 대화를 통해 해결될 수 있는 사소한 일이었지만 오해로 인해 남편의 사랑이 전달되지 못했습니다.

이처럼 오해는 본래의 뜻이 전달되는 것을 방해합니다.

마태복음 22장 23절부터 33절에는 부활에 대해서 오해한 사두개인들이 나옵니다. 부활을 믿지 않았던 사두개인들은 복잡한 결혼 관계를 예를 들어 예수님을 공격했습니다. 그러나 예수님은 이것이 사두개인들이 천국에 대해 알지 못해서 생긴 오해라고 말씀하셨습니다. 우리는 이 말씀을 통해 성경을 오해하지 않는 세 가지 방법을 배워야 합니다.

첫째, 이성(理性)만으로 판단해서는 안 됩니다.

당시 지식인이었던 사두개인들은 이성적인 사고와 판단만으로 부활이 없다고 주장했습니다. 그러나 신령한 일은 영성으로만이 깨달을 수가 있습니다. 이성적으로 성경을 보는 것은 나쁜 것이 아니지만 이성이 전부라고 생각하지는 마십시오(고전 2:14/벧후3:16).

둘째, 성경의 한 부분만을 알아서는 안 됩니다.

예수님은 때와 상황에 맞게 사람들을 가르치고, 잘못을 지적하셨습니다. 때문에 상황마다 강조되는 부분이 다를 수가 있습니다. 이런 상황적 배경을 무시한 채 한 말씀, 한 구절만 가지고 전체를 해석하게 될 때 필시 오해가 생기게 됩니다. 균형 잡힌 시각으로 성경을 이해하십시오.(마22:29/요8:43)

셋째, 하나님의 능력을 의심해서는 안 됩니다.
사두개인들은 예수님이 부활하셔서 영광된 몸으로 변하실 것을 믿지 못했습니다. 이것은 곧 하나님의 능력을 믿지 못한 것입니다. 사두개인들은 예수님의 이적을 보고도 그 능력을 믿지 못했습니다. 하나님께 능치 못할 일이 없다는 것을 인정하십시오.(눅18:27/고전15:42-44,52)

오늘 본문을 통해 성경을 오해하지 않는 세 가지 방법을 배웠습니다. 성경을 깊이 알수록 하나님의 능력을 이해하고 또 체험하게 됩니다.
오늘도 말씀을 깨달아 올바로 분별하며 사십시오.

- 주님, 말씀을 깨달음으로 매일 주님께 더 가까이 가게 하소서!

오늘 특별 적용	
오늘 특별 감사	

134

나를 사랑하는 방법

마가복음 12장 28절부터 34절(마22:34-40참조) 읽기.
❶ 서기관 하 사람이 주님께 어떤 질문을 하였는가?(28)
❷ 주님께서 서기관의 질문에 어떻게 대답하셨는가?(30)

어떤 유명한 화가가 가난을 주제로 그림을 그리는 중이었습니다.
화가는 거지를 그리기 위해 모델들을 분장시켰지만 느낌이 오지 않아 그리기를 중단했습니다. 그런데 어느 날 길을 걷다가 자신이 생각했던 느낌의 거지를 발견했습니다. 화가는 거지에게 넉넉히 돈을 줄 테니 그림의 모델이 되어달라고 부탁했고, 거지도 흔쾌히 허락했습니다.
다음날 화가의 작업실에 거지가 찾아왔는데, 너무나 말쑥한 모습이었습니다. 머리는 잘 빗어져 있었고, 면도까지 한 얼굴에 깨끗한 옷을 입어 전혀 거지처럼 보이지 않았습니다.
"그림 모델이라기에 이렇게 하면 도움이 될 것 같았습니다."
"난 그림에 거지를 그리려고 당신을 섭외했습니다. 난 어제 본 당신의 모습이 필요했습니다. 그러니 이제 모습이 완전히 달라졌으니 모델로써 소용이 없게 되었군요."
거지는 자신의 역할을 잘못 이해하고 있었습니다.
인간들은 사랑이신 하나님을 닮게 만들어졌습니다. 우리의 역할은 하나님을 찬양하고, 서로 사랑하는 것입니다. 사람의 역할을 잘못 이해할 때 삶의 만족이 없습니다.

마가복음 12장 28절부터 34절에는 예수님께 율법을 묻는 서기관이 나옵니다. 서기관은 율법을 잘 알고 있는 사람이었습니다. 그러나 율법의 정신을 알기 위해 예수님께 최우선의 율법인지 무엇인지 물었고 예수님은 첫째는 하나님을 섬기는 것 다음은 이웃을 내 몸처럼 사랑하는 것이라고 말씀하셨습니다. 우리는 이 말씀을 통해 나를 사랑하는 세 가지 방법을 먼저 알아야 합니다.

첫째, 자신의 존재를 이해해야 합니다.

나는 어쩌다 우연의 산물로 생긴 존재가 아닙니다. 나를 비롯한 우리 모두는 하나님의 형상대로 창조된 귀한 존재입니다. 내가 세상에 하나 밖에 없는 소중한 존재라는 것을 먼저 이해해야 합니다. 하나님이 창조하신 소중한 걸작이 나라는 걸 깨달으십시오.(창 1:17)

둘째, 자신을 있는 그대로 받아 들어야 합니다.
나의 외모와 재능, 출생 신분과 같은 모든 것은 하나님의 완벽한 계획의 결과입니다. 따라서 다른 사람들과 인생을 비교하며 열등감에 빠지지 않아야 합니다. 물론 자라면서 생긴 나쁜 습관과 성품들은 고치려고 노력해야 하지만 주님이 우리에게 주신 부분에 대해서는 감사함으로 받아들이는 현명함이 필요합니다. 나 자신을 인정할 때 교만하지 않고 진정으로 주님께 모든 것을 맡길 수 있음을 기억하십시오.(고전7:20)

셋째, 자신을 다른 사람에게 베풀어야 합니다.
예수님은 우리를 위해 자신의 생명까지도 주실 정도로 사랑하셨습니다. 우리도 이 사랑을 본 받아 세상에 하나님의 사랑을 베풀어야 합니다. 나를 진정으로 아낄 때 베풂이 더욱 의미 있는 것이 됩니다. 자신보다 남을 더욱 사랑하는 그리스도인이 되십시오.(롬5:8/엡2:10)

오늘 본문을 통해 나를 사랑하는 세 가지 방법을 배웠습니다. 나를 먼저 사랑할 수 있을 때 이웃도 내 몸과 같이 사랑할 수 있음을 잊지 말아야 합니다.
오늘도 주님의 사랑으로 마음을 가득 채우는 하루를 사십시오.

- 주님, 나를 향한 주님의 크신 사랑을 알게 하소서!

오늘 특별 적용	
오늘 특별 감사	

135

그리스도의 조건

마태복음 22장 41절부터 46절(막12:35-37/눅20:41-44참조) 읽기.
❶ 바리새인들은 그리스도를 누구의 자손으로 생각하고 있었는가?(42)
❷ 주님의 한 가지 질문으로 인하여 바리새인들이 어떻게 되었는가?(46)

서양 철학의 시작이라고 불리는 소크라테스는 "내가 남들보다 나은 것이 있다면 그것은 내가 아무것도 모른다는 것을 알고 있다는 것뿐이다."라고 말했습니다.

동양에서 인의 사상을 주창한 공자는 "아침에 도를 깨달으면 저녁에 죽어도 좋다."라고 말했습니다.

두 사람 모두 뛰어난 선생이고 성인으로 추앙받지만 그들은 자신을 진리로 선포하지 않았습니다. 오히려 평생을 진리를 추구하기 위해 노력하는 삶을 살았습니다. 그러나 예수님은 '자신이 곧 길이요 진리요 생명' 이라고 말씀하셨습니다. 그리고 그 길을 실제로 보이셨습니다.

인생이 힘들고 너무나 외로울 때가 있지만 그럼에도 근심치 말아야 할 것은 예수님이라는 인생의 해답이 있기 때문입니다.

마태복음 22장 41절부터 46절에는 예수님이 바리새인들에게 그리스도에 대한 생각을 묻습니다. 예수님은 성경 말씀을 들어 그리스도는 곧 다윗의 자손으로 이 땅에 오셨지만 실상은 하나님의 아들임을 선포하셨습니다. 우리는 이 말씀을 통해 그리스도의 세 가지 조건을 살펴볼 필요가 있습니다.

첫째, 그리스도는 사람이어야 합니다.
예수님의 물음에 바리새인들은 성경에 나온 대로 '그리스도는 다윗의 자손' 이라고 대답했습니다. 예수님은 구약에서 예언된 다윗의 자손으로, 우리와 같은 육신의 모양으로 이 땅에 오셨습니다. 사람의 모습으로 오셔야 인류를 구원하는 대업을 이룰 수 있기 때문입니다. 예수님이 이 땅에 오신 사실에 확신을 가지십시오.(암9:11/마1:1/롬 8:3/요1:14)

둘째, 그리스도는 하나님이어야 합니다.

그리스도가 다윗의 자손이라는 바리새인들의 말은 반만 맞는 것이었습니다. 예수님은 시편 110편 1절을 인용하셔서 "다윗이 말하기를 '여호와께서 내 주께 이르시되' 즉, 하나님께서 그리스도께 말씀하셨다는 사실을 짚어주셨습니다. 그러나 바리새인들은 이 사실을 인정하지 않고 침묵으로 일관했습니다. 그들은 예수님을 하나님의 아들로 인정하지 않았기 때문입니다. 예수님이 하나님의 아들이심을 진정으로 고백하십시오.(마16:16/고전1:30)

셋째, 그리스도는 죄의 문제를 해결해야 합니다.
죄의 문제를 해결하고 인류를 구원하기 위해선 반드시 죄가 없는 사람이 대신 해야 합니다. 그러나 모든 사람은 죄가 있으므로 이 문제를 해결할 수 있는 분은 죄 없으신 예수님뿐입니다. 예수님이 우리의 죄를 위해 돌아가셨기 때문에 그 분을 믿는 순간 모든 죄가 용서함 받고, 죄의 사슬에서 자유로워질 수 있습니다. 주님을 믿음으로 죄의 문제를 해결하십시오.(막10:45/히9:26)

오늘 본문을 통해 그리스도의 세 가지 조건을 배웠습니다. 그리스도는 이미 우리를 위해 이 땅에 오셔서 우리 죄를 대신하여 십자가 위에서 돌아 가셨고 부활 승천 하셨는데, 또 다시 오실 분입니다. 다른 복음에 현혹되지 말고 순결한 마음으로 신앙을 지키십시오.
오늘도 구원자인 예수님을 더욱 사랑하십시오.

- 주님, 주님이 구세주이심을 세상이 알게 하소서!

오늘 특별 적용	
오늘 특별 감사	

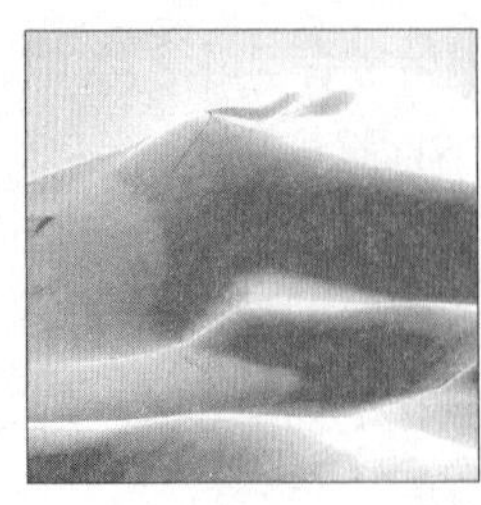

136

믿음과 행함의 일치

마태복음 23장 1절부터 32절 읽기.
❶ 이 모든 것을 통해 주님께서는 결국 우리에게 어떤 교훈을 주셨는가?(11,12)
❷ 예수님 당시 어떤 잘못된 가르침이 있었는가?(16,18)

소설 『지킬 박사와 하이드』는 윌리엄 브로디 라는 실존 인물을 모델로 쓰였습니다. 윌리엄은 낮에는 신사답고 정숙한 모습으로 많은 사람들에게 호감을 샀으나, 밤에는 도둑질과 도박 같은 불법을 행하는 이중적인 사람이었습니다. 실제로 20년 동안이나 계속해서 런던 전역의 은행과 상점을 털어왔지만 아무도 그를 의심하지 않았다고 합니다. 오히려 사람들은 그가 낮에 연기하는 정숙한 모습에 속아 시의원으로까지 선출하였습니다. 나중에 브로디의 범행이 발각되었을 때 런던의 모든 시민은 깊은 충격에 빠졌습니다.
그는 재판을 받은 이후에도 미국으로 도망치려 했지만 결국 교수형을 선고받아 형장의 이슬로 사라졌습니다.

마태복음 23장 1절부터 32절에서 예수님은 바리새인들의 위선을 호되게 꾸짖으셨습니다. 예수님은 바리새인들의 이중적인 모습을 매우 혹독하고 직접적으로 책망하셨습니다. 우리는 이 본문을 통해 믿음과 행함의 일치에 대한 세 가지 교훈을 얻을 수 있습니다.

첫째, 마음에 대해서 잘 이해해야 합니다.
어떤 선택의 순간과 마주칠 때 마음속에는 항상 두 가지 음성이 들립니다. 양심에 민감하지 않은 사람은 나쁜 쪽을 선택한 뒤에 그것이 자신의 본성이라고 오해하게 됩니다. 그러나 그것은 본성이 아닌 마귀가 넣어주는 나쁜 생각입니다. 양심의 소리를 좇아 언제나 바른 선택을 하십시오.(딛2:8)

둘째, 위선이 습관화되면 타락하게 됩니다.
예수님은 바리새인들의 외식에 대해 수도 없이 책망하셨습니다. 바리새인들은 예수님의 말씀에 반박할 수 없었지만 끝까지 잘못을 인정하지 않았습니다. 위선의 모습이 이미 굳어져 양심의 가책조차 느끼지 못했기 때문입니다.

그들은 당시의 지식인들이었고 종교인이었습니다. 그들은 말과 행동이 일치하지 않았을 뿐만 아니라 그에 대한 양심의 가책조차 없었습니다. 이런 모습은 정치가들에게서만이 아니라 그 시대의 최후의 양심이라고 할 수 있는 종교인들 속에서도 느낄 수 있습니다. 아니 어쩌면 바로 내 자신의 가려진 부분일 수도 있습니다. 위선은 양심을 무감각하게 만들어 죄가 죄인 줄 모르게 합니다. 습관화된 위선을 경계하십시오. 그러므로 우리는 무감각하고 딱딱하게 굳어버린 죄가 있으면 곧 자백하고, 믿음과 행함이 일치하여 그리스도의 아름다운 향기가 잘 풍겨나도록 하십시오(약2:16/고후2:15).

셋째, 마음과 형식이 일치해야 합니다.
바리새인들은 십일조와, 금식, 기도, 안식을 잘 지키는 모범적인 신앙인이었습니다. 그러나 그들의 속마음은 하나님의 대한 감사와 이웃에 대한 사랑이 아닌 위선과 가식으로 가득 차 있었습니다. 이들에 대한 예수님의 책망을 통해 하나님이 기뻐하시는 모습이 무엇인지 알 수 있습니다. 주님을 향한 모든 행위에 마음을 담아 올리십시오.(수7:11)

오늘 본문을 통해 믿음과 행위의 일치에 대한 세 가지 교훈을 배웠습니다. 믿음과 행함이 일치할 때 아름다운 그리스도의 향기가 풍기게 됩니다). 오늘도 진실함으로 말과, 마음과, 행동이 하나 되는 삶을 사십시오.

- 주님, 깨닫는 말씀이 곧 삶의 실천으로 나타나게 하소서!

오늘 특별 적용	
오늘 특별 감사	

137

세상을 향한 하나님의 음성

마태복음 23장 33절부터 39절 읽기.
❶ 주님께서 당신의 마음을 감찰하신다면 어떻게 말씀하시겠는가?(28)
❷ 하나님의 크신 사랑을 받아들이지 않은 사람들은 결국 어떤 결과를 맺게 되는가?(38)

옛날 평양신학교에 최봉석이라는 학생이 있었습니다.

그는 기도만 하면 눈물을 뚝뚝 흘리며 매우 서럽게 울었습니다. 키도 작고, 얼굴도 못나고, 집안마저 가난했기에 다른 학생들은 자신의 신세가 가여워서 한탄하는 줄 알고 그를 동정했습니다. 그러나 그 눈물은 그런 의미가 아니었습니다. 일본에 빼앗긴 나라 생각에, 예수님을 믿지 않는 동족 생각에, 기도만 하면 참으려 해도 눈물이 저절로 나온 것입니다. 그는 졸업을 한 뒤에도 눈물로 기도를 했습니다. 그리고 전역을 돌아다니면 70개의 교회를 개척해 세웠습니다.

안타까워하는 마음에서 나오는 깊은 탄식에는 나라를 살리고 영혼을 살리는 능력의 힘이 있습니다.

마태복음 23장 33절부터 39절에는 예루살렘에 대해 탄식하시는 예수님의 모습이 나옵니다. 예수님은 과거부터 이어져 온 선지자들의 희생을 언급하시면서 예루살렘에 대해 탄식하고 또한 안타까워하십니다. 우리는 여기에서 세상을 향한 하나님의 세 가지 음성을 들을 수 있습니다.

첫째, 호통하는 심판의 음성입니다.

하나님은 예루살렘에 많은 선지자들을 보내셨습니다. 하나님은 사람들이 자신을 대언하는 그들의 말을 듣고 죄의 길에서 돌아서길 바랐지만 그들은 선지자들을 끊임없이 핍박했습니다. 예수님은 하나님의 사랑을 이토록 거부해 온 사람들이 지옥에 가고 예루살렘이 황폐해지리라고 예언하셨습니다. 잘못을 경고하는 심판의 음성을 듣고 회개하십시오. (마23:38,25:41)

둘째, 흐느끼는 사랑의 음성입니다.

예루살렘의 과거를 안타까워하며 "예루살렘아, 예루살렘아" 외치신 예수님의 음성은 흐느낌에 가까운 절규였을 것입니다. "돌 하나도 돌 위에 남지 않는" 완전한 패망이 예수님의 눈에는 보였기 때문입니다. 예수님은 그 사랑으로부터 점점 멀어져가는 영혼들을 향해 '어서 돌아오라'고 끊임없이 부르고 계십니다. 우리를 부르시는 사랑의 음성을 듣고 예수님을 영접하십시오.(마24:2)

셋째, 자애로운 회복의 음성입니다.
예수님은 돌아온 자녀에게는 어떤 잘못도 묻지 않으십니다. 길 잃은 양을 찾았다는 기쁨에 자애로운 책망이 아닌 권면과 위로를 주십니다. '탕자'의 비유에 나오는 아버지의 모습만큼 하나님의 사랑을 잘 표현한 모습은 없을 것입니다. 영혼을 살리시는 회복의 음성을 듣고 기뻐하십시오.(시51:12/행3:21)

오늘 본문을 통해 세상을 향한 하나님의 세 가지 음성을 배웠습니다. 언제나 우리를 돌보고 사랑하시는 주님의 음성에 귀 기울일 때 바른 길을 떠나지 않게 됩니다.
오늘도 선한 목자이신 예수님의 다정한 음성을 따라 사십시오.

- 주님, 세상을 향해, 이웃을 향해 눈물 흘릴 줄 아는 사람이 되게 하소서!

오늘 특별 적용	
오늘 특별 감사	

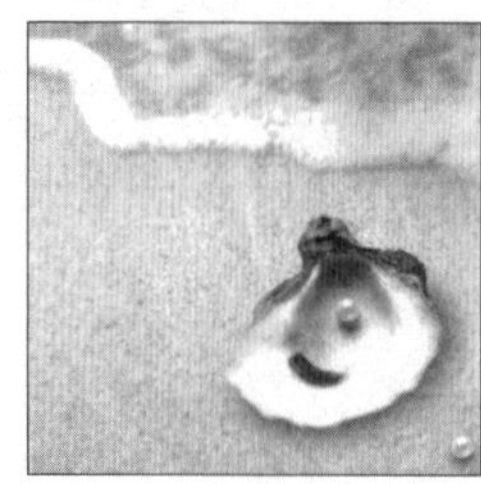

138

헌금의 의미

마가복음 12장 41절부터 44절(눅21:1-4참조) 읽기.
❶ 주님은 지금도 우리의 헌금생활을 보고 계신다고 믿는가?(41)
❷ 주님은 가난한 과부의 헌금을 어떻게 평가하였으며, 그 이유는 무엇 때문이었는가?(41~44)

한 목사님이 꿈속에서 하나님을 만났습니다.

하나님은 목사님에게 "너에게 나는 무엇이냐?"고 물었습니다. 목사님은 "주님의 제 인생의 최우선이십니다."라고 대답했습니다. 그런데 하나님의 표정이 별로 좋아 보이지 않았습니다.

꿈에서 깬 목사님은 어떤 대답을 해야 할 지 하루 종일 고민했습니다. 그리고 다음 날 꿈에 다시 하나님이 나타나서 같은 질문을 하셨습니다. 목사님은 잠시 생각한 뒤에 "주님은 저의 전부이십니다."라고 대답했고 그제야 하나님의 환한 미소를 볼 수 있었다고 합니다.

하나님은 우리 삶의 일부분이 아닙니다. 모든 것의 이유되시는 삶의 전부입니다.

마가복음 12장 41절부터 44절에는 헌금을 드린 부자와 과부가 나옵니다. 부자는 많은 돈을 넣었지만, 과부는 수 백 원 정도의 가치를 지닌 두 렙돈을 넣었습니다. 하지만 예수님은 과부가 더 많은 것을 하나님께 드렸다고 말씀하셨습니다. 우리는 이 장면을 통해 헌금의 세 가지 의미를 배울 수 있습니다.

첫째, 헌금은 순종의 표현입니다.

루터는 지갑이 회개해야 진정한 회개라고 말했습니다. 물질로 드리는 헌금은 가장 쉬운 순종의 표현입니다. 그렇기에 예수님도 사람들의 헌금하는 모습을 보려고 오신 것입니다. 물질도 아까워하는 사람이 자신의 삶을 주님께 드릴 수는 없습니다. 헌금은 하나님의 대한 순종의 표현임을 기억하십시오.(말3:8)

둘째, 헌금은 액수가 아닌 의미가 중요합니다.

헌금은 액수가 중요하지 않습니다. 두 렙돈 넣은 적은 액수지만 과부는 자신의 전부를 드렸기에 주님이 크게 보셨습니다. 이 말은 무조건 전 재산을 헌금하라는 뜻으로 받아들이지는 마십시오. 적은 헌금이라도 마음을 담아 정성껏 드릴 때 하나님이 기쁘게 받으신다는 의미입니다. 부담이 아닌 감사의 마음으로 헌금하십시오.(삼상15:22)

셋째, 헌금은 구제의 표현입니다.
성도들이 소중히 헌금한 돈은 모두 모여서 선교와 구제에 쓰입니다. 교회 안에서 사용되는 금액이라 하더라도 교역자들의 생활을 돕고, 미래의 일꾼들을 위한 교육부서에 주로 사용됩니다. 우리가 드리는 헌금이 영혼을 살리고, 이웃을 돕는 소중한 일에 사용되는 것입니다. 아까운 마음이 아닌 꼭 필요한 곳에 사용되길 바라는 마음으로 헌금하십시오.(엡4:28)

오늘 본문을 통해 헌금의 세 가지 의미를 배웠습니다. 헌금에 대한 오해가 없어야 건강한 신앙생활을 하게 됩니다.
오늘도 물질뿐 아니라 나의 삶을 주님께 드리십시오(롬 12:2).

- 주님, 물질의 시험에 들지 않게 하소서!

오늘 특별 적용	
오늘 특별 감사	

139

하나님께서 싫어하는 신앙

마가복음 13장 1,2절, 14절부터20절(마24:1-2,15-22/눅21:5-6,20-24참조) 읽기.
❶ 제자 중 한 사람이 주님께 어떤 질문을 하였는가?(1)
❷ 주님께서 그 질문에 어떻게 대답하셨는가?(2)

모조품 즉 짝퉁은 값비싼 명품을 비슷하게 만들어 훨씬 싼 가격에 파는 것입니다. 명품 가방과 짝퉁가방을 구분하는 방법 중 하나는, 갑자기 비가 올 때 명품 가방을 든 사람은, 가방이 비에 맞지 않도록 가슴에 품고 가고, 짝퉁을 든 사람은 가방을 머리에 이고 간다고 합니다.

어떤 심리학자는 사람들의 이런 현상에 대해서 사람들의 과시욕과 모방심리가 높기 때문이라고 진단했습니다. 진짜 명품을 사기엔 형편이 되지 않으나, 다른 사람들에게 인정받고 싶은 욕구 때문에 진짜 같은 가짜를 찾는다는 것입니다. 마음이 공허할 때 이런 욕구가 생깁니다.

예수님을 믿고 마음의 만족을 얻을 때 이런 욕구들은 모두 사라집니다. 참된 평화와 만족은 화려한 외모에서 오지 않습니다.

마가복음 13장 1,2절과 14절부터 20절에서 예수님은 예루살렘 성전의 파괴를 예언하셨습니다. 제자들은 웅장한 성전을 예수님께 보여드리려고 했지만 예수님은 악해져가는 사람들의 영혼을 보셨습니다. 이 말씀을 통해 하나님께서 싫어하시는 세 가지 신앙의 모습을 알 수 있습니다.

첫째, 외적인 모습에만 치우치는 신앙입니다.
헤롯왕이 세운 성전은 46년간이나 공사를 했음에도 완성하지 못할 정도로 큰 규모였습니다. 유대인들은 이 성전을 보고 자부심을 느꼈지만 정작 하나님에겐 아무런 영광도 되지 않았습니다. 예수님은 이처럼 허황된 유대인들의 신앙에 경종을 울리기 위해 "너희가 이 성전을 헐라 내가 사흘 동안에 일으키리라"고 하셨습니다. 성전과 예배의 참된 의미는 십자가의 대속과 부활임을 기억하십시오. (요2:19)

둘째, 인간적인 동기로 행해지는 신앙입니다.

헤롯이 성전을 지은 이유는 하나님을 경배하기 위함이 아니라 유대인들의 환심을 사기 위함이었습니다. 성전의 커다란 외양에 넘어간 유대인들은 성령 안에서 진리 가운데 예배드리지 않고 가인의 제사 같은 껍데기 예배를 드렸습니다. 하나님을 향한 참된 신앙의 모습을 회복하십시오(요4:24/창4:3,5).

셋째, 현실주의적인 신앙입니다.
신앙은 눈에 보이지 않는 하나님을 경배하는 것입니다. 눈에 보이지 않는 분을 섬기고, 눈으로 볼 수 없는 나라를 바라기에 모든 것은 영으로 생각하고 영 안으로 바라보아야 합니다. 유대인들이 그렇게 자랑스러워했던 예루살렘 성전은 주후 70년에 로마의 침공을 받아 불타버렸습니다. 그러나 예수님이 죽음과 부활로 세우신 성전은 오늘날에도 전파되고 있습니다. 현실을 영의 눈으로 바라보십시오.(요6:5-9)

오늘 본문을 통해 하나님께서 싫어하시는 세 가지 신앙의 모습을 배웠습니다. 신앙은 곧 하나님을 위한 것이고, 하나님께 드리는 것입니다.
오늘도 영을 깨워 바른 경배를 하나님께 드리십시오.

- 주님, 사람이 아닌 하나님을 기쁘게 하는 신앙을 갖게 하소서!

오늘 특별 적용	
오늘 특별 감사	

140

심판에 대한 교훈

마태복음 24장 3절부터 14절(막13:3-13/눅21:7-19참조)읽기.
❶ 세상의 마지막 때에 우리가 주의할 일은 무엇인가?(3~5)
❷ 이 세상이 끝나기 전에 반드시 이루어져야 할 일은 무엇인가?(14)

사소한 생각이 때로는 큰 발견을 부릅니다.

빵을 골고루 익히기 위해 구멍을 낸 것이 도넛을 만들었습니다. 평범한 감자 칩에 약간의 아이디어를 더하자 회오리 감자라는 먹을거리가 생겼습니다. 다림질을 조금 더 편리하게 하려는 생각이 스팀다리미를 만들었습니다. 콜럼부스는 사소한 생각의 차이로 계란을 세울 수 있었습니다.

사소한 실수가 때로는 큰 불행을 부릅니다.

1989년도에 일어난 보잉737추락사건은 엔진에 불이 난 것을 목격한 승객의 말을 믿지 않은 기장의 실수로 일어났습니다. 7000명이 죽은 인도 보팔시 화학가스 참사는 운전사가 밸브 하나를 잠그지 않아 일어났습니다. 누구나 할 수 있는 작은 일을 게을리 해 엄청난 참사가 일어났습니다.

순결한 신부가 되기 위해 우리는 사소한 것에 주목해야 합니다. 사소한 것들에 감사하고, 사소한 은사를 발견하고, 사소한 죄를 멀리해야 합니다.

마태복음 24장 3절부터 14절에서 예수님의 말세 때의 징조와 주의 사항에 대해서 말씀하셨습니다. 말세 때엔 각지에 환난과 기근이 일어나지만 견디면서 주님을 끝까지 전파할 때에 세상의 끝이 오고 주님이 다시 오십니다. 우리는 이 말씀을 통해 심판에 대한 세 가지 사실을 살펴 볼 수 있습니다.

첫째, 심판의 결과를 알아야 합니다.

세상의 끝과 찾아올 심판은 엄연한 현실입니다. 예루살렘이 황폐하게 파괴되었듯이 언젠가 이 세상에도 그런 일들이 일어날 것입니다. 매일 같이 터지는 대형 사건과 재난들을 통해 우리는 그 때가 다가오고 있음을 충분히 알 수 있습니다. 하나님의 심판은 선행의 자극을 위한 종교적 엄포가 아닙니다. 심판의 날이 반드시 찾아옴을 기억하십시오. (계6:16)

둘째, 심판의 때를 분별해야 합니다.
예수님은 심판의 날이 다가올 때 가짜 그리스도가 판을 치고, 전쟁의 공포와 지진과 기근이 늘어난다고 말씀하셨습니다. 한국에만 해도 무수히 많은 이단들이 교세를 확장하고 있고, 세계 곳곳에선 기상이변과 대지진이 숱하게 일어나고 있습니다. 이런 시대임에도 복음이 전파되어야 할 것은 그것이 주님의 말씀이기 때문입니다. 때를 잘 분별하십시오(마24:14).

셋째, 심판을 대비해야 합니다.
심판을 대비하는 것은 곧 천국을 준비하는 것입니다. 썩어질 육체와 심판받을 세상에 미련을 두는 것은 어리석은 일입니다. 예수님을 믿고 따름으로 구원을 얻는 것이 심판을 대비하고 천국에 소망을 두는 지혜로운 일입니다. 언제나 주님의 길을 벗어나지 말고 영혼 구원에 힘쓰십시오.(눅21:34)

오늘 본문을 통해 심판에 대한 세 가지 사실을 배웠습니다. 예수님의 말씀을 듣고 믿는 사람은 이미 영생을 얻었고 심판에 이르지 않습니다.
오늘도 우리를 사망에서 생명으로 옮겨주신 예수님께 감사하십시오(요 5:24).

- 주님, 작은 죄를 경계하고, 작은 기쁨에 감사하게 하소서!

오늘 특별 적용	
오늘 특별 감사	

141

거짓에 미혹되지 않는 방법

마가복음13장21절부터 27절(마24:23-31/눅 21:25-28참조) 읽기.
❶ 오늘날 우리가 가장 주의해야 할 일은 무엇인가?(21~23)
❷ 주님께서 다시 오신 후에 어떤 일을 행하시는가?(27)

이단을 연구하는 한 기관의 발표에 의하면 우리나라에만 자칭 '하나님' 이 20여명, '재림 예수' 는 40명이나 된다고 합니다.

이 발표가 몇 년 전의 발표이니, 오늘 날 거리에서 공공연히 활개치고 있는 이단들이 더욱 많아진 것을 감안하면 지금은 훨씬 심한 수준일 것입니다.

예수님은 분명히 이 땅에 아무도 모르게 오신다고 하셨고, 그 전에 임할 징조들을 성경을 통해 알려주셨지만 미련한 사람들은 잘못된 길에 빠져 나올 줄을 모르고 있습니다. 심지어 교주가 죽어도 흩어지지 않고 새로운 이름을 내걸고 활동하기도 합니다. 이렇게 많은 하나님, 예수님, 각종 선지자들을 한 자리에 모아놓으면 어떤 일이 벌어질지 궁금하기도 합니다.

예수님의 재림에 대해서 분명한 사실 한 가지는 예수님이 다시 오실 때는 아무도 알 수 없으며, 모든 민족에게 복음이 전파된 후에야 오신다는 사실입니다.

마가복음 13장 21절부터 27절에서 예수님은 재림의 징조로 거짓선지자들이 많이 일어난다고 말씀하셨습니다. 그러나 예수님은 모든 족속이 알 수 있는 하늘의 징조로 다시 오시기 때문에 어떤 사람이 그런 말을 하여도 믿어선 안 됩니다. 오늘 말씀을 통해 거짓에 미혹되지 않는 세 가지 방법을 명심해야 합니다.

첫째, 성경을 바르게 배워야 합니다.

많은 이단들이 성경 공부를 빌미로 사람을 모으고 있습니다. 대학가에선 장학금을 미끼로 학생들을 모으며, 거리에서 여러 사은품을 미끼로 사람들을 끌어들이고 있습니다. 인터넷에서 성경공부만 검색해도 수많은 단체들이 나옵니다. 성경을 배우고 싶은 순수한 마음을 악용해 이단을 만드는 사람들이 많습니다. 그러므로 살펴보지도 않고 무조건 누구에게 성경을 배우는 것은

매우 위험합니다. 출석교회나 반드시 여러 사람에게 물어 인정받는 곳에서 성경을 배우십시오.(딤후3:15)

둘째, 겸손하게 기도해야 합니다.
말씀의 감동은 기도로 이어져야 합니다. 우리가 기도할 때 하나님은 우리의 마음을 받아주시고, 새로운 기쁨을 부어 주시고 행할 일을 알려 주십니다. 그러나 기도는 항상 겸손한 마음이 우선되어야 하며, 그 응답을 나눌 때는 사도 바울처럼 신중해야 합니다. 잠깐의 교만에서도 마음의 틈이 생깁니다. 교만을 조심하십시오.(고후12:1-10)

셋째, 말씀에 따라 살아가야 합니다.
말씀을 따라 살 때에 잘못된 가르침에 미혹될 일도, 세상의 괴로움에 슬퍼할 일도 없어집니다. 주님이 기도로 주시는 감동을 매일 실천해 갈 때, 우리는 진리를 따르는 기쁨을 알게 됩니다. 말씀을 따라 사십시오.(벧전4:2)

오늘 본문을 통해 거짓에 미혹되지 않는 세 가지 방법을 배웠습니다. 말씀에 중심을 두고, 성령을 따라 살 때에 바른 길을 벗어나지 않게 됩니다.
오늘도 진리 가운데 굳게 서십시다.

- 주님, 잘못된 진리에 미혹되지 않게 하소서!

오늘 특별 적용	
오늘 특별 감사	

142

마지막 시대를 대비하는 방법

마태복음 24장 32절부터 41절(막13:28–32/눅 21:29–33) 읽기.
❶ 주님의 말씀은 어떤 위력이 있는가?(35)
❷ 주님의 재림의 날을 우리가 정확히 알 수 있는가?(36)

독일 남쪽 한 시골에 볼룸하르트라는 목사님이 있었습니다.

목사님은 그리스도인에게 가장 중요한 것은 종말을 예비하는 것이라고 생각했습니다. 그래서 틈만 나면 성도들에게 말세의 징조에 대해서 설교를 했고, 또한 예수님이 재림하실 때 달려 나가려고 마당에 성능이 좋은 차를 준비시켜 놓았다고 합니다. 볼룸하르트 목사님의 이런 단면만을 본 사람들은 너무 종말론적 시각에서 인생을 산다고 생각했습니다.

하지만 볼룸하르트 목사님은 누구보다도 구제에 힘썼고, 마을의 어려운 일이 생기면 가장 먼저 나서서 처리하려고 했습니다. 주님의 재림이 말씀을 실천하는 삶의 원동력이 된 것입니다.

물론 주님이 오실 날을 아는 사람은 아무도 없습니다. 그러나 분명히 오십니다. 지혜로운 그리스도인들에게 주님의 재림은 두려움이 아닌 실천의 원동력이 되어야 합니다.

마태복음 24장 32절부터 41절에는 무화과나무를 통해 제자들을 가르치신 예수님이 나옵니다. 무화과나무가 시절에 따라 변하는 것 같이 시대의 변화를 보고 우리도 말씀을 깨달아야 합니다. 여기 나오는 예수님의 가르침을 통해 마지막 시대를 대비하는 세 가지 방법을 깨달아야 합니다.

첫째, 깨어서 징조를 살피고 예비해야 합니다.

많은 사람들이 "요즘 세상 많이 험해졌다", "말세야 말세"라는 한탄은 많이 하지만 어떤 해결책도 내놓지 못하고 있습니다. 그리스도인들은 이런 세상에서 동화되어 함께 걱정하는 것이 아니라 해결책인 예수님을 전해야 합니다. 말세가 오는 것이 위기가 아니라 주님을 깨닫지 못하는 것이 진정한 위기입니다. 이 시대를 위해 기도함으로 깨어 살피십시오.(딤후4:2)

둘째, 어려움을 견디며 미혹되지 않아야 합니다.

인터넷이나 스마트폰이 발달되면서 근거 없는 유언비어가 퍼지는 속도도 점점 빨라지고 있습니다. 이런 발달된 기술의 영향인지 사회가 점점 발달하면서 많은 이단들이 신문에 광고를 내고, 인터넷에 홍보를 하며 수많은 사람들을 미혹케 하고 있습니다. 주님의 말씀처럼 마지막 때일수록 거짓 선지자나 엉터리 복음이 많아집니다. 정신을 바짝 차리고 오직 예수님을 바라볼 때 미혹되지 않습니다. 정신을 바짝 차려 말씀에서 벗어나지 마십시오.(마24:4-5/요이1:7)

셋째, 충성스럽고 지혜롭게 주님을 섬겨야 합니다.

예수님은 제자들에게 마지막 때를 예비하라고 말씀하신 뒤, 지혜롭고 충성스러운 종의 비유를 말씀하셨습니다. 이것은 곧 때를 막론하고 주님을 섬기라는 말씀입니다. 주님이 원하시는 것은 잠깐의 뜨거운 열정이 아닌 끝까지 식지 않는 열정임을 기억하십시오.(시100:2/마24:45-51)

오늘 본문을 통해 마지막 시대를 대비하는 세 가지 방법을 배웠습니다. 세상이 점점 혼란스러워 질수록 그리스도인들이 정신을 차려야 합니다.
오늘도 육신의 힘을 의지하지 말고 성령님을 따라 사십시오.

- 주님, 언제나 한결 같이 주님을 섬기게 하소서!

오늘 특별 적용	
오늘 특별 감사	

143

충성된 종의 조건

마가복음 13장 33절부터 37절(마24:42/눅21:34-36) 읽기.
❶ 재림을 대비해서 우리는 어떤 정신 상태를 가져야 하는가?(33)
❷ 재림의 시기를 안다고 주장하는 사람들은 성경적인가?(35)

미국의 어떤 사업가가 마더 테레사의 명성을 듣고 인도를 방문했습니다. 사업가는 테레사가 도대체 어떤 사람이기에 '어머니'로 불리고 노벨평화상까지 탔는지 궁금했습니다. 그런데 막상 캘커타의 빈민가에 가보니 고아 300여명을 돌보고 있을 뿐이었습니다. 사업가의 눈으로 보기에 300여명의 고아들은 너무나 적은 수였습니다.

"테레사님, 제가 맘만 먹으면 수만 명의 고아를 책임질 수도 있습니다. 그렇게 되면 하나님은 우리를 어떻게 보실까요?"

돈의 힘을 과시하려는 사업가의 말에 마더 테레사에게 대답했습니다.

"하나님은 저를 성공하라고 이 땅에 보내지 않고, 충성하라고 불렀습니다."

하나님께 중요한 것은 재능이 아닌 충성입니다. 5달란트 남긴 종이나 2달란트 남긴 종이나 같은 칭찬을 받았음을 기억하십시오.

마가복음 13장 33절부터 37절에서는 문지기의 비유가 나옵니다. 예수님은 이 비유를 통해서 그리스도인들의 충성의 자세에 대해 말씀하셨습니다. 이 비유를 통해 우리는 충성된 종의 세 가지 조건에 대해 알 수 있습니다.

첫째, 자신의 권한을 알아야 합니다.

충성이란 진정에서 우러나는 정성입니다. 충성하는 종은 주인이 맡긴 모든 것을 관리하고 책임지기 위해 노력합니다. 비유에 나오는 주인은 종에게 각각의 사무를 맡겼다고 했습니다. 우리의 재능과 배경과 환경, 이 모든 것들은 주님이 우리에게 맡기신 것입니다. 주님은 우리에게 모든 것을 할 권한을 주셨습니다. 어떤 사람들은 그 권한을 성공을 위해 쓰고, 어떤 사람들은 제대로 사용하지 못하고, 어떤 사람들은 권한이 있는지도 모릅니다. 맡겨진 것이 무엇인지 알고 주님을 위해 사용하십시오.(고후10:8)

둘째, 깨어있어야 합니다.

주인은 집을 떠나면서 종에게 '깨어있으라' 는 명령을 내렸습니다. 모든 종들이 공통으로 지켜야할 명령은 깨어있는 것입니다. 주인은 종을 괴롭히기 위해서 깨어있으라고 명령한 것이 아닙니다. 주인이 올 때까지 할 일이 많기 때문입니다. '추수할 것은 많되 일꾼이 적다' 는 말씀을 기억하십시오.(마9:37)

셋째, 집중해야 합니다.

주인이 다시 집에 올 날은 아무도 모릅니다. 게으른 종은 주인이 늦게 오길 바라며 휴식을 취할지도 모릅니다. 하지만 충성된 종은 주인이 오는 날자와 상관없이 맡은 일에 온전히 집중합니다. 맡긴 일에 집중하는 종에게는 주인이 일찍 오든, 늦게 오든 아무런 상관이 없습니다. 그는 언제나 깨어 자신의 할 일을 하고 있기 때문입니다. 우선적으로 맡은 사명에 집중하십시오.(딤전4:16)

오늘 본문을 통해 충성된 종의 세 가지 조건을 배웠습니다. 하나님의 충성된 일꾼들이 많아질 때 교회가 살아나고 세상이 변화됩니다.
오늘도 진리를 전하는 빛의 파수꾼이 되십시오.

- 주님, 남과 비교하지 않고 전심으로 충성하게 하소서!

오늘 특별 적용	
오늘 특별 감사	

144

말세에 대비하는 방법

마태복음 24장 43절부터 44절 읽기.
❶ 생각지 않은 때에 주께서 오실 것이므로 우리는 어떻게 하여야 하는가?(44)
❷ 당신은 주님의 재림을 대비하며 생활하는가?

민족이 낳은 위대한 독립 운동가요, 사상가인 도산 안창호 선생은 민족의식을 개혁하고 조국의 독립을 위해 1925년 동아일보에「동포에게 고하는 글」이라는 사설을 기고했습니다.

안창호 선생은 이 글에서 중요한 질문을 한 가지 던졌습니다.

"그대는 주인인가 나그네인가?"

안창호 선생은 민족과 사회에 대한 책임을 느끼는 사람은 주인, 책임을 못 느끼는 사람은 나그네라고 말했습니다.

오늘 날 예수님도 똑같은 질문을 우리에게 던지고 계십니다.

"그대는 천국 낙원의 주인인가 나그네인가?"

마태복음 24장 43절부터 33절에는 집 주인의 비유가 기록되어 있습니다. 예수님은 도둑이 언제 들지 안다면 주인은 깨어 있을 것이라고 말씀하셨습니다. 우리는 여기에서 말세를 대비하는 세 가지 방법을 마음에 새겨야합니다.

첫째, 경각심을 가져야 합니다.

지금의 시대는 도덕적으로, 영적으로, 지식적으로, 문화적으로, 경제적으로도 많은 혼란에 빠져 있습니다. 우리의 영혼을 노략질하고 멸망시키려는 도둑들이 은밀하게 세력을 확장하고 있습니다. 그러므로 우리는 세상의 탁류 속에서도 죄나 거짓된 진리를 옳게 분별하고 경각심을 잃지 않아야 합니다. 영적 경각심을 일깨우십시오.(마26:41)

둘째, 준비해야 합니다.

도둑이 든다는 사실을 알게 되면 준비해야 합니다. 담장을 살피고 문단속을 철저히 하고, 필요하다면 경찰의 도움도 받아야 합니다. '도둑이 오는데 어쩌지? 하며 아무리 걱정해도 소용없습니다. 말세를 예비하는 것은 오직 믿음의 행실뿐입니다. 하나님의 전신갑주를 입고 진리를 사수하며 선한 싸움을 싸우십시오.(막13:35/잠24:27)

셋째, 주인 의식을 가져야 합니다.
 집의 주인과 잠시 머물렀다 가는 나그네의 행동은 다릅니다. 주인은 자발적으로 책임을 지고 집을 가꾸지만, 나그네는 그냥 방치합니다. 주인 의식을 가지지 않을 때 신앙생활도 건성으로 하게 됩니다. 하나님의 자녀다운 주인의식을 가지십시오.(마24:43/골1:29)

오늘 본문을 통해 말세를 대비하는 세 가지 방법을 배웠습니다. 이 땅에서 하나님 나라에 대한 주인의식을 가질 때 사명감으로 후회 없는 삶을 살게 됩니다.
오늘도 하나님의 자녀다운 주인의식으로 살아가십시오.

- 주님, 길 잃은 영혼들에 대한 책임감을 갖게 하소서!

오늘 특별 적용	
오늘 특별 감사	

145

사명을 감당하는데 도움을 주는

마태복음 24장 45절부터 51절 읽기.
❶ 복이 있는 종은 어떤 사람인가?(45,46)
❷ 악한 종의 주인에 대한 오해는 무엇이었는가?(48)

기독교 문학의 대표적인 작품인 "천로역정"은 죄를 뉘우친 크리스천이 하나님 나라를 찾아 떠나는 내용입니다.

그 여정 중에는 '매혹의 마을' 이라는 것이 나옵니다. 매혹의 마을은 나른한 공기와 편하게 쉴 수 있는 장소들로 여행에 지친 순례자들을 주저앉고 싶도록 만듭니다. 그 유혹을 참고 계속 걸어 마을을 빠져나가면 천성을 향해 갈 수 있지만 잠시라도 머뭇거리면 곧 순례를 포기하고 쉬게 됩니다.

신앙생활에도 이런 유혹이 다가오곤 합니다. 타성에 젖고 현실에 안주하는 순간, 곧 그 때가 우리 마음속에 찾아온 '매혹의 마을' 입니다.

마태복음 24장 45절부터 51절에는 주인의 임무를 무시하는 종과 성실히 수행하는 종의 비유가 나옵니다. 종의 모습은 곧 그리스도인의 자세를 표현한 것인데 우리는 이 비유를 통해 사명을 감당하는데 도움을 주는 세 가지 교훈을 알 수 있습니다.

첫째, 사명을 무시하면 처벌이 있습니다.
주인이 더디 올 것이라 생각한 종은 자신의 책무를 내팽개치고, 유흥을 즐기기에 바빴습니다. 이런 종은 주인이 올 때 벌을 받게 됩니다. 예수님은 자신의 사명을 무시하는 종의 죄가 외식하는 자와 같을 정도로 크다고 말씀하셨습니다. 사명자에겐 맡겨진 임무가 있음을 깨달으십시오.(마24:51/엡5:6)

둘째, 충성스러워야 합니다.
주인은 종을 믿었기에 집안 살림을 모두 맡겼습니다. 이런 주인의 믿음에 보답하는 길은 그 임무를 성실히 수행하는 것입니다. 주인이 집을 비웠고 모든 것을 자신에게 맡겼다고 해서 주인행세를 하는 것은 충직한 종이 아닙니다. 잠언은 "충성된 사자는 추수하는 날에 얼음냉수 같아서 능히 그 주인의 마음을 시원케 하느니라"고 했습니다. 하나님의 마음을 시원하게 하는 충성된 종이 되십시오(마25:23/딤1:12).

셋째, 우리는 지혜롭게 종의 사명을 감당해야 합니다.
자신의 사명을 잘 감당하는 종은 충직할 뿐만 아니라 지혜로워야 합니다. 지혜로운 종은 주인이 맡긴 소유를 적절히 사용하고 대비하는 종입니다. 이런 지혜를 위해선 주인의 마음을 알아야 합니다. 주인이 무엇을 필요로 하는지, 무엇에 관심이 있는지 알 때에 미리 처리할 수 있는 지혜가 생기기 때문입니다. 지혜로운 종은 주인의 자랑이 됩니다. 하나님의 마음에 기쁨이 되는 지혜로운 종이 되십시오.(요16:24)

오늘 본문을 통해 사명을 감당하는데 도움을 주는 세 가지 교훈을 배웠습니다. 우리가 받고 누리는 모든 것들은 하나님이 주셨기에 가능한 것임을 잊지 마십시오.
오늘도 충성스럽고 지혜롭게 사명을 감당하십시오.

- 주님, 받은 사명을 무시하지 않고 힘써 일하게 하소서!

오늘 특별 적용	
오늘 특별 감사	

146

그리스도인이 명심해야할 교훈

마태복음 25장 1절부터 13절 읽기.
❶ 주님께서 당신을 알고 있다는 확신이 있는가?(12)
❷ 이 모든 말씀을 통해 주께서는 우리에게 어떤 교훈을 주셨는가?(13)

오늘 날 우리가 드리는 예배의 기원은 구약시대의 제사로부터 온 것입니다. 구약의 제사 때는 하나님께 예물을 드려야 하는데, 제사의 시작은 곧 하나님께 드릴 예물을 고르는 것부터 시작합니다. 제사는 성막에서 드려지지만 이미 예배와 관련된 준비를 하는 순간부터 예배는 시작입니다.

주일 교회에서 드리는 우리의 예배는 언제부터 시작될까요? 예배당에 오기 위해 집을 나서는 순간입니다. 더 나아가서는 주일을 위해 잠을 자는 전날부터입니다.

사도바울은 우리의 몸을 하나님께 산제사로 드리고, 무엇이든 하나님의 영광을 위해서 하라고 말했습니다.

예배가 우리 삶의 중심이 되어야 한다는 사실을 반드시 잊지 마십시오.

마태복음 25장 1절부터 13절에는 열 처녀의 비유가 기록되어 있습니다. 예수님은 다가오는 말세를 다양한 비유를 통해 말씀하셨습니다. 주님은 다양한 비유를 통해 항상 깨어 준비하는 삶의 중요성에 대해서 말씀하셨습니다. 오늘 말씀을 통해 말세를 사는 그리스도인이 명심해야 할 세 가지 교훈을 알 수 있습니다.

첫째, 정신을 차려야 합니다.
유대의 결혼식은 일주일간이나 축제가 계속됩니다. 축제가 벌어지는 도중 어느 날 밤에 신랑이 신부를 데려와 결혼식을 했습니다. 그러므로 피곤해하다 잠이 들거나, 다른 용무를 보러 나갔다가는 신랑을 맞이할 때를 놓치게 됩니다. 말세일수록 그리스도인들은 더욱 정신을 차려야 합니다. 준비할 때를 놓치지 마십시오.(눅21:36)

둘째, 신앙의 외적 모습이 생명의 삶을 대신 할 수는 없습니다.

미련한 다섯 처녀들은 슬기로운 다섯 처녀와 마찬가지로 등은 가지고 있었습니다. 그러나 그 등잔의 역할을 할 수 있게 하는 기름이 떨어졌기 때문에, 무용지물이었습니다. 등잔은 기름이 있어야 쓸모가 있습니다. 신앙 연륜과 교회 직분, 경건해 보이는 모든 모습들에는 성령이라는 기름이 있어야 빛을 발하게 됩니다. 성령과 함께하는 신앙생활을 하십시오.(요6:35)

셋째, 말세는 끝이 아닙니다.
말세는 세상의 끝을 말합니다. 세상의 끝은 곧 천국의 시작을 뜻합니다. 모든 창조물에 대한 하나님의 주권이 회복되고, 찬송과 기쁨이 끊이지 않게 됩니다. 예수님은 천국을 결혼 잔치에 비유하셨습니다. 지혜롭게 신랑을 맞아 결혼의 기쁨을 만끽하는 신부가 되십시오.(고전15:42)

오늘 본문을 통해 말세를 사는 그리스도인이 명심해야 할 세 가지 교훈을 배웠습니다. 때를 대비하는 것은 아무리 강조해도 지나치지 않습니다.
오늘도 주님의 뜻에 합당한 생활을 하십시오.

- 주님, 매일 깨어 있는 삶으로 재림의 때를 준비하게 하소서!

오늘 특별 적용	
오늘 특별 감사	

147

은사에 대한 교훈

마태복음 25장 14절부터 30절 읽기.
❶ 하나님께서 우리에게 은사를 주는 기준은 무엇인가?(14,15)
❷ 우리에게 은사를 주신 주님은 반드시 무엇을 하시는가?(19)

감리교를 시작한 영국의 요한 웨슬레 목사님은 주민이 1,000명밖에 안 되는 조그마한 시골 동네 출신이었습니다. 19명의 형제 중 14번째로 태어난 그는 천연두를 앓아서 얼굴은 곰보였고, 폐결핵에 걸려 몸조차 허약했습니다.

외모만 보면 그는 전형적인 실패자였습니다. 그러나 하나님은 그에게 놀랄만한 재능을 주셨습니다. 그는 뛰어난 친화력으로 자신이 가는 곳마다 감리교 공동체를 만들었고 많은 사람들을 전도했습니다. 그리고 불같은 열정으로 미국과 영국의 넓은 지역을 다니며 사람들을 가르치고 작은 교회를 여럿 세웠습니다.

병약한 몸은 아무런 문제가 되지 않았습니다. 그는 자신이 받은 달란트를 십분 활용하여 하나님 나라의 확장에 큰 기여를 했습니다.

우리의 약함에 집중할 때 불평과 불만이 나오지만 은사에 집중할 땐 기쁨과 하나님의 나라가 확장되는 역사가 일어납니다.

마태복음 25장 14절부터 30절에는 달란트의 비유가 기록되어 있습니다. 달란트의 비유는 은사의 활용이 얼마나 중요한지, 말세를 대비해 어떻게 준비해야 하는지에 대한 교훈이 됩니다. 우리는 이 비유를 통해서 은사에 대한 세 가지 사실을 알 수 있습니다.

첫째, 은사가 없는 사람은 없습니다.

받은 달란트의 차이는 있었지만, 자리에 있던 세 명의 종은 모두 달란트를 받았습니다. 금 한 달란트는 약 33Kg으로. 결코 적은 금액이 아닙니다. 하나님은 각 사람에게 맞는 은사를 주셨습니다. 그리고 그 은사에는 크고 작음이 없습니다. 서로가 서로의 은사를 인정하고 세워줘야 합니다. 모든 사람에게 뛰어난 은사가 있음을 기억하십시오. (롬11:29,12:6)

둘째, 은사를 활용해야 합니다.

하나님은 모든 은사를 사람들에게 적절하게 나누어 주셨습니다. 중요한 것은 그것을 활용하는 것입니다. 자기에게 주어진 은사가 적다고 불평하는 것은 쓸데없는 시간 낭비입니다. 하나님께서는 남긴 액수의 많고 적음에 칭찬의 기준을 두지 않으셨습니다. 받은 은사에 감사하고 잘 활용하십시오.(마25:21-24/벧전4:10)

셋째, 되도록 빨리 해야 합니다.

받은 달란트로 이익을 남겨 주님의 칭찬을 받은 사람들은 '바로 가서' 그것으로 장사를 했습니다(16절). 그러나 한 달란트를 받았던 종은 다른 종과 비교해 적은 달란트에 불만이 있었고, 게으름을 피워 때를 낭비했습니다. 하나님이 우리에게 은사를 주신 것은 활용하라는 뜻입니다. 은사를 활용할 기회가 있다면 언제나 순종하십시오.(마25:16/눅14:21)

오늘 본문을 통해 은사에 대한 세 가지 사실을 배웠습니다. 은사는 그것을 사용하는 그리스도인들에게도, 그것을 주신 하나님에게도 큰 기쁨이 됩니다. 오늘도 은사를 따라 부지런히 섬기십시오.

- 주님, 받은 은사를 활용해 큰 결실을 맺게 하소서!

오늘 특별 적용	
오늘 특별 감사	

148

선행에 대한 교훈

마태복음 25장 31절부터 46절 읽기.
❶ 어떤 사람들이 주님께 상을 받는가?(34∼36)
❷ 영생을 얻지 못한 사람들은 어떻게 되는가?(46)

「맹자」의 〈진심편〉에는 '비슷한 것 같으나 실상은 그렇지 않다' 는 '사이비'
(似而非)라는 단어가 나옵니다. 이 사이비를 진짜인 줄 착각하면 반드시 큰 피
해를 입게 됩니다.
한 유명한 위조지폐 감별사는 자신의 비결에 대해 이렇게 말했습니다.
"위폐를 감별하기 전에 저는 진짜 지폐만을 바라봅니다. 몇날 며칠이고 진짜
지폐만을 세세히 관찰하고 바라보고 나면 가짜 지폐를 잠깐 보기만 해도 다
른 점이 눈에 들어옵니다."
가짜를 구별하는 좋은 방법은 진짜를 확실히 아는 것입니다.

마태복음 25장 31절부터 46절에는 양과 염소의 비유가 나옵니다. 예수님은
선행을 통해 그리스도인들을 양과 염소로 구분한다고 말씀하셨습니다. 우리
는 이 비유를 통해 선행에 대한 세 가지 중요한 교훈을 얻을 수 있습니다.

첫째, 작은 자를 돕는 것이 예수님을 돕는 것입니다.
양으로 비유되는 선행을 베푼 성도들은 어려운 사람들을 대접하고, 간호하
고, 돌보았습니다. 예수님은 그들이 곧 나를 영접한 것이라고 말씀하셨습니
다. 성령님의 인도를 따라 이처럼 선행을 베푼 사람들에게는 창세로부터 예
비된 나라를 물려받는 축복이 따릅니다. 예수님을 사랑한다면 작은 자들을
도우십시오.(마25:40)

둘째, 믿음은 행동으로 나타납니다.
양과 염소는 비슷하지만 분명 다릅니다. 예수님을 구주로 고백하는 사람은
모두 성도로 보이지만 그들의 행동으로 진짜를 구별할 수 있습니다. 삶이 변
화되지 않는 구원은 진짜가 아닙니다. 예수님은 어려운 사람을 보고도 돕지
않은 사람들을 저주를 받은 자라고 표현하셨습니다. 외식이 아닌, 믿음으로

인한 선행을 베푸십시오.(마25:41/요일2:3)

셋째, 선행은 결과로 나타납니다.
예수님은 우리가 행한 모든 일에 보답을 해주십니다. 물론 보답을 받기 위해 선행을 하는 것은 아닙니다. 선행의 이유는 우리를 구원하여 주신 예수님의 사랑에 대한 감사며, 기쁨의 표현입니다. 그럼에도 주님은 우리의 모든 선행에 보답을 하십니다. 선행으로 인한 축복의 기쁨을 누리십시오.(말3:10)

오늘 본문을 통해 선행에 대한 세 가지 교훈을 얻었습니다. 진심이 없는 행위도 위험하지만 행동이 없는 진심도 위험합니다.
오늘도 하나님에 대한 사랑을 실천하십시오.

- 주님, 사랑과 겸손은 실천할 때 의미 있음을 알게 하소서!

오늘 특별 적용	
오늘 특별 감사	

149

두려움을 이겨내는 방법

마태복음 26장 1절부터 5절(막14:1-2/눅22:1-2참조) 읽기.
❶ 주님께서 제자들에게 어떤 예언을 하셨는가?(2)
❷ 하나님을 섬기는 대제사장과 장로들이 어떤 계획을 꾸미는가?(3~5)

세계 1차 대전 중 독일 전투함이 침몰되어 구명보트에서 구조를 기다리던 군인들 중 나이든 군인들은 대부분 살아남았고, 젊은 군인들은 거의 죽었다고 합니다. 나이든 군인들은 전에도 비슷한 상황에서 구조된 경험이 있었기에 버티기만 하면 반드시 구조될 것을 알았지만 이런 상황을 처음 겪는 젊은 군인들에겐 상황이 너무나 절망적이었기 때문에 두려움으로 인해 서서히 죽어갔던 것입니다.

두려움은 인간에게 가장 강력하게 작용하는 감정 중 하나로, 몸과 마음에 매우 안 좋은 영향을 줍니다. 두려움은 아직 경험하지 못한 일들에 대해 더욱 크게 작용합니다. 두려움이 인체에 미치는 안 좋은 영향이 확인되기 전까지 이 일은 미스터리로 남아있었습니다.

모든 사람이 죽음을 두려워하는 이유는 누구도 그것을 살아있는 동안에는 경험해보지 못하기 때문입니다. 그러나 성도들이 죽음을 두려워하지 않을 수 있는 이유는 죽음까지 이기신 예수님을 믿고 따르기 때문입니다.

마태복음 26장 1절부터 5절에는 십자가에서의 죽음을 예언하는 예수님이 나옵니다. 예수님께서는 자신이 언제 어떤 고통으로 죽을지 너무도 잘 아셨습니다. 육신으로 이 땅에 오셨기에 두려움도 크셨지만 기도로 이겨내고 대업을 완수하셨습니다. 우리는 여기에서 두려움을 이겨내는 세 가지 방법을 배울 수 있습니다.

첫째, 기도가 두려움을 물리칩니다.
예수님도 죽음의 공포 속에 두려워하셨습니다. 그러나 그때마다 기도함으로 두려움을 극복하셨습니다. 하나님 앞에 우리의 감정들을 솔직하게 고백할 때 이전의 두려움은 곧 사라집니다. 힘든 감정을 느낄 땐 솔직히 표현하되 연연하지 마십시오. 극복할 힘을 넉넉히 주시는 주님을 믿으십시오.(마26:39/눅

12:15)

둘째, 하나님의 뜻을 알 때 두려움이 사라집니다.
예수님은 기도로 하나님의 뜻을 깨달았습니다. 그래서 자신의 안위보다도 하나님의 영광을 택할 수 있었고, 험난한 골고다를 오르셨습니다. 하나님의 뜻을 안다고 해서 고통이 사라지는 것은 아닙니다. 그러나 고통을 감당할 힘이 생기고, 그 고통에 비교할 수 없는 영광이 찾아온다는 것을 깨닫게 됩니다. 성경이 말하는 하나님의 뜻을 깨달으십시오.(고후3:12)

셋째, 부활의 소망이 두려움을 이기게 합니다.
초대교회의 많은 성도들이 죽음도 두려워하지 않고 선교할 수 있었던 것은 부활의 소망이 있었기 때문입니다. 죽음이 모든 것의 끝이라고 생각할 때 그보다 큰 절망은 없습니다. 그러나 영생의 소망과 부활을 믿는 성도들에게 죽음은 끝이 아닌 시작이며 천국으로 들어가는 관문 입니다. 부활의 소망으로 두려움을 이겨내십시오.(롬8:24)

오늘 본문을 통해 두려움을 이겨내는 세 가지 방법을 배웠습니다. 죽음의 두려움보다도 부활의 소망이 클 때 모든 삶의 여정이 기쁨으로 가득 차게 됩니다.
오늘도 부활의 소망을 가득 품고 사십시오.

– 주님, 하늘의 소망으로 세상의 모든 두려움을 이기게 하소서!

오늘 특별 적용	
오늘 특별 감사	

150

사람들의 마음

마태복음 26장 6절부터 13절(막14:3-9참조) 읽기.
❶ 옥합은 여자가 결혼을 위하여 준비한 가장 귀한 물건이다. 당신은 당신이 가진 가장 귀한 것을 주님께 드릴 수 있는가?(6)
❷ 주님께서는 그 여자의 행동을 어떻게 평가하셨으며(10), 그 이유는 무엇때문인가?(12)

로버트 듀발은 '세계에서 가장 다재다능한 연기자'로 기네스북에 등재되어 있습니다. 그는 조연과 주연, 심지어 단역까지도 완벽하게 소화하는 배우로 지금까지 70여 편이나 되는 많은 영화에 출연했습니다.

로버트 듀발은 데뷔한 후 20년 동안 33편의 영화를 찍으며 아카데미 남우주연상을 수상했지만, 사람이 많은 길을 혼자 걸어도 아무도 알아보지 못했다고 합니다. 그가 맡은 역할마다 너무나 훌륭하게 캐릭터를 소화했기 때문에 그의 보통 모습을 아무도 예측하지 못했기 때문입니다. 이처럼 연기를 잘하려면 자신의 평소 마음을 잘 숨겨야 합니다.

하지만 사람과의 관계, 그리고 하나님과의 관계에서도 자신의 마음을 숨긴다면 진정한 교제를 결코 할 수가 없습니다.

마태복음 26장 6절부터 13절에는 베다니의 시몬 집에서 예수님께 향유를 부은 마리아가 나옵니다. 마리아가 향유를 부어 예수님의 죽음을 예비하는 아름다운 장면을 보면서 그 자리에 있던 사람들은 모두 다른 마음을 품었습니다. 우리는 이 말씀에 나오는 사람들의 세 가지 마음을 살펴 볼 수 있습니다.

첫째, 예수님의 연민의 마음입니다.
예수님은 향유가 곧 자신의 장사지냄을 뜻하는 것을 아셨습니다. 예수님이 고난을 당하고 죽임 당하실 일, 그 일들을 통해 슬퍼할 제자들과 그들이 감당해야할 사명들을 생각할 때 예수님은 안쓰러운 마음이 드셨을 것입니다. 예수님과 같은 연민의 마음으로, 구원에 대한 안타까움으로 이웃에게 다가가십시오.(마14:14)

둘째, 마리아의 사랑하는 마음입니다.
마리아는 자신의 전부나 다름없는 향유를 부은 것이, 예수님의 죽음을 예비하고, 그 시신을 거두어들이는 상징적인 모습이 되었습니다. 예수님은 마리아의 사랑을 기쁘게 받으셨고, 복음과 함께 마리아의 사랑도 전파될 것이라고 말씀하셨습니다. 마리아는 지식적으로는 제자들 보다 부족했겠지만, 예수님을 향한 사랑 하나로 더욱 옳은 일을 했습니다. 모든 일을 사랑으로 행하십시오.(요21:17)

셋째, 가룻 유다의 간악한 마음입니다.
가룻 유다는 예수님을 향한 마리아의 사랑을 어리석은 낭비로 치부했습니다. 오히려 그 돈으로 가난한 사람들을 구제해야 한다고 주장했던 가룻 유다는 이 일이 있은 후에 곧바로 대제사장들을 찾아가 고작 은 30에 예수님을 팔아넘겼습니다. 겉으로는 선한 체 했지만 속으로는 누구보다도 간악한 마음을 숨겼던 것입니다. 언제나 좋은 것을 취하고 악은 그 모양이라도 버리십시오 (살전5:21,22).

오늘 본문을 통해 사람들의 세 가지 마음을 배웠습니다. 마음을 잘 관리할 때 이웃과 하나님 앞에 늘 진심으로 다가가는 그리스도인이 될 수 있습니다.
오늘도 정결한 마음을 주님 앞에 드리십시오.

– 주님, 하나님과, 이웃들과 진솔한 관계를 맺게 하소서!

오늘 특별 적용	
오늘 특별 감사	

151

행위에 관련된 교훈

마가복음 14장 10절부터 11절, 17절부터 21절(마26:14–16,21–25/눅22:3–6,21–23참조) 읽기.

❶ 주님께서 열 두 제자에게 어떤 말씀을 하셨는가?(17,18)

❷ 주님을 배반하는 사람에 대하여 주님께서 어떤 말씀을 하셨는가?(21)

유태인들의 전통적인 자녀 교육법 중에는 '배신'을 가르치는 것이 있습니다. 부모들은 아이들과 잘 놀아주다가, 갑자기 아이들의 요구를 들어주지 않고 냉정하게 거절해 버립니다. 어린 아이들은 부모들을 전적으로 신뢰하기 때문에 갑자기 이런 모습에 큰 쇼크를 받습니다. 그럼에도 유태인 부모들이 이런 교육을 하는 것은 아이들에게 '인간이란 믿을 수 없는 존재다' 라는 것을 직접 알려주기 위해서입니다.

사람들은 서로 배신을 하고, 상처를 줍니다. 때로는 하나님과의 약속도 지키지 않습니다.

우리가 전적으로 믿을 수 있는 분은 오직 하나님뿐입니다. 사람은 불완전하다는 것을 이해할 때 배신도 용서할 수 있고 상처도 극복할 수 있습니다.

마가복음 14장 10절부터 11절과 17절부터 21절에는 가룟 유다의 음모와 최후의 만찬이 나옵니다. 가룟 유다는 몰래 음모를 계획했지만 이미 예수님은 그 사실을 알고 계셨고 최후의 만찬에서 그 사실을 지적하셨습니다. 우리는 이 말씀을 통해 행위와 관련된 세 가지 중요한 교훈을 배울 수 있습니다.

첫째, 하나님의 섭리는 반드시 이루어집니다.

가룟 유다가 예수님을 팔고, 예수님이 돌아가신 것은 얼핏 보면 마귀의 승리처럼 보입니다. 하지만 그 일은 모든 죄인을 구원하려는 하나님의 섭리를 이루는 일이었습니다. 이렇듯 하나님의 섭리는 너무나 심오하여 우리가 다 헤아릴 수 없습니다. 하나님의 섭리를 믿음으로 옳은 일을 행할 때 낙심하지 마십시오(롬 11:33).

둘째, 유혹에 넘어가면 죄를 짓게 됩니다.

마귀는 가룟 유다 뿐 아니라 모든 제자들을 계속 유혹했을 것입니다. 마귀의 유혹에 넘어가면 어김없이 죄를 짓게 됩니다. 큰 죄든 작은 죄든 모든 죄는 하나님의 음성보다 마귀의 유혹에 더 집중하기 때문에 짓게 됩니다. 늘 깨어 있어서 마귀의 유혹을 물리치십시오.(막4:19)

셋째, 사람은 자기의 행위에 책임을 져야 합니다.
공의의 하나님은 모든 사람의 행위에 따라 심판을 하십니다. 악을 행하면서도 잘사는 사람들이 있지만 결국 죽은 뒤엔 하나님의 심판을 받게 됩니다. 심판을 벗어나는 것은 예수님을 구세주로 영접하는 길 뿐입니다. 예수님을 구세주로 영접하지 않은 사람은 반드시 멸망함을 깨달으십시오.(계20:12)

오늘 본문을 통해 세 가지 중요한 교훈을 배웠습니다. 하나님의 섭리 안에 결국 모든 것이 완전하여 짐을 믿으십시오.
오늘도 모든 것을 예비하신 주님을 찬양하십시오.

- 주님, 변하지 않는 것은 주님의 사랑뿐임을 알게 하소서!

오늘 특별 적용	
오늘 특별 감사	

152

성찬의 의미

마태복음 26장 17절부터 29절(막14:12-25/눅22:7-23참조) 읽기.
❶ 예수 그리스도께서 십자가에서 흘린 피는 어떤 의미가 있는가?(28)
❷ 성만찬 때의 떡과 포도주는 무엇을 상징하는가?(26~28)

톨스토이의 '구두수선공이 만난 하나님'에는 이런 내용이 나옵니다.

평생 예수님을 만나보는 것이 꿈인 구두수선공 마틴의 꿈에 하루는 예수님이 나타나서 오늘 밤 집에 찾아오겠다고 말씀하셨습니다.

꿈이 너무나 생생해 마틴은 좋은 차와 식사를 준비하고 밤에 찾아올 예수님을 기다렸습니다. 하지만 그날따라 계속해서 찾아온 거지와 어려운 사람들을 대접하느라 준비한 음식은 모두 동이 나고 말았고, 밤늦게까지 예수님은 오시지 않았습니다.

마틴은 크게 실망하며 잠을 잤는데 꿈에 예수님이 나타나서는 "오늘 나를 세 번이나 잘 대접해 주어서 매우 고마웠다"고 말씀하셨습니다. 잠에서 깬 마틴은 어려운 사람들에게 베푸는 것이 곧 예수님을 만나고 그분과 함께 하는 것임을 알게 되었습니다.

예수님의 사랑과 희생을 우리는 늘 잊지 말고 기억해야 합니다. 말씀을 따르는 삶이 곧 예수님과 함께 하는 삶입니다.

마태복음 26장 17절부터 29절에는 최후의 만찬과 성찬의 예식이 나옵니다. 예수님은 떡과 포도주를 축사한 뒤 나눠주시면서 제자들에게 의미를 설명해 주셨습니다. 우리는 이 말씀을 통해서 성찬의 세 가지 의미를 기억해야 합니다.(고전11:23-26)

첫째, 성찬은 새언약입니다.

예수님은 제자들에게 잔을 주시면서 이것이 곧 많은 사람을 위해 흘리는 피요, 새로운 언약이라고 말씀하셨습니다. 새언약은 우리들을 위한 것으로 곧 예수님을 믿음으로 모두가 구원받게 됨을 뜻합니다. 우리는 성찬을 통해 살과 피를 내어주신 주님의 희생과, 구원의 은혜를 깊이 묵상해야 합니다. 매 성찬의 때마다 참된 의미를 깊이 묵상하십시오.(마26:28/히9:15)

둘째, 성찬은 화합입니다.
예수님이 우리를 위해 돌아가심으로 인해, 그분을 믿는 사람들에겐 죄의 문제가 해결되었습니다. 이것은 곧 그동안 죄로 인해 막혀있던 사람과 하나님의 관계가 다시 회복됨을 뜻합니다. 성찬으로 다시 화합하게 된 것입니다. 예수님을 믿는 사람들은 하나님과 화합하게 됩니다. 전도를 위해 우리는 더 많은 영혼들을 하나님과 화합하게 만들어야 합니다. 성찬을 통해 영혼구원의 사명을 확인하십시오.(엡2:13-19)

셋째, 성찬은 생명입니다.
예수님은 성찬을 통해 십자가의 죽음을 말씀하시면서, 또한 부활의 생명을 말씀하셨습니다. 아버지의 나라는 곧 천국을 뜻합니다. 우리는 믿음으로 예수님과 함께 천국에서 새로운 생명을 누릴 수 있습니다. 성찬을 통해 새로운 생명의 기쁨을 누리십시오.(마26:29/요6:48)

오늘 본문을 통해 성찬의 세 가지 의미를 배웠습니다. 성찬은 구원의 핵심을 보여주는 의식이며, 또한 하나님을 기념하는 거룩한 예식입니다. 모든 성찬은 구원의 확신이 있는 상태로 거룩하게 행해져야 합니다.
오늘도 성찬의 의미를 기억하므로 많은 사람을 주님과 화합하게 하십시오.

- 주님, 크신 사랑과 고귀한 희생을 항상 잊지 않게 하소서!

오늘 특별 적용	
오늘 특별 감사	

153

알아야할 세 가지 법칙

누가복음 22장 24절부터 34절(마26:20/막14:17참조) 읽기.
❶ 예수님의 십자가 사건을 앞두고 제자들은 어떤 문제로 다투었는가?(24)
❷ 주님께서 베드로에게 어떤 말씀을 하셨으며(31), 베드로를 위하여 무엇을 하셨으며, 어떤 명령을 하셨는가?(32)

'질투에 대한 이론과 연구(Jealousy Theory Research Clinic)' 라는 책을 쓴 그레고리 화이트(G. White) 박사는 부부들이 이혼하는 이유 중 30%가 질투 때문이라고 말합니다.

또 예일대학의 살로베이(P. Salovey) 심리학 교수는 미국에서 일어나는 전체 범죄 중 20%는 질투가 원인이라고 밝혔습니다.

심리학자들의 연구에 따르면 질투란 열등감이 불건전하게 표현되는 것이라고 합니다. 자신의 부족함에 대한 그릇된 감정이 사랑과 화평을 방해하는 것입니다.

하나님의 사랑을 깨달을 때 열등감이 사라지고 우리가 얼마나 귀한 존재인지 깨닫게 됩니다. 그리고 질투와 시기를 넘어선 진정한 사랑을 행할 수 있게 됩니다.

누가복음 22장 24절부터 34절에는 높은 자리를 차지하기 위해 다투는 제자들의 모습이 나옵니다. 제자들의 이런 다툼은 여러 번 나오는데 심지어 예수님의 죽음이 얼마 남지 않은 최후의 만찬 자리에서까지 일어났습니다. 서로를 시기하는 제자들에게 예수님은 다시 한 번 섬김의 복음을 말씀해 주셨습니다. 우리는 이 말씀을 통해 그리스도인이 알아야 할 세 가지 법칙을 기억해야 합니다.

첫째, 하늘의 법칙을 알아야 합니다.

예수님은 땅의 법칙과 하늘의 법칙을 명확히 구분하셨습니다. 예수님은 땅에서는 섬김을 받는 사람이 큰 사람이지만 하늘에서는 섬기는 사람이 큰 사람임을 말씀하셨습니다(27절). 땅의 법칙으로는 손해만 보는 것 같은 일이 하늘의 법칙으로 오히려 보화를 쌓는 일이 됩니다. 그리스도인이라면 이제 마땅히 땅의 법칙이 아닌 하늘의 법칙을 따라 살아야 합니다. 예수님처럼 본을 보

임으로 가르치십시오.(눅22:27)

둘째, 보상의 법칙을 알아야 합니다.
예수님은 항상 구제를 강조하셨습니다. 많이 받은 자가 많이 베푸는 것이 하나님의 방식입니다. 그러나 이러한 구제는 단순히 물질적인 손해가 아닙니다. 구제를 할 때 하늘나라에 다함이 없는 보물이 쌓이며, 예수님을 따를 때 백배의 복을 받게 됩니다(눅12:33/막10:30).

셋째, 섬김의 법칙을 알아야 합니다.
섬기는 자가 하나님께 더욱 높임을 받습니다. 이것이 하나님의 원리입니다. 이 땅에 가장 낮은 모습으로 섬기러 온 예수님은 하나님 나라의 통치자이시며(29절) 제자들도 예수님과 같이 섬길 때 하늘에서 높아지리라고 말씀하셨습니다. 단, 이 섬김의 마음은 높임을 받고자 하는 마음이 아닌 사랑으로 인한 섬김이어야 합니다. 섬김으로 높임 받는 하늘의 원리를 기억하십시오.(눅12:29/롬1:25)

오늘 본문을 통해 그리스도인이 알아야 할 세 가지 법칙을 배웠습니다. 그리스도인들은 세상과는 다른 하늘의 가치관을 갖고 살아야 합니다.
오늘도 하늘의 소망을 품고 살아가십시오.

- 주님, 겸손과 사랑으로 이 땅에서의 천국을 경험하게 하소서!

오늘 특별 적용	
오늘 특별 감사	

154

어려움을 극복하는 자세

마가복음 14장 27절부터 31절(마26:31-35/눅 22:31-38참조) 읽기.
❶ 주님의 말씀은 어디에 근거를 둔 말씀이었는가?(27)
❷ 하지만 주님은 제자들에게 무엇을 약속하셨는가?(28)

과도한 업무로 스트레스를 받는 직장인들은 종종 이런 말을 합니다.
"에이, 다 때려치우고 시골 가서 농사나 짓든가 해야지, 원…"
농사가 잘 되지 않아 마음고생이 심한 농부들도 이런 말을 합니다.
"에이, 농사 때려치우고 서울 가서 직장이나 다녀야지, 원…"
자신의 일만 힘들게 생각하고 다른 사람들의 일은 우습게 보는 잘못된 생각을 꼬집는 이야기입니다. 상황을 제대로 알지 못하고서 함부로 말하는 것은 좋지 않은 습관입니다.
그런 이유로 예수님도 하나님께 맹세하지 말라고 말씀하셨습니다. 사람은 잠시 뒤의 일도 어찌 될지 모르기 때문입니다.

마가복음 14장 27절부터 31절에는 자신의 믿음을 과신하는 베드로가 나옵니다. 예수님은 자신이 환란을 당할 때 목자 잃은 양같이 제자들도 자신을 버리리라고 말씀하셨습니다. 그러나 자신을 과신한 베드로는 자기는 죽을지언정 주님을 배반하지 않겠다고 호언장담을 했습니다. 우리는 여기에서 어려움을 극복하는 세 가지 자세에 대해서 생각해 봐야 합니다.

첫째, 자신의 연약함을 인정해야 합니다.
베드로는 자신이 목숨을 잃어도 예수님을 부인하지 않을 것이라고 했습니다. 다른 제자들도 마찬가지였을 것입니다. 이때의 제자들의 고백은 단지 입으로만 하는 소리가 아니라 예수님에 대한 사랑과 굳은 결심의 고백이었을 것입니다. 그러나 의지의 한계와 마귀의 강한 유혹으로 결국 무너져 내렸습니다. 시험당할 때엔 먼저 자신의 연약함을 인정하십시오. (눅22:33/히4:15)

둘째, 하나님의 말씀을 그대로 받아들여야 합니다.
예수님은 "닭이 두 번 울기 전에 세 번 부인하리라"고 구체적이고도 정확하

게 말씀하셨습니다. 예수님이 말씀은 지금까지 틀린 적이 없었음에도 베드로
는 호기롭게 "죽을지언정 부인하지 않겠다"고 장담했습니다. 이것은 예수님
의 말씀보다도 자기를 더 내세운 것입니다. 베드로는 오히려 말씀을 인정하
고 극복할 지혜를 구해야 했습니다. 어떤 상황에서도 말씀을 나의 생각보다
우선으로 놓으십시오.(행2:38)

셋째, 하나님께 의뢰해야 합니다.
예수님은 우리가 진실하게 아뢸 때 모든 부족함을 채워 주십니다. 변화산에
서 내려 온 뒤 만난 귀신들린 아이의 아버지는 '주여, 나의 믿음 없는 것을 도
와주소서!' 라고 간절히 외쳤고, 예수님은 아이에게 들린 귀신을 쫓아주셨습
니다. 우리가 간절하게 외칠 때 주님은 우리의 부족한 믿음조차도 도와주시
는 분입니다. 하나님을 굳건히 의지함으로 최선을 다하십시오.(시37:5)

오늘 본문을 통해 어려움을 극복하는 세 가지 자세에 대해서 배웠습니다. 우
리가 기도할 때 주님이 일하신다는 사실을 기억하므로 어떤 문제에서나 먼저
주님을 의지하십시오.
오늘도 항상 교만을 조심하고, 겸손하십시오(고전 10:12).

- 주님, 지나친 믿음의 교만도 주의하게 하소서!

오늘 특별 적용	
오늘 특별 감사	

155

기도의 중요한 요소

마태복음 26장 36절부터 46절(막14:32-42/눅22:39-46참조) 읽기.
❶ 주님께서 무엇 때문에 기도하셨는가?(39)
❷ 십자가를 지시기 전의 주님의 심정을 상상하여 보라(37,38)

요한 웨슬리 목사님의 집과 사무실에는 작은 기도방이 있었습니다. 기도방의 바닥에는 쥐구멍 같이 동그랗게 파인 두 개의 자국이 있었는데, 그 것은 웨슬리 목사님의 기도 흔적이라고 불립니다. 목사님은 집에서든 교회에서든 새벽 4시면 일어나 2시간 씩 기도를 드리고 하루를 시작했습니다. 수요일과 금요일에는 규칙적으로 금식 기도를 했고, 기도를 드릴 때는 모든 일을 멈추고 온전히 기도에만 집중했다고 합니다. 기도실 마룻바닥에 생긴 구멍을 보고 사람들은 쥐가 낸 것으로 생각합니다. 이처럼 기도를 중요하게 생각하는 마음과 열정이 있었기에 웨슬레 목사님은 많은 사람들을 하나님께 인도한 영적거인이 될 수 있었습니다.

기도는 신앙생활 평생에 걸쳐 계속되어야 합니다. 그리스도인들에게 기도란 생명과도 같습니다.

마태복음 26장 36절부터 46절에는 겟세마네 동산에서 간절히 기도하시는 예수님이 나옵니다. 예수님은 잠시 뒤 찾아올 십자가 고난에 대해 솔직한 심정을 하나님께 아뢰었습니다. 우리는 예수님의 기도모습을 통해 기도의 중요한 세 가지 요소에 대해서 알 수 있습니다.

첫째, 자신의 원함을 아뢰는 것입니다.
예수님께서는 "내 아버지여 만일 할 만하시거든 이 잔을 내게서 지나가게 하옵소서"라고 기도하셨습니다. 우리는 기도할 때에 자신이 바라는 것을 구체적이고도 솔직하게 구할 필요가 있습니다. 하나님은 겉은 거룩해 보이지만 속을 숨기고 있는 기도보다 이기적으로 보여도 솔직한 기도를 더욱 바라십니다. 솔직함으로 자신의 마음을 아뢰십시오.(빌4:6/약5:16)

둘째, 하나님의 뜻을 구하는 것입니다.

기도는 대화입니다. 곧, 우리가 하나님과 말을 주고받는 것입니다. 그러나 많은 성도들이 기도로 아뢰기만 하고 들으려고는 하지 않습니다. 우리는 우리의 맘을 솔직히 아뢴 뒤에 하나님의 음성을 듣고, 하나님의 뜻에 내맡겼길 줄 알아야 합니다. 하나님의 말을 듣지 않고 계속 자신의 고집만 부리는 것이 정말 이기적인 기도입니다. 모든 결과를 하나님께 맡기고 순종할 때 우리의 필요를 아시는 하나님이 놀라운 응답의 해주십니다. 모든 소원을 하나님께 맡기십시오.(대상22:19)

셋째, 기도의 습관입니다.
예수님은 한적한 곳이나, 새벽 미명과 같이 사람이 없고 집중할 수 있는 시간에 기도를 하셨습니다. 그러나 제자들은 예수님의 죽음이 다가오고 있는 중요한 시간에도 정신을 차리지 못하고 졸고 있었습니다. 평소의 기도생활에 좋은 습관이 베여 있어야 중요한 순간에도 간절히 기도할 수 있습니다. 하나님과 소통하는 기도는 그리스도인에게 매우 중요합니다. 평소에도 하나님께 기도하는 습관을 기르십시오.(살5:17).

오늘 본문을 통해 기도의 중요한 세 가지 요소를 배웠습니다. 기도는 하나님과의 진실한 소통의 장입니다. 기도를 통해 나의 맘을 아뢰고 하나님의 음성을 듣는 즐거움을 누릴 수 있습니다.
오늘도 예수님처럼 기도하며 하나님과 소통하십시오.

- 주님, 기도로 하나님과 소통하는 기쁨을 알게 하소서!

오늘 특별 적용	
오늘 특별 감사	

156

하나님의 마음을 아프게 하는 것

마가복음 14장 43절부터 52절(마26:47-56/눅22:47-53참조) 읽기.
❶ 주님께서 잡힐 때 제자 중 한 사람이 어떤 행동을 하였는가?(47)
❷ 주님께서 자기를 잡으러 온 무리들에게 어떤 말씀을 하셨는가?(48,49)

'가룻 유다는 왜 예수님을 배신했는가?' 라는 질문을 연구한 많은 성서학자들과 역사학자들이 있습니다. 이들은 수십 가지의 학설과 이론을 주장했는데 그 중 몇 가지를 요약해보면 다음과 같습니다.

1. 유대 출신인 유다는 갈릴리 사람들에 대한 지역감정이 있어서
2. 평소에 들어온 돈을 횡령한 죄책감이 잘못 투사된 결과
3. 예수님을 희생양으로 정치 혁명을 일으키려는 목적
4. 극우파 암살당원인 유다가 예수님께 바란 기대가 전혀 어긋나서

결국 이러니 저러니 해도, 자신이 기대하는 예수님의 모습이 아니었기 때문에 배신한 것 일겁니다. 가룻 유다는 자신의 잘못된 기대로 생긴 증오를 오히려 예수님에게 잘못된 방법으로 죄를 짓고 말았습니다.

하나님의 뜻을 모르고 멋대로 행동할 때 죄를 짓게 되고 하나님의 마음을 아프게 만듭니다.

마가복음 14장 43절부터 52절에는 예수님을 군병들에게 넘기는 가룻 유다의 모습이 나옵니다. 가룻 유다가 예수님께 입을 맞추자 군병들이 달려들었고, 놀란 제자들은 예수님을 버리고 모두 도망쳤습니다. 미리 알고는 계셨지만 그래도 자신의 제자에게 팔리는 예수님의 심정은 매우 침통하셨을 것입니다. 우리는 이 장면을 통해 하나님의 마음을 아프게 하는 세 가지를 돌아볼 필요가 있습니다.

첫째, 하나님의 말씀을 올바로 깨닫지 못하는 경우입니다.
예수님께서는 예루살렘에 올라가시기 전 뿐만 아니라, 몇 시간 전인 만찬 때에도 죽음을 거듭 알려 주셨습니다. 그러나 제자들은 끝까지 그 뜻을 이해하지 못하고 예수님을 민족 해방자로만 생각했습니다. 결국 위험이 다가오자 모두 예수님을 버리고 도망쳤고, 가룻 유다는 예수님을 파는 끔찍한 죄를 저

질렀습니다. 말씀을 올바로 깨닫지 못할 때 잘못 행동하게 됩니다. 이단들도 말씀을 인용하여 잘못 가르치며 행동 합니다. 말씀을 바로 아는 것이 하나님이 기뻐하시는 것임을 깨달으십시오.(암3:10)

둘째, 좋을 때에만 하나님을 따르는 경우입니다.
하나님을 믿고 일이 잘되면, '할렐루야' 라고 했다가도, 어려운 환경에 닥치면 '하나님이 정말로 계실까?' 하며 의심하는 사람들이 있습니다. 그러나 믿음으로 하나님을 바라보는 사람은 흔들림이 없습니다. 제자들은 절대로 예수님의 곁을 떠나지 않겠다고 했지만 결국 한 명도 남김없이 도망을 쳤습니다. 기쁠 때나 슬플 때나 주님을 찬양하십시오.(시34:1)

셋째, 고난을 피하려고 하는 경우입니다.
하나님께서는 우리의 성숙을 위하여 고난을 허락하십니다. 그러나 이 하나님의 섭리를 이해하지 못하고 믿음으로 순응하지 않으면 '왜 고난이 왔을까?' 라는 고뇌에 빠지며 영적 침체에 빠지게 됩니다. 고난을 통해 성장함을 알게 될 때 오히려 기쁨으로 고난을 감당하게 됩니다. 고난을 통해 영광을 주시는 하나님의 섭리를 깨달으십시오.(고후1:5)

오늘 본문을 통해 하나님의 마음을 아프게 하는 세 가지를 배웠습니다. 하나님의 기쁨을 위해 사는 것이 합당한 자녀로써의 삶입니다.
오늘도 생명을 다해 예수님께 온전히 헌신하십시오(마16:25).

- 주님, 바른 믿음, 바른 신앙을 주님께 기쁨을 드리게 하소서!

오늘 특별 적용	
오늘 특별 감사	

157

그리스도인이 경계해야할 것들

마가복음 14장 53절부터 65절(마26:57-68/눅22:63-65참조) 읽기.
❶ 주님께서 대제사장의 어떤 질문에만 대답하셨는 가?(61~62)
❷ 주님께서 대제사장에게 또 어떤 말을 하였는가?(62)

사람의 무의식은 자라온 환경과 사회적 가치관의 영향을 많이 받습니다. 사람들이 합리적이고 객관적으로 내린 판단들이 사실은 잘못된 무의식의 오류일 때가 매우 많습니다.

스탠퍼드 대학의 심리학자 제니퍼 에버하르트(Jennifer Eberhardt)에 따르면 같은 범죄를 저질러도 백인보다 흑인이 25% 더 많은 유죄판결을 받았다고 합니다. 흑인들 사이에서도 더 검은 피부의 흑인이 60%나 더 높은 비율의 유죄판결을 받았습니다. 반대로 남성보다 여성일 경우에는 무죄가 될 확률이 30% 높았고, 외모가 뛰어날 경우에는 60% 높았다고 합니다. 같은 죄를 저질렀지만 눈에 보이는 모습에 현혹될 때 이처럼 심각한 왜곡현상이 일어납니다.

그러므로 항상 사람의 중심을 겉모습이 아닌 중심을 보기 위해 노력해야 합니다.

마가복음 14장 53절부터 65절에는 예수님이 공회에서 심문 당하시는 장면이 나옵니다. 당시 법으로는 두 사람 이상이 증인이 되어야 죄를 물을 수 있으므로 제사장들은 거짓 증인을 내세웠는데 서로의 말이 맞지 않았습니다. 결국 대제사장이 억지로 나서서 예수님을 죄인으로 몰았고, 심문이 이처럼 이치에 맞지 않았는데도 군중은 상황에 동조했습니다. 우리는 여기에서 그리스도인이 경계해야 할 세 가지에 대해서 생각해 볼 수 있습니다.

첫째, 불의를 묵인하거나 동참하지 않아야 합니다.

산헤드린 공회에서는 예수님을 죄인으로 만들기 위해 날도 새기 전에 기습적으로 재판을 연 뒤 부당한 편법으로 사형선고를 했습니다. 종교적 지도자들이 마지막 양심조차 지키지 못하고 완연한 죄의 길로 돌아서고 말았습니다. 당시의 지식인들 중에서도 절차의 부당함으로 양심의 가책을 느끼는 사람들이 있었을 테지만 모두 침묵을 지켰고 결국 예수님의 죽음으로 이어졌습니

다. 작은 불의에도 민감하게 반응하십시오.(롬2:8)

둘째, 올바른 진리 위에 서야 합니다.
유대인들은 '예수를 죽이는 것이 하나님의 뜻'이라고 생각했기 때문에, 불법을 행해서라도 그 일을 해야 한다고 생각했습니다. 올바른 방향성 없이 무조건 열심만 내다보면 파국으로 치닫게 됩니다. 그러므로 어떤 '주의'(主義)나 사상이나 이념보다도 예수님의 생명이 그 안에 있느냐는 것이 중요합니다. 진리를 향한 열정을 품으십시오.(갈2:20)

셋째, 이기적인 당파심을 배격해야 합니다.
산헤드린 공회원들은 아주 이기적이었습니다. 그들은 자신들의 권력을 지키기 위해서는 문중이나 동문을 이용했고, 지역색을 부추기는 짓도 했습니다. 자신들이 서로 한 지체라는 사실을 모르고 미워하고 헐뜯는 미련한 짓을 행한 것입니다. 모든 사람들이 주님 안에 한 지체요, 한 몸임을 기억하십시오.(고전1:11-17)

오늘 본문을 통해 그리스도인이 경계해야 할 세 가지에 대해서 배웠습니다. 그리스도인들은 세상의 사사로운 가치관에 매이지 않고 언제나 지혜로운 판단을 내려야 합니다.
오늘도 진리 안에서 서로 섬기십시오.

- 주님, 진리를 행함으로 세상 속에서 빛을 비추게 하소서!

오늘 특별 적용	
오늘 특별 감사	

158

인간의 마음에 대한 교훈

마태복음 26장 69절에서 75절(막14:66-72/눅22:54-62참조) 읽기.
❶ 여종의 이야기에 대해 베드로는 어떻게 하였는가?(69,70)
❷ 주님을 부인한 베드로는 어떤 행동을 했는가?(75)

사람의 평균 체열은 36도에서 37도 사이 입니다.

사람에게 몸의 온도는 매우 중요해서 열이 3도만 올라가도 일상생활을 제대로 할 수 없게 되고 40도가 넘어가면 뇌 조직에 손상이 옵니다. 반대로 온도가 내려가면 저체온증으로 몸이 심하게 떨리고 대사 기능이 극심하게 떨어져 심하면 목숨을 잃게 됩니다.

우리의 몸이 열을 내고 내리는 것은 외부의 반응에 적응하기 위한 것으로 심하지 않은 경우엔 보통 저절로 돌아옵니다. 하지만 창자의 끝 부분인 직장의 경우는 온도가 1도만이라도 내려가면 죽게 됩니다. 사실 체온의 경우도 말이 36,4도지 사람이 분간하기가 쉽지 않습니다.

어떨 때는 사람이 매우 대단한 존재인 것을 느끼지만 이런 사실을 보면 한편으로는 연약한 존재라는 것을 생각하게 됩니다.

마태복음 26장 69절부터 75절에는 베드로가 예수님을 부인한 사실이 기록되어 있습니다. 자신의 믿음을 호언장담한 베드로는 결국 주님의 말씀대로 세 번이나 주님을 부인하고 스스로의 연약함을 깨닫게 됩니다. 우리는 이 모습을 통해 인간의 마음에 대한 세 가지 교훈을 마음에 새겨야 합니다.

첫째, 사람은 강한 것 같으면서도 때로는 아주 연약합니다.

예수님을 보호하려고 칼을 휘둘러 종의 귀를 자른 베드로는, 예수님께서 순순히 끌려가시자 오히려 도망쳐 버렸습니다. "죽을지언정 부인하지 않겠다"던 베드로는 "그런 사람은 모른다"고 저주하며 맹세하기도 했습니다. 말을 아무리 강하게 해도 행동이 따라지지 않으면 의미가 없습니다. 자신의 연약함을 인정하고, 하나님께 더욱 의지하십시오.(시39:4)

둘째, 필요할 때에는 분명하게 증거할 수 있어야 합니다.

예수님은 가야바에게 심문 당하실 때 거짓 증인들의 잘못된 증언에 대해서는 아무 변명도 하지 않으셨습니다. 그러나 자신이 하나님의 아들, 곧 그리스도 라는 사실에 관해서는 분명하게 대답하셨습니다. 그것은 진리와 관계된 것이기 때문입니다. 복음을 전해야 될 상황이 올 때는 담대하게 증거하십시오.(전 3:7).

셋째, 사람을 두려워하면 하나님을 떠나가게 됩니다.
베드로가 자신의 말과는 달리 예수님을 부인하고 도망친 것은 사람들을 두려워했기 때문입니다. 하나님을 두려워하는 사람은 사람을 두려워하지 않으나, 사람을 두려워하는 사람은 하나님을 떠나게 되는 법입니다. 그러므로 우리는 항상 하나님을 경외하며 순종하십시오(잠29:25/행5:29).

오늘 본문을 통해 사람의 마음에 대한 세 가지 교훈을 배웠습니다. 우리의 약함을 인정하는 것이 정말로 강해지게 되는 것임을 알아야 합니다.
오늘도 하나님만 의지하는 하루가 되십시오.

- 주님, 우리의 약함을 통해 일하시는 주님임을 알게 하소서!

오늘 특별 적용	
오늘 특별 감사	

159

하나님의 음성을 듣기 위해 조심

누가복음 22장 66절부터 71절 읽기.
❶ 예수님께서 어디로 끌려 가셨으며, 어떤 질문을 받으셨는가?(66,67)
❷ 그들의 두 번째 질문은 무엇이며, 그에 대한 주님의 대답은 무엇인가?(70)

프랑스의 철학자 루소는 양심을 다음과 같이 표현했습니다.

『양심! 신성한 본능이며, 하늘의 소리요, 지성과 자유의 안내자, 선악에 대한 심판자. 인간 본능의 우수성과 도덕성의 근본. 그대가 존재하지 않으면 사람들은 규율 없는 모성과 원리 없는 이성을 따라 잘못만을 저지를 것이다. 양심이 없다면 사람은 누구나 짐승과 다름없을 것이다.』

양심은 하나님이 우리 마음에 심어놓은 안전장치입니다. 그러나 불법을 자꾸 행하고 양심에 귀 기울이지 않으면 안전장치도 고장이 나고, 죄에 대해 둔감해지게 됩니다. 목숨이 걸린 중요한 일부터 일상의 규범 같은 사소한 일에까지 양심은 모두 관여 합니다.

양심을 지키는 것은 곧 하나님의 말씀을 따르는 것입니다.

누가복음 22장 66절부터 71절에는 예수님을 심문하는 대제사장과 서기관들이 나옵니다. 그들은 예수님에게 죄를 덮어씌우기 위해 질문을 했고, 예수님은 그들이 어떤 말을 들어도 대답하지 않고, 믿지 않을 것이라고 말씀하셨습니다. 우리는 이 말씀을 통해 하나님의 음성을 듣기 위해 조심해야할 세 가지를 알 수 있습니다.

첫째, 굳어진 양심을 조심해야 합니다.

바리새인들과 서기관들은 예수님을 함정에 빠트리기 위해 수없이 질문 했습니다. 예수님은 그들의 질문에 완벽하게 대답하고, 오히려 그들의 잘못까지 지적해 주셨지만, 그들은 조금도 듣지 않았고 회개하지 않았습니다. 그들의 양심에는 하나님의 음성이 들어갈 자리가 없었기 때문입니다. 양심이 굳어진 사람은 옳은 말도 듣지 않고, 회개하지 않습니다. 우리를 향한 하나님의 음성에 늘 귀를 열어 놓으십시오.(시16:8)

둘째, 감정을 앞세우는 것은 조심해야 합니다.
산헤드린 공회에는 예수님을 죽이려는 마음을 품은 사람들이 모였습니다. 그들이 예수님을 죽이려는 것은 어떤 잘못이 아닌 증오의 마음이었습니다. 그들에겐 진리를 아는 것보다도, 자신의 잘못을 방어하는 것이 더욱 중요했습니다. 증오는 불법을 행하게 하고 진리에서 멀어지게 합니다. 하나님을 향한, 이웃을 향한 안 좋은 감정들을 내려놓으십시오.(마15:18)

셋째, 예수님을 하나님의 아들로 확실히 인정해야 합니다.
모든 사람들이 듣지 않고 인정하지 않을 것을 알았지만 그래도 예수님은 자신이 그리스도라고 분명히 대답하셨습니다. 이것은 절대로 부인할 수 없는 단 하나의 사실입니다. 예수님이 그리스도라는 것이 분명해질 때에만 그 십자가의 죽음과 모든 이적이 의미가 있기 때문입니다. 예수님을 확실히 인정할 때에만 죄를 사함 받고 구원에 이른다는 것을 기억하십시오.(요일4:14)

오늘 본문을 통해 하나님의 음성을 듣기 위해 조심해야할 세 가지를 배웠습니다. 하나님은 언제나 우리에게 말씀하게 계십시오.
오늘도 바른 양심과 온화한 성품, 담대한 신앙의 고백으로 그리스도인임을 보이십시오.

- 주님, 하나님이 주신 선한 양심을 거스르지 않게 하소서!

오늘 특별 적용	
오늘 특별 감사	

160

죄의 열매들

마태복음 27장 3절부터 10절을 읽기.
❶ 유다는 예수님에 대해 무엇이라고 증언하였는가?(4)
❷ 대제사장들이 밭을 샀는데 이는 선지자 누구의 예언이 이루어진 것인가?(9~10)

세계 최고의 테이크아웃 커피 전문점 스타벅스의 로고엔 '세이렌'이라는 요정이 그려져 있습니다. 그리스 신화에 나오는 바다의 요정 세이렌은 인어 같은 모습으로 바다 깊은 곳에서 맑은 소리로 항해 중인 선원들을 유혹합니다. 세이렌의 목소리를 듣고 유혹에 빠진 선원들은 암초가 많은 지역까지 따라가다가 결국 파선되고 맙니다. 세이렌은 자신의 유혹에 빠지는 선원들의 모습이 재밌었습니다. 그러나 세이렌의 정보를 들은 오디세우스는 항해 중에 귀를 막고 자신과 선원들의 몸을 모두 돛대에 꽁꽁 묶어 세이렌의 유혹을 견뎠습니다. 세이렌은 오디세우스를 유혹하려고 온갖 기교를 부렸지만 결국 넘어오지 않자 제 분을 못 이겨 자살해버렸다고 합니다. 영혼의 목소리를 내는 아름다운 능력으로 사람을 파멸시키는 데에만 썼던 결과라고도 생각할 수 있습니다.

하나님이 주신 것들을 잘못 사용하게 되면 큰 화를 당하게 됩니다. 가룟 유다는 예수님의 제자라는 특권을 잘못 사용하여, 오히려 예수님을 팔아넘기는 큰 악행을 저질렀습니다,

마태복음 27장 3절부터 5절에는 예수님을 팔아넘긴 가룟 유다의 최후가 나와 있습니다. 유다는 자신의 실수를 깨달았지만 이미 돌아올 수 없는 강을 건넌 뒤였습니다. 우리는 이 말씀을 통해 죄의 세 가지 열매를 알 수 있습니다.

첫째, 스스로 뉘우침만으로는 문제가 해결되지 않습니다.
가룟 유다는 곧 뉘우쳤지만, 그것으로 문제가 해결되지는 않았습니다. 후회나 한탄이나 눈물만이 아니라, 자신의 죄를 깊이 회개하고 긍휼하신 하나님 앞으로 나와야 했습니다. 유다는 죄의 문제를 자신이 해결해보려고 몸부림치다가 결국 벽에 가로 막혀 스스로 목숨을 끊었습니다. 죄의 문제는 예수님만이 해결하실 수 있음을 기억하십시오. (마3:8/행2:38)

둘째, 위선을 버려야 합니다.

가룟 유다를 이용해먹은 대제사장과 장로들은 유다가 다시 던지고 간 돈을 '피 값'으로 얻은 것이기 때문에 헌금으로 사용할 수 없다고 했습니다. 그리스도는 핍박하고 누명을 씌워 죽였으면서, 유다의 돈은 율법에 따라 거부하고, 오히려 사회를 위해 사용했습니다. 신앙의 중심이 예수님으로부터 벗어날 때 위선이 생깁니다. 모든 위선을 버리십시오.(딤전6:20)

셋째, 죄의 결과는 비참한 죽음입니다.

가룟 유다의 죽음이 그냥 죽음으로만 끝났으면 차라리 다행이었겠지만, 그의 죽음은 곧 영원한 사망인 지옥으로까지 이어졌습니다. 그리스도를 판 것도 모자라 스스로 목숨까지 끊은 가룟 유다의 최후는 정말로 비참하기 그지없었습니다. 죄는 잠깐 달콤할지 모르나 그 결과는 참혹한 죽음임을 기억하십시오.(약1:15)

오늘 본문을 통해 세 가지 죄의 열매를 배웠습니다. 그리스도 안에 거하려고 노력할 때 우리는 죄를 짓지 않으려고 노력하지 않아도 됩니다. 그리스도가 곧 진리이자 빛이시기 때문입니다.

오늘도 모든 죄를 주님께 맡기고 새 생명을 누리십시오.

– 주님, 죄를 회개하고 자유함을 누리게 하소서!

오늘 특별 적용	
오늘 특별 감사	

161

성경이 말하는 것들

마태복음 27장 11절부터 14절(막15:1-5/눅 23:1-5참조) 읽기.
❶ 예수님을 고발한 사람들은 누구인가?(12)
❷ 예수님이 유일하게 대답한 빌라도의 질문은 무엇이었는가?(11)

원군을 요청하러 세 명의 병사가 파발로 떠났습니다.

전황이 아군에게 불리하게 돌아가고 있어서 원군이 재빨리 오지 않는다면 아군은 전멸할지도 모르는 위기에 처했습니다. 세 명의 병사는 하루가 멀다 하고 빠르게 가고 있었는데 도중에 잠시 쉬러 들른 한 움막에서 많은 보물을 발견했습니다. 세 병사는 자신들이 중요한 임무를 수행 중인 것도 잊은 채 이 보물을 사이좋게 나눠 갖고 먼 나라로 도망을 치기로 했습니다.

이미 날이 어두워지고 있었기에 한 병사는 음식을 사러 마을로 내려갔는데 그 사이 다른 두 병사가 한 병사를 죽이고 보물을 둘이서 나눠 갖기로 음모를 꾸몄습니다. 그래서 병사가 오자마자 죽인 뒤 자기들끼리 음식을 먹었는데 두 병사도 모두 죽었습니다. 음식을 사러 간 병사가 혼자서 보물을 독차지 하려고 독을 탔기 때문입니다.

사람들의 탐욕은 끝이 없습니다. 탐욕은 서로를 해치고 결국엔 아무것도 남는 것이 없게 만듭니다.

마태복음 27장 11절부터 14절에는 빌라도에게 심문 받는 예수님의 모습이 나옵니다. 빌라도는 될 수 있으면 예수님과 관련된 일을 하지 않으려고 했지만 민중들의 요구는 너무도 거셌습니다. 우리는 이 내용을 통해 성경이 말하는 세 가지를 알 수 있습니다.

첫째, 하나님의 신실하심입니다.

하나님은 인간들을 살리기 위해 독생자를 이 땅에 보내 주셨습니다. 예수님도 사람들을 위해 묵묵히 자신의 사명을 감당하셨습니다. 700년 전 이사야의 예언대로 '어린 양' 과 같은 모습으로 희생당하신 것입니다. 하나님은 사랑의 약속으로 자신의 신실하심을 보여주셨습니다. 의심 없이 그 사랑을 받아들이십시오.(사53:7/딛2:10)

둘째. 인간의 타락상입니다.

성경은 태초부터 그리스도의 오심, 그리고 복음의 전파까지의 여정을 그려내고 있습니다. 그리고 그 여정을 통해 인간의 타락상에 대해 엿볼 수가 있습니다. 사람들은 계속해서 선지자들을 핍박했고, 빌라도를 이용해 그리스도마저 십자가에 못 박았습니다. 성경은 우리에게 인간의 타락상을 알려주고, 또한 그리스도라는 구원의 길을 제시합니다. 그리스도를 믿음으로 거듭나십시오.(렘14:7/롬5:13)

셋째, 예수님의 신분입니다.

예수님은 이 땅에 왕으로 오셨습니다. 동방의 박사들은 '유대인의 왕' 으로 나신 이를 찾아다녔고, '네가 유대인의 왕이냐?' 는 빌라도의 물음에 예수님은 그 말이 옳다고 대답하셨습니다. 왕으로 오신 예수님이 십자가에 못 박혀 죽으신 것은 우리를 위한 사랑 때문입니다. 우리는 예수님의 삶을 통해 또한 겸손과 희생이 무엇인지 배울 수가 있습니다. 예수님을 왕으로 영접하십시오.(사7:14/롬11:26)

오늘 본문을 통해 성경이 말하는 세 가지를 배웠습니다. 성경을 묵상함으로 우리는 하나님에 대한 감사와 기쁨이 더욱 충만해 져야 합니다.
오늘도 왕이신 예수님을 높이는 삶을 사십시오.

- 주님, 예수님을 나의 왕으로 섬기고 높이게 하소서!

오늘 특별 적용	
오늘 특별 감사	

162

진리에 대한 입장

누가복음 23장 6절부터 12절 읽기.
❶ 예수님을 대면한 헤롯이 어떤 반응을 보였으며, 그 이유는 무엇 때문이었는가?(8)
❷ 헤롯이 예수님에게 어떤 행동을 하였는가?(11)

A. D. 306년부터 307년까지 로마황제를 지냈던 세베루스는 '내가 곧 세상이다' 라는 말을 남겼습니다. 그 말처럼 그는 짧은 재위기간 동안 왕의 권력을 매우 강력히 행사했고, 누구든지 자신의 말에 따르게 만들었습니다. 그러나 임종의 순간이 찾아오자 '나는 세상이었지만, 이 세상은 아무것도 아니었구나' 라고 말한 뒤 자신의 유골이 담길 항아리를 보며 매우 슬퍼했다고 합니다. 자신의 권력에 취해 너무도 교만한 결과, 후회뿐인 인생을 살았던 것입니다. 성경의 헤롯도 자신의 권력에 대한 과도한 자신감이 있었습니다. 그는 영적인 현상을 단순히 유흥거리로만 생각했고, 이 교만은 예수님의 능력을 그저 호기심으로만 대하게 만들었습니다.

누가복음 23장 6절부터 12절에는 분봉왕 헤롯에게 조롱당하신 예수님이 나옵니다. 빌라도는 자신의 난처함을 모면하려고 헤롯에게 예수님을 보냈습니다. 헤롯은 예수님의 이적에 대한 소문을 듣고 큰 호기심을 보였으나, 예수님의 반응 없음을 보고 조롱하고 다시 빌라도에게 보냈습니다. 우리는 이 장면을 통해 진리에 대한 세 가지 교훈을 기억해야 합니다.

첫째, 진리를 호기심으로 대해서는 안 됩니다.
헤롯은 처음에 예수님을 보고 매우 기뻐했습니다. 소문으로만 들었던 예수님의 기적을 실제로 볼 수 있을거라 생각했기 때문입니다. 그러나 예수님의 반응 없는 모습에 곧 흥미를 잃고, 예수님을 조롱한 뒤 빌라도에게 보냈습니다. 헤롯이 예수님을 진지하게 대했다면 그날 그는 구원을 받았을지도 모릅니다. 그러나 단순한 호기심에 그쳐 거듭남의 기회를 놓쳤습니다. 진리를 호기심으로 대하지 마십시오.(눅23:8,9/살전4:8)

둘째, 기적이나 현상에 마음을 빼앗겨서는 안 됩니다.

예수님이 헤롯에게 기적을 보여주셨다고 해도, 헤롯은 진리를 받아들이지 않았을 것입니다. 예수님은 단순히 '여흥' 만을 생각하는 헤롯의 마음을 아시고 한 마디도 말을 하지 않으셨습니다. 헤롯은 결국 예수님에 대한 판결을 내려야 하는 자신의 임무도 잊은 채 예수님을 조롱하는 옷을 입혀 다시 돌려보냈습니다. 그리스도가 나를 위해 이 땅에 오셨고, 내가 그것을 믿는 다는 사실이 가장 큰 기적임을 잊지 마십시오.(눅23:8-10)

셋째, 죄와 분리되어야 생명을 얻을 수 있습니다.
헤롯은 빌라도와 정치적인 입장이 달라 사이가 좋지 않았지만, 예수님을 십자가에 못 박는 일에서만큼은 서로 행동을 같이 했습니다. 바리새인과 사두개인들도 마찬가지였습니다. 그들은 서로 다른 신학적 입장을 놓고 대립했으나, 예수님을 십자가에 못 박는 일에 대해서는 합심했습니다. 마음에 사랑이 아닌 악을 품을 때 잘못된 사람들과 연합하게 됨을 기억하십시오.(잠11:19/행23:7)

오늘 본문을 통해 진리에 대한 입장 세 가지를 배웠습니다. 믿음 그 자체보다 그로 인해 일어나는 현상들에 더욱 마음을 쏟을 때 중심을 잃게 됩니다.
오늘도 복음의 중심을 더욱 확고히 하는 하루를 사십시오.

- 주님, 구원의 사실, 그것이 가장 큰 기적임을 알게 하소서!

오늘 특별 적용	
오늘 특별 감사	

163

사람의 부류들

마태복음 27장 15절부터 26절(막15:6-15/눅23:13-25참조) 읽기.
❶ 유대인의 명절 때 어떤 전례가 있었는가?(15)
❷ 예수님을 판결하는데 있어서 빌라도는 계속 누구의 뜻에 이끌려 가는가?(17,22)

베를린 영화제에서 상을 탄 '12명의 성난 남자들'에선 재판에 참석하는 배심원들이 나옵니다. 살인죄로 기소당한 소년의 심리를 진행하는 중요한 재판에 배심원들은 어쩐 일인지 자꾸만 말도 되지 않는 논리로 재판을 끝내려고 합니다. 배심원들은 재판이 시작된 지 5분도 되지 않아 판결을 내리고 판사에게 제출했습니다. 배심원들이 이런 조급한 모습을 보인 것은 '더워서'였습니다. 한 소년의 인생이 걸린 문제보다 자신들의 잠간의 안위를 더 중요하게 생각한 것입니다.

자신과 관련되지 않은 일들을 귀찮게 느낄 때 중요한 것을 놓치는 큰 실수를 저지르게 됩니다.

마태복음 27장 15절부터 26절에서 예수님은 헤롯에게서 돌아와 다시 빌라도에게 심문을 당하십니다. 빌라도는 이 껄끄러운 상황을 빨리 피하고 싶어했고, 결국 민중들의 요구를 들어 십자가형을 선고합니다. 우리는 이 말씀을 통해 사람의 세 가지 부류를 알 수 있습니다.

첫째, 빌라도같이 무책임한 사람입니다.
빌라도는 예수님이 아무런 죄가 없다는 것을 알았습니다. 그래서 예수님을 풀어주려 했지만 대중의 압박을 이기지 못해, 결국 십자가형을 선고했습니다. 하지만 그는 재판에 대해서도 책임을 지지 않으려고 예수님의 피가 자기와는 무관하다고 말했습니다. 결단을 내리지 못하는 어중간한 사람은 결단코 진리에 거할 수 없습니다. 진리의 편에 서기로 단호히 결단하십시오.(마 8:33,34/21:28,29)

둘째, 빌라도의 아내와 같이 양심을 따르는 사람입니다.
빌라도의 아내는 예수님이 아무 죄가 없다는 것을 알았습니다. 물론 총독으로써 남편이 처한 상황이 어떤 것인지도 알았습니다. 그러나 옳은 판단을 내려 "이 옳은 사람에게 상관하지 말라"고 빌라도에게 간청했습니다. 양심의 소리에만 귀 기울여도 우리는 예수님이 그리스도시며 성경이 진리의 책이라는 것을 알 수 있습니다. 양심의 소리에 귀 기울이십시오.(히12:14/벧전3:11)

셋째, 충동질함으로 죄를 짓는 사람입니다.
당시 많은 대중들은 예수님에 대해서 중립적인 태도를 취했습니다. 그러나 산헤드린 공회를 비롯한 당시의 종교 지도자들이 중상모략으로 예수님을 죄인인 것처럼 일반인들을 선동했습니다. 물론 넘어간 사람들도 잘못이지만 잘못 인도한 사람들의 죄는 더욱 큽니다. 안 좋은 길로 남을 빠트리지 마십시오.(행13:50/14:2)

오늘 본문을 통해 세 가지 부류의 사람에 대해 배웠습니다. 남에게 책임을 돌리고, 선동하는 사람이 아니라 양심에 따라 바르게 사는 그리스도인이 되어야 합니다.
오늘도 세상에 말씀의 본을 보이는 삶을 사십시오.

- 주님, 소경을 인도하는 소경이 되지 않게 하소서!

오늘 특별 적용	
오늘 특별 감사	

164

예수님의 우리를 향한 사랑

마태복음 27장 27절부터 31절(막15:16-19참조) 읽기.
❶ 예수님께서 당하신 고통을 상상하여 보라(27~31)
❷ 예수님은 우리를 구원하기 위하여 그런 고통을 겪으셨는데, 우리는 예수님을 위하여 어떤 삶을 살고 있는가?

'순전한 기독교', '나니아 연대기'와 같은 훌륭한 작품을 남긴 C. S. 루이스의 삶을 다룬 '샤도우 랜드(Shadow Land)'라는 영화가 있습니다. C. S. 루이스의 자전적 이야기를 담은 영화인데 평생을 독신으로 살아온 루이스가 60이 다 된 나이에 한 여인을 만나 사랑에 빠집니다. 하지만 사랑의 기쁨도 잠시, 곧 그녀가 골수암이라는 것을 알고 큰 절망감을 느끼게 됩니다. 루이스는 그녀와 함께 사랑과 기쁨, 그리고 고통에 대해서 많은 것을 느끼고, 하나님에 대한 믿음도 의심하게 되지만 결국 고통조차도 사랑의 일부라는 것을 깨닫게 됩니다. 영화의 후반부에서 루이스는 이런 고백을 합니다.
"고통은 귀먹은 세상을 깨우기 위한 하나님의 메가폰이다."
예수님 역시 십자가의 고통과 함께 말 못할 고초를 겪으셨습니다. 하나님의 아들이 그런 고통을 감내할 수 있었던 것은 그것이 사람들을 향한 하나님의 사랑을 표현하는 것이기 때문입니다.

마태복음 27장 27절부터 31절에는 예수님이 로마병정들에게 모욕을 당하는 장면이 나옵니다. 우리는 여기에서 예수님에 대한 세 가지 사실을 기억해야 합니다.

첫째, 예수님은 누구보다 큰 수치를 당하셨습니다.
군인들은 예수님의 옷을 벗기고, 가시 면류관을 씌웠습니다. 그리고 그 앞에서 무릎을 꿇는 시늉을 하며 예수님을 희롱했습니다. 그들은 예수님의 머리를 갈대로 때리며 침을 뱉었습니다. 그리고 십자가 처형을 위해 밖으로 끌려나갔습니다. 예수님은 우리를 위해 이토록 큰 수치를 당하셨습니다. 예수님의 사랑을 머리가 아닌 가슴으로 받아들이십시오. (히13:12,13)

둘째, 예수님은 누구보다 겸손하셨습니다.

사람도 참기 힘든 이런 모욕을 예수님은 하나님의 아들임에도 묵묵히 참으셨
습니다. 수많은 이적을 행하시던 모습은 온데간데없이 사라지고, 그저 묵묵
히 참고 고통을 견뎌내셨습니다. 세상에서 가장 높으신 분이 누구보다도 낮
아지심으로 겸손의 본을 보이셨습니다. 또한 예수님은 우리에게 이와 같이
서로 섬기라고 말씀하셨습니다. 예수님의 겸손을 따라 섬기십시오.(마21:5/빌
2:8)

셋째. 예수님은 우리의 높임을 받으실 분입니다.
예수님은 우리가 받을 고난, 수치와 같은 모든 나쁜 것들을 대신 받으셨습니
다. 그로인해 우리가 하나님과 화평케 되고 모든 좋은 것들을 누리게 되었습
니다. 평생 감사와 찬양을 드려도 다 갚지 못할 은혜와 사랑입니다. 예수님을
나의 영원한 구세주와 주님으로 높이십시오.(욥36:24/마23:10)

오늘 본문을 통해 예수님에 대한 세 가지 사실을 배웠습니다. 하나님은 인간
들에 대한 사랑을 이처럼 확고하게 고백하셨습니다. 마땅히 그 사랑에 감사
하며 예수님을 높여드려야 할 것입니다.
오늘도 새 생명을 주기 위해 고난 받으신 주님의 사랑에 감사하십시오.

- 주님, 주님의 사랑을 통해 모든 시련과 고난을 극복하게 하소서!

오늘 특별 적용	
오늘 특별 감사	

165

십자가의 길

마가복음 15장 20절부터 23절(마27:32-34/눅23:26-31참조) 읽기.
❶ 예수님의 십자가를 잠시, 억지로, 대신 진 사람은 누구인가?(21)
❷ 주님께서 어디에서 십자가에 못 박히셨는가?(22)

한 신학생이 목사님을 찾아와 물었습니다.

"목사님, 헌신이란 도대체 무엇인지 알고 싶습니다. 헌신과 열심의 차이를 잘 모르겠습니다."

목사님은 종이를 한 장 가져와 글을 적었습니다.

'내 인생 백지위임장, 상기 내용을 예수님께 위임함'

"이 내용에 이름과 날짜, 그리고 사인을 하는 것이 헌신이네, 열심에는 내가 들어갈 틈이 있지만 헌신에는 내가 들어갈 틈이 없네."

헌신을 통해 우리가 할 수 없는 일을 하나님이 하게 됩니다. 예수님과 바울, 그리고 많은 제자들이 견디기 힘든 고난을 겪으면서도 복음을 전할 수 있었던 것은 전적으로 자신의 삶을 하나님께 위탁한 '헌신' 이 있었기 때문입니다.

마가복음 15장 20절부터 23절에는 힘겹게 십자가를 지고 골고다를 오르시는 예수님의 모습이 기록되어 있습니다. 우리는 이 장면을 통해 십자가의 세 가지 길을 살펴봐야 합니다.

첫째, 십자가의 길은 수치의 길입니다.

군병들은 저주의 결과로 생긴 가시로 만든 관을 예수님의 머리에 씌우고, 경례를 하며 "유대인의 왕이여 평안할지어다" 하고 조롱하면서 침을 뱉고 꿇어 절하는 시늉을 했습니다. 우리가 힘이 있다면 당장 모든 것을 뒤엎어버렸을 테지만, 전능하신 예수님은 오히려 참으셨습니다. 또한 "그가 곤욕을 당하여 괴로울 때에도 그 입을 열지 아니하였음이여…"라는 예언을 감당하셨습니다. 우리 때문에 수치를 당하신 주님께 감사 하십시오.(창3:18/사53:7/마27:29)

둘째, 십자가의 길은 구원이 길입니다.

십자가의 형벌은 인간의 죄에 대한 하나님의 심판입니다. 모든 사람이 죄를 지음으로 심판을 받아 지옥에 갈 수 밖에 없지만, 하나님은 이 심판을 외아들 예수님께 대신 받게 하시어, 모든 사람을 구원하셨습니다. 하나님이 사람들을 사랑하셨기 때문입니다. 그 사랑을 기억 하십시오.(벧전2:24)

셋째, 십자가의 길은 영광의 길입니다.
예수님은 십자가의 형벌은 받으심으로 사람들을 구원하셨고, 하나님께 영광을 돌리셨습니다. 또한 부활하시고 승천하셔서 하나님 우편에 가심으로 영광 받으셨습니다. 따라서 주님의 십자가의 길을 따를 때 우리도 그 영광에 참예하게 됩니다. 자신의 십자가를 지고 주님의 길을 따르십시오.(고전2:2)

오늘 본문을 통해 십자가의 세 가지 길을 배웠습니다. 성도들은 마땅히 자기 십자가를 지고 주님을 따라야 합니다.
오늘도 기쁘게 십자가의 길을 걸으십시오.

- 주님, 주님이 가신 그 십자가의 길을 나도 걷게 하소서!

오늘 특별 적용	
오늘 특별 감사	

166

십자가 고난을 통한 교훈

마가복음 15장 24절부터 32절(마 27:35-44/눅 23:33-43참조) 읽기.
❶ 예수님의 죄명은 무엇이었는가?(26)
❷ 사람들이 십자가에 달리신 주님께 어떤 욕을 하였는가?(29~32)

인터넷이 발달되면서 디도스 공격이나, 좀비 피시, 악성 바이러스와 같은 것들이 심각한 사회 문제로 대두 되고 있습니다. 예전 인터넷이 없던 시절에도 이런 바이러스가 있었는데 그 중에 『예루살렘 바이러스』라는 것이 있었습니다. 13일의 금요일이 되면 이 바이러스가 하드에 저장된 모든 자료를 파괴시켜 버립니다. 13일과 금요일은 서양 사람들이 싫어하는 흉일로, 가룟 유다를 포함한 제자의 수 13과 예수님이 돌아가신 금요일이 겹쳐 있기 때문입니다. 그러나 예수님이 돌아가신 날은 사실 구원의 완성되는 거룩한 순간이었습니다.

마가복음 15장 24절부터 32절에는 예수님께서 십자가에 못 박히신 처음 세 시간 즉,9시부터 12시까지의 상황이 기록되어 있습니다. 십자가에 매달린 예수님의 고통은 매우 극심했을 것입니다. 우리는 여기에서 십자가 고난을 통해 배우는 세 가지 교훈을 마음에 새겨야겠습니다.

첫째, 예수님의 죽음은 나를 위한 죽음입니다.
죄인인 내 머리에 씌워져야 할 가시관이 예수님의 머리에 씌워지고, 내 손과 발에 박혀야 할 못이 예수님의 손에 박혀 십자가에 매달리게 됐습니다. 또 내 마음의 온갖 죄의 값 때문에 예수님은 옆구리를 창에 찔리시고 물과 피를 쏟으셨습니다. 이 죽음은 바로 나를 위한 죽음이었습니다. 예수님의 가슴 아픈 희생과 사랑의 복음을 깨달으십시오.(살전5:10)

둘째, 잘 모르는 것은 비판하지 말아야 합니다.
예수님을 십자가에 못 박아 죽이라고 외친 많은 사람들은 예수님의 피, 즉 죽음에 대한 책임을 자기들과 자기 자손들에게 돌리라고 고함을 질렀습니다. 진리에 대해 참으로 무지했기에 할 수 있는 소리였습니다. 잘 모르면서 멋

대로 비판하는 오만함은 곧 죄로 이어집니다. 항상 관용의 마음을 품으십시오.(눅6:37)

셋째, 우리도 용서해야 합니다.
그리스도를 못 박고, 책임지지도 못할 말을 지껄이는 사람들에게 예수님은 분노하지 않으셨습니다. 오히려 그들의 알지 못함을 딱하게 여기고 "아버지여 저희를 사하여 주옵소서 자기의 하는 것을 알지 못함이니이다"라고 기도하셨습니다. 우리도 이런 마음으로 사랑을 베풀고 용서를 베풀어야 합니다. 주님과 같은 용서의 마음을 가지기 위해 노력하십시오.(눅23:34)

오늘 본문을 통해 십자가 고난에서 배우는 세 가지 교훈을 배웠습니다. 주님의 발자취를 따르는 곳이 성도의 삶입니다.
오늘도 예수님과 하나 된 삶을 사십시오.

- 주님, 주님과 함께, 매일 동행하게 하소서!

오늘 특별 적용	
오늘 특별 감사	

167

예수님의 유언이 주는 교훈

마가복음 15장 33절부터 37절(마27:45-50/눅 23:44-46참조) 읽기.
❶ 주님께서 십자가에 달리셨을 때 어떤 일이 발생되었는가?(33)
❷ 주님께서 어떤 말씀을 하시고 운명하셨는가?(34~37)

이란의 마지막 국왕으로 38년간 절대 군주로 군림했었던 팔레비 왕은 1979년 이란 혁명으로 자리에서 쫓겨났습니다. 이듬해 심한 충격으로 세상을 떠난 왕은 죽기 얼마 전 이런 말을 남겼습니다.

"권좌에서 쫓겨나기 훨씬 이전부터 나는 이미 웃음을 잃었었다."

오랜 세월동안 최고의 자리에 있었지만 마음의 평안이 없었던 것입니다. 마찬가지로 부족한 것 하나도 없이 자란 그의 자녀들도 심한 우울증과 정신병에 시달리고 있으며, 안타깝게 이미 자살한 사람도 있습니다. 독재 권력에서 물러난 충격도 이처럼 대를 이어 갑니다.

하물며 왕으로 세상에 오셨지만 십자가의 달리신 예수님의 심정은 헤아리기가 어렵습니다.

마가복음 15장 33절부터 37절에는 예수님께서 십자가에 못 박히신 후 세 시간이 지난 뒤의 처참한 상황이 기록되어 있습니다. 정오임에도 불구하고 날은 어두웠고 이런 어둠은 오후 3시까지도 계속 되었습니다. 예수님은 결국 마지막 유언을 남기시고 운명하셨습니다. 예수님의 유언을 통해 우리는 세 가지 중요한 교훈을 얻을 수 있습니다.

첫째, "엘리 엘리 라마 사박다니"입니다.

"나의 하나님, 나의 하나님 어찌하여 나를 버리셨나이까"라는 절규는, 우리가 죄의 형벌로 지옥에 떨어질 때 절망 중에 부르짖어야 할 외침이었지만 예수님께서 대신 하셨습니다. 또한 이것은 끝까지 하나님께 의지하는 모습으로 예수님이 마지막까지 하나님의 뜻에 순종하여 승리하셨음을 알 수 있습니다. 삶의 마지막까지 하나님을 의지하십시오.(고후1:9)

둘째, "다 이루었다"입니다.

이 말씀은 곧 승리의 외침입니다. 예수님께서 대신 죽으심으로 성소의 휘장이 찢어지고 죄인이었던 우리가 지성소의 하나님 앞에까지 나갈 수 있게 되었습니다. 예수님으로 말미암아 죄인이었던 우리를 의롭다고 보아 주신 것입니다. 예수님이 나의 죄를 모두 용서해 주셨음을 기억하십시오.(롬3:23)

셋째, "아버지여 내 영혼을 아버지 손에 부탁 하나이다"입니다.

예수님께서는 하나님의 뜻을 이루셨습니다. 이로써 창세기 3장 15절의 '여자의 후손이 뱀, 즉 마귀의 머리를 상하게 하리라' 는 말씀을 성취하신 것입니다. 이제 남은 것은 다시 영광의 그 나라로 돌아가는 것뿐이었습니다. 예수님은 자신의 영혼까지 하나님께 맡기셨습니다. 몸과 마음 모든 것을 하나님께 내어놓고 하나님을 의지하십시오.(시55:22/고후12:15)

오늘 본문을 통해 예수님의 유언을 통한 세 가지 교훈을 배웠습니다. 극심한 고통 중의 유언까지도 예수님은 모든 것을 하나님께 맡기셨습니다.
오늘도 나를 구원하기 위해 고난 받으신 예수님께 감사 하십시오.

- 주님, 자신의 모든 것을 내어주신 그 사랑에 감격하게 하소서!

오늘 특별 적용	
오늘 특별 감사	

168

예수님의 죽음에 대한 사람들 반응

마태복음 27장 51절부터 56절(막 5:38-41/눅23:47-49참조) 읽기.
❶ 예수님께서 돌아가실 때 일어났던 현상을 모두 적고 그 의미를 생각하여 보라(51~53)
❷ 끝까지 예수님을 따랐던 사람들은 누구누구인가?(55,56)

러시안 룰렛이라는 목숨을 건 내기가 있습니다.

19세기 러시아 교도소에서 교도관들이 죄수들을 대상으로 누가 먼저 죽을지 강제로 내기시킨 것으로부터 시작되었습니다. 여섯 발의 총알이 들어가는 리볼버 총에 한 발의 총알만 넣고 탄창을 돌린 뒤 서로 번갈아 가며 머리에 대고 방아쇠를 당깁니다. 사람의 목숨이 왔다 갔다 하는 긴박한 상황을 단순히 자신들의 재미를 위해 시킨, 또 내기로 만든 인간의 모습은 잔악함이라기보다도 무지함에 가까운 것입니다.

진리에 귀를 막고 생명 고귀함조차 재밋거리로 생각하는 사람들의 생각은 2천 년 전에도 예수님을 십자가에 못 박았습니다.

마태복음 27장 5절부터 56절에는 예수님이 돌아가시면서 일어난 상황들이 기록되어 있습니다. 천지가 흔들리는 난리 속에도 많은 사람들이 여러 생각을 품고 그 자리에 있었습니다. 우리는 이 말씀을 통해 예수님의 죽음을 받아들이는 사람들의 세 가지 태도에 대해서 알 수 있습니다.

첫째, 예수님을 비웃는 사람들입니다.

예수님이 돌아가시는 걸 비웃고 모욕하기 위해 그 자리에 많은 사람들이 있었습니다. 그들은 "네가 만일 하나님의 아들이어든 자기를 구원하고 십자가에서 내려오라"고 조롱했습니다. 심지어 예수님의 한 편에 같이 십자가에 매달린 강도조차 예수님을 비웃었습니다. 예수님은 죽음과 부활로 구원의 길임을 증명하셨지만 이 천년이 지난 지금에도 예수님을 비웃고 믿지 않는 사람들이 있습니다. 주님의 사랑을 경시하는 어리석음을 범하지 마십시오.(눅 23:35)

둘째, 무관심한 사람들입니다.

예수님의 고통스런 모습을 본 하나님의 슬픔인지, 주님이 돌아가실 당시에 하늘이 어두워지고 땅이 흔들리고 바위가 터지는 일들이 일어났습니다. 그러나 대부분의 사람들은 예수님의 사건이 자신과 아무런 관련이 없다고 생각하고, 여전히 자신들의 일을 하며 관심도 두지 않았습니다. 지금도 하나님과 예수님은 믿지 않는 사람들을 보며 눈물을 흘리고 계십니다. 애절한 그 사랑을 외면하지 마십시오.(마27:45,51/롬10:14)

셋째, 예수님을 영접한 사람들입니다.
예수님의 한 쪽 편에 매달린 강도는 죽음의 순간까지 예수님을 조롱했지만 반대편에 매달린 강도는 예수님의 죄 없음을 고백하고 영접함으로 구원을 받았습니다. 백부장과 지키던 사람들도 예수님을 하나님의 아들이라고 고백했습니다. 십자가의 사건을 보고 믿는 사람에게는 구원의 길이 열림을 명심하십시오.(요14:3,6)

오늘 본문을 통해 예수님의 죽음을 받아들이는 사람들의 세 가지 태도에 대해서 배웠습니다. 예수님의 크신 사랑을 깊이 깨달을수록 신앙과 전도의 열정이 더욱 커지게 됩니다.
오늘도 예수님이 하나님의 아들이심을 나의 삶으로 고백하십시오.

- 주님, 주님의 사랑을 깊이 깨닫고 찬양하게 하소서!

오늘 특별 적용	
오늘 특별 감사	

169

예수님을 끝까지 섬긴 사람들

마가복음 15장 42절부터 47절(마27:57-60/눅 23:50-54참조) 읽기.
❶ 아리마대 요셉은 어떤 사람이었으며 빌라도에게 어떤 요구를 하였는가?(43)
❷ 요셉이 주님을 위하여 무엇을 하였는가?(46)

지금은 작고한 김현승 시인이 쓴 '절대 신앙' 이라는 시입니다.
"당신의 불꽃 속으로
나의 눈송이가 뛰어듭니다.
당신의 불꽃은
나의 눈송이를 자취도 없이 품어 줍니다."
불꽃 속에 눈송이를 내던질 때 눈송이는 흔적도 없이 사라지고 오직 불꽃만이 남습니다. 진정한 믿음은 온전히 내 자신을 예수님께 내던져 주님과 하나가 되는 것입니다.
진정한 믿음을 가졌을 때 우리는 오직 성령이 이끄시는 대로 아무런 거리낌 없이 행동할 수 있습니다.

마가복음 15장 42절부터 47절에는 예수님이 죽은 뒤 장사되시는 장면이 기록되어 있습니다. 예수님께서 운명하신 때로부터 3시간 후는 일을 해서는 안 되는 안식일이었습니다. 게다가 제자들은 이미 모두 도망 가버렸기에, 예수님의 시신을 장사지낼 시간과 장소, 모든 것이 부족한 상황이었습니다. 그러나 이런 때에도 당당히 예수님을 모신 사람들이 있었습니다. 우리는 본문을 통해 예수님을 끝까지 섬긴 세 명의 사람을 볼 수 있습니다.

첫째, 아리마대 사람 요셉입니다.
공회의원이었던 아리마대 요셉은 유대 지도자들이 두려워서 예수님의 제자라는 사실을 숨기고 있었습니다. 그런데 예수님의 죽음을 목격하고 나서는 그의 태도가 바뀌었습니다. 당당히 빌라도를 찾아가"예수의 시체를 달라"고 한 뒤(43절), 세마포로 싸고 자기의 새 무덤에 안장했습니다. 예수님의 제자인 것이 알려지면 사형 당할지도 모르는 상황이었지만 예수님이 구세주라는 확신이 생겼기 때문에 담대히 행할 수가 있었습니다. 믿음으로 세상을 향해 담

대하게 사십시오. (막15:43/요19:38)

둘째, 니고데모입니다.
니고데모는 일찍이 밤에 예수님을 찾아 와서 '사람이 어떻게 거듭나는가?'에 대해서 물었던 사람입니다. 유대인의 관원이었던 니고데모도 사회적인 명예나 지위는 아랑곳하지 않고, 몰약과 침향을 섞은 것을 백 근 쯤이나 가지고 와서 함께 장례를 치렀습니다. 믿음으로 주님께 아낌없이 드릴 수 있는 사람이 되십시오. (요3:1-12,19:39-40)

셋째, 막달라 마리아와 요셉의 어머니 마리아입니다.
이 둘은 갈릴리에서 예수님을 따라온 여자들이었는데, 무덤에 예수님의 시체를 모셔둔 것을 보고 집으로 돌아가서 향품과 유향을 준비했던 것입니다. 비록 사정이 넉넉지는 않았지만 끝까지 예수님 곁을 떠나지 않았고, 자신의 모든 것을 바쳐 주님을 섬겼습니다. 정성을 다해 주님을 섬기는 사람이 되십시오. (막12:44/눅23:55-56)

오늘 본문을 통해 예수님을 끝까지 섬긴 세 사람을 알아보았습니다. 우리도 이와 마찬가지로 어떤 상황에서도 예수님을 진실히 섬기기 위해 노력해야 합니다.
오늘도 마음을 다해 예수님을 섬기십시오,

- 주님, 모든 노력과 열정을 다해 주님을 섬기게 하소서!

오늘 특별 적용	
오늘 특별 감사	

신앙에 관한 가르침

마태복음 27장 62절부터 66절(눅23:55–56참조) 읽기.
❶ 이스라엘 백성들이 무엇을 염려하였으며(64), 그 이유는 무엇 때문이었는가?(63)
❷ 이스라엘 백성의 말을 들은 빌라도는 예수님의 무덤을 어떻게 하였는가?(66)

프레데릭 브라운의 '회답'이라는 단편소설에 이런 내용이 나옵니다.

사람들이 신의 존재를 알아내기 위해 세상의 컴퓨터를 모두 연결해 물어보았지만 '존재하지 않는다'라는 대답만 나왔습니다.

과학이 발달해 지구가 다른 행성과 교류를 하게 되면서 컴퓨터를 점점 더 많이 연결했으나, 여전히 대답은 '존재하지 않는다' 였습니다.

960억대의 컴퓨터를 연결해 묻는 순간 컴퓨터가 대답했습니다.

'예스! 이제는 신이 존재한다'

그리고 전 행성의 모든 시스템을 높은 인공지능의 중앙 컴퓨터가 제어해 사람들은 컴퓨터의 지배를 받게 됩니다.

올바른 진리를 받아들이고 믿지 못할 때 다른 진리를 찾게 됩니다. 그러나 우리는 믿음으로 체험함으로 예수님이 구원자시며 성경이 진리라는 사실을 확인할 수 있습니다.

마태복음 27장 62절부터 66절에는 예수님께서 장사되신 후 여인들이 이를 지켜보는 내용과 파수꾼을 시켜 시체를 지키는 모습이 기록되어 있습니다. 우리는 여기에서 신앙과 관련된 중요한 세 가지 가르침을 배울 수 있습니다.

첫째, 예수님을 섬기는 데에는 용기가 필요합니다.

산헤드린 공회의원 이었고 부자였던 아리마대 사람 요셉이 예수님의 시체를 달라고 당돌히 말한 데에는 큰 용기가 필요했습니다. 사회적 명성과 재물 그리고 죽음까지도 각오해야 했기 때문입니다. 니고데모나, 막달라 마리아나 요셉의 어머니 마리아도 모두 마찬가지였습니다. 두려움보다 큰 믿음으로 용기를 내십시오.(마24:6/막15:43)

둘째, 예수님을 배척할수록 계속 악한 길로 나갑니다.

당시의 지도자들은 예수님의 부활의 소식을 듣고도 사람들을 돈으로 매수해서 "제자들이 예수님의 시체를 도적질 해갔다"고 거짓 소문을 퍼트리도록 가르쳤습니다. 이미 저지른 실수가 너무 컸기에 인정하고 돌아올 수가 없었습니다. 예수님을 배척하고 악한 길로 오래 나갈수록 돌아오기 힘들게 됩니다. 멀리 갔다면 서둘러 돌아오십시오.(마28:11-15/엡4:28)

셋째, 마귀는 복음을 막으려고 필사적입니다.

종교 지도자들은 무덤을 돌로 막고 도장 찍은 후, 훈련된 경비병을 세워서 죽은 시체를 지켰습니다. 사단은 철저하게 예수님을 파멸시키려고 합니다. 오늘날도 마찬가지입니다. 여러 가지 방법을 통해 예수님을 신화화, 철학화하여 단지 지식으로만 묻어 두려고 합니다. 그러나 예수님이 흑암의 권세를 깨트리고 부활하셨듯이 복음을 확실히 전할 수 있는 깨어있는 성도가 되십시오.(마28:6/벧전5:8)

오늘 본문을 통해 중요한 세 가지 가르침을 배웠습니다. 신앙생활에는 끝이 없습니다. 평생 주님을 목표로 더 나아가기 위해 노력하십시오.

오늘도 예수님과 같이 흑암의 권세에서 승리를 거두십시오.

- 주님, 말씀의 실천을 통해 어둠의 세력을 쫓아내게 하소서!

오늘 특별 적용	
오늘 특별 감사	

171

진리를 막을 수 없는 이유

마태복음 28장 1절부터 4절(막16:1-4참조) 읽기.
❶ 예수님께서 언제 부활하셨는가?(1)
❷ 예수님의 무덤에서 어떤 일이 일어났는가?(2~4)

타조는 시속 70km의 속력으로 달리기 때문에 여간해서는 맹수에게 잡히지 않습니다. 그런데 사냥꾼이 차를 타고 쫓아서 더 이상 도망 갈 수 없게 되면 갑자기 이상한 행동을 합니다. 달리기를 멈추고 머리를 땅속에 박아버립니다. 갑자기 놀랄 때에도 이런 행동을 합니다. 자기 눈에 위협이 보이지 않기 때문에 위협이 사라졌다고 착각을 하는 것입니다. 그러나 그런 행동은 오히려 사냥을 더욱 쉽게 만들어줍니다.

타조와 같이 자기중심적으로 생각할 때 타인과 제대로 교감할 수 없게 되고 많은 것들을 놓치게 됩니다. 특히나 진리에 대해서 자기중심적으로 생각하는 것은 영혼의 파멸을 부릅니다. 나의 마음에 참된 평안과 기쁨을 줄 수 있는 분은 오직 예수님 뿐 입니다.

마태복음 28장 1절부터 4절에는 예수님을 장사한 무덤을 막고 있던 큰 돌이 굴려진 사실이 기록되어 있습니다. 큰 돌은 매우 많은 사람이 동원되어야 굴릴 수 있었고 무덤에는 지키고 있던 병사들까지 있었지만 예수님의 부활을 막을 수는 없었습니다. 우리는 이 장면을 통해 진리를 막을 수 없는 세 가지 이유를 배울 수 있습니다.

첫째, 어떤 방법으로도 예수님을 가두어 둘 수 없기 때문입니다.
예수님의 무덤은 무거운 바위 덩어리로 단단히 봉해졌지만 결국 무덤은 열리고 시체도 사라졌습니다. 예수님을 미워하는 사람들과 마귀는 예수님의 부활을 막기 위해 갖은 노력을 했지만 어떤 것도 효과가 없습니다. 마찬가지로 오늘날에도 많은 이단과, 학문적인 방법들을 통해 사람들이 예수님을 막으려고 하지만 오히려 전능하신 예수님을 막지 못하고 스스로를 진리에서 멀어지게 합니다. 생명의 말씀으로 모든 시험을 이겨내십시오.(마16:18/롬8:39)

둘째, 하나님은 스스로 자신을 나타내시기 때문입니다.

새벽에 무덤을 찾은 여인들은 누가 그 무거운 무덤의 입구 돌을 들어 옮겨 줄 것인지를 걱정하면서 왔습니다. 그러나 이미 하나님이 모든 일을 다 해 놓으셨습니다. 우리는 너무나 자주 하나님이 전지전능하시다는 사실을 잊습니다. 예수님은 복음을 전할 때에도 무슨 말을 해야 할는지 미리 걱정하지 말라고 하셨습니다. 우리가 하나님을 겸손하게 섬길 때 영광이 자연스레 들어나기 때문입니다. 하나님의 영광을 드러내는 성도가 되십시오.(요14:11/벧4:16)

셋째, 믿지 않는다고 존재하지 않는 것이 아니기 때문입니다.

당시 예수님을 핍박했던 종교지도자들은 예수님의 기적을 봤지만 믿지 않았습니다. 예수님이 죽으실 때 일어났던 사건들과, 부활의 증거들을 역시 믿지 않았습니다. 그들은 아마 죽는 순간까지 그 사실들을 부인했을 것입니다. 그러나 이처럼 내가 믿지 않는다고 존재하지 않는 것이 아닙니다. 아이와 같은 마음으로 진리를 깨닫는 지혜로운 사람이 되십시오.(눅24:25/요12:46)

오늘 본문을 통해 진리를 막을 수 없는 세 가지 이유를 배웠습니다. 하나님의 뜻대로 행하는 성도들을 통해 주님의 영광이 온 세상에 퍼지게 됩니다. 오늘도 전지전능하신 하나님만을 의지하십시오.

– 주님, 온 세상에 주님의 영광이 퍼질 때까지 쉬지 않게 하소서!

오늘 특별 적용	
오늘 특별 감사	

172

부활과 관련된 사실

마태복음 28장 5절부터 8절(막16:5-8/눅24:1-8참조) 읽기.
❶ 천사가 여자들에게 무엇을 증거하였는가?(5~7)
❷ 예수님께서 여자들에게 어떤 분부를 하셨는가?(10)

요란한 밴드와 열정적인 찬양, 저절로 춤이 나오는 분위기.

이때 선글라스를 낀 목사가 나타납니다. 그의 열광적인 설교는 무려 5시간이나 계속 되지만, 사람들은 조금도 지루해 하지 않습니다. 기도시간에는 암환자가 고쳐지고 누워있던 병자들이 벌떡벌떡 일어나고 사람들은 그 모습을 보고 열광합니다. 목사는 성경을 내던지고 자신이 곧 하나님이라고 선언합니다. 신도들은 이 모습을 보고 '아버지' 라고 외칩니다.

이것은 존스라는 교주가 세운 '인민사원' 이라는 집단의 예배였습니다. 그러나 그가 병자에게서 꺼낸 암은 몰래 숨긴 닭 내장이었고, 누워있던 병자들은 전문 배우였습니다. 이런 치졸한 사기극은 결국 신도 900여명이 집단으로 자살을 하는 대참사로 끝을 맺었습니다.

사이비를 잘못 믿으면 많은 사람이 피해를 봅니다. 목숨이 문제가 아니라 영혼까지 잃게 됩니다. 그러나 진리이신 예수님을 믿을 땐 모든 것을 얻게 됩니다. 거짓 선지자들에게 미혹되지 말고 진리에 시선을 고정하십시오.

마태복음 28장 5절부터 8절에는 예수님의 무덤을 찾았다가 천사를 만난 여인들이 나옵니다. 예수님은 말씀대로 3일 만에 부활하셨습니다. 여자들은 두려움과 큰 기쁨을 안고 곧 이 소식을 전하러 갔습니다. 우리는 이 말씀을 통해 부활과 관련된 세 가지 사실을 배워야 합니다.

첫째, 부활은 기쁜 소식입니다.

두 여인은 이른 새벽에 예수님의 무덤을 찾아왔습니다. 예수님을 누구보다도 먼저 생각했던 마음을 가졌던 두 여인에게 부활의 소식을 가장 먼저 전해졌습니다. 두 여인은 이 기쁜 소식을 듣고 사람들에게 전하기 위해 달렸습니다. 부활의 소식은 기쁜 소식입니다. 이 기쁜 소식을 어서 빨리 세상에 전하십시오. (마28:8/요5:29)

둘째, 부활은 승리의 소식입니다.

예수님은 말씀대로 3일 만에 부활하셨습니다. 예수님은 모든 것을 이루었다고 말씀하셨고, 세상 끝 날까지 우리와 함께 있을 것이라고 말씀하셨습니다. 예수님의 말씀을 통해 이미 모든 승리가 이루어졌으며 우리의 일은 그 사실을 믿고 전하는 것뿐입니다. 부활을 믿음으로 승리의 기쁨을 누리십시오.(고전15:4,5)

셋째, 부활은 사실입니다.

예수님은 부활에 대해 여러 번 말씀하셨습니다. 이 사실을 모를 리 없는 총독과 제사장들은 그래서 무덤을 더욱 철저히 지켰습니다. 하지만 그럼에도 예수님의 부활은 막을 수가 없었습니다. 군인들이 지키고 있는 무덤을 상대로 어떻게 예수님의 시체를 몰래 빼올 수가 있었겠습니까? 오히려 모든 정황이 예수님의 부활을 사실로 만들어주고 있습니다. 부활의 사실을 믿으십시오.(행2:31)

오늘 본문을 통해 부활과 관련된 세 가지 사실을 배웠습니다. 예수님의 부활이 사실이 아니라면 기독교는 아무런 의미가 없습니다.
오늘도 부활의 의미를 굳게 믿음으로 승리하십시오.

– 주님, 부활의 믿음으로 매일 승리하게 하소서!

오늘 특별 적용	
오늘 특별 감사	

173

잘못된 신앙 태도

누가복음 24장 9절부터 12절 읽기.
❶ 여자들로부터 그 소식을 들은 제자들이 어떤 반응을 나타
내었는가?(11)
❷ 베드로는 그 일에 어떤 반응을 나타내었는가?(12)

「백문이 불여일견(百聞不如一見)」이라는 말이 있습니다. 백번 듣는 것보다 한 번 보는 것만 못하다는 뜻입니다. 좋은 책에 대한 이야기를 백날 듣는 것보다 실제로 자신이 보는 것이 더욱 도움이 됩니다. 아무리 좋은 책을 백 번 읽는 것보다 실제로 하는 행동이 더욱 중요합니다.

그리스도인들에게는 「백견이 불여일신(百見不如一信)」이 필요합니다. 신앙의 밑바탕에는 믿음이라는 반석이 있어야 합니다.

듣고, 보고, 행하는 모든 것이 바로 이 믿음을 통해 나와야 합니다.

누가복음 24장 9절부터 12절에는 예수님께서 부활하신 새벽의 광경이 기록되어 있습니다. 안식 후 첫날 예수님의 무덤에 있던 여인들이 사도들에게 부활의 소식을 알렸습니다. 그러나 제자들은 믿지 않고 오히려 의심했습니다. 우리는 이 장면을 통해 세 가지의 잘못된 신앙태도 세가지를 배울 수 있습니다.

첫째, 죽으신 예수님의 모습에만 매여 있는 태도입니다.

막달라 마리아를 비롯한 몇몇 여인들은 처음에 돌아가신 예수님의 시체에만 매여 있었습니다. 제자들 역시 마찬가지였습니다. 그러나 예수님은 십자가의 예수님만이 아니며, 부활하여 살아 계신 분이십니다. 그 사실을 늘 기억하며 체험하십시오.(막16:6)

둘째, 이해되지 않는 것은 믿지 않으려는 태도입니다.

여인들의 보고를 들은 제자들의 반응은 의외로 냉담했습니다. 그들은 여인들의 말을 헛소리로 생각했습니다. 게다가 모든 제자들이 믿게 된 후에도 도마는 믿지 않았습니다. 예수님이 부활에 대해 이미 몇 번이나 말씀하셨고, 많은 증인들까지 나왔음에도 불구하고 말입니다. 이해되지 않는 부분을 억지로 이

해할 필요는 없지만 이해되지 않는다고 해서 무조건 믿지 않을 때 신앙이 편협해집니다. 경건생활을 통해 깨달음을 달라고 성령님께 간구하십시오. (막 16:14)

셋째, 실제로 확인해보려는 태도입니다.
베드로와 요한은 믿어지지 않는 그 말을 듣고 실제로 찾아가 확인하였습니다. 도마는 예수님의 못 자국을 확인해야겠다고 말했습니다. 이런 실증주의적인 모습은 무관심하거나, 실증 없이 말로만 떠드는 것보다는 더욱 나은 태도고 언젠가는 주님을 믿게 됩니다. 그러나 보지 않고도 믿음으로 더 복된 사람이 되십시오. (요 20:29)

오늘 본문을 통해 세 가지 잘못된 신앙태도의 모습을 배웠습니다. 모든 가능성을 열어놓을 때 하나님의 놀라운 능력을 제한하지 않게 됩니다.
오늘도 주님에 대한 믿음을 실제적으로 나타내십시오.

- 주님, 입으로 고백하는 신앙이 아닌 실천하는 신앙을 갖게 하소서!

오늘 특별 적용	
오늘 특별 감사	

174

예수님의 부활이 중요한 이유

마태복음 28장 9절부터 10절(막16:9-11참조) 읽기.
❶ 예수님께서 여자들을 만나 어떤 말씀을 하셨으며, 여자들은 예수님께 무엇을 하였는가?(9)
❷ 예수님께서 여자들에게 어떤 분부를 하셨는가?(10)

유명한 다이빙 스타였던 조니 에릭슨은 17살 때 사고를 당해 목 아래 전신이 마비가 되어 움직일 수 없게 됐습니다. 오랜 재활을 거쳐 치료를 했지만 차도가 없어 결국 평생을 휠체어에 앉아 보내야 했습니다. 그녀는 휠체어에 앉아 그림을 그리기 시작했습니다. 입으로 붓을 물고 그림을 그리는 것은 쉽지 않았지만 그녀는 꾸준히 그림을 그렸고, 그 그림을 통해 비슷한 아픔을 겪은 많은 사람들이 힘을 얻었습니다. 그녀는 그토록 심한 좌절을 극복할 수 있었던 비결로 성경을 꼽았습니다.

"저에게 소망을 준 것은 성경입니다. 성경에는 부활에 대해서 나옵니다. 지금은 비참한 사고를 당했지만 내가 죽고 난 후 나의 몸은 영화롭게 될 것입니다. 부활과 천국의 소망이 나를 다시 일으킨 원동력입니다."

그녀는 지금 선교회를 조직해 세계적으로 활동하고 있으며, 그녀의 삶은 "조니"라는 제목으로 영화화돼 우리나라 공영방송에서도 몇 번 방영된 적이 있습니다.

부활은 곧 믿음이요, 소망이요, 능력입니다.

마태복음 28잘 9절부터 10절에는 부활하신 예수님이 나옵니다. 빈 무덤을 확인하고 부활의 소식을 전하러 가던 여인들에게 예수님이 직접 나타나신 것입니다. 어떤 성인이나 종교의 창시자도 모방할 수 없는 인류 최대의 사건은 바로 부활입니다. 우리는 여기에서 예수님의 부활이 중요한 세 가지 이유를 살펴볼 수 있습니다.

첫째, 예수님의 부활은 복음의 핵심이기 때문입니다.

복음에 있어서 가장 중요한 두 가지 요소는 예수님의 십자가 죽음과 부활입니다. 십자가의 죽음은 우리의 모든 죄에 대한 용서이고, 부활은 우리를 새생명 가운데 하나님의 자녀가 되게 하신 하나님의 역사입니다(롬 4:25). 우리가 구원을 얻는 것은 예수님의 죽으심과 동시에 부활하심의 능력에 근거한 것임을 믿으십시오(고전15:1-4).

둘째, 예수님의 부활은 승리의 원천이기 때문입니다.
예수님께서는 부활하심으로 죽음의 권세를 깨뜨리셨습니다. 예수님께서 율법을 완성하시고 죄를 다 해결하셨으므로 죄와 죽음이 우리를 지배하지 못하게 되어, 우리는 세상 가운데서도 승리할 수 있게 된 것입니다. 부활을 믿음으로 이미 승리하였다는 사실을 믿으십시오(마5:17/고전15:55,56).

셋째, 예수님의 부활은 우리의 부활을 보증하기 때문입니다.
예수님께서 부활의 첫 열매가 되심으로, 연약한 우리 몸도 예수님과 같이 썩지 않는 영화로운 몸으로 변화한다는 보증이 되셨습니다. 즉, 천국과 다시 사는 것을 믿는다면 예수님의 부활을 반드시 믿어야 합니다. 올바른 신앙으로 예수님과 함께 부활의 기쁨을 경험하십시오.(고전15:20/살전 4:17)

오늘 본문을 통해 예수님의 부활이 중요한 세 가지 이유를 배웠습니다. 부활은 기독교의 핵심입니다.
오늘도 부활의 능력 안에서 활기찬 생활을 하십시오.

- 주님, 부활의 중요성과 놀라운 능력을 믿게 하소서!

오늘 특별 적용	
오늘 특별 감사	

175

진리를 대하는 바른 태도

마태복음 28장 11절부터 15절 읽기.
❶ 예수님의 부활을 대제사장들에게 알린 사람은 누구인가?(11)
❷ 대제사장들과 장로들은 예수님의 부활의 소식을 막기 위해 무엇을 했는가?(12)

미국 캘리포니아의 폴 게티 박물관에서 완벽한 쿠로스 상을 구입한 적이 있습니다. 아름다운 청년의 몸을 표현한 쿠로스 상은 지금까지 심하게 훼손된 것만 발견되었는데, 폴 게티 박물관은 자신들이 온전한 쿠로스 상을 찾아서 구입에 성공했다고 발표했습니다. 그런데 그 발표로부터 14개월 뒤 그 쿠로스상은 모조품이라는 것이 드러났습니다.

사실 박물관이 쿠로스 상을 구입하기 전에 많은 조각가들과, 전문 학자들이 모조품일 것이라고 말했다고 합니다. 그런데 그들은 전문가의 말을 믿지 않고 과학자들의 조사 결과만을 믿고 그것을 진품이라고 확신했습니다. 그러나 조사결과 석상은 과학적 조사를 피할 수 있게 정교하게 복제된 것이었습니다. 박물관은 수십억에 달하는 큰 피해를 입었습니다.

거짓을 진실로 믿게 될 때 큰 손실이 생깁니다. 진리를 거짓으로 믿게 될 때 영혼을 잃게 됩니다.

마태복음 28장 11절부터 15절에는 대제사장들에게 빈 무덤의 일을 얘기하는 경비병의 모습이 나옵니다. 장로들은 예수님의 부활의 소식을 막기 위해 경비병들을 돈으로 매수해 헛소문을 유포시켰습니다. 우리는 여기에서 진리를 대하는 세 가지 바른 태도를 마음에 새겨야 합니다.

첫째, 진리가 참인 걸 알았을 때 반응해야 합니다.
대제사장들과 장로들은 경비병의 소식을 듣고 예수님이 부활하셨다는 것을 알았습니다. 그렇다면 마땅히 그동안의 죄를 회개하고 주님께 돌아와야 하지만 오히려 거짓으로 그 사실을 덮으려 했습니다. 영혼을 살리는 진리보다 더 중요한 것은 없습니다. 진리가 깨달아질 때 솔직한 마음으로 반응하십시오.(행8:35,36)

둘째, 진리의 본을 보여야 합니다.

경비병을 매수한 사람들은 당시에 사람들을 가르치는 지식인이었고, 종교인이었습니다. 그들은 분명히 사람들에게 거짓말을 하지 말고, 선한 일을 행하라고 가르쳤을 것입니다. 그러나 그들은 오히려 돈으로 병사를 매수해 거짓을 퍼뜨리도록 했습니다. 남을 가르치는 입장에 선 사람들은 특히나 행동을 더욱 조심해야 합니다. 언행일치의 신앙을 위해 노력하십시오.(눅10:37)

셋째, 진리가 돈보다 우선입니다.

돈을 받은 경비병들은 그들의 지시대로 거짓말을 퍼트렸습니다. 예수님 부활의 사건부터 마태가 복음서를 기록할 때까지 약 30년의 시간이 흘렀는데 그 당시까지도 이 거짓이 널리 퍼져있었습니다. 돈에 눈이 멀면 이처럼 엄청난 행악을 아무렇지도 않게 하게 됩니다. 돈으로 영생을 살 수 없다는 사실을 기억하십시오.(잠3:3/마28:12-15)

오늘 본문을 통해 진리를 대하는 세 가지 바른 태도를 배웠습니다. 하나님의 사랑은 항상 우리를 향해 있습니다. 우리가 열린 마음으로 다가갈 때 누구나 그 사랑을 쉽게 느낄 수 있습니다.

오늘도 하나님의 음성을 경험하는 삶을 사십시오.

- 주님, 날마다 하나님의 음성을 경험하는 은혜를 받게 하소서!

오늘 특별 적용	
오늘 특별 감사	

176

영적으로 민감해지는 방법

누가복음 24장 13절부터 32절(막16:12-13참조) 읽기.
❶ 엠마오로 가던 두 제자는 어떤 상태였는가?(17)
❷ 두 사람은 예수님의 말씀을 들을 때 마음이 어떠했다고 이
   야기하였는가?(32)

색안경을 끼면 세상이 안경 색으로만 보입니다.

검은 렌즈면 세상이 검게 보이고, 노란 렌즈를 끼면 세상이 온통 노랗게 보입니다.

사람들의 생각에도 이런 색안경이 있습니다. 즐기는 것이 최고라고 생각하는 사람들은 세상이 온통 쾌락으로 보입니다. 성공이 최고라고 생각하는 사람들은 세상이 온통 돈과 기회로 보입니다.

무신론자들에겐 세상이 질서 없이 탐욕에 의해 돌아가는 지옥으로 보입니다. 그러나 천국을 믿고 구원을 믿는 사람들에게는 세상이 즐거운 기다림으로 느껴집니다.

어떤 생각을 가지느냐에 따라 모두 다른 인생을 살게 됩니다.

누가복음 24장 13절부터 35절에는 엠마오로 향하는 두 제자가 나옵니다. 두 제자는 예수님에 대한 이야기를 하고 있었지만, 정작 동행하던 예수님을 알아보지 못했습니다. 두 제자는 자신들의 이야기에 빠져 더욱 중요한 것을 놓쳤습니다. 우리는 여기에서 영적으로 민감해지는 세 가지 방법을 알 수 있습니다.

첫째, 자신의 감정이나 생각이 앞서면 안 됩니다.

두 제자는 예수님에 대한 많은 지식을 가지고 있었습니다. 그들은 엠마오로 가는 내내 예수님에 대한 이야기를 나누었지만 정작 부활하신 예수님을 알아보지 못했습니다. 심지어 예수님과 대화를 하면서도 눈치를 채지 못하고, 십자가 사건을 묻는 예수님을 채근하기까지 했습니다. 이처럼 예수님을 믿고 지식이 많더라도, 생각과 감정이 너무 앞서면 깨닫지 못하게 됩니다. 때로는 잠잠히 주님의 음성을 기다리십시오. (행1:4/유1:21)

둘째, 성경을 통해 느낄 수 있습니다.
눈이 어두워 예수님을 알아보지 못하는 제자들에게 예수님은 성경을 자세히 풀어 가르치셨습니다. 그리하여 만찬의 때에 드디어 제자들은 예수님을 알아 볼 수 있었습니다. 성경을 진지하게 읽고 묵상할 때에 우리의 영은 민감해집니다. 성경은 곧 하나님 말씀이기 때문입니다. 고요히 성경을 묵상하십시오.(시119:27)

셋째, 성령님의 인도하심을 통해 느낄 수 있습니다.
예수님이 성경을 풀어 설명하실 때에, 제자들은 그들의 가슴이 뜨거워지는 것을 느꼈습니다. 말씀과 기도생활뿐 아니라 평범한 일상 속에서도 성령님은 인도하십니다. 그 부르심을 따를 때에 우리는 그분의 임재와 새로운 깨달음을 얻게 됩니다. 성령의 인도에 민감하게 따르십시오.(롬8:2/고전2:4)

오늘 본문을 통해 영적으로 민감해지는 세 가지 방법을 배웠습니다. 성장하는 성도들에겐 언제나 깨달음의 순간이 있습니다.
오늘도 성령님의 임재를 체험하십시오.

- 주님, 성령님의 임재를 체험하는 삶을 간증하게 하소서!

오늘 특별 적용	
오늘 특별 감사	

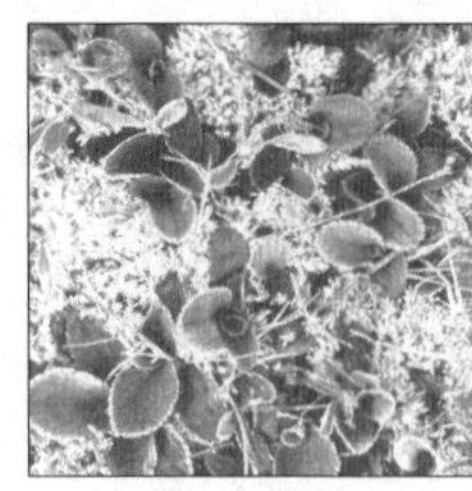

177

의심을 부르는 상황

마가복음 16장 14절(눅24:33-43참조) 읽기.
❶ 주님께서 제자들에게 무엇을 부탁하셨는가?(15)
❷ 주님을 믿는 사람들에게 어떤 표적이 따를 것이라고 말씀
하셨는가?(17,18)

물고기 두 마리가 지렁이 한 마리를 발견했습니다.

먼저 발견한 물고기가 이게 웬 떡이냐 싶어서 날름 먹으려는 순간, 다른 물고기가 말렸습니다.

"이봐, 잠깐만, 저건 뭔가 이상해! 지렁이가 땅위에 있지 않고 중간에 둥둥 떠 있잖아? 분명 낚시 바늘이 꽂혀 있는 지렁이일거야."

그러나 다른 물고기는 그 말을 믿지 않았습니다.

"그 말을 믿으라고? 이 근방에서 낚시꾼한테 잡혀간 물고기가 있다는 소문은 못 들었어. 나 혼자 지렁이를 먹게 돼서 방해하려는 거지? 난 그 정도로 멍청하지 않아."

말을 마치자마자 물고기는 덥석 지렁이를 삼켰습니다. 곧 물고기의 몸은 수면 위로 치솟았고, 그때에 자신이 문 것이 낚시 바늘이라는 것을 알았지만, 이미 후회해도 늦은 일이었습니다.

천국과 지옥은 가보지 않고는 알 수 없는 곳이고, 또한 간 뒤에 후회하기엔 돌이킬 수 없는 곳입니다.

마가복음 16장 14절에서 부활하신 예수님은 열 한 제자들에게 나타나셨습니다. 부활의 소식을 의심했던 제자들은 그제야 믿었지만 그럼에도 도마는 의심했습니다. 우리는 이 장면을 통해 의심을 부르는 세 가지 상황을 살펴볼 수 있습니다.

첫째, 의심은 믿음이 약할 때 생겨납니다.

예수님이 십자가에 달리실 때만 해도 제자들의 믿음은 매우 약했습니다. 제자들은 예수님을 부인하고, 도망하고, 또 서로 높은 자리를 차지하기 위해 싸웠습니다. 주님의 능력을 보고 그 말씀을 들었지만 100% 진실로 믿지는 못했습니다. 의심이 생길 땐 믿음 상태를 먼저 점검하십시오.(롬4:20)

둘째, 의심은 마음이 완악할 때 생겨납니다.
예수님은 부활의 소식을 듣지 않은 제자들에게 '믿음 없음'과 더불어 '마음의 완악함'을 꾸짖으셨습니다. 자기 주관이나 고집이 센 사람들은 남의 말을 쉽게 믿지 않고 자신이 항상 옳다고만 합니다. 이런 마음은 곧 완악한 마음입니다. 마음 속 자아의 욕구를 모두 내려놓으십시오.(마13:15)

셋째, 의심은 이해하지 못할 때 생겨납니다.
예수님은 십자가의 죽음과 부활에 대해 제자들에게 자주 말씀하셨습니다. 그러나 제자들은 그 뜻을 이해하지 못하고, 오해하고, 두려워했습니다. 하나님 말씀을 온전히 이해하지 못할 때, 우리는 응답을 받지 못하게 되고 의심하게 됩니다. 말씀을 이해함으로 깨닫고 믿으십시오.(엡5:17)

오늘 본문을 통해 의심을 부르는 세 가지 상황을 배웠습니다. 초월적인 믿음과 이성적인 이해가 잘 어우러질 때 건강하게 신앙이 자랄 수 있습니다.
오늘도 열린 믿음의 자세로 하나님 앞에 나아가십시오.

- 주님, 날마다 믿음이 더욱 굳건하여 지게 하소서!

오늘 특별 적용	
오늘 특별 감사	

178

하나님이 우리에게 바라시는 것

마태복음 28장 16절부터 20절(막16:15-18/고전15:6참조) 읽기.
❶ 예수 그리스도께서 어떻게 묘사되어 있는가?(18)
❷ 주님의 분부를 수행할 우리들에게 주님께서 어떤 약속을 주셨는가?(20)

화제의 책 중에 「하나님의 대사」라는 책이 있습니다.

2009년 통일부 장관을 끝으로 36년간의 공직생활을 마감한 김하중 장로님의 간증 저서인데 책에서 장로님은 임기 내내 생긴 크고 작은 모든 일들을 기도로 하나님의 뜻을 물어가며 처리했음을 고백했습니다. 하나님의 응답과, 순종에 따른 축복의 내용이 잘 나와 있기에 많은 성도들로부터 사랑을 받는 것 같습니다.

원래 「대사」라는 말은 로마 때 나온 『갈리아 전기』에서 '심부름꾼' 을 존대하는 단어로 쓰였습니다. 하나님의 대사가 된다는 것은 곧 이 땅에서 그 말씀을 따라 실천하는 것을 뜻합니다. 바울도 비슷한 의미로 자신을 '그리스도의 종' 이라고 표현했습니다.(롬1:1).

그리스도인에게 대사란 하나님의 일을 하는 영광스럽고 의미 있는 직분입니다.

마태복음 28장 16절부터 20절에서 예수님은 많은 사람들 앞에서 모습을 보이셨습니다. 예수님은 승천하시기 전에 모인 제자들과 사람들에게 마지막 지상명령을 내리셨습니다. 우리는 이 말씀을 통해 하나님이 우리에게 바라시는 세 가지가 무엇인지 알 수 있습니다.

첫째, 사명을 감당하길 바라십니다.

예수님께서는 승천하시기 전에 제자들에게 명령이자 사명을 주셨습니다. 전도와, 복음의 간증, 그리고 말씀의 실천이 바로 그것입니다. 예수님은 이 말씀을 그 자리에 모인 모든 사람들에게 말씀하셨습니다. 복음 전파의 사명은 열두 제자만이 받은 명령이 아닌 우리 모두가 받은 사명인 것입니다. 주님이 남기신 귀한 사명을 감당하십시오. (마28:19,20/눅9:23)

둘째, 능력을 발휘하길 바라십니다.

예수님은 자신에게 하늘과 땅의 모든 권세가 있다고 말씀하셨습니다. 이런 예수님이 세상 끝날 까지 우리와 함께 계신다는 사실을 믿을 때, 우리는 세상에 두려워할 것이 전혀 없음을 알게 됩니다. 또한 주님 안에 불가능이 없다는 사실도 알게 됩니다. 세상에서 말씀의 능력을 발휘하는 그리스도인이 되십시오.(마28:18,20/요14:12)

셋째, 말씀에 순종하길 바라십니다.

주님은 우리에게 사명을 주셨고, 능력을 주셨습니다. 그러나 아무리 완벽한 계획과 뛰어난 능력이 있더라도, 우리가 순종하지 않으면 소용이 없습니다. 순종을 통해 우리는 하나님께 영광을 올리고 사람들에게 유익을 주게 됩니다. 주님을 바라보며 말씀에 온전히 순종하십시오.(히12:2)

오늘 본문을 통해 하나님이 우리에게 바라시는 세 가지가 무엇인지 배웠습니다. 말씀에 순종할 때 능력이 나타나고, 사명이 감당됩니다.

오늘도 우리와 함께 하시는 예수님의 능력으로 사명을 감당하십시오.

- 주님, 주님이 바라시는 대로 살게 하소서!

오늘 특별 적용	
오늘 특별 감사	

179

합당한 그리스도인의 자세

누가복음 24장 44절부터 49절(행1:3-8참조) 읽기.
❶ 주님의 부활 후에 이루어져야 하는 일을 이루기 위하여 당신은 무엇을 해야 하는가?(48)
❷ 능력 있는 증거를 하기 위해서는 무엇의 도움이 필요한가?(49)

소명을 나타내는 영어단어인 '콜링(Calling)'은 '신의 부름을 받다'라는 의미의 어원에서 나왔습니다. 콜링은 또한 직업, 천직이란 뜻도 가지고 있습니다. 이 의미는 곧 우리가 하고 있는 일이 무엇이든지, 그것이 우리의 소명이란 뜻입니다.

특별히 그리스도인들에게 더욱 그러합니다. 자신의 소명을 잘 감당한 사람들을 우리는 '장인'이라고 부릅니다.

모든 그리스도인들은 '장인'(쟁이)이 되어야 합니다. 세상 사람들도 자신의 성공을 위해 많은 노력을 하는데, 하나님의 영광을 위한 그리스도인들의 노력은 더욱 정성이 깃들어야 하지 않겠습니까?

누가복음 24장 44절부터 49절에는 예수님께서 승천하시기 직전에 거듭 사명을 말씀하신 내용이 기록되어 있습니다. 예수님은 제자들과 모인 사람들에게 모든 일의 증인이 되라고 말씀하셨습니다. 우리는 이 말씀을 통해 합당한 그리스도인의 세 가지 자세를 알 수 있습니다

첫째, 증인이 되어야 합니다.
제자들은 예수 그리스도의 죽으심과 부활을 직접 목격했습니다. 그러나 이들뿐만 아니라 오늘날의 모든 그리스도인들도 역시 그리스도의 죽음과 부활에 동참한 사람들입니다. 따라서 증인의 사명을 잘 감당했던 제자들같이 우리도 도처에서 복음을 전해야 합니다. 어디서든 주님을 전할 수 있는 준비된 증인이 되십시오.(갈2:20)

둘째, 하나님의 생각을 가져야 합니다.
세상 사람들은 자기를 위해 인생을 삽니다. 따라서 세상 사람들에게 가장 중요한 것인 자신의 생각입니다. 그러나 그리스도인들은 하나님의 영광을 위해

삽니다. 하나님의 일을 사람의 생각으로 하는 것은 미련한 일입니다. 하나님의 생각과 모든 말씀은 곧 성경에 나와 있습니다. 하나님의 생각을 일을 감당하십시오.(막8:33)

셋째 성령에 의지해야 합니다.
예수님이 승천한 뒤 성령을 받은 제자들에 의해서 놀라운 부흥이 일어났습니다. 곳곳에서 성령의 역사가 일어나고, 도처에 복음이 전파되었습니다. 이런 일들은 우리의 힘이나 의지로 할 수 있는 일은 아니라, 오직 성령의 권능으로 할 수 있습니다. 무엇보다도 성령의 능력과 지혜에 온전히 의지하십시오.(행 1:8)

오늘 본문을 통해 합당한 그리스도인의 세 가지 자세를 배웠습니다. 그리스도인들이 자신의 주어진 사명을 잘 감당할 때 세상이 변화됩니다.
오늘도 주님께서 맡겨 주신 사명을 잘 감당하십시오.

- 주님, 본연의 사명을 끝까지 기억하고 감당하게 하소서!

오늘 특별 적용	
오늘 특별 감사	

180

예수님의 승천을 통한 교훈

마가복음 16장 19절부터 20절(눅24:50–53참조 읽기.
❶ 주님께서 부활하신 후 지금 어디에 계시는가?(19)
❷ 제자들이 복음을 전파할 때 누가 함께 하는가?(20)

종교 개혁 시기부터 18세기 때까지는 시편을 운문화 하여 부르는 것이 찬송의 전부였습니다.

아이작 왓츠(Isaac Watts)라는 사람은 당시의 찬송이 매우 제한되어 있는 것을 두고 이렇게 말했습니다.

"찬송을 시편에만 국한시키는 것은 마치 그리스도가 태어나시지도 않고 죽으시지도 않고, 부활하여 영광 가운데 승천하시지 않은 것처럼 여기는 것과 같다."

그는 자신의 깨달음을 토대로, 신약에 나오는 주님의 탄생, 죽음, 부활의 영광과 관련된 찬송들을 만드는 데에 온 힘을 기울였습니다. 예수님의 죽으심만 생각할 때 기독교는 슬픔의 종교가 됩니다. 그러나 부활과 탄생을 통해 기쁨의 종교로 변하게 됩니다.

그리스도 이전, 그리스도의 탄생, 죽음과 부활 모두가 중요한 것임을 기억하십시오.

마가복음 16장 19절부터 20절에는 하늘로 승천한 예수님의 모습이 나옵니다. 예수님은 부활하신 후 40여 일 동안 여러 제자들과 사람들에게 나타나셨다가 마지막에는 하늘로 승천하셨습니다. 우리는 이 말씀에서 예수님의 승천을 통한 세 가지 교훈을 살펴볼 필요가 있습니다.

첫째, 예수님은 모든 사역을 완성하셨습니다.

예수님이 이 땅에 오신 것은 죄인을 구원하기 위해서였습니다. 그리고 죽음과 부활로 모든 사역을 다 이루셨습니다. 이 사역이 완수되었기에 구원받은 성도와 교회도 생길 수가 있었습니다. 예수님을 통해 모든 죄인이 구원받을 수 있음을 기억하십시오.(요19:30)

둘째, 예수님은 성령을 보내주셨습니다.
예수님께서는 승천하시며 보혜사 성령님을 보내시겠다고 말씀하셨습니다.
우리는 성령님을 통해 죄를 깨닫고, 구원을 받고, 승리의 삶을 살게 될 수 있습니다. 성령이 인도하는 삶을 구하십시오.(요16:7.8/롬8:2)

셋째, 예수님은 성도들을 위해 승천하셨습니다.
예수님이 승천하신 것은 모든 성도들을 위해서입니다. 예수님은 우리를 위한 처소를 예비하기 위해 하늘로 승천하셨고. 지금 이 시간까지도 하나님 우편에서 중보의 사역을 하고 계십니다. 지금도 우리를 바라보시고 중보하시는 하나님께 감사의 기도를 드리십시오.(요14:1-4/롬8:34/히7:25)

오늘 본문을 통해 예수님의 승천을 통한 세 가지 교훈을 배웠습니다. 주님은 이미 모든 것을 이루셨고, 완전한 승리의 주권 회복을 위해 반드시 다시 오십니다.
오늘도 재림의 소망을 품고 땅 끝까지 복음을 증거하십시오.

- 주님, 다시 오실 그날을 기다리며 복음을 전하게 하소서!

오늘 특별 적용	
오늘 특별 감사	

성경으로 사람과 세상을 움직이는
김장환 목사의 3E 인생 이야기!

미군 하우스보이였던 그가
미군 상사의 도움으로
130불 갖고 미국에 유학
하나님을 만나고
오늘날엔 세계적인
전도자 Evangetist로!
청지기 Economist로!
섬김자 Energizer로!

**기적같은 삶을 사는
김장환 목사의
오늘을 있게 한
15가지 생활법칙!**

하나님 만나면
기적이 옵니다

272쪽 / 신국판 / 13,000원

주일성수도 잘 하고 / 입시준비도 잘 해서
서울대에 입학한 14명의 신앙과 공부비법!

대입을 앞둔 학생/학부모를 위한 책

고딩, 화이팅!

208쪽 / 신국판 / 9,000원

예배출석 잘 하고 믿음을 지키면서도
얼마든지 성적을 올릴 수 있음을
보여주는 책이다. ─발행인 메모 중에서

365일
자녀 축복 안수기도문
365일 성경말씀과 함께
내 아이의 인생이 복을 누리는 길!!
자녀를 위한 안수 기도는 부모의 특권입니다.
아브라함의 기도에 이삭이 복을 얻었으며,
이삭의 축복기도대로 야곱이 열국의 아비가 되었습니다.
야곱의 기도에 따라 이스라엘의 12지파가 각기 하나님의
역사하심을 입었습니다.
자녀를 축복하십시오.
자녀를 위해 매일 안수하여 기도하십시오.
주님의 응답과 역사하심이 자녀에게 임하실 것입니다.
최신간 베스트
365일
자녀 축복 안수기도문
성·경·말·씀·과·함·께
나침반
정요섭 지음 / 국반판 / 400쪽 / 값 9,500원
이 책의 특징
▼ 1년 동안 성경을 흐름대로 통독하듯 읽으며 기도할 수 있습니다.
▼ 성경 본문에 따른 한줄 메시지를 통해 하나님의 말씀을 묵상할 수 있습니다.
▼ 매월 성경의 흐름에 따른 큰 주제를 따라 아이를 위한 말씀으로 새길 수 있습니다.
▼ 부모가 자녀를 위해 안수하며 축복하는 기도를 1년 365일 매일 할 수 있습니다.

최신간 베스트셀러
문자메시지 전도 양육
메시지 전도 양육
정요섭 지음
"휴대전화로 전도하십시오.
어떤 철문도 뚫고 들어갑니다"
나침반

문자로 전하는 하나님의 사랑~
400가지 종류별 문자메시지 수록!
위로와 희망, 용기와 힘이 솟는 문자메시지!
마음에서 마음으로 감동을 전하는 문자 전도!
엄선된 20가지 주제
구역원용 / 부모용 / 초신자용 / 전도대상자용 / 청년용
어려움에 처한 분들 / 축하하고 싶을 때 / 믿음 / 기도
경건 / 계절별 등등

문자메시지 전도 양육
정요섭 지음 / 포켓판 / 값 5,000원

예수님 마음
품게 하소서!

지은이 | 송용필
발행인 | 김용호
발행처 | 나침반출판사

초판 1쇄 발행 | 2011년 7월 15일

등 록 | 1980년 3월 18일 / 제 2-32호
주 소 | 110-616 서울 광화문 사서함 1641호
전 화 | 본　사(02)2279-6321
　　　　영업부(031)932-3205
팩 스 | 본　사(02)2275-6003
　　　　영업부(031)932-3207

홈페이지 | www.nabook.net
이 메 일 | nabook@korea.com
　　　　　 nabook@nabook.net

ISBN 978-89-318-1431-6
책번호 마-1038

값은 뒷표지에 있습니다.

나침반의 영적해결 도서들

크리스티아노스 북1
넉넉히 이기게 하시는 하나님(개정판)
오스왈드 샌더스 지음 | 248쪽 | 국판

모든 문제에서 승리하게 하는 예수님의 방법!
삶 속의 복잡한 문제들에 대한 근본적인 해답은
오직 하나라고 할 수 있는데,
바로 삼위일체 하나님과 올바른 관계를 유지하고
그분에게 온전히 순종하는 것이다.

크리스티아노스 북2
내 안에 계신 그리스도
레스 카터 지음 | 272쪽 | 국판

예수님의 매력 집중탐구!
너무도 사모하는 그분이 우리 안에 오셔서
우리 안에 거처를 정하시고, 우리 안에 사신다.
그분의 성품이, 그분의 행실이, 그분의 혜안이,
그분의 마음이 나의 사상이 되고, 나의 마음이 되고,
나의 사랑이 되고, 나의 인격이 되고, 나의 삶이 된다.

크리스티아노스 북3
목숨 걸고 믿음을 지킨 사람들
작자 미상 지음 | 176쪽 | 국판

아멘, 주 예수여 오시옵소서!
혼란스런 시대를 살아가는 그리스도인들이
이 책이 보여주는 충성과 순교의 정신을 통해
모든 시험을 이길 수 있는 큰 용기를 얻을 것을
믿는다.

크리스티아노스 북4
구원을 열망하라
오스왈드 스미스 지음 | 176쪽 | 국판

구원에 관한 모든 궁금증을
시원하게 풀어 드립니다!!
영생을 향한 열정이 회복됩니다!
천국의 소망이 구체적으로 다가옵니다!"

크리스티아노스 북5
직통기도 직통응답
프란시스 가드너 헌터 지음 | 224쪽 | 국판

당신의 기도가 바로 응답되는 법을 제시한 책!
직접 체험한 직통 기도 응답 간증과 함께
다이렉트 기도의 비결을 알려줍니다!